Die Welt der Kelten

Arnulf Krause ist promovierter Germanist und Skandinavist, erfolgreicher Sachbuchautor und Experte für germanische Heldensagen und die Dichtung der Edda. Er lehrt als Honorarprofessor am Institut für Germanistik, Vergleichende Literatur- und Kulturwissenschaft der Universität Bonn. Von ihm erschienen bei Campus *Die Geschichte der Germanen* (2003, 2005) sowie *Die Welt der Wikinger* (2006).

Die Welt der Kelten

Geschichte und Mythos eines rätselhaften Volkes

Arnulf Krause

Campus Verlag
Frankfurt/New York

Bibliografische Information der Deutschen Bibliothek

Die Deutsche Bibliothek verzeichnet diese Publikation in der Deutschen Nationalbibliografie. Detaillierte bibliografische Daten sind im Internet über http://dnb.ddb.de abrufbar.

ISBN 978-3-593-38279-1

2. Auflage 2007

Umschlaggestaltung: Büro Hamburg
Satz: Presse- und Verlagsservice, Erding
Druck und Bindung: Druck Partner Rübelmann, Hemsbach
Gedruckt auf säurefreiem und chlorfrei gebleichtem Papier
Printed in Germany

Inhalt

ANHANG

EXKURSE

Vorwort

Die Kelten sind unter uns – wie kein anderes frühgeschichtliches Volk nördlich der Alpen füllen sie mit ihrem archäologischen Erbe die Schlagzeilen und wirken darüber hinaus erstaunlich gegenwärtig. Denn obwohl ihre Kultur auf dem europäischen Festland vor 2000 Jahren verschwand, blühte deren Vermächtnis noch lange am westlichen Rand des Kontinents auf den Britischen Inseln und in der Bretagne. Und das, was unterging oder verdrängt wurde, scheint sich in vielerlei Gestalt wieder zu zeigen – gleichsam wie die Elfen Irlands, die von der Erde vertrieben wurden und in den alten Grabhügeln eine neue Behausung fanden. Derart vermischen sich wissenschaftliche Erkenntnisse und poetische Fantasie zu einem Bild der Kelten, das immer mehr Menschen in seinen Bann zieht.

Zu den Tatsachen gehört die Feststellung, dass unter unseren Füßen die Reste einer rätselhaften Kultur ruhen: Die Kelten haben vor mehr als 2000 Jahren von Spanien bis in die Türkei Spuren hinterlassen: Grabhügel mit prächtigen Beigaben, Reste von Siedlungen mit einst mächtigem Mauerwerk und Opferplätze, die auf bizarre Bräuche schließen lassen. Für Deutschland seien stellvertretend für die nicht abbrechenden Funde die sensationellen Ausgrabungen von Hochdorf und vom Glauberg genannt, für die Schweiz die der Keltenstadt von Basel, für Österreich die der Salzherren von Hallstatt und Hallein und für Frankreich die der heiligen Opferstätten aus der Picardie und den Ardennen – wobei sich diese Aufzählung mühelos fortführen ließe.

In Museen und Austellungen erweisen sich die keltischen Handwerker als virtuose Meister einer filigranen Kleinkunst: Nur zu oft eröffnet sich erst dem zweiten Blick eine Miniaturwelt voller Monster und Dämonen, die die Realität regelrecht auf den Kopf stellt. Zu entdecken sind wirklichkeitsnahe Menschenköpfe und fantastische Mischwesen inmitten goldenen und bronzenen Blattwerks, deren Bedeutung ungewiss ist. Denn die Kelten verzichteten bewusst und weitgehend auf den Gebrauch einer eigenen Schrift und lassen deshalb den modernen Betrachter mit seinen Fragen allein und ratlos. Ihre kleinen Meisterwerke, ihre scharfen und gefürchteten Eisenschwerter und ihre wiederum seltsamen Steinmonumente veranschaulichen eine Kultur, deren Führungsschicht sich anscheinend zwischen den immensen Einkünften geschäftstüchtigen Handels und der esoterischen Aura geheimnisvoller Magie bewegte.

Ihren antiken Nachbarn galten die keltischen Krieger als barbarische und gefürchtete Feinde, deren Gebaren unverständlich und unmenschlich schien. Der Grund dafür lag vor allem in der geradezu fanatischen Jagd nach gegnerischen Köpfen, die in der Geschichte ihresgleichen sucht. So manche archäologische Ausgrabung sieht sich bis heute mit den makabren Überresten dieser Sitte konfrontiert. Wenig verwunderlich also, dass den Kelten seit zweieinhalbtausend Jahren alle möglichen »Schandtaten« nachgesagt werden: Kannibalismus, schaurige Opfermassaker und viele mehr.

Trotzdem hat sich in Europa ein ganz anderes, sympathischeres Bild dieses frühgeschichtlichen Volkes und seiner Kultur durchgesetzt: Danach verkörpern seine Menschen den weisen Umgang mit der Natur, deren Geheimnisse sie angeblich kannten und zu nutzen wussten. Im modernen Bewusstsein wurden deshalb die Kelten zu den Freunden der Tiere und zu den engsten Vertrauten uralter Bäume.

Außerdem glaubt man im ersten namentlich bekannten Volk Mitteleuropas die frühesten Europäer erkennen zu können, deren Kultur als Vorreiter des modernen Einigungsstrebens gilt. Neben den gegenwärtigen keltischsprachigen Völkern der Iren, Schotten, Waliser und Bretonen entdecken deshalb immer mehr Europäer ihre vermeintlichen keltischen Wurzeln respektive deren Kultur und Historie als Bestandteil der eigenen Geschichte.

Sinnbildlich für Weisheit und Naturwissen stehen die Druiden, deren ausdrücklich geheiligte Pflanzen die Eiche und die Mistel waren. Die keltischen Weisen wurden über 2 000 Jahre hinweg zu Archetypen, die für den humanen Magier und Zauberer, den Gelehrten und Priester stehen. Aus ihrer Tradition entwickelte sich die Gestalt des mittelalterlichen Merlin zu einer der populärsten Figuren der Weltliteratur – und mit ihm der ganze Sagenkreis um König Arthur mit seinen Rittern und der Suche nach dem heiligen Gral, die allesamt im höfisch-mittelalterlichen Gewand eine Fülle keltischer Überlieferungen enthalten.

Auf diese Weise reicht die Welt der Kelten über Jahrtausende bis in die Gegenwart, wo sie überall präsent ist: mit ihren frühgeschichtlichen Funden und Ausgrabungsstätten; in Museen und Ausstellungen; in den prachtvollen irischen Handschriften des frühen Mittelalters; in den Märchen der keltischen Völker; in der Musik und auf der Bühne; in zahlreichen Verfilmungen des Arthur-Stoffes und der Geschichten von Elfen, Kobolden und Monstern bis hin zu Literaturbestsellern wie den *Nebeln von Avalon* und dem *Herrn der Ringe*. Sogar der schnell um sich greifende Brauch des aus Amerika importierten Halloween-Festes wird auf die Kelten zurückgeführt.

Dieser überraschenden Präsenz trägt das vorliegende Buch Rechnung, indem es nicht nur auf die spektakulären Funde der Archäologen und auf die antiken Berichte über die keltischen Wanderungen eingeht, sondern ebendiesen Spuren der Kelten bis in die Gegenwart folgt. Es präsentiert außer den historisch greifbaren Kelten der Vergangenheit diejenigen Vorstellungen, die man sich seit mehr als 200 Jahren von ihnen macht. Dementsprechend entsteht vor den Augen des Lesers eine bunte, oftmals bizarre und rätselhafte Welt, deren Darstellung gleichwohl auf aktuellsten wissenschaftlichen Erkenntnissen basiert. Die Kelten erweisen sich nicht nur als historisches Volk – sie entpuppen sich auch als ein Ideal der fernen Vergangenheit, mit dem der moderne Mensch seine Wünsche, Sehnsüchte und Fantasien verbindet.

Arnulf Krause im August 2004

1. Die Kelten – Ein frühgeschichtliches Volk ist hochaktuell

Wie Wesen einer anderen Welt

Die Kelten – fern im Norden jenseits der Gebirge und Wälder hausten sie, karg waren ihre Hütten und ihr ganzes Leben, nackt und kampfwütig traten sie dem Feind entgegen, Todesfurcht kannten weder ihre Männer noch Frauen, Kopfjäger waren sie, und die Krieger suchten untereinander ihre sexuelle Lust zu befriedigen, doch Kindern glichen sie in der Gier nach Essen und Trinken, in der hemmungslosen Prahlerei … Den Griechen und Römern galten sie als höchster Ausbund des Unzivilisierten, als die Barbaren schlechthin. In dieser Rolle schildern die antiken Gelehrten aus Rom und Athen die Kelten in ihren Werken, denen die erwähnten Eigenarten

Das verborgene keltische Erbe in der Sprache und in den geografischen Namen

In sprachlichen Zeugnissen bleibt das keltische Erbe präsent, obwohl es nicht offensichtlich ist. Dies gilt auch für eine germanische Sprache wie das Deutsche, von dem hier allein gesprochen werden soll. In ihm lassen sich unter anderem die folgenden Wörter auf die Kelten zurückführen:

Amt: Hinter dieser wichtigen Bezeichnung verbirgt sich das keltische Wort *ambaktos* »Gefolgsmann«. Im Englischen ist daraus *embassy* und im Französischen *ambassade* geworden, was beides die Botschaft als diplomatische Vertretung bezeichnet.

Brünne: Mit diesem Wort bezeichneten die mittelalterlichen Ritter ihren metallenen Brustpanzer; viel früher hatten es schon germanische Stämme aus der keltischen Sprache übernommen.

Budget: Erst im 18. Jahrhundert entlehnte man diesen Begriff aus dem Englischen (auch wenn man ihn französisch aussprach) und verwendete ihn anstelle des deutschen »Haushaltsplans«. Schon zu Zeiten der Gallier scheint das keltische Ursprungswort auf Geld bezogen worden zu sein, bezeichnete es doch einen Geldsack.

entnommen sind. Seitdem mussten diese mit einer Fülle von Klischees und Vorurteilen leben, was sie selbst herzlich wenig kümmerte. Aber die Nachwelt, die ihren verwitterten Spuren folgte, hatte in den Schriften der alten Geschichtsschreiber zwischen Dichtung und Wahrheit zu unterscheiden. Von Anfang an stieß sich das Bild, das sich andere von den Kelten ausmalten, mit deren eigentlicher Wirklichkeit, die zwischen antiken Kommentaren und archäologischen Funden zu suchen ist.

Doch ohne die Griechen Hekataios und Herodot, die als Erste die vermeintlichen Barbaren des Nordens erwähnten, sowie ihre zahlreichen Nachfolger wären die Kelten ein Volk ohne Namen geblieben. Ähnlich wie die älteren Großsteingräber- oder die Streitaxtleute wären sie zweieinhalbtausend Jahre später nach einem archäologisch greifbaren Charakteristikum benannt worden: als Volk der Fürstengrabhügel oder Eisenschwertleute, als Menschen der Barbarenstädte oder Europas Kopfjäger. Aber dieser Auswahl bedurfte es nicht; denn die Kelten sind das älteste Volk nördlich der Alpen, dessen Name bekannt geblieben ist. Dagegen kennt man nicht die Namen derer, die lange vor ihnen das Heiligtum des südenglischen Stonehenge erbauten, oder derjenigen, welche die so genannte Himmelsscheibe von Nebra im heutigen Sachsen-Anhalt benutzten. Die Kenntnis des Namens schafft ein Gefühl von Vertrautheit und Identität, das allerdings

Eisen: Die Germanen übernahmen bereits sehr früh das keltische Wort *isarno*, woraus im Deutschen schließlich Eisen wurde. Damit bezeugte es die Meisterschaft der Kelten in der Eisenherstellung.

Karren: Die für ihre vier- und zweirädrigen Wagen berühmten Kelten lieferten das Ursprungswort für diese Wagenbezeichnung, das ebenso im englischen *car* »Auto« fortlebt.

Lanze: Diese Waffenbezeichnung stammt zwar von den französischen Rittern, geht aber ursprünglich auf die Kelten zurück.

Reich: Auch wenn die Keltenstämme nie ein Reich gründeten, gaben sie doch die ursprüngliche Bezeichnung für »Herrschaft« an die Germanen weiter, von wo aus sie ins Deutsche gelangte.

Slogan: Der in der Werbesprache häufige Begriff für »Schlagwort« stammt aus dem Gälischen der Schotten, wo er ursprünglich »Kriegsruf« bedeutete.

Dass auch keltische Personennamen gebräuchlich sind, belegen zum Beispiel Brigitte, Donald und Oskar, die alle aus dem Irischen stammen. Während der Name der heiligen Brigit sich mit deren Verehrung schon im Mittelalter auf dem Festland ausbreitete, stammt »Oscar« aus James Macphersons Ossian-Dichtung.

Außer in Sachwörtern und Personennamen verbergen sich keltische Wörter

trügerisch sein kann. Bei den Kelten erweckt es den Eindruck, die Existenz und Wesensart dieses Volkes lasse sich über mehr als zweieinhalb Jahrtausende bis in die Gegenwart verfolgen.

Streng genommen drückt deren Bezeichnung recht wenig aus: Die Griechen und Römer übernahmen wahrscheinlich die von den barbarischen Stämmen verwendeten Eigennamen Kelten, Gallier und Galater, was soviel wie »die Herausragenden« und »Mächtigen« bedeutete. Diese knüpften an den weit verbreiteten Brauch an, sich selbst möglichst vorteilhaft zu benennen. Die Menschen der mediterranen Hochkulturen bezeichneten damit unterschiedslos eine Vielzahl von Stämmen im Norden, die sie unter anderem durch die oben beschriebenen Eigenschaften charakterisierten. Heute verwendet man die Namen in folgender Bedeutung: Den der Kelten sieht man als allgemeinen Oberbegriff an, während als Gallier die keltischen Bewohner des heutigen Frankreichs benannt werden und die Galater für jene Stämme stehen, die nach einer langen Wanderung in Anatolien eine neue Heimat fanden.

Aber die Kelten blieben noch in einem anderen Namen verewigt. Ihre germanischen Nachbarn nannten sie nach dem Stamm der gallischen Volker, woraus sich schließlich das Wort der »Welschen« entwickelte. Später wandte man die Bezeichnung auf die romanisierten Gallier an, dann auf

vor allem in geografischen Ortsnamen, nämlich in den Bezeichnungen von Gebirgen und einzelnen Bergen, von Gewässern sowie von Städten. Deren Herkunft ist allerdings selten offensichtlich und muss darum rekonstruiert werden – mit häufig umstrittenen Ergebnissen. Die folgenden Ortsnamen stammen überwiegend aus festlandkeltischen Gebieten – insbesondere Deutschland –, deren keltische Kultur bereits vor 2000 Jahren unterging. In Frankreich leben zahlreiche gallische Stammesnamen in Landschafts- und Stadtbezeichnungen fort, die wie andernorts erwähnt, in der Spätantike die lateinischen Namen verdrängten. (Viele dieser französischen Ortsnamen führt das Verzeichnis der keltischen Stämme an.)

Gebirgs-, Berg- und Gewässernamen

Der Name »Ardennen« erinnert zweifelsohne an die Kelten. In der Antike bezeichnete man mit *Arduinna* das große Mittelgebirge zwischen Maas und Rhein, das sich heute in Ardennen und Eifel teilt. Das keltische Wort bedeutete »Hochland«. Daneben führt man auch die Namen »Taunus« und »Vogesen« auf die Kelten zurück. Dem »Schwarzwald« sieht man diese Beziehung nicht mehr an; seine antike Bezeichnung *Abnoba* dürfte hingegen keltischer Herkunft gewesen sein.

Die Hohe Acht als höchste Erhebung der Eifel ist sicherlich auf ein Wort *akaunon* zurückzuführen, mit dem die Kelten einen Fels bezeichneten. Ungewisser ist die Deutung des Belchen im südlichen Schwarzwald, der in der weiteren Umgebung vier Gipfel desselben Namens als Nachbarn hat – einen Schweizer Jura-Belchen

die französischsprachigen Romanen, was sich noch im Namen des Schweizer Kantons Wallis, bei den belgischen Wallonen und im Wort Walnuss findet. In Großbritannien bezeichnet man mit Wales und Cornwall bis heute die alten keltischen Gebiete.

Ein rätselhaftes Volk aus dem Dunkel?

Neben dem Namen weckt seit alters her die Frage nach dem Ursprung der Kelten die Neugier und das Interesse. Viele historische Stämme und Völkerschaften gaben sich selbst eine Erklärung über ihre Herkunft in einem so genannten Abstammungsmythos – man denke an die Rückführung Roms auf Romulus und Remus. Höchstwahrscheinlich kannten auch die Kelten respektive ihre einzelnen Stämme derartige Ursprungsgeschichten. Da sie diese jedoch nicht niederschrieben, ging das Wissen darüber verloren. Deshalb muss man sich wiederum mit den Angaben der antiken Autoren begnügen.

Unter ihnen betonte Caesar – der Eroberer Galliens und damit ein Augenzeuge – den gallischen Stolz darauf, dass man von Dis Pater abstamme,

und drei in den Vogesen. Ob ihre Namen auf den des keltischen Gottes Belenus zurückgeführt werden können, sei dahingestellt; jedenfalls glaubt man die fünf namensgleichen Berge durch ein astronomisches Beobachtungssystem verbunden. Demzufolge ging je nach Standort hinter einem der Gipfel die Sonne auf – und zwar genau zur Tagundnachtgleiche und zu Mittsommer wie -winter. Ob die Druiden dieses natürliche Phänomen zur Himmelsbeobachtung genutzt haben, ist eine faszinierende Theorie, für die bisher archäologische Beweise fehlen.

Gewisses gilt für das benachbarte Schwarzwaldflüsschen Dreisam, das die Kelten einstmals als »die sehr Schnelle« bezeichneten. Überhaupt glaubt man in zahlreichen Flussnamen die Sprache des frühgeschichtlichen Volkes entdecken zu können. Das gilt auch für den großen europäischen Rheinstrom, dessen Name den Kelten schlichtweg »Fluss« bedeutete. In Deutschland schreibt man unter anderem folgende Flussbezeichnungen ursprünglich den Kelten zu: Donau, Neckar, Main, Isar, Lech, Lahn, Lippe und Ruhr. In Frankreich zählen dazu Marne, Seine und Somme.

Siedlungsnamen

Während den Ortsnamen gewöhnlich eine vorgeschichtliche Herkunft bescheinigt wird, sind Städtenamen zumeist erst mit der Römerzeit greifbar. Ob sie auf Kelten zurückgehen oder ob lediglich keltische Bezeichnungen verwendet wurden, bleibt bei ihnen oft ungeklärt. Trotzdem offenbaren die Siedlungsnamen ein Netz der

dem Gott der Unterwelt. Jahrhunderte später gab der römische Historiker Ammianus Marcellinus eine weiter gehende Auskunft: »Die Ureinwohner, die in diesen Gegenden, wie manche behaupten, erschienen, hießen Kelten nach dem Namen eines beliebten Königs und nach dem seiner Mutter Galater – so heißen die Gallier in griechischer Sprache. Nach der Meinung anderer sollen sie einem älteren Herkules als dem dorischen gefolgt sein und die Gebiete am Ozean besiedelt haben. Wie die Druiden behaupten, ist tatsächlich ein Teil des Volkes von Urbeginn an hier ansässig, aber andere sind auch von entfernten Inseln zusammengeströmt und aus den Gebieten jenseits des Rheins, wenn sie durch häufige Kriege oder Überschwemmungen bei Sturmfluten aus ihrer Heimat vertrieben wurden. Manche behaupten sogar, nach der Zerstörung Trojas hätten einige wenige auf der Flucht vor den Griechen sich überall verstreut und diese damals unbewohnten Gebiete in Besitz genommen.«

Der spätantike Geschichtsschreiber griff unter anderem auf weit bekannten Sagenstoff zurück, um den Kelten einen Ursprungsmythos angedeihen zu lassen. Dazu gehörte nach dem Vorbild Roms die Rückführung der Volksnamen auf Herrschernamen, die Einwanderung unter der Führung des griechischen Helden Herkules und die Herkunft von den vertriebenen Trojanern – kaum ein Volk Europas sollte nicht von ihnen ab-

alten Kultur, das sich im Großen und Ganzen mit deren überlieferter Ausdehnung deckt. Dementsprechend finden sich in Deutschland Bezeichnungen keltischer Herkunft im Süden und Westen bis zum Niederrhein und in Italien vor allem im Norden, wohin keltische Stämme eingewandert waren. Überall gab man den Siedlungen bevorzugt Namen mit Bestandteilen wie *Dunum* (Festung, Oppidum), *Bona* (Burg), *Briga* (Berg) oder *Magus* (Ebene).

Eine Vielzahl europäischer Städte birgt in ihren Namen derartige Hinweise auf die Kelten. Zu ihnen gehören unter anderem in Deutschland: Andernach am Rhein, Bad Cannstatt bei Stuttgart, Bonn, Boppard am Mittelrhein, Cochem an der Mosel, Daun in der Eifel, Dormagen bei Köln, Düren, Jülich, Kempten im Allgäu, Mainz, Regensburg, Remagen bei Bonn, Worms und Trier, das als römische Gründung nach dem Stamm der Treverer benannt wurde (französisch *Tréves*). In der Schweiz und Österreich zählt man dazu Bern, Bregenz am Bodensee, Genf, Lausanne, Wien und Zürich; in Italien Bologna, Brescia, Mailand, Modena, Parma und Verona. Ebenso haben die niederländischen Städtenamen Heerlen, Leiden und Nijmegen keltische Wurzeln, denen sich aus England Dover, Lincoln, London und York zur Seite stellen.

Diese Namen müsste man um die überlieferten und üblichen Bezeichnungen Frankreichs und der Inselkelten ergänzen, um das weite europäische Gebiet zu erkennen, in dem die Kelten und ihre Sprache zwar verborgene, aber doch erkennbare Spuren hinterlassen haben.

stammen. Darüber hinaus sollte ein Teil des Volkes seit jeher in seiner Heimat gesiedelt haben, während andere aus Germanien einwanderten und anscheinend zu Kelten wurden.

Gegenüber neuzeitlichen Theorien über die keltische Herkunftsfrage wirkt die Sage des Ammianus Marcellinus geradezu unspektakulär. Denn jenen zufolge glaubte man lange Zeit, die Kelten stammten aus den Tiefen Eurasiens und hätten sich auf eine lange Wanderung gemacht, um schließlich weite Teile Europas zu besiedeln. Mancher sah mit blühender Fantasie das Volk der Steppenreiter vor den dunklen Wäldern des Abendlandes zurückschrecken, während die Druiden-Schamanen in deren Dunkelheit verschwanden und den Weg ebneten. Obwohl dies zu den kräftigsten Fabeleien gehört, glaubte man, mit einer Einwanderung aus dem Osten manchen exotischen Zug der Kelten besser erklären zu können.

Die Vielzahl archäologischer Funde und moderne DNA-Analysen an vorgeschichtlichen menschlichen Überresten stützen die eher gewöhnliche Erklärung des römischen Historikers. Nach ihrem Befund hatten die Kelten und deren Vorfahren seit langem in Europa gesiedelt, und es kam in ihrer Zeit zu keinen massenhaften Einwanderungen. Das viel berufene Dunkel um den keltischen Ursprung scheint sich demnach zu lichten, ohne dass sich jedoch völlige Klarheit ergibt. Im Gegenteil: Der Rätsel und Geheimnisse um dieses Volk sind sogar mehr geworden – wie in diesem Buch gezeigt werden wird.

Jedenfalls verlieren sich die Wurzeln der Kelten nicht in fernen Ländern, sondern in den schriftlosen Tiefen der europäischen Vorgeschichte. Dort vermutet man um 2000 vor Chr. in der Tat eine große Einwanderung aus den östlichen Steppengebieten – die der so genannten Streitaxtleute. Diese Menschen, die nach sprachlichen Kriterien auch Indogermanen genannt werden, trafen in vielen Gebieten auf die Großsteingräberleute, deren markante Zeugnisse wie Stonehenge oder die Menhire in der Bretagne später fälschlich den Kelten zugeschrieben wurden. Die Zugewanderten mischten sich mit den Alteingesessenen, prägten von nun an das Geschick des Kontinents und wurden zu Trägern der Bronzezeitkultur. Diese wirkt mit ihren vortrefflichen handwerklichen Erzeugnissen, reichen Häuptlingsgruppen und regen Handelsbeziehungen in alle Himmelsrichtungen wie eine Vorwegnahme der späteren keltischen Kultur. Schließlich kam es im Laufe des 13. Jahrhunderts vor Chr. zu einer revolutionären Neuerung im Umgang mit den Toten. Statt der bis dahin üblichen Beerdigung ihrer Körper verbrannte man die sterblichen Überreste und setzte sie in Urnen bei. Diese haben der bis 800 vor Chr. währenden Epoche den Namen gegeben: die Urnenfelderzeit.

In jener Epoche lagen die unmittelbaren Wurzeln der keltischen Kultur. In diesen Anfängen zeigte sich, wie notwendig auch fremde Anregungen waren, um eine eigenständige Zivilisation entstehen zu lassen. Die Männer und Frauen der späten Bronzezeit erwiesen sich offen gegenüber Neuerungen in allen Lebensbereichen. Schon seit mehr als 1 000 Jahren hatten Schiffe an den westlichen Küsten Europas verkehrt und das Mittelmeer und den Norden bis einschließlich der Britischen Inseln miteinander verbunden. Dort hatten Gold sowie das zur Bronzegewinnung notwendige Zinn das Interesse der Händler geweckt. Diese uralten Routen zu Wasser und zu Land befuhren noch in der späten Bronzezeit die Händler und Siedler, Krieger und Söldnergruppen. Zwischen der Nordsee und dem Mittelmeer entwickelten sich ein reger Austausch und wirtschaftliche wie kriegerische Aktivitäten, zu deren fernen Auswirkungen sogar die Invasion Ägyptens durch Barbarenvölker und die Zerstörung Trojas zu zählen sind.

Aber neben Krieg und Vernichtung prägten vor allem kontinentweite Veränderungen diese Epoche, die durch die überall geschätzte Technik der Bronzeherstellung ein einheitliches Profil annahm. Ohne dass man an ihrem Ende schon von den Kelten sprechen kann, bildeten sich zu jener Zeit deren Grundlagen heraus. Dazu gehörten weiträumige Verbindungen und die Fähigkeit, Neues aufzunehmen und nach eigenen Maßstäben umzuformen. Die Kelten sollten es darin zur Meisterschaft bringen, wie sich schon in den frühesten ihnen zugeschriebenen Funden zeigt. Als solche sieht man die prächtigen Beigaben an, die verstorbenen Fürsten mit in ihr Hügelgrab gegeben wurden. Deren Macht- und Einflussgebiete erstreckten sich um das 6. Jahrhundert vor Chr. vom östlichen Frankreich nach Südwestdeutschland und in die Nordschweiz. Dieses Gebiet gilt mittlerweile als Ausgangsregion der eigentlichen keltischen Kultur – die damit ihre Heimat nicht in fernen Ländern, sondern im Herzen Europas gehabt hätte.

Das Dunkel lichtet sich; doch in der Morgendämmerung ihrer Entstehung bleiben die Kelten ein Volk voller Rätsel. An die Stelle abenteuerlicher Einwanderungserklärungen ist etwas getreten, was als das Geheimnis des keltischen Geistes bezeichnet werden kann – oder ihrer Seele. Denn was jene Menschen im letzten Jahrtausend vor Chr. glaubten und dachten, bleibt weiterhin in vielen Einzelheiten ungeklärt. So ist Europa gebannt und fasziniert von seinen Vorfahren und deren Kultur, die ihm nah scheinen und deren Überreste doch rätselhaft und fremdartig sind.

Die Kelten – Kein Volk, aber eine Kultur- und Sprachgemeinschaft

Die Kelten prägten mit ihrer Kultur die meisten Gebiete nördlich der Alpen, während sie als Krieger und auf der Wanderschaft im 4. und 3. Jahrhundert vor Chr. die antiken Staaten bedrohten: 387 vor Chr. verwüsteten sie Rom und ein Jahrhundert später (279 vor Chr.) standen sie vor dem zentralen griechischen Heiligtum von Delphi. In jener Zeit erlebten sie den Höhepunkt ihrer Macht und ihre weiteste territoriale Ausdehnung: von Spanien bis Anatolien und von Italien bis Irland. Danach wurden die keltischen Krieger von den griechischen und römischen Soldaten Schritt für Schritt zurückgedrängt und schließlich sogar in ihren Heimatgebieten unterworfen – wofür symbolhaft die gallische Niederlage von Alesia im Jahr 52 vor Chr. steht, die das Ende der unabhängigen Kelten des europäischen Festlandes markierte. Fortan behaupteten sie ihre Freiheit nur noch auf den Britischen Inseln, bis sie auch dort in entlegene Randgebiete abgedrängt wurden. Selten erstritt sich ein Volk so viel Ruhm und erlitt so viele Niederlagen wie die Kelten!

Dabei ist es eine große Vereinfachung, sie überhaupt als Volk zu bezeichnen. Denn niemals existierte so etwas wie eine nationale oder ethnische Identität aller Kelten, die zudem zu keinem Zeitpunkt ein gemeinsames Reich gründeten. Ihre politische und gesellschaftliche Grundgröße blieb stets der Stamm – und davon gab es Aberhunderte; selbst das verhältnismäßig kleine Irland akzeptierte nur mit Mühe und formell einen Oberkönig für die ganze Insel. Obwohl es im Lauf ihrer Geschichte immer wieder zu Stammesbündnissen kam, bekriegte man sich doch ebenso oft untereinander. Diese angebliche Eigenart der keltischen Mentalität trug entscheidend zu ihrem Untergang bei. Denn anders als Jahrhunderte später die ebenso zersplitterten Germanen gelang es ihnen nicht, größere Gruppierungen zu schaffen und auf diese Weise militärisch stärker zu werden. Ihr weit gehendes Beharren im Stammesdenken stellte einen jener rätselhaften Züge dar, die für die Kelten typisch waren: Einerseits blieben sie konservativ den Traditionen treu, andererseits waren sie derart innovativ und Neuheiten gegenüber offen, dass sogar der moderne Mensch darüber staunt.

Wenn die so genannten Barbaren des Nordens auch niemals ein Volk waren oder ein Reich bildeten, so schufen sie sich doch eine kulturelle Gemeinschaft. Sie wies unter den unzähligen Stämmen eine beachtliche Einheitlichkeit auf und führte dazu, dass auch andere Gruppen wie etwa Germanen sich der keltischen Kultur anpassten. Deren Übergewicht in Europa rechtfertigt die chronologische Gliederung in die Hallstatt- und La Tène-Zeit, die jeweils nach Fundorten benannt sind und sich vor allem durch kulturelle Charakteristiken auszeichnen. Auf deren Fülle soll andernorts eingegangen werden, aber zu den offenkundigsten Elementen gehörte die Herstellung eines neuen Metalls: des Eisens, dessen Kenntnis man aus dem Südosten übernahm. Überhaupt zeigten die keltischen Schmiede und Kunsthandwerker ein solches Geschick, dass ihre Produkte manche Arbeit der antiken Hochkulturen in den Schatten stellten. Die Kunst ihrer einmaligen Ornamentik zeichnet sie noch heute aus, wohingegen weniger bekannt ist, dass die Kelten die Fibel, die Gewandspange und Vorläuferin der Sicherheitsnadel, anstelle der Nadel populär machten.

Dieser kulturellen Entwicklung entsprach ein Geben und Nehmen im Kontakt mit anderen Völkern und Kulturen; so bemerkenswert die keltischen Leistungen auch sind, ohne äußere Anregungen und Entlehnungen wären sie nicht möglich gewesen. Offensichtlich wurde dies in den intensiven Beziehungen mit den Griechen und Etruskern, aber auch im Austausch mit dem asiatischen Steppen- und Reitervolk der Skythen. Von diesen übernahm man den Gebrauch des Reitpferdes ebenso wie die Hose der Reitertracht, die am Mittelmeer unbekannt war. Diese und viele andere Einflüsse trafen bei den Keltenstämmen zusammen und verbanden sich mit deren Traditionen und Vorstellungen zu einer neuen Zivilisation, wie es sie vorher nördlich der Alpen nicht gegeben hatte.

Deren Nutznießer war in erster Linie eine reiche Adelsschicht, die im Laufe der Jahrhunderte vom Handel und Wandel in Europa profitierte. Zwar traten innerhalb der Stämme durchaus Spannungen und Machtkämpfe auf, aber allenfalls wechselte eine Sippe die andere mehr oder weniger gewaltsam ab. Die Aristokratie blieb die tonangebende Gruppe in der keltischen Gesellschaft. Mit ihr und ihren Kriegern verbanden sich Luxus, Wohlstand und Prestige, die das keltische Leben für viele Barbarenvölker attraktiv machten. Deshalb breiteten sich die Kelten während ihrer Blütezeit weniger durch kriegerische Eroberungen als durch friedliche Übernahmen ihrer Kultur aus. Die Bewohner der Britischen Inseln, der Iberischen Halbinsel und später etliche Germanenstämme mussten nicht unterworfen werden – sie wollten zu Kelten werden. Sie übernahmen deren Kultur einschließlich der Sprache und keltisierten sich bis auf wenige Reste. Dieser Prozess vollzog sich über mehrere Generationen und führte letztlich zur Ausbreitung der keltischen Kultur.

Ihre Zivilisation stand allen offen und bot eine gemeinsame Grundlage, ohne auf ethnische Unterschiede zu achten. Hinzu kam, dass die meisten ihrer Angehörigen ähnliche Sprachen benutzten und sich miteinander verständigen konnten.

Die keltischen Sprachen

Die Sprachen, in denen sich die Kelten in den Jahrhunderten vor Christi Geburt miteinander verständigten, gehörten allesamt zur so genannten indoeuropäischen oder indogermanischen Sprachfamilie. Deren Sprecher siedelten von den europäischen Atlantikküsten bis auf den indischen Subkontinent und hatten als vermeintliche Urheimat die Steppen nördlich des Kaspischen Meeres – wobei diese Theorie ebenso umstritten ist wie die alten Ursprungshypothesen der Kelten. Gewiss scheint indes, dass die oben erwähnten Streitaxtleute um 2000 vor Chr. als erste Indogermanen nach Europa kamen. Aus ihrer gemeinsamen Sprache entwickelten sich im Laufe der Jahrtausende fast alle europäischen Sprachen – Griechisch, das Lateinische mit Tochtersprachen wie Italienisch und Französisch, die germanischen Sprachen des Deutschen, Englischen, Niederländischen und der meisten skandinavischen Idiome, die slawischen Sprachen von Tschechisch bis Russisch und schließlich auch die keltischen Sprachen.

Deren gegenwärtige geografische Verteilung spiegelt die Geschichte der Kelten und ihrer Kultur wider. Denn als so genannte inselkeltische Sprachen sind sie an den Rand Nordwesteuropas gedrängt, während vom Verbreitungsgebiet des »Festlandkeltischen« außer wenigen Spuren nichts übrig blieb. Dessen Sprachen entstanden wahrscheinlich in der ersten Hälfte des letzten vorchristlichen Jahrtausends und breiteten sich mit ihren Trägern und deren Kultur aus. Gallisch sprach man im heutigen Frankreich, Lepontisch in Oberitalien, die keltiberischen Dialekte in Spanien und Galatisch in Kleinasien. Die keltischen Sprachen des Festlands existierten teilweise über ein Jahrtausend bis sie schließlich um 500 nach Chr. im Großen und Ganzen ausgestorben waren. Da ihre Sprecher keine umfangreichen schriftlichen Aufzeichnungen hinterließen, sind sie bis auf geringe Reste verloren gegangen.

Anders dagegen das Inselkeltische, das sich in den Randgebieten bis heute erhalten hat. Zu dessen in vielen Zügen altertümlichen Sprachen zählt das Irische, das seit dem frühen Mittelalter in Handschriften überliefert wurde und zur Literatursprache der umfangreichen Heldenerzählungen der grünen Insel wurde. Sein enger Verwandter ist das Gälische Schottlands, das in seinen Ursprüngen auf irische Einwanderer zurückzuführen ist, die das Nachbarland besiedelten. Von den beiden genannten unterscheidet sich bis zur Unverständlichkeit die kymrische Sprache der Waliser, die ebenfalls auf eine reiche mittelalterliche Schrifttradition zurückblicken kann. Schließlich zählt auch das Bretonische der Bretagne zu den inselkeltischen Idiomen, weil diese Sprache auf Kelten zurückgeführt wird, die um 500 nach Chr. England verließen und auf dem Kontinent eine neue Heimat fanden. Neben diesen vier überlebenden Sprachen der

Kelten, die seit langem und vielfach vom Englischen respektive Französischen bedrängt und an den Rand des Aussterbens gebracht wurden, zählt man das Manx der Insel Man und das Kornische Cornwalls zum Inselkeltischen. Doch diese Sprachen sind ausgestorben oder werden kaum noch gesprochen.

Eine Kultur auf dem Weg

Wie man die keltische Kultur in den letzten 2500 Jahren einschätzte und beurteilte, ist sehr zwiespältig und gleicht der Doppelgesichtigkeit mancher ihrer Götterbilder. Denn die Römer und Griechen sahen nach der obigen Darstellung in den Stämmen des Nordens nicht mehr als bloße Barbaren – gleichsam kulturlose Wilde, die in großer Primitivität in der Kälte vor sich hin vegetierten. Heutzutage überschlagen sich hingegen aufgrund immer neuer und sensationeller Funde die Kommentare über die Stämme nördlich der Alpen und sie erhalten manchmal sogar das Attribut einer Hochkultur.

Der historischen Wahrheit kommt am nächsten, dass die Kelten zwischen 600 vor Chr. und der Zeitenwende sowohl Barbaren waren als auch Eigenschaften einer Hochkultur entwickelten. Beides basiert nicht auf eigener Einschätzung, sondern jeweils auf der Sicht anderer – nämlich der antiken Nachbarn des Südens und der modernen Europäer. Dabei galt den Griechen als den Schöpfern dieses Begriffs ursprünglich jeder als Barbar, der nicht ihrer Sprache mächtig war. Sie verknüpften damit das Rohe und Unzivilisierte, das fern der hellenischen Kultur stand und schlimmstenfalls diese sogar bedrohte. Dafür boten die keltischen Stämme mit ihren wilden Kriegern bekanntlich das Paradebeispiel.

Doch eigentlich geschah ihnen damit Unrecht; denn die Kelten zeigten ein ungemein großes Interesse an den mediterranen Kulturen – seien es die der Griechen, Etrusker oder Römer. Deren Vorbild wirkte so anziehend, dass ohne es die keltische Kultur nicht zu dem geworden wäre, was sie heute berühmt macht. Um einige Beispiele zu nennen: Die faszinierende Statue vom Glauberg beruhte wahrscheinlich wie die anderen steinernen Großplastiken der Kelten auf dem Vorbild der griechischen Bildhauerei – für Mitteleuropa stellten sie etwas ganz Neues dar. Ebenso übernahmen barbarische Künstler viele Motive der südlichen Kunst und gaben ihnen ein eigenes Gepräge. Sogar der Lebensstil reicher und mächtiger Fürsten nördlich der Alpen orientierte sich an der Mittelmeerwelt, deren Wein man trank und deren Tischgefäße man benutzte. Aber der Süden lieferte nicht nur eine Fülle an prestigeträchtigen Luxuswaren, sondern auch die griechische und andere Schriften, deren Buchstaben die Kelten übernahmen. Die zunehmende Nähe griechischer und römischer Stützpunkte führte jedoch noch weiter: Dort lernten die Kelten das Geldwesen kennen, woraufhin sie eigene Münzen prägten. Und mit der Zeit entstanden im Umfeld ihrer traditionell bäuerlich und dörflich geprägten Kultur große Siedlungen, in denen mehrere tausend Menschen wohnten.

Trotzdem verfügten die Kelten über keine Hochkultur im eigentlichen Sinn dieses Begriffs, wie sie das alte Ägypten, Mesopotamien oder Rom repräsentierten. Denn im Unterschied zu diesen kannten sie weder Steinarchitektur noch deren monumentale Anlagen und ganze Städte, die die Zentren jener Reiche darstellten. Die keltische Gesellschaft basierte immer noch auf den bäuerlichen Grundlagen ihrer Vorfahren und wies etwa keinen ausgefeilten Beamtenapparat auf. Einem Besucher aus Rom oder Marseille mussten selbst die stadtähnlichen Oppida der Gallier einfach und primitiv erscheinen.

Doch dieser Eindruck wurde der keltischen Kultur und ihrer Geschichte nicht gerecht. In Wahrheit befand sie sich auf dem Weg von einer so genannten antiken Randkultur zu einer Hochkultur nach dem Vorbild Roms. Deren Status sollte sie nie erreichen, aber für unterentwickeltere Nachbarn wie die Germanen war sie eine reiche Zivilisation mit beneidenswerten Lebensbedingungen. Die frühgeschichtlichen Keltenstämme des Festlandes lebten in einer Jahrhunderte währenden Zeit des Übergangs, in der ihre Kultur die unterschiedlichsten Verbindungen zwischen Alt und Neu, archaischen und innovativen Elementen einging. Wie eine keltische Hochkultur ausgesehen hätte, ist ungewiss. Die gallischen Stämme zwischen Atlantik und Rhein befanden sich im 1. Jahrhundert vor Chr. auf dem kürzesten Weg dorthin. Caesars Legionen jedoch verwehrten ihnen dieses Ziel. Dabei ist von besonderer Tragik, dass den römischen Eroberern das nutzte, was die entwickelte Zivilisation Galliens ausmachte: Sie marschierten auf den Wegen eines erschlossenen Landes, das man beherrschte, wenn man dessen Städte einnahm. So endete die Geschichte der keltischen Kultur auf dem europäischen Festland.

Von der Vorzeit in die Gegenwart

Obwohl die meisten Kelten unter römische Herrschaft gerieten und in großem Maß romanisiert wurden, war dies nicht das völlige Ende ihrer Geschichte und Kultur. Denn am westlichen Rand Europas bestanden die erwähnten keltisch geprägten Gemeinschaften fort – die Iren, Waliser, Schotten und Bretonen. Sie bewahrten sich bis ins Mittelalter ihre Unabhängigkeit und darüber hinaus gewisse Eigenarten bis in die frühe Neuzeit. Zwar wäre es ohne Zweifel falsch, diese späten inselkeltischen Kulturen mit der alten des Festlandes gleichzusetzen. Doch vor allem in Irland, das niemals von Rom besetzt worden war, hielten sich altertümliche Elemente noch viele Jahrhunderte – die Gliederung in zahlreiche Stämme, das keltische Kriegerideal, die Vorliebe für die Kopfjagd und anderes mehr.

So manches davon wurde vom Christentum toleriert und fand seinen Niederschlag in den Heldenerzählungen, die während des Mittelalters niedergeschrieben wurden. Die Waliser und Bretonen schufen sich mit den Geschichten um den sagenhaften König Arthur und den Zauberer Merlin einen literarischen Stoff, der eine Vielzahl keltischer Motive enthielt und populär machte. Spätestens mit der Romantik kam die Wiederentdeckung dieser Dichtungen, die die Aufmerksamkeit auf die keltische Kultur lenkten. Die Namen und Mythen der Inselkelten spricht man seitdem der sprach-, weil schriftlosen Mythologie der Gallier und anderer Stämme zu. In vielen Fällen ist dieses Vorgehen zweifelhaft und von manchen Wissenschaftlern wird es rundherum abgelehnt, weil sich in Irland und den anderen inselkeltischen Gebieten eine ganz unterschiedliche Kultur entwickelt hätte.

Andererseits bleibt festzustellen, dass sich in jenen Gebieten keltische Sprachen erhalten haben und mit ihnen Geschichten von Göttern und Helden, die zumindest teilweise ihre gallischen Entsprechungen finden. Bei allen Vorbehalten erstreckt sich damit die Kultur der Kelten von der Vorzeit bis in die Gegenwart. Denn in den Gebieten am Atlantik bezeichnen sich moderne Menschen zu Recht als Kelten. Mehr als zweieinhalb Jahrtausende trennen sie von den Anfängen der frühgeschichtlichen Kultur, die auch mit diesem Namen verbunden wird. Und trotzdem glaubt man, Ähnlichkeiten feststellen und Parallelen ziehen zu können. Darin drückt sich eine außerordentliche Besonderheit der keltischen Geschichte aus. Denn andere historische Völker Europas können eine derartige Kontinuität nicht aufweisen. So ist zwar das römische Erbe in vielfältiger Form präsent – sei es in der lateinischen Sprache oder in der klassizistischen Architektur –, aber als Römer würde sich heute kein Italiener außerhalb der Hauptstadt bezeichnen. Und die germanischen Sprachen wie Englisch und Deutsch werden zwar von Abermillionen Menschen gesprochen, doch eine spezifisch germanische Kultur ist nicht mehr zu erkennen, weswegen sich auch niemand wertfrei als Germane bezeichnet.

Anders eben die Kelten, die zwar mit einigem Recht als Verlierer der Geschichte bezeichnet werden können, aber als moralische Sieger die Sympathien vieler Menschen genießen. Diese verbinden mit deren Namen nicht selten die Vorstellung einer idealen Ursprünglichkeit und die Vision einer besseren Welt.

Wir sind die Kelten!

Auf diese Weise entfernt man sich von der historischen Wirklichkeit der frühgeschichtlichen Kelten in der Mitte Europas. Aber zu einem Buch dieses Themas gehört notwendigerweise die Rolle, die dieses Volk im modernen Europa spielt. Seit dem 19. Jahrhundert bilden archäologische Ausgrabungen die Grundlage des modernen Keltenbildes – mit aller gebotenen wissenschaftlichen Sachlichkeit. Dabei fiel schon bald auf, dass sich die den Kelten zugeschriebenen Objekte an weit voneinander entfernten Orten fanden und diese Verteilung durchaus den Berichten der antiken Geschichtsschreiber entsprach. Demzufolge siedelten und kämpften die Kelten in vielen Teilen Europas und ihre Kultur erstreckte sich über erstaunlich weite Gebiete, die oben bereits genannt wurden.

Im Zeitalter des zusammenwachsenden Europas kam dieser Beobachtung eine neue Bedeutung zu. Nun gelten die unzähligen Stämme, vormals als barbarisch verschrien, als frühe Europäer und historische Vorreiter der kontinentalen Einigung. Ob in Frankreich oder Österreich, in Deutschland oder Italien – große Ausstellungen feierten in den letzten Jahrzehnten des 20. Jahrhunderts die Kelten in dieser Rolle. Und vielerorts fiel auf, dass die vor 2000 Jahren verschwundenen Festlandkelten offenkundig nicht ausgerottet worden waren und ihre Nachkommen immer noch leben. Die Franzosen zählten die Gallier schon seit langem zu ihren Vorfahren, während die germanisch geprägten Deutschen trotz aller Ausgrabungen im Südwesten und Süden Deutschlands weniger mit den Kelten anfangen konnten. Doch durch zahlreiche spektakuläre Funde hat sich dies geändert, und die Entdeckungen am Glauberg, unweit Frankfurts am Main, machen auch Hessen zu einem Land mit keltischer Vergangenheit.

Dort wie in anderen Regionen Deutschlands und in vielen Teilen Europas wächst so etwas wie ein keltisches Bewusstsein, das lauten könnte: Wir sind die Kelten! Diese Bezeichnung enthält überwiegend positive Bedeutungen und schließt meistens – um ein Beispiel zu nennen – die typische Kopfjagd aus. Heutzutage gelten die Kelten als Weise im Umgang mit der Natur, die in der Vergangenheit eine Utopie für die Zukunft bieten. Damit wird die Welt der Kelten hochaktuell – ganz gleich, ob sie der historischen Wirklichkeit entspricht oder eine Wunschvorstellung ist.

2. Fürsten, Krieger und Kelten allerorts – Eine Kultur erobert Europa

Die Salzherren aus den Alpen

Vor fast 3 000 Jahren suchten Menschen oberhalb des heutigen Ortes Hallstatt im oberösterreichischen Salzkammergut einen Weg in das Gestein der Alpen. Sie schlugen, gruben und schürften sich unter großen Mühen in den Fels, der ihnen reiche Beute versprach – Steinsalz. Denn der vorgeschichtliche Mensch war stets auf der Suche nach diesem lebensnotwendigen Naturstoff, mit dem man Speisen würzen und vor allem konservieren konnte. Deswegen war Salz ein begehrtes Handelsobjekt, das gute Geschäfte und Reichtum versprach.

Darum legten die Männer aus dem Alpental über mehrere 100 Meter Salinen an, in denen sie das kostbare Gut herausschlugen und hinausschleiften. Das salzhaltige Gestein hat ihre Werkzeuge und sogar sie selbst nicht verrotten und verwesen lassen. Nicht nur die Überreste der in den engen Gängen ums Leben gekommenen Menschen blieben erhalten, auch ihre Kleidung, ihr hölzernes Arbeitsgerät und die Kippen mit den Ledersäcken, in denen sie die Salzbrocken ans Tageslicht zogen. All diese Funde sind ein bewegendes Zeugnis vom harten Arbeitsalltag der Salinenarbeiter.

Ihre Auftraggeber führten unten im Tal ein besseres Leben. Sie waren die eigentlichen Herren des Salzes, denn als mächtige Häuptlinge kleiner Alpenstämme waren sie die Eigentümer der Salzminen. Mit Geschick hatten sie um 800 vor Chr. weit reichende Handelsverbindungen geknüpft, die sich wegen der großen Nachfrage nach Salz als äußerst profitabel erwiesen. Hallstatt, was »Salzstadt« bedeutet, entwickelte sich für Jahrhunderte zu einem Zentrum des europäischen Salzbergbaus. Seine Beziehungen reichten bis zu den reichen Kulturen des Mittelmeergebiets. Deren Händler hatten großes Interesse an der Ware aus Österreich und waren bereit, gut dafür zu zahlen. Über sie partizipierten die Herren des Salzes am südlichen Reichtum.

Ihr Wohlstand mehrte sich noch durch eine umwälzende Neuerung, deren Kenntnis sich langsam ausbreitete – die Herstellung des Eisenmetalls und seine Verarbeitung zu Schwertern und anderen Waffen von bis dahin unbekannter Härte. Das Wissen um das neue Metall und um die

Kunst, es zu gewinnen und zu bearbeiten, stammte aus Anatolien. Seine Schmiede genossen hohes Ansehen und standen im Ruf des Geheimnisvollen und der Magie.

In Hallstatt führten Salz und Eisen zu einem bemerkenswerten Reichtum der einheimischen Häuptlingsschicht. Tausende von Gräbern zeugen von den Menschen dieses Alpenzentrums. Viele von ihnen bargen einst wohlhabende Tote, deren Grabbeigaben Jahrtausende später von ihrem Wohlstand künden.

Zwei Jahrhunderte später übertraf ein anderer Bergbauplatz Hallstatt an Bedeutung. Auf dem Dürrnberg bei Hallein in der Nähe Salzburgs entwickelte sich ein neuer Umschlagplatz für den Handel mit Salz. In der Höhe legten die Bewohner eine Siedlung an, die zum Schutz befestigt wurde. Die Handwerker lebten und arbeiteten unten im Tal. Die Verhältnisse waren denen in Hallstatt vergleichbar: Wie dort lebte der größte Teil der Bevölkerung unter bescheidenen Verhältnissen vom Salzabbau, als Bauern und Handwerker. Eine Führungsschicht beherrschte mit ihren Kriegern die Wege durchs Tal und den Handel mit der näheren und ferneren Welt.

Die Zahl der Handelspartner hatte inzwischen zugenommen, die Kontakte erstreckten sich zu den Etruskern und Venetern nach Oberitalien und bis nach Massalia, dem heutigen Marseille. Reichen Fürsten sollte nördlich der Alpen die Zukunft gehören. Sie tauschten sich mit der Mittelmeerwelt aus und zeigten ein großes Interesse an Luxusdingen aus dem Süden. Diese intensiven Beziehungen und die Verfügung über Handelsgüter gaben der Zeit seit dem 8. Jahrhundert ein neuartiges Gepräge. Die Funde von Hallstatt repräsentieren diese Epoche so sehr, dass man sie und ihre Kultur nach dem Ort im Salzkammergut benannte. Ob man ihre ersten Träger schon als Kelten bezeichnen kann, ist ungewiss. Jedenfalls legten sie die Grundlagen für die erste Blütezeit der keltischen Kultur.

Der Fürst von Hochdorf

An einem Spätsommertag um das Jahr 550 vor Chr. bewegte sich in der Gegend nördlich von Stuttgart ein feierlicher Zug auf einen großen künstlichen Erdhügel zu. Steinbrocken und Holzpfosten umkränzten ihn bis auf eine Stelle, die nach Norden wies. Dort hatte man eine steinerne Rampe angelegt, die in die Tiefe des Hügels führte. Die Menschen trugen in ihrer Mitte eine lange Bronzeliege, auf der ein prachtvoll geschmückter Toter ruhte. Voll Respekt und vielleicht auch mit Schaudern vor seiner neuen Wohnstätte brachten sie ihn in eine aus Eichenstämmen gezimmerte

Grabkammer. Sie war nicht leer und schmucklos, sondern gefüllt mit einer Vielzahl von Beigaben, die allerdings mit Tüchern verhängt waren. Alles hatte man mit Blumen und Zweigen verziert, auch auf dem Boden lagen sie ausgestreut. Thymian und andere Pflanzen brachten den Duft des nahenden Herbstes in die Dunkelheit des Grabes.

Die Träger setzten das bronzene Sofa mit dem Toten ab. Um eine komfortable Ruhestätte für ihn zu schaffen, war es mit Kissen aus Grashalmen, mit Fellen von Dachs, Marder und Iltis sowie mit Stoffen belegt worden. Die Menschen im Grab nahmen Abschied, vermutlich haben Priester Gebete gesprochen und rituelle Handlungen vollzogen. Danach ließ man den Toten zurück und verschloss die Grabkammer. Eine sie umgebende äußere Kammer wurde endgültig mit Steinbrocken gefüllt, die Grabräubern den Weg zu den Reichtümern versperren sollten. Schließlich schüttete man den Hügel vollständig auf und komplettierte den Steinkranz. Den

Keltische Kunst

Die Kelten zeichnen sich bis heute durch ihre auffallende und charakteristische Kunst aus, die zugleich das hohe technische Können ihrer Kunsthandwerker ausdrückt. Denn der Gedanke an die Kunst um ihrer selbst willen war ihnen fremd, wie auch anderen alten Kulturen und dem abendländischen Mittelalter. Der künstlerische Ausdruck hatte der Verzierung zu dienen oder der Darstellung religiöser und politischer Symbolik. Deshalb findet er sich vor allem auf Zier- und Gebrauchsgegenständen des Stammesadels, die als wertvolle Grabbeigaben in Gold, Bronze oder Eisen erhalten blieben: auf Eimern, Kannen und Kesseln, auf Waffen wie Lanzenblättern, Schwertern sowie deren Scheiden, auf Schildbeschlägen und als Zierde der hölzernen Wagen, auf Schmuck wie den Fibeln, Broschen und Ringen aller Art, darunter den typischen Halsringen der Torques. Der Größe dieser

Der Grabhügel Kleinaspergle (um 400 vor Chr.) enthielt reiche Beigaben, die typisch für den keltischen Adel waren: Bronzegefäße, Trinkhörner, eine rotfigurige Tonschale aus Griechenland und anderes mehr.

Betrachtern bot sich nun das Bild eines Grabhügels, dessen Durchmesser 60 Meter betrug und der auf 6 Meter Höhe aufgeschüttet worden war. Eine Steinstele bekrönte die Erhebung.

Das mit sämtlichen Beigaben erhaltene Grab stellt nach zweieinhalbtausend Jahren ein Zeitfenster dar, durch das die Archäologen reiches Wissen gewinnen: Der Tote von Hochdorf war offensichtlich ein überaus wohlhabender Mann, ein keltischer Fürst, dessen Herrschaftsgebiet sich von der Schwäbischen Alb bis zum Rand des Schwarzwaldes erstreckte. Seine Residenz lag wahrscheinlich auf dem 10 Kilometer entfernten Hohenasperg, der sich 100 Meter über das Umland erhebt. Von dort konnte der Herrscher sein Reich überblicken. Weite Wälder umgaben das Land, die darüber hinaus den größten Teil Mitteleuropas bedeckten. Die Welt des Fürsten von Hochdorf zeigte sich von der übermächtigen Natur geprägt, der die Menschen mühsam Ackerland abgerungen hatten.

Dinge entsprechend nahm die keltische Kunst nie monumentale und selten größere Dimensionen an; zahlreiche ihrer Meisterwerke messen nur wenige Zentimeter.

In der Hallstattzeit verwandte man überwiegend streng geometrische Muster, die in Bronzeblech getrieben oder graviert wurden und nach südlichem Vorbild Mäanderformen annehmen konnten. Die figürliche oder gar realistische Darstellung nach griechischen oder etruskischen Vorgaben stellte immer nur eine Ausnahme dar und war zu keiner Zeit üblich. Dass sie die keltischen Kunsthandwerker gleichwohl beherrschten, beweist die erwähnte Löwenkopie des griechischen Kessels von Hochdorf: Mit ihr übertraf der einheimische Bronzeschmied die mediterranen Vorbilder. Im selben Grab weist zudem die bronzene Liege des toten Fürsten mehrere szenische Darstellungen auf, deren eingepunzte Figuren und Motive in knapper Stilisierung wiedergegeben wurden: vierrädrige Wagen, von zwei Hengsten gezogen, darauf stehend ein Mann mit Schild und Speer, dazwischen Figurengruppen von Schwerttänzern. Ebenso gehört eine im oberösterreichischen Hallstatt gefundene Schwertscheide zu den wenigen Gegenständen, die Figurendarstellungen überliefern. Bei ihr sind es unter anderem eingravierte Krieger. Doch all dies gilt nicht als typisch keltisch und war sehr stark südlichen Einflüssen verpflichtet.

Erst mit der La Tène-Kultur entwickelten die Kelten seit dem 5. Jahrhundert vor Chr. ihren eigentümlichen und eigenständigen künstlerischen Ausdruck. Dabei griffen sie weiterhin auf fremde Vorbilder zurück, die von den Griechen und Etruskern, aber auch von den Thrakern des Balkans und den Skythen der östlichen Steppen stammten. Unter ihnen schätzte der keltische Künstler offensichtlich besonders die antiken Pflanzenornamente mit ihren Blättern, Blüten und Palmetten, den typischen palmenblattähnlichen und fächerförmigen Motiven. Doch deren regelmäßig geordnete Muster wandelte er in höchst eigenwilliger Weise ab: Er

Der Fürst zählte bei seinem Tod etwa vierzig Jahre. Dieses für jene Zeit hohe Alter deutet mit seiner Größe von 1,87 Metern und einem kräftigen Körperbau auf ein privilegiertes Leben, dem harte Arbeit oder Hunger erspart blieben. Dass ihm zudem Körperpflege wichtig war, belegen die Grabbeigaben von Nagelschneider, Kamm und Rasiermesser. Er starb keines gewaltsamen Todes, und Krieg und Kampf scheinen in seinem ganzen Leben keine bedeutende Rolle gespielt zu haben. Der reiche Kelte streifte gern auf der Jagd durch die Wälder, und er schätzte es, selbst fischen zu gehen. Daran erinnern die Angelhaken, die man ihm mit ins Grab legte. Auf seinem Hohenasperger Sitz pflegte er die Geselligkeit und versammelte Angehörige des Adels zum Umtrunk.

Die Zeit vertrieb man sich überdies mit Kampfspielen und Schwerttänzen, wie Darstellungen auf dem Totenbett des Fürsten zeigen. Schon zu Lebzeiten ruhte er auf dieser Bronzeliege, die das exklusivste

zerlegte die übersichtlichen Elemente der mediterranen Kunst in ihre Einzelteile, bis sie nicht wiederzuerkennen waren. Dann begann er mit diesen zerstückelten Bausteinen ein neues Muster entstehen zu lassen, das nichts mehr mit seiner Vorlage zu tun hatte.

Die Pflanzenmotive wurden abstrakter, fremdartiger und unübersichtlicher; sie bildeten Spiralen und Zirkelbögen, leere Zwischenräume füllten sich mit zusätzlichen blätter- und leierförmigen Motiven an. Die reichen Ornamente der keltischen Künstler endeten schließlich in einem geradezu labyrinthischen Chaos ohne Anfang und Ende. Doch damit nicht genug – aus diesem ornamentalen Dschungel ließ man eine Vielzahl von Lebewesen herauswachsen: Männerköpfe, Masken, fantastische Tiere und fratzenhafte Dämonen.

Ihren deutlichsten Ausdruck hat die La Tène-Kunst im so genannten Waldalgesheim-Stil gefunden, der nach dem gleichnamigen Fundort des Fürstinnengrabes bei Bingen benannt ist. Dessen Beigaben wie eine Röhrenkanne, die zahlreichen Schmuckringe und das Pferdegeschirr belegen die künstlerische Perfektion der Kelten und die Vollendung ihrer Kunst. In ihren Darstellungen fließen abstrakte Pflanzen- und Rankenornamente ineinander und bilden rhythmische, vielfach verschlungene Wellen und Spiralen. Gleichsam damit verschmolzen, tauchen detailreich schemenhafte Gesichter, Tiere und seltsame Fabelwesen auf.

Die geheimnisvollen, den Ornamenten entsprießenden Wesen machen den eigentlichen Reichtum der keltischen Kunst aus. Dabei vernachlässigte man absichtlich den menschlichen Körper und begnügte sich mit der besonderen Herausstellung des Kopfes, dessen Bedeutung in der Kopfjagd der Krieger ihren deutlichsten Ausdruck fand. Während erkennbare Tierdarstellungen von Pferden, Ebern und Wasservögeln auf deren Verehrung hinweisen, geben zahlreiche Fabel- und Mischwesen Rätsel auf. Unter ihnen stößt man auf Tiere mit Menschenköpfen und nicht bestimmbare Wesen, bei denen sich verschiedene Arten miteinander kreuzen:

Möbel seines aus Holz und Flechtwerken erbauten Hofes gewesen sein dürfte.

Der Reichtum des Fürsten basierte auf der Kontrolle von Handelswegen, auf dem Tauschhandel mit Fellen, Sklaven und Eisenerzeugnissen sowie auf guten Beziehungen zu den Kulturen jenseits der Alpen. Wahrscheinlich verehrte ihn sein Volk auch als geistliche Autorität und Gründervater einer Stammesdynastie.

Dafür spricht der enorme Aufwand, den man mit seiner Bestattung trieb. Denn der Körper des Toten wurde mindestens fünf Jahre lang konserviert. Auf welche Weise man dies erreichte, ist bislang ein Geheimnis der Kelten geblieben. So lange dauerte jedenfalls die Errichtung des Grabhügels, die mit der geschilderten Beisetzung ihren Abschluss fand. In der langen Zwischenzeit mag der tote Fürst besondere Verehrung genossen haben. Indizien sprechen dafür, dass die letzte Zeremonie in Eile oder mit

Pferde und Eber mit Raubtieren, aber auch Vögel mit Menschen. Später greift man auf Greifendarstellungen zurück und auf das bemerkenswerte Motiv der Schlange mit dem Widderkopf.

Die keltische Kunst des europäischen Festlandes erstreckte und entwickelte sich über die Jahrhunderte in mannigfaltigen Formen. Alte Motive verschwanden, neue tauchten auf, bis sie ihrerseits außer Gebrauch kamen. In vielen derartigen Beobachtungen glaubt man die fremden Einflüsse feststellen zu können, denen die Kelten ausgesetzt waren und die ihre Künstler anscheinend mit Begeisterung aufnahmen. Nicht zuletzt brachte die Zeit der großen Wanderungen im 4. und 3. Jahrhundert vor Chr. eine Fülle von Vorbildern und Anregungen. Aber bei allen Aufnahmen dieser Art bleibt doch das oben Gesagte zu betonen: Stets fanden die Kelten ihren eigenen Stil, der sich überdeutlich von der klassischen antiken Kunst der Griechen und Römer unterschied. Eine naturalistische Wiedergabe der Wirklichkeit hatte für sie augenscheinlich keine Bedeutung. Ihre figürlichen Darstellungen bevorzugten die Reduzierung auf bestimmte Körperteile, besonders die Köpfe, und eine umfassende Abstraktion. Trotzdem beherrschten sie ihr Handwerk auf unübertreffliche Weise und waren in der Lage, dem kleinsten Miniaturgesicht geradezu individuelle Züge zu verleihen.

Doch in ihrer Kunst waren sie eben nicht an der natürlichen Wirklichkeit interessiert. Bei aller Detailfreudigkeit und Perfektion bleiben ihre fantastischen Verknüpfungen in ihrer Vieldeutigkeit dem modernen Betrachter rätselhaft. Man vermutet hinter ihnen magische Vorstellungen und Mythen der Festlandkelten, die sie sich ohne Zweifel in reichem Maße erzählten und die Bestandteil ihrer Weltordnung waren. Auch wenn die La Tène-Kunst mit vielen Zügen auf den Britischen Inseln weiter gepflegt und schließlich sogar von den irischen Mönchen angewandt wurde, so wird ihre alte Bedeutung doch ungewiss bleiben – und den rätselhaften Zauber der keltischen Kultur weiter mitbegründen.

Die monumentalen keltischen Grabhügel prägen wie vor 2 500 Jahren das Landschaftsbild – so der von Hochdorf. Dafür wurden nach dem Abschluss der Ausgrabungen 7 000 Kubikmeter Erde und Steine wieder aufgeschüttet (vgl. auch Abbildung IV).

Angst vollzogen wurde, denn der Tote trug seine Schuhe falsch angezogen.

Die Ausstattung der Grabkammer ist ungewöhnlich reich. Zwei große Objekte fallen besonders auf: die 2,75 Meter lange Bronzeliege und ein vierrädriger Wagen mit Schirr- und Zaumzeug für zwei Pferde. Die so genannte Kline trugen acht aus Bronze gegossene Frauenfiguren mit erhobenen Armen. Da sie kunstvoll auf Rädern standen, konnte die Liege gerollt werden. Ungewöhnlich sind große und kleine Beigaben des Fürsten. Denn er trug einen Hut aus Birkenrinde, der mit seiner flachen konischen Form an einen Chinesenhut erinnert. Auch die Schuhe erwecken einen exotischen Eindruck, sind sie doch mit Goldblech verziert und mit hohen Spitzen versehen.

Zu seinen fürstlichen Statussymbolen gehörten ein großer goldener Halsring, der erwähnte vierrädrige Wagen und ein goldverzierter Dolch mit einer Eisenklinge, den ein so genannter Antennengriff charakterisiert. Dolche dieser Art waren nicht für den Kampf bestimmt, sondern galten als noble Standeszeichen.

Der Tote sollte so reich und luxuriös in der anderen Welt wohnen, wie er im Diesseits gelebt hatte. Diese Absicht belegen ein umfangreiches Trinkservice und Essgeschirr. Ein Blickfang war der 80 Zentimeter hohe Bronzekessel aus Griechenland, der 500 Liter fassen konnte und mit Honigmet gefüllt war. Drei Löwenfiguren schmücken den kostbaren Import vom

Mittelmeer. Eine hatte ein keltischer Bronzegießer nach dem Vorbild der anderen geschaffen. Seine Arbeit übertraf die Qualität der südlichen Handwerker bei weitem und belegt damit die keltische Kunstfertigkeit. Neun Trinkhörner vermitteln den Eindruck einer frühen Tafelrunde, in deren Mittelpunkt der Fürst stand. Seines war aus Eisen gefertigt, während die übrigen acht Hörner des damals in Europa noch zu findenden Auerochsen waren. Alle hatte man mit Gold verziert. Das Speiseservice bestand aus neun Bronzetellern, weiteren Gefäßen und Geräten zum Kochen und Tranchieren des Fleisches.

Die außergewöhnliche Bedeutung des Goldes belegt die Tatsache, dass anlässlich der Bestattung Goldschmiede am Rand des entstehenden Grabhügels ihre Werkstatt aufbauten. Sie fertigten einen Armreif, zwei Fibeln in Schlangengestalt und mehrere Goldbleche für die Schuhe und den Gürtel des Toten.

Das Fürstengrab von Hochdorf gewährt den Blick auf eine Zeit, in der die keltische Kultur erstmals weite Teile Mitteleuropas prägte. Ihre Träger und Schöpfer sprechen mit der Anlage des Grabes, mit der Bestattung des edlen Toten und mit jeder Beigabe in einer schriftlosen Sprache.

Mitteleuropa – Das Barbarenland der Fürstensitze und Grabhügel

Hätte man damals hoch über dem Fürstengrab von Hochdorf den Blick schweifen lassen können, wären einem zuerst die riesigen Waldflächen aufgefallen, die Europa nördlich der Alpen bedeckten. Die Welt der Menschen nahm sich dagegen verschwindend klein aus – mehr oder weniger große Siedlungsinseln, die unbefestigte Pfade miteinander verbanden. Große Städte mit Steinhäusern kannte man nicht, bevorzugt wurden einfache, einstöckige Gebäude in Blockhütten- oder Fachwerkbauweise.

Doch zeigte in dieser wenig erschlossenen Wildnis ein Gebiet zwischen dem ostfranzösischen Burgund und dem südwestdeutschen Oberlauf der Donau, zwischen Main und Genfer See ein besonderes Gepräge, das in vielfacher Weise dem von Hochdorf entsprach: Auf imposanten Erhebungen thronten befestigte Siedlungen über den Gehöften und kleinen Dörfern ihres Umlandes. In wenigen Kilometern Entfernung erhoben sich um sie größere und kleinere Hügel aus aufgeschütteter Erde, welche die Gräber von Verstorbenen bargen. Manche dieser Grabhügel zierten steinerne Stelen, andere lebensgroße Steinfiguren, die wie die von Hirschlanden in der Nähe Hochdorfs offensichtlich einen verstorbenen Häuptling darstellten. Die Höhensiedlung, der so genannte Fürstensitz, und der

Grabhügel, der als Fürstengrab bezeichnet wird, gehörten zusammen. Sie kennzeichneten die Stammeszentren der frühen Kelten.

Ein weiteres Charakteristikum kam hinzu: Wie die älteren Alpenbewohner von Hallstatt und Hallein stellten die Menschen der genannten Gebiete Eisen her und fertigen daraus Schwerter aus Stahl. Doch das leicht zu findende Eisenerz musste verhüttet werden. Diese Technik erforderte hohe Temperaturen, die man mit Holzkohle erreichte. Der Eisenschmied tat sich mit dem Köhler zusammen, der den nahen Wald abholzte. Darum zeichneten sich die keltischen Gebiete durch eine zunehmende Nutzung des Waldes aus. Die Landschaft um die Fürstensitze wurde offener und karger, was den bis dahin wohl schwersten Eingriff des Menschen in die natürlichen Verhältnisse in Mitteleuropa darstellte.

Gegen die Waldwildnis wirkten diese vom Menschen geschaffenen Flächen zwar immer noch gering, aber dem Reisenden fielen die wachsenden Siedlungsinseln auf. Ihre Monumente bannten seinen Blick: So der 8 Meter aufragende Grabhügel des Magdalenenberges bei Villingen-Schwenningen am Ostrand des Schwarzwaldes, dessen Durchmesser imposante 102 Meter betrug. In seiner Holzkammer bestattete man bereits um 614 vor Chr. einen hoch stehenden Häuptling. Allein in Württemberg hat man über 7 000 derartiger Grabhügel gezählt. Dort und andernorts erhoben sich immer die Fürstensitze in ihrer Nähe: auf dem Mont Lassois im oberen Seinetal, auf dem Üetliberg über dem Zürichsee, auf dem Breisacher Münsterberg am Rhein, auf dem Marienberg von Würzburg am Main und in der Heuneburg, die auf den Oberlauf der Donau blickte.

Diese prägnante vorgeschichtliche Zivilisation bezeichnet man als westliche späte Hallstattkultur, deren Einflüsse bis in den Salzburger Raum reichten. Als ihre Träger gelten Kelten, während ihre östlichen Nachbarn bis nach Tschechien und auf den Balkan wahrscheinlich keine Kelten waren. Ihre Blütezeit erlebten sie im 6. und in den ersten Jahrzehnten des 5. Jahrhunderts vor Chr.

Damals erwähnte erstmals ein griechischer Gelehrter das Volk im Norden und benannte es als *Keltoi,* »Kelten«. Dieser Hekataios aus Milet führte sogar angebliche Städte in ihrem Gebiet an und lokalisierte sie in der Nähe der griechischen Kolonie Massalia. Einige Jahrzehnte später war es mit Herodot der berühmte Vater der Geschichtsschreibung,

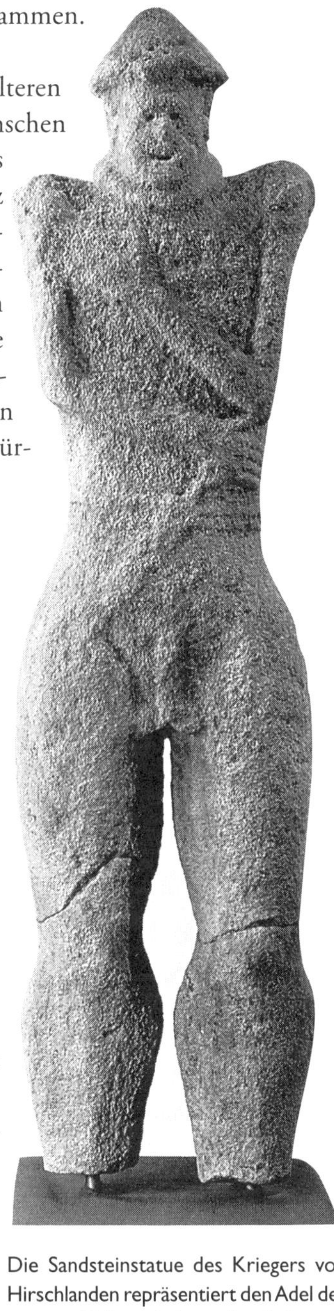

Die Sandsteinstatue des Kriegers von Hirschlanden repräsentiert den Adel der späten Hallstattkultur. Sie bekrönte vermutlich einen Grabhügel. Duplikate solcher keltischen Großplastiken lassen die Betrachter eine geheimnisvolle mythische Vergangenheit erahnen. (Vgl. S. 44f.)

der weitere Angaben machte: »Die Donau entspringt im Keltenlande bei der Stadt Pyrene und fließt durch Europa, indem sie es teilt.« Seine Bewohner lebten jenseits der Säulen des Herakles, womit die Griechen die Meerenge von Gibraltar meinten. Gemäß dieser Beschreibung wohnten die Kelten in Herodots Augen fast am Ende der Welt.

Trotzdem konnte man Handel mit ihnen treiben. So mancher Kelte kam in den Süden, genoss die ungewöhnlich warme Sonne und bestaunte den Reichtum der Städte. Im Gegenzug machten sich Händler und Handwerker auf den Weg in den kalten Norden, aus dem sie mit ersten Schilderungen der Barbaren zurückkehrten. Auf diesem Weg dürfte auch der Name der Kelten zu den griechischen Geschichtsschreibern gelangt sein.

Außer den Griechen, die mit ihrer Kolonie Massalia die Hauptpforte zur Keltenwelt besaßen, lernten die frühen Mitteleuropäer vor allem die Etrusker kennen. Diese schufen die erste städtische Hochkultur auf der italienischen Halbinsel, deren Erinnerung bis heute im Namen der Toskana erhalten blieb. Die Tusci – wie sie die Römer nannten – sind nach Herkunft und Wesen genauso geheimnisumwittert wie die Kelten. Zu den historisch gesicherten Tatsachen gehört, dass sie im 6. Jahrhundert einen Bund von Städten bildeten, dessen Einfluss bis in die Po-Ebene und zum Fuß der Alpen reichte. 534 vor Chr. errangen ihre Kriegsschiffe vor Korsika einen großen Sieg über die Griechen. Dadurch wurden sie für einige Jahrzehnte zu den Herren des Mittelmeeres zwischen Gibraltar und Italien.

Die keltischen Stämme an Rhône, Rhein und Donau erfuhren wenig von den Ereignissen im Mittelmeer – und doch waren sie davon betroffen. Denn das griechische und etruskische Interesse an ihnen und ihren Häuptlingen war nicht uneigennützig. Den Menschen aus Marseille und der Toskana ging es nicht um das bloße Wissen über – in ihren Augen – unterentwickelte Barbaren. Sie suchten den Kontakt, weil man mit ihnen Handel treiben wollte und weil sie die Fernwege durch Mitteleuropa kontrollierten. Seit alters her verlief über französische Flüsse wie Saône und Rhône der Zinnhandel mit den Britischen Inseln. Im Osten verband der Handelsweg des Bernsteins Ostsee und Adria. Weiterhin hatten die Barbarenländer außer Edelmetallen wie Gold und Silber auch Felle und Sklaven zu bieten. Deshalb bedeckte die europäische Wildnis zunehmend ein Netz von Wegen, die sich der Trampelpfade und der schiffbaren Flussläufe bedienten. Sie verbanden den Norden mit dem Süden, den Westen mit dem Osten und brachten die Kelten, Griechen, Etrusker und die Reitervölker der eurasischen Steppen einander näher.

Die mächtigsten und reichsten Keltenhäuptlinge beherrschten die Schnittstellen dieses Wegenetzes, etwa an Flussläufen, wo Waren vom Landweg auf Schiffe verladen wurden. Die Händler und Herrscher vom Mittelmeer wünschten gute Beziehungen mit den Barbarenfürsten. Folglich fanden ihre Tauschobjekte und Freundschaftsgeschenke den Weg in den Norden. Besonders begehrt waren Amphoren, mit Wein gefüllt, und griechische Keramik. Mit den Händlern und Botschaftern strömte eine Fülle neuer Einflüsse ins Keltenland, die dort vielfältige Anregungen hervorriefen: Man benutzte Purpurschnecken aus dem Mittelmeer als Färbemittel, griff in der üblichen Ornamentkunst auf südliche Pflanzenmotive zurück und benutzte die griechische Schrift. Selbst griechische Handwerker reisten in das Barbarenland, um hier ihre Kenntnisse zu zeigen. Die Herrscherburgen der Fürstensitze entwickelten sich zu Zentren, die sich immer mehr mit prestigeträchtigen Dingen aus dem Süden füllten und in denen so mancher Etrusker oder Grieche ein und aus ging.

Die Keltenzentren Mont Lassois und Heuneburg

Die bedeutendsten und größten Fürstensitze der späten Hallstattzeit stellten der Mont Lassois und die Heuneburg dar. An Seine und Donau gelegen,

Die keltische Gesellschaft

Das Leben der Kelten vollzog sich vor allem in den Fürsten- und Häuptlingssitzen sowie den Dörfern und Weilern, wo die Traditionen einer überwiegend bäuerlichen Gesellschaft herrschten. Erst in den letzten beiden Jahrhunderten vor Chr. kamen mit den Oppida stadtähnliche Zentren auf. Überall waren die gesellschaftlichen Verhältnisse hierarchisch geordnet, wobei insgesamt Stämme und Sippen die entscheidenden Institutionen stellten.

Ursprünglich stand ein König an der Spitze der Gemeinschaft, der wahrscheinlich auch oberster Priester war und das Wohl und Wehe des Stammes verantwortete – wie etwa der Fürst von Hochdorf. Die alte Herrscherbezeichnung hat sich bei vielen gallischen Personennamen in der Endsilbe -rix erhalten, beispielsweise in Vercingetorix, ohne dass deren Träger tatsächlich die Königswürde innehatten. Denn am Vorabend der römischen Eroberung hatten schon lange keine Könige mehr das Sagen: Sie waren entmachtet worden und konnten sich allenfalls noch in Randgebieten Galliens und auf den Britischen Inseln behaupten.

An ihre Stelle war eine mächtige Adelsschicht getreten, die nach Caesars Angaben aus zwei Klassen von Männern bestand – den Druiden und den so genannten Rittern. Letztere repräsentierten die Kriegeraristokratie und scharten möglichst viele Gefolgsmänner um sich. Deren keltische Bezeichnung – im Lateinischen *ambactus* – wurde von den Germanen übernommen und fand einen Weg bis in die deutsche Sprache, wo sie in dem Wort Amt erhalten blieb. Wie kriegerisch diese Schicht war, betonen die Ausführungen im *Gallischen Krieg*, wonach sich die Ritter

grenzten sie das frühe keltische Kerngebiet gleichsam ein. Auf beiden Bergen errichteten Adelsfamilien für viele Jahrzehnte und über Generationen hinweg Mittelpunkte ihrer Herrschaftsgebiete.

Der Mont Lassois erhebt sich über dem engen oberen Seinetal in der Nähe der heutigen Stadt Châtillon-sur-Seine. Diesen seit der Vorzeit markanten Landschaftspunkt wussten die einheimischen Häuptlinge zu nutzen. Sie befestigten sein Plateau mit einem Graben und einem Erdwall, der streckenweise noch mit einer Steinmauer versehen war. Dahinter lebte die Fürstenfamilie mit ihrer Gefolgschaft, getrennt von ihnen fanden die gewöhnlichen Kelten ihre Wohnstatt. Die Adelsschicht profitierte von den Handelsinteressen Massalias, dessen Kaufleute die Route am Mont Lassois nutzten. Zu seinen Füßen lud man das britannische Zinn von den Schiffen, die bis hier die Seine befahren konnten. Am Ufer bereitete man dann den Transport mit Lasttieren vor. Deshalb dürfte im 6. Jahrhundert vor Chr., der Blütezeit des Mont Lassois, häufig reger Verkehr vor den Augen des Keltenfürsten geherrscht haben. Er war den fremden Männern aus Marseille wohl gesonnen, denn sie garantierten seinen Wohlstand und damit auch einen guten Teil seiner Macht.

Das Alltagsleben der meisten Kelten war völlig unspektakulär: Die bäuerliche Großfamilie versammelte sich am offenen Herdfeuer, das mangels Fenster und anderer Abzugsmöglichkeiten alles verräucherte. Möbel gab es kaum, man schlief auf dem Stroh des Lehmbodens.

Aber seine Residenz gewann nicht nur an Bedeutung, weil sie das wichtigste Handelszentrum weit und breit war. Nicht nur materielle Interessen zeichneten den Mont Lassois aus. Denn unterhalb des Berges erhob sich eine Grabanlage, die offensichtlich den Kelten als ein Heiligtum galt. Den Zugang bewachten zwei lebensgroße Steinfiguren, die eine Frau und einen Krieger mit Schild und Schwert darstellten. In diesem spirituellen Zentrum, in dem man der fürstlichen Ahnen gedachte, mussten viele Tiere als Opfergaben ihr Leben lassen.

Griechische Besucher dürften die barbarischen Zeremonien gar nicht oder nur am Rande zur Kenntnis genommen haben. Dafür mussten sie am Hof des Fürsten mit einer anderen Überraschung rechnen, denn aller Wahrscheinlich nach kannte die Mont-Lassois-Dynastie auch Herrscherinnen. Zumindest entdeckte man im Umfeld bei Vix ein prächtig ausgestattetes Grab, in dem um das Jahr 500 vor Chr. eine augenscheinlich wohlhabende und mächtige Frau ihre letzte Ruhe fand.

Wie die Herrscher des Mont Lassois wählten diejenigen der Heuneburg einen Berg zu ihrem Fürstensitz. Der ihre erhebt sich über dem Tal der oberen Donau, die von hier an schiffbar war. Mehrere Wege kamen an

stets kampfbereit hielten und mit anderen Stämmen in häufigen Händeln und Fehden lagen. Umso wichtiger war daher die Anhängerschaft: »Wer von ihnen die vornehmste Herkunft oder die meisten Mittel hat, der hat auch die meisten Clienten und Sklaven um sich. Sie kennen nur dies eine Kriterium für Ansehen und Macht.«

Der Kriegeradel zeigte gemeinsam mit den adligen Druiden seinen konkurrenzlosen Einfluss in den politischen Einrichtungen des Stammes – im Rat und in der Stammesversammlung, in denen auch Beamte auf Zeit gewählt wurden. Von den gallischen Verhältnissen weiß der griechische Geograf Strabon zu berichten, dass die meisten Stämme unter einer solchen Adelsherrschaft standen. In früherer Zeit wählten sie alljährlich einen Häuptling, ebenso wurde für den Krieg ein Mann durch die Gemeinschaft als Heerführer bestimmt. Nach Caesars Eroberung richteten sie sich meistens nach den Anordnungen der Römer. Eigentümlich sei, was in ihren Versammlungen vor sich gehe. Wenn jemand einen Redner störe und unterbreche, gehe ein Ordner hin, ziehe sein Schwert und verlange mit Nachdruck Ruhe; falls der Störer nicht aufhöre, wiederhole er dies ein zweites und drittes Mal, und schließlich schneide er so viel von dessen Mantel ab, dass der Rest unbrauchbar werde. Demzufolge herrschten unter den vermeintlich undisziplinierten gallischen Stämmen durchaus Regeln und Institutionen des politischen Lebens.

Aber sie lassen sich keineswegs mit modernen Vorstellungen von Demokratie und Parlamentarismus vergleichen. Selbst in der so genannten Volksversammlung hatte letztendlich nur der Adel die entscheidende Macht. Frauen waren davon grundsätzlich ausgeschlossen, und von der überwiegenden Mehrheit der männ-

dieser Stelle zusammen: der über die Donau, der Landweg durch den Schwarzwald zum Hochrhein, schließlich die Route Richtung Süden zu den Alpenpässen, über die man Italien erreichte. Dass die Heuneburger eine mächtige Sippe waren, beweist bis heute ihr Kranz von Grabhügeln, der den Berg umgibt. Dazu gehört der so genannte Hohmichele, der mit einem Durchmesser von 85 Metern und einer Höhe von über 13 Metern als einer der größten seiner Art gilt.

Macht und Einfluss zeigten sich überdies in einem nördlich der Alpen einzigartigen Bauwerk. Kurz nach 600 vor Chr. ließ ein Fürst anstelle der üblichen Befestigung aus Holzpfählen und Erde eine knapp 4 Meter hohe Mauer errichten. Nach griechischem Vorbild bestand sie aus luftgetrockneten Lehmziegeln und hatte neben zwei Toren mindestens zehn Türme, die wie Bastionen aus der Mauerfront hervorragten. Wahrscheinlich waren sogar hellenische Handwerker am Bau dieser für Kelten völlig fremdartigen Befestigung beteiligt. Obwohl das kalt-feuchte Klima den Trockenziegeln schädlich gewesen sein dürfte, hielt das Bauwerk eine erstaunliche Zeit von 50 Jahren. Die Heuneburger wollten mit dieser Neuheit zweifelsohne nicht nur ein besseres Verteidigungswerk schaffen, sondern

lichen Bevölkerung berichtet Caesar durchweg Trostloses: Nach seinen Worten werde die untere Volksschicht fast wie Sklaven behandelt; sie wage nicht, selbstständig zu handeln, und werde zu keiner Beratung hinzugezogen. Da zudem die meisten unter dem Druck von Schulden oder hohen Steuern lebten oder aber durch rechtswidriges Verhalten der Mächtigen bedrängt würden, begäben sie sich in die Sklaverei. Die Adligen besäßen ihnen gegenüber alle Rechte, die ein Herr seinen Sklaven gegenüber habe. Auch wenn man dem römischen Feldherrn unterstellen muss, er habe die gallischen Verhältnisse ausnehmend drastisch geschildert, um als gerechter Befreier aufzutreten, so spricht doch alles dafür, seinen Ausführungen im Kern Glauben zu schenken.

Denn die Mehrheit der keltischen Bevölkerung setzte sich aus Bauern zusammen, die von ihren Häuptlingen und adligen Herren abhängig waren. Als ein Lichtblick ihrer sozialen Unfreiheit blieb die Tatsache, dass sie von diesen in Notfällen Unterstützung und Schutz erwarten durften. Anders als die Masse der Landbevölkerung dürften sich Händler und Handwerker wie Schmiede aller Art eines recht großen Ansehens erfreut haben, garantierten sie doch Reichtum und Luxus der herrschenden Aristokratie.

Am untersten Ende der keltischen Gesellschaftspyramide standen Sklaven beiderlei Geschlechts. Sie konnten unter anderem als Kriegsgefangene oder zahlungsunfähige Schuldner in diese trostlose Situation geraten sein, in der sie auf keine Rechte hoffen durften. Von ihrem harten Los künden im Oppidum von Manching gefundene eiserne Halsfesseln.

Die verstorbene Fürstin von Vix bleibt rätselhaft und faszinierend. Auch die obige Rekonstruktion ihrer Bestattung trägt dem Zauber Rechnung, der von dieser »frühen Druidin« ausgeht. Von hohem Rang zeugen ein prächtiges Golddiadem und das berühmte Weinmischbehältnis, das größte Gefäß der Antike (vgl. S. 132).

auch auf ihren Reichtum hinweisen. Ziemlich sicher hat der Fürst von Hochdorf das Wunderwerk bestaunt, als er seinen »Kollegen« im Donautal besuchte.

Die zertrümmerten Statuen und die Entstehung einer neuen keltischen Kultur

Die überwiegend friedliche und luxuriöse Welt der hallstattzeitlichen Keltenfürsten fand im 5. Jahrhundert vor Chr. ein endgültiges Ende, das teilweise mit kriegerischen Auseinandersetzungen verbunden war. Die prächtigen Fürstensitze der Heuneburg und des Mont Lassois stehen stellvertretend für die Fülle der Geschehnisse, über deren Einzelheiten wegen fehlender schriftlicher Quellen nichts bekannt ist. Gewiss ist, dass die Heuneburg um das Jahr 480 vor Chr. als Opfer von Kämpfen ein Raub der Flammen wurde und dass man sie nie wieder aufbaute. Das Herrschaftszentrum auf dem Mont Lassois folgte wenige Jahre später; allerdings gaben seine Bewohner ihre Siedlung weniger spektakulär sang- und klanglos auf. Selbst das erwähnte Heiligtum zu ihren Füßen war zwei Jahrzehnte später dem Untergang geweiht. Die unbekannten Vernichter des heiligen Ortes hinterließen deutliche Spuren ihrer Zerstörungswut: Den am Eingang wachenden Sitzstatuen schlugen sie die Köpfe ab. Da diese wahrscheinlich vergöttlichte Ahnen des alten Herrschergeschlechts darstellten, ist die Tat ein unübersehbares Zeichen dafür, dass es zu politischen, religiösen und gesellschaftlichen Umwälzungen in der traditionellen Keltenwelt kam. Die Zeit der Fürsten und Fürstinnen vom Typ des Hochdorfer Herrschers war vorüber. Am Ende dieser revolutionären Vorgänge stand eine neue Aristokratie an der Spitze.

Die Ursachen für den Niedergang der alten Dynastien dürften in wirtschaftlichen Veränderungen zu finden sein. Wie oben dargelegt, basierte ihre Macht nicht zuletzt auf dem immensen Reichtum, den sie durch die Kontrolle der Verkehrswege und aufgrund der engen Beziehungen zur Mittelmeerwelt gewannen. Dies zeigte sich in prestigeträchtigen Importgütern, aber auch in kostspieligen Gelagen und in der ebenso teuren Unterhaltung einer Kriegergefolgschaft. Wenn sich ein Fürst das alles leisten konnte, befand er sich im Glauben des Volkes mit den göttlichen Mächten im Einklang und war ein Garant für das Wohl der Stammesgemeinschaft. Für den wirtschaftlichen Niedergang in der Zeit nach 500 vor Chr. waren allerdings weniger die Götter verantwortlich, als die politischen Geschehnisse am Mittelmeer. Die griechischen Hauptgeschäftspartner der Kelten litten auch in Marseille unter den Kämpfen des Mutterlandes gegen das persische Großreich, das 490 vor Chr. in der Schlacht von Marathon eine Niederlage gegen die vereinten Hellenen erlitt. Im Westen konnten sich die Griechen ebenfalls gegen die etruskischen Kontrahenten militärisch behaupten. Trotzdem war die Zeit der ertragreichen griechischen Handelsrouten durch das Keltenland vorbei.

Zu den Leid Tragenden gehörten in erster Linie die frühkeltischen Fürsten auf ihren Herrschersitzen, deren Reichtümer aus dem Süden versiegten. Die Etrusker benutzten neue Wege über die Alpen und durch das Barbarenland. Ihre Geschäftspartner fanden sie in anderen keltischen Gebieten, die sich von der nordostfranzösischen Marne über den Mosel- und Mittelrheinraum sowie Hessen bis nach Böhmen erstreckten. An den Flüssen und in Mittelgebirgen wie Hunsrück und Eifel residierte der Adel wiederum in Bergfestungen und bestattete seine Toten in Prunkgräbern. An die Stelle griechischer Importgüter traten solche aus Etrurien, vor allem große und kunstvoll gestaltete Schnabelkannen aus Bronze.

Die neuen Stammeseliten unterschieden sich in vielerlei Hinsicht von ihren südlicheren Vorgängern. An die Stelle des vierrädrigen Wagens, der auch dem Fürsten von Hochdorf als Statussymbol gedient hatte, trat der zweirädrige Streitwagen. Über dessen Verwendung im Kampf berichten noch ein halbes Jahrtausend später die römischen Geschichtsschreiber von den Britischen Inseln. Für ein ausgeprägt kriegerisches Bewusstsein der neuen Herrscherschicht spricht weiterhin die Grabbeigabe von Schwer-

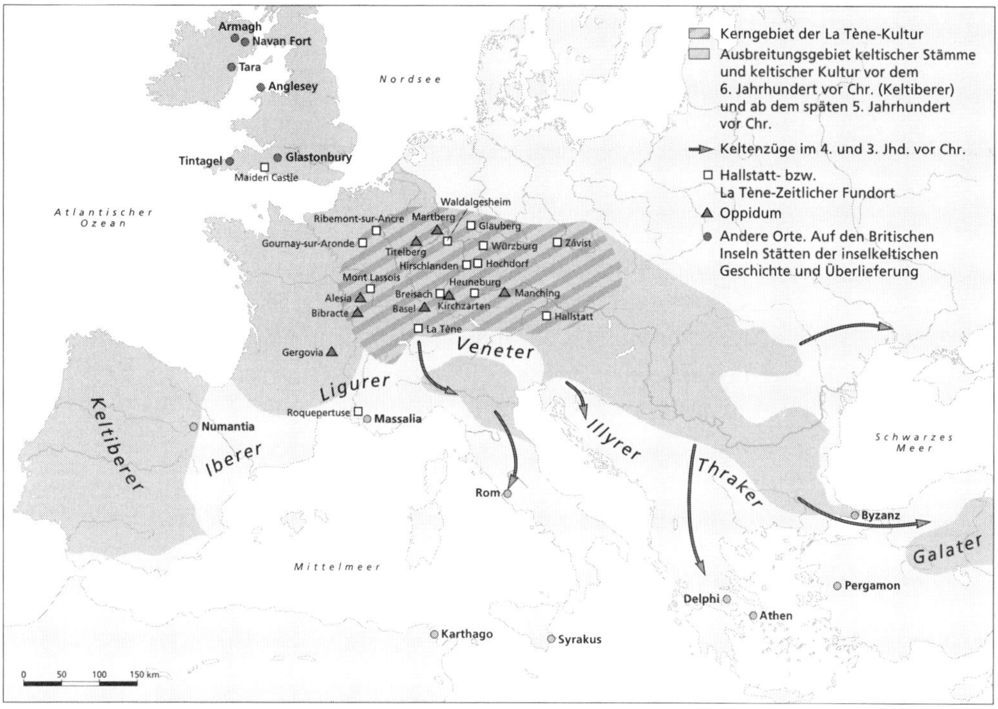

Das Verbreitungsgebiet keltischer Stämme und keltischer Kultur

tern, Speeren und Helmen, die statt des zierlichen Antennendolches der Hallstattzeit dem Toten mit ins Jenseits gegeben wurden.

Ihren prägnantesten Ausdruck fand die neue keltische Kultur jedoch in ihrem Kunststil, dessen Motive vor allem Schmuckstücke und Waffen zierten. Mit seiner fantasievollen Verschmelzung ornamentaler und figurativer Elemente gilt er heute als die auffallendste und typischste Hinterlassenschaft der Kelten. Diese Kunst wird mit der gesamten Epoche des 5. bis 1. vorchristlichen Jahrhunderts nach dem Fundort La Tène benannt, der am Neuenburger See in der Westschweiz liegt. Dort existierte offensichtlich ein bedeutender Kultplatz, an dem man Speere, Schwerter, Schilde und Schmuck in großen Mengen im Wasser als Opfer darbrachte.

Nichts spricht dafür, die Umbruchszeit des 5. Jahrhunderts vor Chr. in Mitteleuropa als Epoche großer Völker- und Stämmewanderungen anzusehen. Die Fürsten der Hallstattzeit wurden nicht von Völkerlawinen hinweggefegt, sondern von Teilen der eigenen Bevölkerung entmachtet und beseitigt. Zumeist verödeten ihre Herrschersitze und wurden die Grabhügel geplündert, während in den Dörfern und Weilern der Nachbarschaft das Leben weiterging. Es begann sogar eine ausgesprochene Blütezeit, in der keltische Siedler mehr Flächen für den Ackerbau und die Viehzucht gewannen, die sie aus neu gegründeten Siedlungen erschlossen. Ihre sich entwickelnde Kultur breitete sich in der La Tène-Zeit über weite Teile Europas aus: über den größten Teil Frankreichs, auf der Iberischen Halbinsel, hinüber auf die Britischen Inseln bis nach Irland sowie ins heutige Tschechien, nach Böhmen und bis an die Oder. In diesen Gebieten erfolgte die Ausbreitung allem Anschein nach weniger durch Wanderungen und Stämmeverschiebungen, als durch die Übernahme keltischen Kulturguts. Eine ertragreichere Bearbeitung des Bodens sowie die angesprochene herausragende Fertigkeit in der Gewinnung und Verarbeitung des Eisens lockten die Menschen von der portugiesischen Atlantikküste bis an den Rand der eurasischen Steppen, keltische Errungenschaften anzunehmen. Dabei blieb es nicht aus, dass selbst religiöse Vorstellungen und sogar die Sprache der Kelten zumindest in Teilen übernommen wurden. Auf diese Weise wurden Nicht-Kelten zu Kelten und trugen zum Jahrhunderte währenden Siegeszug dieser Kultur bei.

Die heiligen Stätten vom Glauberg

Im 5. Jahrhundert vor Chr. bildete das heutige Hessen eines der keltischen Kerngebiete. An Main und Lahn sowie in der fruchtbaren Wetterau fanden sich viele bäuerliche Siedlungen und Befestigungswälle, die als Schutz vor Angreifern, aber auch als Sitz der einheimischen Häuptlinge dienten. Jedoch scheinen sie alle an Macht und Reichtum von einem Fürstengeschlecht übertroffen worden zu sein, dessen Einfluss vom Neckar im Süden bis zur Werra im Norden, vom Rhein im Westen bis an den Thüringer Wald im Osten reichte. Das Herz seines Reiches war der Glauberg nordöstlich Frankfurts.

Wer um das Jahr 450 vor Chr. die Ufer des Mains verließ und an Wäldern, Feldern und Dörfern vorbei Richtung Vogelsberg reiste, der erblickte schon von weitem an dessen Rand den mächtig aufragenden Glauberg. 150 Meter erhob sich sein Plateau über die Umgebung. In der Höhe hatten die Keltenfürsten wahrscheinlich ihren Sitz errichtet, der mit seinen recht einfachen Bauten dem des 100 Jahre älteren Hochdorfer Herrschers sehr ähnlich gewesen sein dürfte. Seit Jahrtausenden hatte der vorzeitliche Mensch diesen auffallenden Berg zum Siedeln benutzt. Insofern sahen sich die Häuptlinge des 5. Jahrhunderts vor Chr. in einer langen Tradition, als sie das Plateau nach den Notwendigkeiten des Geländes teilweise mit einer Mauer aus Holz, Erde und Steinen befestigten.

Während schon der Fürstensitz in seiner exponierten Lage jedem Ankommenden die Macht der Glauberger deutlich vor Augen führte, so musste das, was man am Fuße des Berges erblickte, erst recht Ehrfurcht und Erstaunen wecken. Denn dort erstreckte sich über Hunderte von Metern ein verzweigtes System von Wällen und Gräben, die offensichtlich nicht der Verteidigung dienten. Über ihre verwirrende Anzahl wurde der Blick auf einen Weg gelenkt, eine regelrechte Straße, die auf 350 Metern Länge schnurgerade angelegt war. Sie mündete in einen runden Graben, aus dessen Mitte sich ein Erdhügel erhob. Sein Durchmesser betrug 48 Meter und er ragte vermutlich 6 Meter empor. Jeder Kelte erkannte ihn als einen der vielen Grabhügel, die seit langem den adligen Herrschern als letzte Ruhestätte dienten. Diese Herrscher und ihre Ahnen jedoch schienen auf eine Ehrfurcht und Verehrung gebietende Weise präsent zu sein: Vier gleiche lebensgroße Steinstatuen, die bunt bemalt waren, zierten den Hügel. Sie stellten Krieger in einem Panzer aus Leinen und Leder dar, die mit der linken Hand einen kleinen ovalen Schild hielten, während die rechte auf der Brust ruhte. An der rechten Seite trugen sie ein Schwert als weiteres Symbol ihres Kriegertums. Ein Halsring und eine so genannte Blattkrone zeichneten sie als Herrscher aus. Diese verbreitete fürstliche Kopfbedeckung bestand aus einer Haube mit zwei seitlichen Ansätzen, die möglicherweise Mistelblätter darstellten.

Die steinernen Götter und Helden

Die Gegenstände der keltischen Kunst nahmen keine monumentalen Ausmaße an; man errichtete weder große Steingebäude noch waren Skulpturen wie bei den Griechen, Etruskern oder Römern üblich. So blieb dem künstlerischen Ausdruck die Fülle wertvoller Gebrauchsgegenstände aus Metall vorbehalten, die sich überwiegend als Grabbeigaben erhalten haben – Schwerter, Gefäße, Fibeln, Ringe, um nur einige zu nennen. Aber die Kelten versuchten sich ebenso am eher ungewohnten Steinmaterial, dem ihre Steinmetze bemerkenswerte Formen abzuringen wussten. Sie rechtfertigen es, von Großplastiken zu sprechen, bei deren Herstellung die ansonsten üblichen Dimensionen überschritten wurden.

Unter ihnen fallen vor allem die Skulpturen ins Auge, deren berühmtester Vertreter die Statue vom Glauberg ist. Sie und die drei weiteren Figuren, die andernorts genauer beschrieben werden, maßen ursprünglich um die 2 Meter und müssen deshalb in keltischen Augen ein Ehrfurcht gebietendes Ausmaß erreicht haben. Dies wurde dadurch gesteigert, dass die Statuen wahrscheinlich verstorbene Fürsten darstellten, die als gottähnliche Stammväter und Krieger Ver-

Der reich verzierte Pfeiler von Pfalzfeld sollte Unheil von heiligen Orten abwehren.

In einer Grabkammer des Hügels ruhte das verstorbene Vorbild der Statuen, ein etwa dreißigjähriger Mann, der bewaffnet und mit mehreren Schmuckringen beigesetzt worden war. Eine zweite Kammer barg die verbrannten Überreste eines weiteren Adligen, der wahrscheinlich ein Verwandter des ersten war, vermutlich sein älterer Bruder. Außerdem errichtete man in der Nähe der angelegten Straße einen kleineren Grabhügel für einen dritten Krieger. In diesem Umfeld fanden auch ein Kleinkind und eine Greisin ihre Ruhestätten. Vor allem aber erwies man den Toten des großen Grabhügels herausragende Verehrung, die sich in wertvollen Beigaben zeigte, darunter eine prächtige, mit Met gefüllte Schnabelkanne, die nach etruskischen Vorbildern von keltischen Handwerkern hergestellt worden war.

Die ganze Anlage um den Glauberg bleibt der Nachwelt in zahlreichen Details ein Rätsel. Offenbar handelte es sich um einen heiligen Bezirk von überregionaler Bedeutung. Hierher kamen die Menschen aus allen Himmelsrichtungen, um eines mächtigen Fürstengeschlechts zu gedenken, dessen Verstorbene als Helden oder gar als götterähnliche Wesen verehrt wurden. So mancher feierliche Zug mag, von Priestern angeführt, über den so genannten Prozessionsweg zum Grabhügel mit den Steinstatuen gezo-

ehrung genossen. Dabei traten derartige Steinmonumente wohl gar nicht selten in Erscheinung und fanden sich an so manchen Grabhügeln. Allerdings waren sie im Freien stärker den Unbilden der Natur ausgesetzt – und dem der Menschen; denn oftmals fielen sie der Zerstörungswut der Kelten selbst zum Opfer. Über die Gründe können nur Mutmaßungen angestellt werden, die eines der vielen Rätsel um die keltische Kultur darstellen.

Als sicher gilt, dass es den Kelten als erstem Volk in Mitteleuropa gelang, frei stehende Rundplastiken zu schaffen. Vorbilder dafür fand man augenscheinlich in der antiken Welt, bei den Etruskern und Griechen. Deren hervorragenden Skulpturen wollte man es gleichtun, um damit die toten Häuptlinge zu ehren. Die frühesten Versuche aus dem 7. Jahrhundert vor Chr. fand man in Südwestdeutschland. Doch sie zeigen lediglich, wie schwer man sich noch mit der Steinmetzarbeit tat; ähneln sie doch mehr einem Grabstein mit Strichgesicht als einer menschlichen Figur.

Der mehr als 100 Jahre später, etwa 500 vor Chr., entstandene »Krieger von Hirschlanden«, der in Württemberg gefunden wurde, zeigt demgegenüber die Fortschritte der keltischen Handwerker. Fast 2 Meter maß ursprünglich diese Plastik, die vermutlich wie die Glauberger Funde einen Fürsten darstellte. Die Figur ist nackt – bis auf eine Kopfbedeckung, die dem Birkenhut von Hochdorf ähnelt, einen Torques-Halsring und einen Gürtel. Den Hirschlandener ziert außerdem ein Dolch, der in der Hallstattzeit als herrschaftliches Attribut galt. Deutlich sichtbar stellt sein erigierter Phallus ein Detail dar, dessen Darstellung südlich der Alpen

gen sein. Dort betete man zu den Ahnen der Glauberger Dynastie und beging zu gewissen Tagen und Nächten des Jahres Wettkämpfe und Spiele. Auf dem großen Areal des Heiligtums, dessen sakraler Bereich durch Gräben und Wälle von der Alltagswelt geschieden war, dürften Opferrituale und Orakelbefragungen veranstaltet worden sein.

Mitten im Barbarenland erhob sich die keltische Anlage in monumentalen Ausmaßen, die – abgesehen von den fehlenden Steinbauten – an die griechischen Kultstätten Olympias und Delphis erinnert. Ob diese als Vorbilder dienten, muss völlig ungewiss bleiben. Jedenfalls fanden die keltischen Bewohner Hessens ihren eigenen Stil, der in der Anlage des heiligen Bezirks mit seinen bisher einmaligen Statuen und den wertvollen Grabbeigaben aus den örtlichen Werkstätten ihre religiösen Vorstellungen ausdrückte. Die Fürsten gehörten schon der Kultur der La Tène-Zeit an, wofür die Blattkronen und reichen Waffenbeigaben sprechen. Macht und Einfluss begründeten sie nach wie vor in ihrer religiösen Verehrung als Heilsbringer und in ihrem immensen Reichtum. Denn sie kontrollierten etliche salzhaltige Quellen des Umlandes, aus denen der stets begehrte Rohstoff gewonnen wurde.

Die Glauberger Fürstendynastie erwies sich mit ihrer monumentalen

undenkbar gewesen wäre. Den Kelten hatte es dagegen nichts Anrüchiges, sondern verwies auf den Aspekt der Fruchtbarkeit, den man offensichtlich mit dem Fürsten verband. Ein anderes Detail findet eine weniger plausible Erklärung: Man glaubt nämlich, dass die Figur mit einer Maske dargestellt werden sollte. Figuren dieser Art dürften häufiger gewesen sein, als ihre seltenen Funde vermuten lassen. Die hinter ihnen stehenden Vorstellungen sind unbekannt, waren aber anscheinend sehr detailliert. Denn nichts an diesen Skulpturen blieb bedeutungslos: ihre Haltung, die Gestik ihrer Arme und die Attribute des Häuptlings.

Im südlichen Frankreich schuf man Plastiken, die wahrscheinlich auch Mitglieder der Aristokratie oder götterähnliche Vorfahren darstellten – dort jedoch in würdevoller Sitzpose, die heute zwar unvermittelt an den Buddhasitz erinnert, aber ihr Vorbild in den üblichen keltischen Sitzgewohnheiten hatte.

Doch die Kelten kannten nicht nur menschenähnliche Skulpturen als Steinplastiken. Sie stellten auch Pfeiler auf, die ursprünglich über 2 Meter emporragten. Am besten erhalten hat sich der Fund aus Pfalzfeld im Hunsrück, der um 400 vor Chr. hergestellt wurde. Er belegt einmal mehr die Bedeutung der so genannten Blattkrone, die er mitsamt Köpfen mehrmals wiedergibt.

Wie schon angesprochen, ist die Bedeutung dieser keltischen Steinkunst im Einzelnen ungewiss. Sicherlich diente sie religiösen und damit verbundenen politischen Zwecken, die in erster Linie die Verherrlichung der herrschenden Fürstendynastien zum Ziel hatten.

Kultanlage als herausragender Repräsentant einer reichen Adelsschicht Mitteleuropas. Die Häuptlinge pflegten rege Beziehungen zu den Etruskern, denen sie viele Handelsgüter vermittelten und verkauften, darunter das weiterhin zur Bronzegewinnung benötigte Zinn von den Britischen Inseln. Ihr Reichtum zeigte sich üblicherweise nicht in groß angelegten Herrschaftszentren wie dem Glauberg, sondern in einer Anzahl von Gräbern, deren Tote aufs Prächtigste ausgestattet wurden. Unter ihnen gab es auch Frauen, die anscheinend über große Macht verfügten, wie etwa ihre Gräber im saarländischen Reinheim und von Waldalgesheim bei Bingen zeigen. Sie bargen keltische Fürstinnen, die um 370 und um 320 vor Chr. starben. Doch schon im Laufe des 4. Jahrhunderts vor Chr. wurden die Gräber immer unspektakulärer und bescheidener. Die Zeit jener mächtigen Adelsgeschlechter fand ein Ende.

Die Zeit der großen Wanderungen

Die Welt der unzähligen keltischen Stämme war stets dem Wandel unterworfen, der sich manchmal in einem langsamen Rhythmus vollzog und manchmal rasant hereinbrach. Um 400 vor Chr. sollten die südlichen Nachbarn jenseits der Alpen solch einen stürmischen Wandel zu spüren bekommen und von Keltenscharen regelrecht überrollt werden. Seit Jahrhunderten prägten friedliche Beziehungen das Verhältnis zwischen Nord und Süd. Beide Seiten nutzten diese zum jeweiligen Vorteil, wie auf keltischer Seite die Herren von Hallstatt, der Fürst von Hochdorf, die Heuneburger und die mittelrheinischen Adligen bewiesen. Für die griechischen und etruskischen Händler und Botschafter waren die Kelten zwar Barbaren, gleichwohl ließen sich gute Geschäfte mit den kuriosen Halbwilden machen. Diese wiederum setzten den Süden mit Reichtum und üppigem Luxus gleich. Manchen lernbegierigen Kelten zog es nach Massalia oder in die oberitalienischen Etruskerstädte. Dort verdingte er sich als geschickter Arbeiter und kehrte mit reichen Schätzen in seine Heimat zurück. Schließlich verstanden keltische Schmiede ihr Handwerk so gut, dass sie gefragte Spezialisten am Mittelmeer wurden. Ebenso begehrt waren keltische Söldner, die als Gefolgschaftskrieger ihrer Herren den Waffendienst kompetent und beherzt versahen. Ihre Auftraggeber setzten sie in vielen Händeln südlich der Alpen ein. Die Grenzen zwischen Barbaren und Zivilisierten waren fließend geworden.

In dieser Situation wählten sich unruhige Stämme und ihre Krieger den lockenden Süden als Ziel: das Land der Städte und Steinhäuser, das schon vielen Männern Reichtümer beschert hatte. Warum sollte man dort nicht neue Wohnsitze finden, die in einer wärmeren Welt des Überflusses lagen? Überlieferte Stammesnamen vermitteln ein Bild wandernder und Land suchender Menschen. So bedeutet die Bezeichnung der um das südwestfranzösische Toulouse siedelnden Tektosagen »die Dachsuchenden«, und der Name der Allobroger in der Nähe des Genfer Sees bezeichnet sie als Menschen, die an einem anderen Ort geboren wurden, also eingewandert waren. Warum keltische Stämme oder Stammesgruppen die bisherigen Wohnsitze verließen, ist unbekannt. Eine Fülle von Gründen kommt in Betracht: politische Auseinandersetzungen zwischen einzelnen Parteien, Aufstände gegen die herrschenden Fürsten, eine gewachsene Bevölkerungszahl, die sich auf ihrem ursprünglichen Land nicht mehr ernähren konnte, und natürlich die Lockungen des Südens.

Der römische Historiker Livius hat sich Jahrhunderte später mit dem Beginn der Keltenzüge beschäftigt und folgende Geschichte dazu tradiert. Danach machten die Biturigen um das heutige Bordeaux den Anfang mit den keltischen Stammeswanderungen. Sie hätten zu Zeiten des römischen Königs Tarquinius Priscus den dritten Teil Galliens beherrscht und landesweit die größte Macht besessen. Darum stellten sie ihren König über alle Kelten Galliens: »Das war damals Ambicatus, ein überaus mächtiger Mann durch seine Tüchtigkeit und weil das Glück ihm und vor allem auch seinem Volk hold war; denn unter seiner Herrschaft war Gallien so reich an Früchten und Menschen, dass es schien, als könne die übergroße Menge kaum noch regiert werden. Weil er das Königreich von der drückenden Überbevölkerung zu entlasten wünschte, selbst aber schon hoch an Jahren war, erklärte er, er werde Bellovesus und Segovesus, die Söhne seiner Schwester, tatkräftige junge Männer, zu den Wohnsitzen schicken, die die Götter ihnen durch ihre Zeichen geben würden. Sie sollten so viele Leute aufbieten, wie sie selbst wollten, damit keine Völkerschaft die Ankommenden abwehren könne. Darauf erhielt Segovesus durch die Lose die Herkynischen Wälder, die sich vom Schwarzwald bis zu den Karpaten erstreckten; dem Bellovesus gaben die Götter den viel erfreulicheren Weg nach Italien. Der bot auf, was seine Völker an Überzahl hatten, Biturigen, Arverner, Senonen, Haeduer, Ambarrer, Karnuten und Aulerker und machte sich mit ungeheuren Truppenmassen an Fußsoldaten und Reitern auf den Weg …«

Obwohl der römische Geschichtsschreiber kein Zeitzeuge war und sagenhafte Motive bei seiner Schilderung verwendete, bietet er ein glaubwürdiges Bild vom Beginn einer Wanderung: Die adligen Stammesführer mit ihren kampfbereiten Kriegern entschieden über den Aufbruch und riefen dazu die Götter an. In vielen Fürstensitzen wurde darüber debattiert, wer mit welchem Stammesteil losziehen sollte, um für sich neues Land und Beute zu gewinnen. Natürlich kamen nur die Jüngeren infrage, deren Ehrgeiz darauf brannte, Ruhm und Reichtum zu erwerben. Wie die Brüder Segovesus und Bellovesus zogen viele Kelten los, in menschenreichen Zügen mit ihren Kriegern und den Frauen und Kindern.

Derartige Wanderungen hat es in der Welt der Kelten immer wieder gegeben; aber darüber ist nichts bekannt. Erst als sich Kriegerscharen und Auswanderertrecks den Ländern am Mittelmeer näherten und in diese einfielen, wurden sie für die griechischen und römischen Historiker ein Thema. Über zwei Jahrhunderte machten keltische Krieger die Reiche und Städte des Südens unsicher. Ihre Menschenscharen zogen nach Italien, auf den Balkan bis nach Griechenland und überquerten schließlich sogar den Bosporus, um im anatolischen Hochland eine neue Heimat zu finden. Im 3. Jahrhundert vor Chr. stellten die keltischen Stämme die verbreitetste Kultur Europas. Sie reichte weit über das Gebiet der hallstattzeitlichen Fürsten hinaus: von Irland und den gesamten Britischen Inseln bis nach Oberitalien, von Spanien über Mitteleuropa und den Balkan bis nach Kleinasien. Einen Hinweis auf die Wanderfreudigkeit der Kelten gibt die Tatsache, dass dieselben Stammesnamen in weit voneinander entfernten Gegenden zu finden sind.

Unter den Griechen und Römern, deren Schriftsteller die einzigen schriftlichen Quellen dieser Zeit lieferten, vollzog sich ein grundlegender Wandel des Bildes von den nördlichen Wilden: Nun wurden die Kelten zu den typischen Barbaren, deren Klischees auf alle fremden Völker jenseits der Alpen angewandt wurden. Für die Römer stellten die Kelten das Trauma ihrer frühen Geschichte dar. Denn diesen gelang es, die aufstrebende Macht Mittelitaliens in unvergesslicher Weise zu demütigen.

Kelten an Po und Adria

Die Alpen stellten zu keiner Zeit einen undurchlässigen Grenzwall der Natur dar. Schon seit langem benutzten keltische Gruppen die Gebirgspässe, um sich auf friedlichem Weg im Süden Land zu suchen. Sie fanden es bereits zu Zeiten des Fürsten von Hochdorf im Gebiet des Lago Maggiore und des Comer Sees. Über Generationen lebten sie in guter Nachbarschaft mit anderen Völkern wie den Etruskern und Ligurern. Sie machten gute Geschäfte als Zwischenhändler und Vermittler zwischen den Kelten jenseits der Pässe und ihren italienischen Nachbarn.

Was dann um 400 vor Chr. geschah, schilderte 250 Jahre später der griechische Historiker Polybios als Resultat barbarischen Neids: Die Kelten lockte das fruchtbare Land der ihnen gut bekannten etruskischen Nachbarn. Denn sie selbst lebten unter bescheidenen Verhältnissen. »Sie wohnten in unbefestigten Dörfern ohne weitere Annehmlichkeiten der Zivilisation. Da sie auf Stroh lagerten und viel Fleisch aßen, ferner nichts anderes als Kriegswesen und Landwirtschaft betrieben, führten sie ein einfaches Leben, und sie verfügten über keinerlei andere Kenntnisse und Fertigkeiten. Die Habe bestand allgemein aus Vieh und Gold, weil sie nur solches beim Umherziehen leicht transportieren und dorthin bringen konnten, wo sie es haben wollten. Für Gefolgschaften legten sie größten Eifer an den Tag, weil bei ihnen derjenige am meisten gefürchtet und mächtig war, welcher die meisten Dienstmannen und Gefolgsleute um sich hatte.« Mit einer ungewöhnlich großen Zahl dieser Kriegerscharen hätten sie völlig überraschend die Etrusker angegriffen und aus der Po-Ebene vertrieben. Anschließend gaben sie sich keineswegs damit zufrieden, sondern bedrohten und unterwarfen etliche ihrer Nachbarn, »nachdem sie diese durch ihre Tollkühnheit in Schrecken versetzt hatten«.

Furcht und Schrecken erregten die Barbaren mit ihrer für die Heere der italienischen Völker ungewöhnlichen Kriegsführung: Laut antiker Beschreibungen trugen die keltischen Angreifer keine Panzer, Helme und Beinschienen, sondern kämpften mit ungeschütztem Kopf und überwiegend entblößtem Körper. Als Schutz dienten ihnen lediglich Schilde, zum Angriff benutzten sie Lanzen und lange Schwerter. Aber damit allein konnten sie die Etrusker, Römer und viele andere nicht besiegen. Auch ihr Auftreten unterschied sich völlig von dem der Feinde. Da es ungewohnt war, schockierte und irritierte es die Heere Italiens. Der römische Politiker Camillus versuchte in einer Rede, seinen Landsleuten die Angst vor den Kelten zu nehmen, indem er ihr Verhalten als barbarisch und lächerlich abtat: »Was können uns schon ihre langen Haare, ihre wild blickenden Augen und ihr grimmiger Gesichtsausdruck antun? Und ihre ungezügelten Tänze, das zwecklose Herumfuchteln mit den Waffen, das wiederholte Schlagen auf die Schilde und alle anderen Äußerungen barbarischer und unvernünftiger Prahlerei durch Geste und Stimme, mit denen sie ihre Gegner einzuschüchtern versuchen, welchen Vorteil kann all dies Leuten bringen, die sich unbesonnen in den Kampf stürzen, und wie kann das Soldaten in Schreck versetzen, die der Gefahr mit kühler Überlegung trotzen?« Doch gerade dieser keltische Furor, diese todesverachtende Kampfwut, schreckte die Soldaten. Jahrhunderte sollten noch vergehen, bis die römischen Legionen ihre organisierte Kampfführung so weit entwickelt hatten, dass sie auf wild heranstürmende Krieger mit deren Vernichtung reagierten.

In den Jahren nach 400 vor Chr. schlugen dagegen die Barbaren viele siegreiche Schlachten und eroberten sich große Teile der italienischen Halbinsel. Insbesondere wurden die Po-Ebene und die nördliche Adriaküste zu keltischem Land. Dort fanden unter anderem die Insubrer um Mailand und die Kenomanen um Brescia und Verona neue Wohnsitze, während die Boier um Bologna und die Senonen an der Adria um Rimini siedelten. Aber diese Stämme gaben sich damit nicht zufrieden und unternahmen Züge ins Landesinnere. Die Etrusker konnten ihnen nur wenig Widerstand entgegensetzen.

Die Kelten erobern Rom

Über kurz oder lang mussten die Kelten auf ihren Beute- und Eroberungszügen über die Apenninen auf das Einflussgebiet Roms stoßen, das zu jenem Zeitpunkt noch weit von der universalen Größe des Imperium Romanum entfernt war. Die Adelsgeschlechter und das einfache Volk der Plebejer hatten sich vor mehr als 100 Jahren von ihren etruskischen Königen befreit und eine Republik gegründet. Deren Territorium erstreckte sich nach heftigen Kämpfen mit den Etruskern und anderen Nachbarvölkern über die mittelitalienische Kernlandschaft Latiums. Rom, die Stadt zwischen den sieben Hügeln und dem Tiber, war eine aufstrebende Macht, aber noch keine Großmacht. Gleichwohl empfand sich die Republik als italienische Ordnungsmacht mit ausgreifenden Interessen.

Den vorrückenden Galliern, wie die Kelten von den römischen Autoren genannt wurden, war Rom kaum ein Begriff. Man kannte seit langem die reichen Griechen aus Massalia, die Etrusker mit ihren Luxuswaren, allenfalls noch kleinere Völker am Alpenrand. Zwischen Römern und Galliern hatte es bisher kaum Kontakte gegeben. Um das Jahr 390 vor Chr. sollten sie jedoch umso intensiver werden.

Nach dem Historiker Livius bestimmte anfangs ein eher diplomatischer Ton das erste Aufeinandertreffen beider Parteien. Die Bewohner der Stadt Clusium weit oben im Etruskerland hatten Rom gegen die anrückenden Gallier um Hilfe gebeten. Der Senat als höchstes Gremium der Republik schickte ihnen lediglich drei Gesandte, die mit den Barbaren verhandeln sollten. Aus deren Versammlung erhielten sie folgende Antwort: Sie selber kannten die Römer nicht, vermuteten in ihnen allerdings tapfere Männer; schließlich hätte sich Clusium an sie gewandt. Man sei durchaus an einer friedlichen Lösung interessiert. Die Clusiner hätten soviel Land, dass sie gar nicht alles bestellen könnten. Dies sollten sie den landlosen Galliern überlassen. Andernfalls seien sie zum Kampf bereit. Die römischen Gesandten wünschten, die Rechtsgrundlage dieses Begehrens zu erfahren, aber die Einwanderer aus dem Norden hatten mit dem römischen Recht nichts im Sinn: »Sie trügen ihr Recht in den Waffen und tapferen Männern gehöre alles.«

Daraufhin griffen Gallier und Clusiner zu den Waffen. Auch die drei Unterhändler Roms taten dies, obwohl sie dadurch selbst gegen das Völkerrecht verstießen. Einer von ihnen preschte mit seinem Pferd vorwärts und durchbohrte einen gallischen Anführer mit seiner Lanze. Ein Schrei der Empörung erklang aus den Reihen der Barbaren, die durchaus Vorstellungen vom richtigen Verhalten eines Friedensgesandten hatten. Wer waren diese Römer, dass sie sich nicht an die Regeln der Verhandlungen und der Schlacht hielten! Die kampfwütigen Krieger wollten am liebsten sofort gegen die Stadt Rom marschieren. Die Älteren setzten sich jedoch durch: Sie schickten Gesandte zum Senat, die über das Verhalten der römischen Unterhändler Beschwerde führen sollten.

Der Senat hörte die Gallier an und gab ihnen grundsätzlich Recht. Demzufolge hätte er die Rechtsbrüchigen ausliefern müssen, wovor er allerdings zurückschreckte. Sie stammten schließlich aus höchsten römischen Adelsfamilien. So überließ der Senat die Entscheidung dem römischen Volk. Macht und Einfluss der betroffenen Familien sorgten dafür, dass die drei Männer nicht verurteilt, sondern im Gegenteil anscheinend als Helden gefeiert wurden. Man wählte sie zu neuen Militärtribunen mit außerordentlichen Vollmachten. Dies mussten die Gallier als Affront verstehen, und so nahm – aus der Sicht des Historikers Livius – das Unheil seinen Lauf.

Die neuen Männer an der Spitze der Republik nahmen die Gefahr recht gelassen und bereiteten die Gesellschaft nicht sonderlich auf die barbarischen Horden vor. Diese stürmten jedoch in Eilmärschen nach Rom: »Als bei dem Lärm ihres hastigen Durchmarsches die Städte erschreckt zu den Waffen eilten und es zur Flucht der Landbevölkerung kam, gaben sie überall, wo sie einherzogen, mit lautem Geschrei zu verstehen, sie zögen nach Rom, ein Heereszug, der sich mit Pferden und Männern in die Länge und Breite ergoss und einen ungeheuren Raum einnahm … Am meisten Schrecken löste in Rom die Schnelligkeit der Feinde aus; denn obwohl das Heer, als wäre es bei einem Überraschungsangriff überstürzt aufgestellt, in aller Eile ausrückte, stieß man bereits am 11. Meilenstein aufeinander, da, wo die Allia aus den Crustuminer Bergen in einem sehr tiefen Bett herabkommt und nicht weit unterhalb der Straße in den Tiber mündet. Alles gegenüber und ringsum war schon voll von Feinden, und mit ihrer angeborenen Vorliebe für sinnloses Lärmen erfüllte die Völkerschaft alles mit dem schauerlichen Klang ihres wilden Gesanges und mannigfachen Geschreis.«

Livius fährt in kritischem Ton fort: »Hier stellten die Militärtribunen das Heer zur Schlacht auf, ohne zuvor einen Platz für das Lager bestimmt, ohne einen Wall aufgeworfen zu haben, hinter den man sich zurückziehen konnte, und ohne wenn schon nicht an die Menschen, so doch wenigstens an die Götter zu denken, das heißt, ohne beim Opfer günstige Vorzeichen erlangt zu haben.«

Die Heerflügel wurden weit auseinander gezogen, damit man nicht von den Feinden umzingelt werden konnte. Allerdings gelang es wegen der geringeren Kämpferzahl nicht, sie so weit in die Länge zu ziehen wie die Gallier. Auf einer kleinen Anhöhe platzierten die Römer ihre Reserve. Der gallische Häuptling Brennus misstraute den feindlichen Kämpfern auf dem Hügel und fürchtete, sie könnten seine Krieger von hinten attackieren. Den Großteil des römischen Heeres, der sich in der Ebene aufgestellt hatte, glaubte der Gallier mit seiner zahlenmäßigen Überlegenheit problemlos besiegen zu können. Und so geschah es auch! Ein überraschender keltischer Angriff gegen die Reserve führte darüber hinaus unter den Römern zu Kopflosigkeit und Flucht. Livius bemerkt erbittert, nicht nur das Glück, sondern auch die Vernunft habe an diesem Tag auf der Seite der Barbaren gestanden. Bei den Römern habe nichts an die alten Kampftugenden erinnert, weder bei den Führern noch unter der Masse der Soldaten. Ihre Panik sei so groß gewesen, dass sie nicht einmal halbwegs geordnet fliehen konnten. Sie fielen nicht im Kampf Mann gegen Mann, sondern wurden zuhauf von hinten niedergemetzelt: »Am Ufer des Tiber, wohin der ganze linke Flügel, nachdem er die Waffen weggeworfen hatte, floh, gab es große Verluste, und viele, die nicht schwimmen konnten oder die, von den Panzern und anderen Teilen der Rüstung beschwert, zu schwach waren, wurden von den Strudeln verschlungen.« Die meisten Überlebenden stürmten nach Rom zurück, wo sie sogar die Stadttore offen ließen und sofort auf die Burg des Kapitols liefen.

Diese in römischen Augen so törichte wie schmähliche Niederlage erlitten die Soldaten angeblich am 18. Juli des Jahres 387 vor Chr. Das Datum der Schlacht an der Allia ging als »schwarzer Tag von der Allia« in die römische Geschichte ein und wurde lange Zeit wie ein Staatstrauertag begangen. Doch danach sollte es noch schlimmer kommen!

Denn als die siegreichen Gallier nach ihrem Brauch die Rüstungen der Gefallenen eingesammelt und deren Waffen zu Bergen aufgehäuft hatten, marschierten sie nach Rom. Laut Livius gelangten sie kurz vor Sonnenuntergang vor die Stadt, deren Tore offen standen und deren Mauern unbesetzt waren. Doch Brennus wollte zuerst von Kundschaftern klären lassen, ob mit einem Hinterhalt der Römer zu rechnen sei.

Derweil erfüllten Angst und Sorge die Menschen Roms. Sie fühlten sich schutzlos den Barbarenhorden mit ihren wilden Kriegsgesängen ausgeliefert. In dieser hoffnungslosen Situation bewiesen die Führer der Stadt endlich einen kühlen Kopf: »Denn da nur eine kleine Schar übrig geblieben war und keine Aussicht bestand, die Stadt verteidigen zu können, beschloss man, die wehrfähigen Männer mit Frauen und Kindern und die Rüstigen unter den Senatoren sollten sich auf die Burg und das Kapitol zurückziehen, man solle Waffen und Getreide dorthin schaffen und sie sollten dann von dem befestigten Platz aus Götter und Menschen und den römischen Namen verteidigen.« Dort oben sollte die Zukunft Roms über den schmählichen Tag hinaus gesichert werden. Ehemals führende Männer des Staates, die das Greisenalter erreicht hatten, wollten sich den Feinden mit Würde stellen. Auch die Masse des Volkes, die Plebejer, fanden auf der Burg keinen Schutz. Sie verließen in Scharen Rom und gaben ihre Heimat auf.

Am nächsten Tag betraten die Gallier die Stadt, ohne auf Widerstand zu stoßen. Sie gelangten zum Forum und erblickten die Tempel der ihnen fremden Götter. Allein die Burg zeigte Anzeichen von Verteidigung. Dagegen standen die Häuser der alten Konsuln offen: »Doch sie zauderten noch mehr, in diese Häuser einzudringen als in die verschlossenen; denn sie blickten nicht anders als voll Ehrfurcht auf die Männer, die in den Vorhallen ihrer Häuser saßen und die außer durch ihre Kleidung und ihre Erscheinung, die übermenschliche Würde ausstrahlte, auch durch die Hoheit, die aus ihren Mienen und dem Ernst ihres Antlitzes sprach, Göttern glichen. Als sie nun vor ihnen wie vor Götterbildern standen, soll Marcus Papirius, einer von ihnen, einem Gallier, der seinen langen Bart, wie ihn damals alle trugen, streichelte, mit seinem Elfenbeinstab auf den Kopf geschlagen und dadurch dessen Zorn erregt haben. Mit ihm nahm das Blutbad seinen Anfang, die Übrigen wurden auf ihren Stühlen erschlagen. Nach der Ermordung der führenden Männer wurde dann kein Mensch mehr geschont, die Häuser wurden geplündert und, nachdem alles herausgeholt war, in Brand gesetzt.«

Nachdem die Gallier die Stadt mehrere Tage geplündert hatten, griffen sie die Burg und das Kapitol an: »Beim ersten Tageslicht erscholl das Signal, und die ganze Menge stellte sich auf dem Forum auf. Dann erhoben sie ihr Kampfgeschrei, bildeten ein Schilddach und gingen vor. Ihnen gegenüber zeigten sich die Römer weder leichtfertig noch ängstlich. Sie verstärkten die Posten an allen Zugängen; wo sie den Feind anrücken sahen, stellten sie ihm die besten ihrer Männer entgegen und ließen ihn heraufkommen, weil sie glaubten, je weiter der Feind auf dem steilen Hang komme, desto leichter könne er den Abhang hinuntergeworfen werden. Etwa auf halber Höhe leisteten sie Widerstand, griffen hier von erhöhter Position aus an, die sie fast von selbst gegen den Feind trieb, und schlugen die Gallier mit schweren Verlusten, sodass nie mehr ein Teil oder sie alle eine solche Art des Kampfes versuchten.«

Schließlich entdeckten sie einen Felsen, über den sie die Römer auf der Burg überraschen konnten. Niemand hätte diese Schar in der Nacht bemerkt, hätten nicht die der Göttin Juno heiligen Gänse ihr Geschnatter ertönen lassen. So konnte auch dieser Überraschungsangriff zurückgeschlagen werden. Die Gallier stellten sich auf eine längere Belagerung ein. Die Knappheit der Lebensmittel zwang jedoch Belagerte wie Belagerer zu einem Waffenstillstand, dem alsbald Verhandlungen folgten. Da sich die erhoffte Hilfe weit und breit nicht zeigte, erklärten sich die Römer zur Zahlung eines Lösegeldes bereit.

Die abschließenden Verhandlungen führten der Militärtribun Quintus Sulpicius und Brennus. Man einigte sich auf ein Lösegeld von 1 000 Pfund Gold. Voll Zorn fährt der Berichterstatter Livius fort: »Zu der an sich schon höchst schimpflichen Sache kam noch eine besondere Schmach hinzu: Die Gallier brachten falsche Gewichte heran, und als der Tribun sie zurückwies, legte der unverschämte Gallier noch sein Schwert zu den Gewichten, und man musste das für die Römer unerträgliche Wort hören: ›Wehe den Besiegten!‹« Dieses sprichwörtlich gewordene lateinische *Vae victis* gemahnte Rom neben dem Jahrestag der Allia-Schlacht stets an die Todfeindschaft mit den Galliern. Daran änderte auch die Tatsache nichts, dass ein anrückendes Entsatzheer die Barbaren besiegen und vertreiben konnte.

Die Kelten in Italien

Aber aus Italien konnte auch Rom die Masse der keltischen Einwanderer nicht mehr vertreiben. Sie haben im Norden der Apenninenhalbinsel bis heute ihre Spuren hinterlassen. Zu diesen zählen nicht nur eine Fülle archäologischer Fundstücke, sondern auch Ortsnamen, die auf gallische Gründungen zurückzuführen sind, etwa Mailand, Brescia, Lodi, Verona, Como, Bergamo und Trient. Bologna erinnert mit seinem ursprünglichen Namen Bononia an den Stamm der Boier, der später nach Niederlagen gegen die Römer abwanderte und seiner neuen Heimat in Böhmen ebenfalls den Namen gab. Die Adriastadt Senigallia überliefert den Stammesnamen der Senonen, die 387 vor Chr. Rom geplündert haben sollen.

Die Stadt am Tiber benötigte mehr als zwei Jahrhunderte, bis sie die gallischen Nachbarn unter ihre Kontrolle gebracht hatte. Deren Kriegerscharen stellten immer wieder eine große Gefahr dar. Wenn sie nicht bei verschiedenen Auftraggebern wie den griechischen Tyrannen von Sizilien als Söldner dienten, schlossen sie sich Roms Feinden als Verbündete an. Dies geschah beim legendären Einfall des Karthagers Hannibal, der mit seinen Kriegselefanten die Alpen überquerte und den Römern 216 vor Chr. bei Cannae die schwerste Niederlage ihrer Geschichte zufügte. Doch seine gallischen Verbündeten konnten die Gunst der Stunde nicht nutzen und mussten letztendlich eine Niederlage hinnehmen. Aber selbst diese Ereignisse stellten in den 200 Jahre währenden Kämpfen zwischen den Galliern und Römern in Italien nur eine Episode dar. Sie boten eine Fülle von Kriegen und Schlachten, von Zeiten des friedlichen Miteinanders und von blutigen Gemetzeln.

Zu den blutigsten Schlachten zählt die bei Telamon in Etrurien, bei der sich die Boier mit anderen Stämmen und den verwegenen Söldnerscharen der Gaisaten verbündeten. Gegen sie sollen die Römer ein Heer von 150 000 Mann aufgestellt haben.

Polybios überliefert Verlauf und Einzelheiten des Aufeinandertreffens im Jahr 225 vor Chr.: »Bekleidet mit Hosen und leichten Kriegsmänteln, traten die Insubrer und Boier zum Kampf an. Die Gaisaten aber, in ihrer Ruhmgier und Tollkühnheit, warfen diese Kleidung ab und stellten sich in der vordersten Reihe der Streitmacht auf, nackt und nur mit den Waffen angetan; sie meinten, so werde ihre Schlagkraft am größten sein, da sich sonst das dornige Gestrüpp auf Teilen des Schlachtfeldes in ihrer Kleidung verfilzen und sie am Gebrauch der Waffen hindern würde …

Einerseits wurden die Römer in ihrer Siegeszuversicht dadurch bestärkt, dass sie die Feinde in ihrer Mitte hatten, von allen Seiten eingeschlossen; andererseits erschreckten sie die prächtige Ausrüstung und der Schlachtlärm der keltischen Streitmacht. Denn zahllos war die Masse der Hornbläser und Trompeter. Da zugleich mit diesen das ganze Heer den Kriegsgesang anstimmte, entstand ein derart fürchterliches Getöse, dass es schien, als ob nicht nur die Trompeten und das Heer, sondern auch das Land ringsumher widerhalle und von sich aus Lärm hervorbringe. Furcht erregend waren auch das Aussehen und die Bewegung der unbekleidet in vorderster Reihe stehenden Männer; zeichneten sie sich doch durch jugendliche Vollkraft und Wohlgestalt aus. Alle diejenigen, welche das erste Treffen bildeten, waren mit goldenen Halsketten und Armreifen geschmückt.

Als die Römer dies sahen, erschraken sie; andererseits aber ließen sie sich von der Hoffnung auf die reiche Beute hinreißen und waren nun doppelt auf den Kampf versessen. Sobald die leicht Bewaffneten, wie üblich, aus den römischen Heeren hervorstürmten und einen dichten Hagel von wirksamen Speeren entsandten, gewährten die Mäntel und Hosen den weiter hinten stehenden Kelten guten Schutz; dagegen gerieten die in vorderster Reihe stehenden unbekleideten Männer, über die der Angriff unerwartet hereinbrach, in eine schwierige und hilflose Lage. Denn da der gallische Schild den Mann nicht decken kann, drangen bei der Nacktheit und Größe der Körper die Wurfgeschosse umso ungehinderter in sie ein. Da sie sich der Speerwerfer wegen der Entfernung und der Menge der herniedergehenden Geschosse nicht erwehren konnten, sondern sich in auswegloser Not und Bedrängnis befanden, stürzte sich schließlich ein Teil von ihnen in sinnlosem Draufgängertum blindlings auf die Feinde und lieferte sich selbst freiwillig dem Tod aus, während die anderen sich schrittweise auf die Verbündeten zurückzogen, offen ihre Angst zeigten und die hinteren Reihen in Verwirrung brachten. So wurde der Kampfgeist der Gaisaten von den leicht Bewaffneten gebrochen ... Von den Kelten fielen insgesamt an die 40 000 Männer, und nicht weniger als 10 000 gerieten in Gefangenschaft, darunter auch Konkolitanos, einer der Könige. Der andere, Aneroëstos, floh mit wenigen Begleitern irgendwohin und legte zusammen mit seinen Getreuen Hand an sich.«

Alle Tollkühnheit und Verwegenheit sollte die Gallier nicht davor bewahren, teils vertrieben, teils unterworfen und kolonialisiert zu werden. Sie wurden zunehmend romanisiert, was im Jahr 82 vor Chr. in der Einrichtung der römischen Provinz Gallia Cisalpina, »Gallien diesseits der Alpen«, deutlich wurde und 49 vor Chr. mit der Verleihung des römischen Bürgerrechts seinen Abschluss fand. Das barbarische und unruhige Keltenland in Italien war zur Gallia Togata geworden, dessen Bewohner nicht mehr die keltische Hose, sondern die Toga, die Tracht des römischen Bürgers, trugen.

Kelten durchstreifen die Herkynischen Wälder und bedrohen das Orakel der Griechen

Nach der Überlieferung des Livius musste der Biturige Segovesus gemäß des Göttterspruchs seine neue Heimat in den Herkynischen Wäldern suchen. So bezeichneten später die Römer die zu jener Zeit dicht bewaldete Mittelgebirgszone vom Schwarzwald bis zu den Karpaten. Allerdings wurden diese Gebiete von etlichen Handelswegen durchquert, an deren Verlauf man auch fruchtbares Ackerland finden konnte. Und in der Tat strafen archäologische Funde den Römer Livius keiner Lüge. Denn keltische Stämme hinterließen im östlichen Europa deutliche Spuren: Die auch in Italien siedelnden Boier gründeten in Böhmen ein Reich, andere Kelten zogen nach Schlesien und bis an die Karpaten nach Siebenbürgen. Einzelne Gruppen gelangten sogar zum Dnjepr in der Ukraine. In den Ostalpen schufen sich die Noriker in Kärnten ein eigenständiges Reich, während der Stamm der Skordisker in die ungarische Tiefebene zog und Singidunum, den antiken Vorläufer Belgrads, gründete.

Wie die Gallier in Italien kamen die Keltenstämme des Balkans durch derartige Landgewinne keineswegs zur Ruhe. Der reiche Süden lockte ihre kampfbereiten und beutegierigen Kriegerscharen hier wie dort. Allerdings stießen sie im Makedonenreich, das sich soeben Griechenland unterworfen hatte, auf einen starken Gegner. Der junge König Alexander unternahm 335 vor Chr. sogar einen Feldzug über den Balkan, mit dem er die keltischen Krieger in ihre Schranken wies. Diese machten aus der Not eine Tugend und erklärten sich zu Verbündeten des großen Makedonen. Für ihre Treue legten sie einen Schwur ab, der vermutlich typisch keltisch war und Berühmtheit erlangt hat: »Wir wollen Treue halten, oder aber der Himmel möge niederstürzen und uns zerschmettern, die Erde sich öffnen und uns verschlingen, das Meer sich erheben und uns ersäufen.« Eine derartig beeindruckende Treuebekundung nahm König Alexander gern an, zumal er sich anschickte, das riesige persische Großreich zu erobern. Noch elf Jahre später kamen keltische Gesandte an seinen Hof im fernen Babylon. Außer ihrer Hoffnung auf Beute und günstige Söldnerverträge beeindruckte die Barbarenkrieger sicher auch die Persönlichkeit des Makedonen, der immerhin die Weltherrschaft anstrebte.

Aber nach einem halben Jahrhundert war von Respekt und Verehrung nichts mehr übrig geblieben. Der große Alexander war in jungen Jahren vom Fieber dahingerafft worden; seine Generäle teilten als Diadochen das Großreich auf und bekämpften sich untereinander. In Griechenland und Kleinasien entstand eine Vielzahl kleiner und überwiegend schwacher Staaten. Deren Schwäche nutzten die keltischen Herrscher mit ihren Kriegerscharen aus, um mit mehreren Heeren in Nordgriechenland einzufallen. Dort verwüsteten sie das Land und plünderten, was immer es zu erbeuten gab. In etlichen Schlachten blieben die Angreifer aus dem Norden erfolgreich. Der Heerführer Belgios ließ sogar dem gefangen genommenen Makedonenkönig den Kopf abschlagen, um ihn anschließend den Feinden zu zeigen und sie abzuschrecken.

Im Jahr 279 vor Chr. stürmte ein Anführer, der wie der Eroberer Roms Brennus hieß, mit seinem Heer tief nach Griechenland hinein. Sein Ziel war das Hauptheiligtum von Delphi südlich des Parnass, wo er – nicht ganz zu Unrecht – sagenhafte Schätze vermutete. Ob ihm deren Eroberung gelang, ist ungewiss. Nach dem Historiker Trogus griffen die griechischen Götter Apollon, Artemis und Athena persönlich in die Schlacht ein, um die Freveltat zu verhindern. Man habe den Lärm ihrer Waffen gehört und ihre Anwesenheit gespürt. Ein plötzliches Erdbeben brachte vielen Kelten den Tod, außerdem sei ein furchtbares Unwetter über sie hinweggefegt. Wenn nicht wegen des göttlichen Unwillens, so mussten die Eindringlinge doch vor anrückenden griechischen Truppen den Rückzug antreten, auf dem der gescheiterte Brennus sich selbst getötet haben soll. Nach einer anderen Überlieferung tauchte später ein Teil der in Delphi geraubten Schätze im fernen südfranzösischen Toulouse auf. Immerhin belegt diese Nachricht, wie weit reichend die Verbindungen in der Keltenwelt waren. Sie erstreckten sich über ganz Europa und reichten bis Ägypten, wo aus Griechenland vertriebene keltische Kämpfer als Söldner dienten.

Trotz ihres furiosen Auftretens blieb der Kelteneinfall im Herzland der antiken Kultur eine kurze Episode. Die Barbarenheere erlitten letztendlich gegen die einheimischen Soldaten eine Niederlage nach der anderen und zogen sich zurück. Einige Jahrzehnte lang bestand an der bulgarischen Küste des Schwarzen Meeres ein keltisches Königreich, bis auch dieses erobert wurde.

Die langlebigen Keltenstämme von Galatien

Im Vergleich zu dem nur kurz währenden Einfall in Griechenland bewiesen drei andere keltische Stämme auf ihrer Wanderung eine erstaunliche Langlebigkeit. Die Tektosagen, Trokmer und Tolistoboier überquerten 280 vor Chr. mit angeblich 20 000 Menschen den Bosporus und gelangten nach Kleinasien. Dort zogen sie plündernd umher und boten den Landesherren ihre Dienste als Söldner an. Nach wenigen Jahren besiegte sie der Seleukidenherrscher Antiochos I. in der so genannten Elefantenschlacht. Doch diese Niederlage gereichte den Stämmen zum Vorteil; denn weder wurden sie restlos vernichtet, noch trieb sie der Sieger auf den Balkan zurück. Antiochos wies ihnen Siedelland im Inneren Anatoliens zu, in der Gegend der heutigen türkischen Hauptstadt Ankara. Dort schufen sich die von den Griechen Galater genannten Kelten ein Reich, dem sie mit politischen Führern, Richtern und Heereskommandanten sowie einer Ratsversammlung eine feste politische Ordnung gaben, die Jahrhunderte überdauerte. Vieles darin entstammte alter keltischer Tradition, so die Auswahl eines heiligen Hains, in dem wichtige Beratungen stattfanden. Zudem scheinen die Kontakte mit den Stämmen in Mitteleuropa nicht abgebrochen zu sein, wie der Fund typischer Fibeln, also Gewandspangen, verdeutlicht, die hier wie dort getragen wurden.

Doch auch als sesshafte Siedler und Herren über Galatien blieben die Einwanderer, die auf Höfen und in Dörfern lebten und sich im Kriegsfall auf Höhenfestungen zurückzogen, gegenüber den Nachbarn kriegerisch gestimmt. Insbesondere schlug man sich immer wieder mit den Königen von Pergamon, deren Gebiet sich über große Teile des westlichen Kleinasien erstreckte. Ihre Siege feierten diese gebildeten und reichen Herrscher mit einer Anzahl hervorragender Kunstwerke, zu denen Bildnisse der unterlegenen Galater gehörten, etwa die berühmte Skulptur des »sterbenden Galaters« und Darstellungen des Berliner Pergamon-Altars.

In den zunehmenden Kämpfen der hellenischen Herrscher mit der Großmacht Rom ergriffen die Galater die Partei der Römer und standen damit auf der Seite der späteren Sieger. Nachdem sie 168 vor Chr. Rom gegen

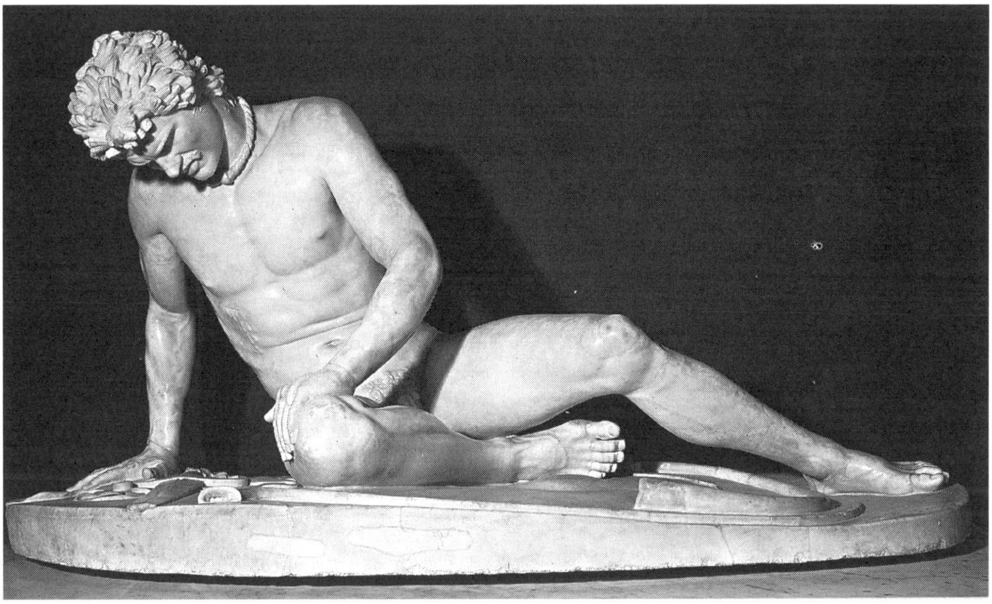

Die Skulptur des »sterbenden Galaters« ist eine der berühmtesten der Antike. Nacktheit, Halsring, Schnauzbart und eingefettetes Haar zeichnen den Krieger als Kelten aus.

den Makedonenkönig beigestanden hatten, gewährte ihnen der römische Senat Autonomie. Zu Zeiten des Kaisers Augustus wurde Galatien eine offizielle Provinz des Imperium Romanum. Damals mögen im Zentrum Anatoliens 400 000 Menschen keltischer Abstammung gelebt haben. Trotz fortschreitender Romanisierung und Anpassung an den Lebensstil der Römer und Griechen behielt man alte keltische Eigenarten bei. Zu ihnen zählten die religiösen Feiern in einem zentralen Heiligtum aller drei Stämme und gewisse Göttervorstellungen. Am deutlichsten offenbarte sich diese Traditionspflege im Gebrauch der keltischen Sprache, wofür es ein eindrucksvolles Zeugnis gibt: Als der Kirchenlehrer Hieronymus im 4. Jahrhundert nach Chr. zu den Galatern kam, stellte er fest, dass ihre Sprache derjenigen der Trierer Kelten ähnlich war. 600 Jahre nach ihrer Ankunft in Kleinasien hatten sich die Galater dieses keltische Erbe bewahrt.

Die Keltiberer auf der Pyrenäenhalbinsel und ihr Kampf gegen Rom

Zweieinhalbtausend Kilometer von den Galatern entfernt siedelten am westlichen Rand der Mittelmeerwelt die von Griechen und Römern so genannten Keltiberer. Die antiken Gelehrten hatten aus einer gewissen Verlegenheit heraus diese keltisch sprechenden Stämme so bezeichnet. Denn eindeutig ließen sie sich nicht von den iberischen, lusitanischen oder baskischen Völkern der Pyrenäenhalbinsel trennen. Jedenfalls besiedelten sie seit langem die kargen Hochflächen Zentralspaniens und die angrenzenden Gebiete im Westen. Über ihre mögliche Einwanderung über die Pyrenäen oder per Boot über die See gibt es keine Berichte. Vermutlich übernahm ein Teil der einheimischen Bevölkerung die Sprache und andere Eigenarten von den Kelten, ohne dass es zu größeren Wanderungen kam.

Die antiken Geschichtsschreiber und Geografen mochten sich über solche Fragen den Kopf zerbrechen – für die Politiker und Offiziere Roms stand fest, dass sie in den Keltiberern einen stolzen und unerbittlichen Gegner hatten. Denn der karge Boden verlangte den als Hirten lebenden Menschen ein hohes Maß an Zähigkeit ab. Nur zu gern waren sie deshalb stets bereit, Kriegszüge gegen Phönizier, Karthager, Römer oder andere Besatzer zu unternehmen. Die keltiberischen Krieger waren weit und breit berühmt und gefürchtet – wegen ihrer Kampfwut und ihrer barbarischen Bräuche, zu denen wahrscheinlich auch Kopfjagd und Menschenopfer gehörten.

Andererseits hatte man viel Kultur und handwerkliches Können von den Nachbarn übernommen, womit man den gewohnten keltischen Lebensstil Mitteleuropas übertraf. Dazu gehörte, dass sich der wichtigste Stamm der Arevaker seine Hauptstadt Numantia hoch über dem Fluss Douro errichtete und mit einer meterdicken Mauer umgab. Sie soll um die 8 000 Einwohner gezählt haben.

Nachdem die Römer die Karthager unter Hannibal besiegt hatten, mussten diese 201 vor Chr. auf ihre spanischen Gebiete verzichten. Die neue Macht richtete bald danach Provinzen ein und wollte die gewonnenen Gebiete unter ihre Kontrolle bringen. Diesem Versuch leisteten vor allem die verwegenen keltiberischen Stämme Widerstand. Den Römern standen jahrzehntelange Kämpfe bevor, die mit großer Erbitterung geführt wurden. Zu guter Letzt bot nur noch die Bergstadt Numantia den Legionen die Stirn. Ihre Belagerung zog sich über zehn Jahre hin und war mit einem Krieg verbunden, der den Römern so manche Niederlage bescherte. Einmal mussten sie sogar die Gefangennahme eines ganzen Heeres durch die Keltiberer hinnehmen. Kämpfe, Gesandtschaften, politische Intrigen und die reihenweise Ablösung unfähiger römischer Oberbefehlshaber wechselten sich ab. Als schließlich Numantia im Jahr 133 vor Chr. eingenommen worden war, zeigten die Sieger ihre brutale Härte: Die Stadt wurde dem Erdboden gleichgemacht, die überlebende Bevölkerung verkaufte man in die Sklaverei. Damit war der keltiberische Widerstand gebrochen.

Zwar erhoben sich hundert Jahre später noch einmal die Keltiberer, doch blieben sie erfolglos. Sie passten sich schließlich der römischen Kultur an und bewahrten keine keltischen Eigenarten.

3. Blütezeit und Untergang der Kelten – Caesar erobert Gallien

Das Keltenland der Städte

Näherte man sich etwa im Jahr 100 vor Chr. der weiten Donauebene um das bayerische Ingolstadt, zog eine mächtige Mauer den Blick auf sich. Fünf Meter ragte sie empor und kündete dem Reisenden von Macht und Reichtum ihrer Erbauer. Der Fremde könnte ein Händler gewesen sein, der auf seinem von Pferden gezogenen Fuhrwerk Amphoren mit grie-

Häuser, Siedlungen und Alltagsleben

Die Kelten lebten während ihrer gesamten Geschichte in allen Siedlungsgebieten überwiegend als Bauernvolk, über das eine adlige Führungsschicht herrschte. Deren zeitweilige Fürstensitze, die man in großer Zahl aus Südwestdeutschland kennt, repräsentieren genauso wenig die typischen Behausungen wie die stadtähnlichen Oppida der Spätzeit (vgl. dazu Kapitel 3). Denn die Masse der Bevölkerung siedelte auf einzelnen Höfen und in kleinen Dörfern inmitten ihrer Felder.

Grundsätzlich errichtete man keine Steingebäude. Als Material fand überwiegend Holz Verwendung, aus dem Blockhäuser oder Pfostenbauten entstanden, wobei bei Letzteren die Wände aus lehmbestrichenem Flechtwerk bestanden. Die Dächer der fensterlosen Bauten deckte man mit Stroh, Schilf oder Baumrinde; der Estrich der meistens rechteckigen, aber auch ovalen und runden Grundrisse bestand aus gestampftem Lehm.

Der übliche Bauernhof, den eine Familie mit Knechten, Mägden und anderen Abhängigen bewohnte, setzte sich aus mehreren Gebäuden zusammen – manche tiefte man im Boden ein, Getreidespeicher setzte man auf Pfosten, um Schädlingen wie Mäusen den Zugang zu erschweren. Die Hauptgebäude nahmen Wohnung, Stall und Werkstätten ein. Eine derartige Siedlungseinheit konnte zudem durch eine Einfriedung aus Graben, Wall und Palisade geschützt sein. Dann kam sie einer der von Archäologen so genannten Viereckschanzen nahe, fast quadratisch umwehrten mutmaßlichen Gutshöfen, auf denen der Adel lebte. Über die Inneneinrichtungen der keltischen Bauernstuben ist wenig bekannt, wahrscheinlich besaß man allenfalls Truhen und Haken zum Aufhängen. Ansonsten machte man es sich am offenen Feuer auf dem Lehmboden mit Decken, Fellen und Kissen bequem.

chischem Wein transportierte. In der Umgebung des ausgefahrenen und viel benutzten Weges sah er einzelne Höfe und Felder, auf denen rege Betriebsamkeit herrschte. Den Reisenden führte die Straße daran vorbei zu der Befestigung, aus der sich eine große Toranlage hervorhob. Sie lag zurückversetzt im Mauerwerk, sodass sie eine Gasse bildete, in der mögliche Feinde in die Zange genommen werden konnten.Von oben schauten Bewaffnete aufmerksam auf das rege Kommen und Gehen herab, und vor dem Tor kontrollierten Krieger den Wagen des Weinhändlers.

Er durfte passieren und betrat die zum Teil gepflasterten Straßen einer großen Stadt. Sie bildeten ein planmäßig angelegtes Netz, dessen Mittelpunkt ein großer Marktplatz war. Auf ihm boten nicht nur die Bauern des Umlandes ihre Ernte an. Hier fanden sich Händler aus allen Himmelsrichtungen ein: Männer von den gallischen Stämmen an Seine und Rhône, keltische Noriker und Vindeliker aus den benachbarten Alpengebieten, Griechen und Römer von jenseits des Hochgebirges, einige Germanen aus dem unwirtlichen Gebiet Richtung Nordsee und Kelten aus Böhmen und

Die rekonstruierte Altburg bei Bundenbach im Hunsrück veranschaulicht das keltische Alltagsleben. Sie wurde vom 3. bis ins 1. Jahrhundert vor Chr. als befestige Höhensiedlung benutzt und diente wahrscheinlich einer treverischen Häuptlingssippe als Sitz.

Auch hierzu hat der Historiker Poseidonios eine ausführliche Schilderung überliefert, die zwar wohlhabenden Adligen gilt und voller Vorurteile ist, aber gleichwohl ein überzeugendes Bild des keltischen Lebens bietet: »Die Kelten setzen sich zum Essen auf Heu und an hölzerne Tische, die sich nur gering vom Boden erheben. Ihre Nahrung besteht aus wenig Brot, dafür aber aus viel Fleisch, das in Wasser gekocht und auf Kohlen oder am Spieß gebraten ist. Das essen sie zwar reinlich, aber nach Art der Löwen, indem sie mit beiden Händen ganze Glieder ergreifen und davon

Ungarn. Ein buntes Stämme- und Völkergemisch herrschte auf dem Platz und in den Straßen; denn man befand sich in der größten keltischen Siedlung seiner Zeit. Weil ihre historische Bezeichnung nicht überliefert worden ist, trägt sie heute den Namen der benachbarten Stadt Manching.

Das keltische Manching dehnte sich über eine Fläche von 380 Hektar aus, die erwähnte Mauer begrenzte das gesamte Stadtgebiet auf einer Länge von 7 Kilometern. Das Innere prägten die vielen Gebäude, die in der traditionellen Bauweise errichtet waren – aus Holz, aus mit Lehm verschmierten Rutenwänden, die Strohdächer getragen von Pfosten. Außer kleinen Wohnhäusern und Ställen bestimmten vor allem Speicher und bis zu 50 Meter lange Magazine das Bild. Daneben gab es separate Heiligtümer mit Opferplätzen und größere Gebäude, die den adligen Herrschern mit ihren Kriegern und für Versammlungen vorbehalten waren.

Ein geschützter Hafen stellte Manchings Verbindung zur Donau her, außerdem liefen aus vielen Richtungen Wege und Straßen auf die Stadttore zu. Auf dem Fluss und den Landwegen transportierten die Kaufleute

abbeißen. Wenn etwas schwer abzureißen ist, trennen sie es mit einem kleinen Messer ab, das sich an den Schwertscheiden in einem eigenen Behältnis befindet. Diejenigen, die an den Flüssen sowie am inneren wie äußeren Meer wohnen, essen auch Fisch, auch diesen gebraten mit Salz, Essig und Kümmel, den sie auch in das Getränk werfen. Öl haben sie nicht in Gebrauch, weil es knapp ist, und da sie es nicht gewöhnt sind, erscheint es ihnen widerlich.

Wenn mehrere zusammen essen, sitzen sie im Kreis, der Mächtigste wie ein Chorführer in der Mitte – dieser übertrifft die anderen an kriegerischer Fertigkeit oder an Herkunft oder an Reichtum –, neben ihm der Gastgeber, dann der Reihe nach die anderen beiderseits nach der Würde des Ranges, den sie einnehmen. Die Schildträger stehen hinter ihnen, die Speerträger aber setzen sich gegenüber im Kreise hin und schmausen wie ihre Herren. Die Diener reichen das Getränk in Gefäßen herum, entweder in tönernen oder in silbernen. Auch besitzen sie ebensolche Schüsseln, auf die sie die Speisen legen, andere besitzen welche aus Bronze und wieder andere aus Ruten geflochtene Körbe. Das Getränk ist bei den Reichen aus Italien und aus dem Land der Marseiller importierter Wein. Dieser ist aber unvermischt; bisweilen wird auch ein wenig Wasser hinzugefügt. Bei den etwas Geringeren ist das Getränk Weizenbier, das mit Honig zubereitet ist, bei der großen Masse ohne diesen. Aus ein und demselben Trinkgefäß schlürfen sie langsam, nicht mehr als einen kleinen Schluck; das jedoch tun sie häufiger. Der Diener trägt rechts und links das Gefäß herum; so werden sie bei Tisch bedient. Und den Göttern huldigen sie, indem sie sich nach rechts wenden.«

Poseidonios beschreibt ein kostspieliges Festgelage, dessen große Mengen an Schweine- und Rindfleisch sich nur die Häuptlinge und andere Adlige leisten konnten. Diese machten jedoch bekanntermaßen nur einen recht geringen Teil der kelti-

per Schiff und Fuhrwerk Waren aus aller Herren Länder in die Stadt, die ein Umschlagplatz und das wichtigste Handelszentrum weit und breit war. Doch Manching bot auch vielen Handwerkern eine profitable Heimstatt: Die keltischen Eisenschmiede stellten außer ihren berühmten Schwertern Produkte für den alltäglichen Gebrauch her – Scheren, Kesselhaken, Hacken und anderes. Bronzegießer und -schmiede produzierten Schmuck, Reitzeug, Kessel und filigranen Zierrat. Weiterhin fertigte man Tuche, Glasschmuck, Räder, Holzarbeiten und vieles mehr. Vieles davon verkaufte man in den Süden, für zahlreiche Waren traten die Manchinger als Zwischenhändler auf.

Ihre Stadt war mit vermutlich mehreren tausend Einwohnern gegen Ende des 2. Jahrhunderts vor Chr. eine Drehscheibe der keltischen Welt. Das Gebiet unabhängiger Keltenstämme reichte damals von den Pyrenäen bis ins Hessische Bergland und von den Britischen Inseln bis auf den nördlichen Balkan. Südlich der Alpen und der unteren Donau hatten Rom und die griechischen Staaten alle Stämme unterworfen und deren beute-

schen Gesellschaft aus. Das Grundnahrungsmittel der breiten Bevölkerung bestand hingegen in Getreidearten wie Gerste, Weizen und Hafer, die in Form von Brot und Brei ähnlich dem englischen Porridge gegessen wurden. Hülsenfrüchte wie Erbsen und Linsen, Gemüsearten wie Karotten, Rüben, Salat und Zwiebeln bereicherten das Speisenangebot. Dazu kamen gegebenenfalls saisonal und regional verschiedene Obstsorten wie Äpfel, Birnen, Kirschen, Trauben und Walnüsse sowie Milch und deren Produkte.

Die keltischen Landleute erwirtschafteten offensichtlich nicht selten so hohe Erträge, dass sie den Überschuss nach Rom und in andere Teile Italiens verkaufen konnten. Dazu gehörte neben Mänteln aus Schafwolle gepökeltes Schweinefleisch. Überhaupt erzählte man sich im Süden von diesen Tieren ganz bemerkenswerte Geschichten. Danach wurde das keltische Borstenvieh im Freien gehalten und zeichnete sich durch ausnehmende Größe, Angriffslust und Schnelligkeit aus, die für einen ihnen nahe kommenden Fremden und ebenso auch für natürliche Feinde wie Wölfe nicht ungefährlich waren.

Trotz ihrer recht einfachen und mühsamen Lebensumstände konnte selbst die Mehrheit der Bevölkerung hinsichtlich ihrer Körperpflege nicht als barbarisch gelten – zumindest nach dem Zeugnis archäologischer Funde. Nach ihnen und den Berichten antiker Autoren waren Männer wie Frauen durchaus reinlich, was sich in Bädern und Mundpflege zeigte. Neben Nagelmessern zeugen Schermesser von der Pflege des Haars bei beiderlei Geschlecht. Die Männer waren ohnehin für ihren prächtigen Schnurrbart berühmt, der auch bei antiken Skulpturen aus Pergamon dargestellt wird. Die Frauen zierten sich mit Hauben, Haarnetzen und Kopfreifen – vom Schmuck ganz abgesehen.

reiche Kriegszüge beendet. Im nördlichen Europa entwickelte sich eine neue keltische Kultur, deren herausragende Kennzeichen städtische Siedlungen wie die von Manching waren. Nach einem von Caesar verwendeten Begriff nennt man solch eine Keltenstadt *Oppidum*; diese Handelszentren prägten die letzten beiden Jahrhunderte vor Chr. als spätkeltische Oppida-Kultur.

Die Oppida gelten als der Höhepunkt keltischer Geschichte. Zu den größten ihrer Art gehörten neben Manching jene von Závist in Tschechien und auf dem Mont Beuvray nahe dem französischen Autun. In Deutschland zählten dazu Dünsberg, Amöneburg und Glauberg in Hessen, der Donnersberg in der Pfalz, der Martberg oberhalb der unteren Mosel sowie das Oppidum Tarodunum im Zartener Becken unweit Freiburgs. Insgesamt gab es Hunderte größere und kleinere Oppida. Die meisten waren im Unterschied zu Manching auf Bergplateaus angelegt, dort thronten sie über der Umgebung wie Jahrhunderte früher die Fürstensitze.

Die neuen Zentren der Keltenstämme waren jedoch nicht mehr einer kleinen Herrscherschicht vorbehalten. Insbesondere Handwerker und Händler kamen in den Oppida zusammen und verschafften deren Herren Reichtum und Wohlstand. Die Macht der Städte zeigte sich nicht nur an ihrer Ausdehnung und den mächtigen Befestigungen, sondern auch an der Einführung griechischer und römischer Bräuche. So prägten die Kelten nach südlichem Vorbild Münzen in Kupfer, Silber und Gold und zierten sie mit Bildern ihrer Stammeshäuptlinge und von Tieren. Funde von Geldbörsen mit derartigen Münzen belegen, wie weit das Geldwesen unter den Kelten schon verbreitet war. Auch die Schrift in Form des griechischen und lateinischen Alphabets wurde übernommen und mutmaßlich bei Geschäftsabschlüssen verwendet.

Dies alles waren Anzeichen für einen grundlegenden gesellschaftlichen Wandel, der sich unter den Stämmen im Europa nördlich der Alpen vollzog. Die Ursache dafür lag unter anderem in den Keltenwanderungen nach Italien und Griechenland, deren Teilnehmer den Kontakt in die alte Heimat selten abbrechen ließen. Mit den römischen Siegen und der Entstehung der Großmacht Rom kam es teilweise zu Rückwanderungen. Außerdem verloren viele Krieger, die sich am Mittelmeer als Söldner verdingt hatten, ihre Arbeit, denn an die Stelle vieler kleiner, sich untereinander bekämpfender Staaten war Rom getreten. Die Heimkehrer brachten Unruhe in die traditionelle Stammeswelt; ihre selbstbewussten Anführer behaupteten sich zusehends gegen den alten Adel und vertrieben ihn das eine oder andere Mal von der Macht. Die Menschen, welche die Städte Italiens aus nächster Nähe kennen gelernt hatten, brachten ihr Wissen mit in den Norden. Sie hatten die Vorteile solcher Zentren selbst genossen und führten sie nun in ihren Stämmen ein.

So veränderten sich weite Teile des Keltenlandes; vor allem das Gallien genannte Gebiet des heutigen Frankreich stellte eine entwickeltere Gesellschaft dar, deren städtische Zentren durch ein Straßennetz verbunden waren, und die alte Traditionen mit modernen Zügen der Mittelmeerwelt verknüpfte.

Gallien – Das Land der Oppida, Kopfjäger und Druiden

Gallien, das Land zwischen Ärmelkanal und Mittelmeer, vom Atlantik bis an den Rhein und zu den Alpen, war kein einheitliches Reich. Nach den Worten des griechischen Geschichtsschreibers Diodor bewohnten viele verschiedenartige Stämme weite Gebiete West- und Mitteleuropas. Sie sollen jeweils zwischen 50 000 und 200 000 Menschen umfasst haben; nach modernen Berechnungen ergibt sich daraus für das ganze Land eine Summe von 12 Millionen Einwohnern. Auch wenn die Gallier verschiedene Sprachen gebrauchten und unterschiedliche Traditionen pflegten, so waren sie doch alle von der keltischen La Tène-Kultur geprägt.

Dies galt für die als wild verrufenen Belger im fernen Nordosten zwischen Seine und Maas ebenso wie für die Arverner des Zentralmassivs im Süden, die schon früh mit Griechen und Römern Kontakt hatten. Die als Seefahrer berühmten Veneter pflegten an der bretonischen Küste genauso die keltische Zivilisation wie die Sequaner, deren Oppidum in Besançon im Osten lag. Zum Vielstämmevolk der Gallier zählte auch die kleine Völkerschaft der Parisier, nach denen später die französische Hauptstadt benannt wurde, während im Moselland die als geschickte Reiter bekannten Treverer der Römerstadt Trier ihren Namen gaben. Um 100 vor Chr. durften die mächtigen, als Rom-Freunde geltenden Haeduer zwischen Seine und Loire ihr Stammeszentrum Bibracte als größtes Oppidum ansehen. Darüber hinaus soll es landesweit 200 solcher Siedlungen gegeben haben, von denen wohl um die dreißig größere Städte gewesen sind.

Gaius Julius Caesar unterscheidet 50 Jahre später in Gallien drei Gebiete – das der Belger nördlich von Seine und Marne, jenes der Aquitanier zwischen Garonne und Pyrenäen und schließlich dazwischen den größten Teil, dessen Bewohner sich als Kelten bezeichneten und von den Römern Gallier genannt wurden.

Diodor gab eine eindringliche Beschreibung ihres Äußeren und ihrer Mentalität. Seine Informationen trafen in vielen Details zu und haben bis in die Gegenwart das Bild der Gallier bestimmt: »Sie haben eine mächtige Körpergröße, aufgeschwemmtes Fleisch und weiße Hautfarbe; sie haben nicht nur von Natur blondes Haar, sondern sie suchen diese eigentümliche

Bibracte, das Hauptoppidum der Haeduer, imponierte Besuchern mit diesem monumentalen Zangentor. Inmitten Burgunds stellte die Keltenstadt auf dem über 800 Meter hohen Mont Beuvray ein Zentrum Galliens dar.

Naturfarbe auch noch durch künstliche Mittel zu verstärken. Sie reiben nämlich die Haare dauernd mit Kalkwasser ein und streichen es von der Stirn zum Scheitel und Nacken hin zurück, sodass ihr Aussehen Satyrn und Panen ähnlich erscheint. Die Haare werden nämlich von dieser Behandlung so dick, dass sie sich gar nicht von einer Pferdemähne unterscheiden. Den Bart scheren einige ab, andere lassen ihn mittellang wachsen. Die Adligen rasieren die Backen glatt, den Schnurrbart lassen sie aber lang hängen, sodass ihr Mund dadurch bedeckt wird. Daher verwickeln sie sich mit ihrem Bart beim Essen in den Speisen, und beim Trinken wird das Getränk gleichsam durchgeseiht. Sie essen alle sitzend, nicht auf Stühlen, sondern auf der Erde, wobei sie als Unterlage Wolfs- und Hundefelle nehmen. Bedienen lassen sie sich von den Jungen und Mädchen, die gerade das Alter der Reife erreicht haben. In ihrer Nähe stehen Herde, in denen Feuer brennt; darauf befinden sich Kessel und Bratspieße voller Fleisch in ganzen Gliedern. Die tapferen Männer zeichnen sie mit den besten Fleischstücken aus … Sie laden auch die Fremden zu ihren Festmählern, und nach der Mahlzeit fragen sie, wer sie sind und welches Anliegen sie haben. Bei der Mahlzeit geraten sie auch häufig aus unbedeutendem Anlass in einen Wortwechsel und fordern einander zum Zweikampf heraus, da sie sich aus dem Verlust des Lebens nichts machen.«

Diese anscheinend leicht erregbaren und aufbrausenden Burschen tranken gern Bier und Met, schätzten aber Wein über alle Maßen. Da dessen Anbau im Keltenland unbekannt war, nutzten griechische wie italische Kaufleute die barbarischen Vorlieben seit langem für lukrative Geschäfte. Sie brachten das begehrte Getränk über die vielen schiffbaren Flüsse und auf Landwegen mit Wagen ins Innere Galliens, wo dessen Bewohner laut Diodor den Wein unvermischt in sich hineingossen: Aus Gier sprachen sie dem Trank so lange zu, bis sie in Schlaf oder gar in einen Zustand des Deliriums fielen. Den Händlern brachte eben jene Gier unglaublich hohen Gewinn; immerhin bekamen sie für einen Krug Wein einen Sklaven.

Derartige Schilderungen antiker Autoren sind mit Vorsicht zu genießen. Denn stets sahen sie die Kelten und andere Völker aus der Sicht ihrer Kultur, die sie für weit überlegen und zivilisierter hielten. Darum ist die Schilderung gallischer Gelage zwar nicht unglaubwürdig, gibt aber allenfalls Szenen aus dem Leben der Oberschicht wieder. Diese stellte der Stammesadel, dessen Angehörige auf eine ehrwürdige Ahnenreihe zurückblickten oder in jüngerer Zeit wie oben erwähnt die Macht an sich gerissen hatten. Der gallische Aristokrat zeichnete sich zuerst durch seinen Kriegerstolz aus. Reichtum gewann er durch die Kontrolle über ein Oppidum oder zumindest über eine Fürstenburg und Landbesitz. Seine Macht offenbarte sich in der Größe seiner Gefolgschaft an Kämpfern und in der Masse der Menschen, die von ihm abhängig waren oder ihm gar als Sklaven gehörten. Nur ein Adliger konnte sich aufwändige Weingelage leisten; auf ihnen mag mancher sich dem Trunk hemmungslos ergeben und darüber hinaus mit seinen Taten geprahlt haben. Dabei spielten zweifelsohne Köpfe eine hervorragende Rolle, denn die Kelten waren als Jäger dieser Trophäen ihrer Feinde weit und breit gefürchtet. Sie waren stets kampfbereit und schreckten auch vor Überfällen auf benachbarte Stämme nicht zurück. Trotzdem herrschte in Gallien kein ständiger Kampf aller gegen alle; denn in den einzelnen Stämmen bestimmten die Versammlungen der Ältesten respektive der Adligen die Politik. Manche Gemeinschaften hatten einen oder zwei Könige an ihrer Spitze, andere wählten einen führenden obersten Beamten.

Neben der Aristokratie bildeten die Druiden die zweite mächtige und tonangebende Gruppe. Die geheimnisumwitterten Weisen, auf die weiter unten ausführlich eingegangen wird, beherrschten große Teile des Stammeslebens. Ihnen oblag nicht nur das Opferwesen, sie galten auch als Rechtspfleger und Richter, hüteten die Stammestraditionen und verfügten über immense Wissensschätze. Angeblich stand ein Oberster an der Spitze aller gallischen Druiden, die sich einmal im Jahr an einem geweihten Ort im Land der Karnuten trafen, um Streitfälle zu schlichten und Urteile zu fällen.

Unter den Kriegern und Druiden stand in der Stammeshierarchie die breite Masse der Bevölkerung, überwiegend Bauern. Daneben gingen vor allem in den Oppida Kaufleute und Handwerker ihren Geschäften nach, wo sie sich eines gewissen Ansehens und Wohlstands erfreuten. In völliger Unfreiheit lebte die Schicht der Sklavinnen und Sklaven, die teils als Kriegsgefangene, teils als zahlungsunfähige Schuldner ihr trauriges Schicksal erdulden mussten.

Gallien am Vorabend der römischen Intervention

Die Keltenstämme Galliens mochten bei den Römern als exotisch und mit ihren oftmals missverstandenen Sitten und Bräuchen sogar als abstoßend gelten – fremd waren sie ihnen jedoch schon lange nicht mehr. Nach der Unterwerfung und Romanisierung der oberitalienischen Kelten hatte das expandierende Rom seinen Blick auf die südfranzösischen Küstengebiete geworfen. Durch deren Kontrolle gewann man eine Landverbindung zur Iberischen Halbinsel, auf der man 133 vor Chr. mit der Eroberung der keltiberischen Festung Numantia den letzten Widerstand gebrochen hatte.

Wenige Jahre später baten die Griechen von Massalia die Römische Republik um Hilfe gegen gallische Stämme, die die Stadt angriffen. Rom

Die Kelten: Meister des Eisens

Die Kelten galten weithin als die Meister des Eisens, mit dessen Beherrschung ihre Kultur identifiziert wurde. Deshalb fasst man die Hallstatt- und La Tène-Zeit des letzten vorchristlichen Jahrtausends unter dem Begriff der Eisenzeit zusammen. Aber sie waren weder die Entdecker noch die Erfinder des damals neuen und geradezu unverwüstlichen Metalls. Vor ihnen hüteten lange Zeit die anatolischen Hethiter das Geheimnis von dessen Verarbeitung, bis es über den Balkan den Weg nach Mitteleuropa fand. Dort eigneten sich die keltischen Handwerker diese Künste an und vervollkommneten sie derart, dass man sie sogar in den Hochkulturen dafür rühmte. Immerhin soll um 400 vor Chr. in Rom ein keltischer Helvetier namens Helico gelebt haben, dessen Schmiedekünste weit und breit berühmt waren. Diese später überlieferte Episode scheint einen Kern historischer Wahrheit zu enthalten; denn das lateinische Wort für Schwert *gladius* stammt aus der keltischen Sprache und belegt somit den Ruf des Schmiedehandwerks der Kelten.

Die Eisenverarbeitung unterschied sich in vielerlei Hinsicht von der der Bronze. Den dafür notwendigen Rohstoff des Eisenerzes fand man fast überall in Europa – im Gegensatz zu den Bronzebestandteilen Kupfer und Zinn. Von der Gewinnung im Tagebau künden Spuren unter anderem im Siegerland, in Britannien, im Alpengebiet und in Lothringen. Der einfacheren Gewinnung folgte allerdings eine kompli-

entsprach dem Gesuch gern und setzte seine Truppen in Marsch. In kurzer Zeit gelang die Eroberung Südfrankreichs, wo nach 121 vor Chr. eine römische Provinz eingerichtet wurde. Man bezeichnete sie im Unterschied zur italienischen Gallia Cisalpina als Gallia Transalpina, als »Gallien jenseits der Alpen« oder nach ihrer Hauptstadt Narbonne als Gallia Narbonensis. Am Tiber war sie auch unter dem Namen »Provincia« bekannt, der in dem der Provence fortlebt. Bald schon machten die neuen Herren daraus eine mustergültige Provinz, in der sie Straßen anlegten und Städte wie das spätere Aix-en-Provence gründeten. Ihr Gebiet, das sich im Landesinnern von Toulouse über die Cevennen und rhôneaufwärts bis zum Genfer See erstreckte, wies weit ins verbliebene freie Gallien hinein.

Zwischen dem Süden und dem großen Rest des Keltenlandes verlief eine offene Grenze, die manchmal von unruhigen Stämmen und ihren Kriegern überschritten wurde. Auch in der Provincia kam es zu einzelnen Erhebungen, die die römischen Soldaten rasch niederschlugen. Ansonsten zeigte man am Tiber wenig Ambitionen gegenüber dem freien Gallien, zumal die Republik selbst über Jahrzehnte von immer wieder aufflackernden Unruhen und Bürgerkriegen erschüttert wurde. Außerdem bestanden ziemlich enge Verbindungen zu den Galliern, denen römische Kaufleute mit den Waren des Südens – man denke an den Wein – in ihren Oppida stets willkommen waren. Die Adligen vergewisserten sich darüber hinaus der Freundschaft

ziertere Verarbeitung, an deren Ende das Eisen geschmiedet werden musste: Erst im Schmiedefeuer wurde Roheisen zu Stahl und erhielt seine typische Härte. Doch auch die Gewinnung des Roheisens war mit erheblichem Aufwand verbunden. Das Erz musste in so genannten Schachtöfen verhüttet werden, in schacht- oder kuppelförmigen Lehmbauten von bis zu 1,5 Metern Höhe. Dort schied man durch den Schmelzprozess die leichtflüssige Eisenschlacke vom teigigen Eisenschwamm, dem eigentlichen metallischen Eisen. Viele Verhüttungsschritte und Wiederholungen waren nötig, um die Schlackenreste herauszupressen und möglichst reines Eisen zu gewinnen. Für die Erzeugung hoher Brenntemperaturen brauchte man zudem Unmengen von Holzkohle, was zu intensiven Waldrodungen führte. Dieses aufwändige Verfahren führte schließlich zum begehrten Roheisen, das in bis zu 10 Kilogramm schweren Barren in den Handel kam.

Die keltischen Eisenschmiede schufen daraus zahlreiche Dinge, die von nun an aus der Alltagswelt nicht mehr wegzudenken waren: für die Waffen Schwerter, Speer- und Pfeilspitzen, an landwirtschaftlichen Geräten Pflugscharen, Hacken, Schaufeln, Sicheln und Sensen, als Werkzeuge und Gegenstände des Hausrats Hämmer, Zangen, Äxte und Sägen sowie Messer, Scheren und vieles mehr. Das Eisen trug entscheidend zur Ausbreitung der keltischen Kultur bei, denn seine Schwerter waren härter und seine Pflugscharen rissen tiefer den Ackerboden auf.

Aber das keltische Schmiedehandwerk blühte auch ansonsten: Aus Bronze, Gold

und Unterstützung des mächtigen Nachbarn im Süden. Viele nahmen den Weg nach Rom und lernten die Lebensweise der dortigen reichen Oberschicht kennen.

In zahlreichen Stämmen galt ein Bündnis mit Rom als wichtige Hilfe bei der ständigen Rivalität, die unter den Aristokraten und zwischen ihren Völkerschaften herrschte. Diese führte zu Kämpfen mit gegenseitigen Verwüstungen des Landes, aus denen die Haeduer als Sieger hervorgingen, deren Stammessitze sich im zentralen Gallien zwischen der Loire und der Saône erstreckten. Sie taten sich schon während der Eroberung Südgalliens als Verbündete Roms hervor und waren schließlich durch eine Blutsbrüderschaft mit den Römern verbunden. Kein Stamm sollte jemals ein engerer und verlässlicherer Bündnispartner werden, keiner sollte sich solch hoher Ehren und vergleichbarer Anerkennung erfreuen. Rom war das Pfund, mit dem die Haeduer im innergallischen Machtkampf wuchern konnten.

Einen Ausdruck fand diese politische Bedeutung in ihrem Hauptoppidum Bibracte, das mächtig auf dem Mont Beuvray emporragte, dem nördlichsten Ausläufer des Zentralmassivs. Ein doppelter Ring von Befestigungsanlagen umgab die Stadt, die jeweils über 5 Kilometer Länge aufwiesen. Sie waren in der typischen spätkeltischen Bauweise errichtet, die Caesar als Murus Gallicus bezeichnete. Eine derartige »Gallische Mauer«

und Silber schufen die Feinschmiede all jene Schmuckstücke und filigranen Verzierungen, mit denen die La Tène-Kunst ihre ausdrucksstarke Form erhielt.

Überhaupt erwiesen sich die keltischen Handwerker als Meister ihres Fachs, die nördlich der Alpen unübertroffen blieben und oftmals sogar mit den Griechen und Römern konkurrieren konnten. So lernte man, mit der Töpferscheibe zu arbeiten und eine Vielfalt an Gefäßformen herzustellen. Die Zimmerer waren beim Haus- und Festungsbau tätig und schufen Eimer, Fässer und Wagen, für die natürlich ebenso spezialisierte Wagner tätig waren. An Textilien führte man Wollstoffe für Frauenkleider und anderes nach Italien aus. Selbst an der Glasproduktion versuchten sich die Kelten, wobei sie jedoch über gläserne Schmuckperlen nicht hinausgingen und keine Gebrauchsgegenstände wie etwa Gefäße herstellten.

Das Handwerk erwies sich im Laufe der Jahrhunderte als hoch entwickelt und spezialisiert, sodass es im 1. Jahrhundert vor Chr. in den großen Oppida wie Manching und Bibracte ganze Handwerkerviertel gab, in denen reges und buntes Treiben herrschte. Dort fand sich auch der geschäftige Berufsstand der Händler ein, der das keltische Sortiment in den Süden verkaufte: Salz, das an vielen Orten gewonnen und abgebaut wurde, Bernstein, Zinn von den Britischen Inseln, Eisenschwerter, Pökelfleisch, Textilien und Sklaven. Deshalb belegen Handel und Handwerk der Kelten, wie sehr deren Kultur sich entwickelt und Züge der antiken Zivilisation angenommen hatte.

bestand aus einem Balkengerüst, das man mit Steinen und Erde füllte. Die Außenfront der Wälle war mit einer 4 Meter hohen Steinmauer befestigt, davor hatten die Haeduer einen breiten und tiefen Graben ausgehoben. Das gewaltige Bauwerk diente wahrscheinlich nicht nur Verteidigungszwecken, sondern symbolisierte auch die Macht des Stammes und seiner Führer. Unter den etlichen Toren der Mauer fand sich eines, das als die größte bisher bekannte keltische Toranlage jener Zeit gilt und mutmaßlich römische Stadttore zum Vorbild hatte.

Innerhalb der Mauern lebten mehrere tausend Einwohner. Unter ihnen arbeiteten viele Handwerker als Eisen- und Bronzeschmiede, als Glashersteller, Töpfer und Knochenschnitzer. Wie in Manching und anderen Oppida lieferten Händler aus dem Süden die begehrten Weinamphoren und das dazu passende Trinkgeschirr. Bibracte war jedoch nicht nur eine geschäftige Siedlung, in der eifrig produziert wurde und wo Kaufleute mit ihren Waren ein- und ausgingen. In seinen Mauern befand sich außerdem der Regierungssitz der Haeduer, an dem Gesandte und Delegationen aller gallischer Stämme empfangen wurden. Vom großen Haupttor führte eine bis zu 15 Meter breite Straße quer durch das Oppidum hinauf zum höchsten Punkt, an dem sich eine Kultstätte befand. Sie wurde wahrscheinlich als Mittelpunkt des ganzen Stammes angesehen und verehrt. Dafür sorgten die Druiden, die das religiöse Leben mit seinen Riten und Zeremonien überwachten.

Unter ihnen ragte ein Mann namens Diviciacus besonders hervor, der nicht nur Druide war, sondern auch eines der beiden höchsten Stammesämter innehatte. Wie Caesar berichtet, wurde sein Inhaber jährlich gewählt und hatte dann Gewalt über Leben und Tod. Der regierende Druide pflegte gute Kontakte zu Rom, das er mindestens einmal besuchte. Während seines Aufenthaltes im Jahr 61 vor Chr. führte er unter anderem Gespräche mit dem römischen Staatsmann Cicero. Diviciacus unternahm seine Reise nach Rom allerdings in großer Verzweiflung. Denn die Haeduer hatten in jüngster Zeit durch bittere Niederlagen ihre Vormachtstellung in Gallien eingebüßt. Deshalb rief der Druide den römischen Senat um Hilfe an, die man ihm jedoch verwehrte. Er musste drei Jahre warten, bis Gaius Julius Caesar Statthalter wurde und in Gallien intervenierte – zu Gunsten der Haeduer und auf Kosten der gallischen Freiheit.

Germanen, Helvetier und der römische Statthalter Caesar

Wie die meisten keltischen Stämme des europäischen Festlands unter Roms Herrschaft gerieten, schildert detailreich ihr Eroberer Caesar. In seinen

Commentarii de bello Gallico, den *Aufzeichnungen über den Gallischen Krieg*, kurz *Bellum Gallicum*, *Gallischer Krieg* genannt, verfasste er während und am Ende seiner Gallien-Feldzüge eine umfangreiche Rechtfertigungsschrift für die politischen Kreise Roms. Darüber hinaus bietet das Werk eine Fülle ethnografischer Informationen und Berichte über die Geschehnisse im Norden. Ohne den *Bellum Gallicum* wüsste man kaum etwas von den Vorgängen, die das Ende einer blühenden keltischen Kultur bedeuteten. Der Preis dieser wertvollen Quelle ist ihre Einseitigkeit, denn ihr Autor stellte sich natürlich im besten Licht dar. Und die Gallier selbst haben über die Ereignisse keine schriftlichen Zeugnisse hinterlassen. Deshalb muss man Caesars Worte vorsichtig abwägen und versuchen, der historischen Realität auf die Spur zu kommen.

Wie war es zum rapiden Machtverfall der einst einflussreichen Haeduer gekommen? Der Druide und Politiker Diviciacus führte Caesar gegenüber aus, seit langem habe es unter den gallischen Stämmen zwei Parteien gegeben. Die eine sei von den Haeduern angeführt worden, die andere von deren Nachbarn im Süden und Nordosten, den Arvernern und Sequanern. Letztere hätten die innergallischen Streitigkeiten missbraucht, um germanische Söldner über den Rhein zu holen. Immer mehr dieser »wilden und barbarischen Menschen« seien von Fruchtbarkeit, Lebensstil und Reichtum Galliens angelockt worden, inzwischen schon 120 000 Männer. Dem hätten die Haeduer schließlich nichts mehr entgegensetzen können, weil sie nach verlustreichen Kämpfen so gut wie wehrlos dastünden. Zudem hätten sie den Sequanern Geiseln stellen müssen und Eide geschworen, das römische Volk nicht um Hilfe zu bitten.

Demnach hatten es die Sequaner den rivalisierenden Haeduern gleichgetan und fremde Unterstützung herbeigeholt. Sie bedienten sich der unzähligen Stämme, die unter bescheidenen Verhältnissen weit jenseits des Rheins im Herkynischen Wald und darüber hinaus siedelten. Seit Caesars Zeit fasste man sie unter dem Namen der Germanen zusammen. Immer häufiger zogen ihre verwegenen Kriegertrupps nach Westen und Süden, oft folgten ihnen ganze Stammesverbände mit Kind und Kegel. Genauso waren vor wenigen Generationen die Kimbern und Teutonen aus Dänemark durch Gallien bis nach Italien gezogen, auf der Suche nach Beute und Land. Erst nach mehr als einem Jahrzehnt der Unruhe gelang es dem römischen Feldherrn Marius in den Jahren 102 und 101 vor Chr., die Kriegerscharen in der Provence und bei Mailand entscheidend zu schlagen.

Ihnen folgten die Sueben unter ihrem König Ariovist, die den Auftrag der Sequaner annahmen und gegen die Haeduer zogen. Caesar erblickte in ihren Scharen zu Recht das von den Kelten verschiedene Volk der Germanen. Allerdings stellte er diese Erkenntnis stark vereinfacht dar, indem er zum Beispiel den Rhein zur Völkergrenze zwischen ihnen und den Galliern machte. In Wahrheit waren die Sueben ein multiethnisches Kriegerbündnis, das aus vielen germanischen und keltischen Stämmen bestand. In Gallien suchten sie Land zum Siedeln, um die angenehmere gallische Lebensweise anzunehmen. Das Leben des Ariovist verdeutlicht, wie weit das Streben nach Assimilation ging: Er trug einen keltisch geprägten Namen und war mit einer Keltin verheiratet.

Diviciacus war wahrscheinlich gleichgültig, ob sein Stamm Galliern oder Germanen unterlag; für ihn zählte jede Niederlage als herber Machtverlust der Haeduer. Was hatten sie schon zu verlieren, wenn sie ihre römischen »Blutsbrüder« um Hilfe baten? Die Keltenwelt war mit ihren zahlreichen Stämmen und den benachbarten Völkerschaften ohnehin nie ein statisches Gebilde mit fest umrissenen Grenzen und Territorien gewesen. Immer wieder zogen germanische Stämme nach Gallien und ließen sich alsbald keltisieren – etwa am Niederrhein und in den Ardennen. Auch innerhalb keltischer Gebiete kam es zu Wanderungen. So setzten nordgallische Stämme nach Britannien über und nahmen dort Land in Besitz.

Ein Beispiel für einen wandernden Gallierstamm boten auch die Helvetier, deren Zug Caesar als Begründung der militärischen Intervention im freien Gallien diente. Einst hatten sie ihre Siedlungen in Süddeutschland verlassen, den Hochrhein überquert und sich das Land zwischen Rhein, Genfer See und Alpen angeeignet. Dieses Gebiet entsprach ungefähr der heutigen Schweiz, die ihren Namen Helvetien nach diesen Kelten trägt. Doch in seiner neuen Heimat scheint sich der Stamm nicht wohl gefühlt zu haben. Eingeengt zwischen Alpen, Römern und anderen gallischen Stämmen bot das Land wenig Entwicklungsmöglichkeiten. Unter vielen adligen Kriegern kam Unwille darüber auf, dass man hier nur eingeschränkt auf Kriegszüge und Kopfjagd gehen konnte. Zum Sprecher dieser Unzufriedenen, die auswandern wollten, machte sich Orgetorix, der in der Stammesgesellschaft erheblichen Einfluss besaß. Davon zeugten Tausende von Sklaven und ihm anderweitig Verpflichtete. Ob dieser helvetische Aristokrat die Alleinherrschaft anstrebte – wie Caesar behauptet –, sei dahingestellt; jedenfalls unternahm er alles, um der Anführer der abwandernden Helvetier zu werden, vergleichbar dem Sueben Ariovist. Darüber hinaus führte er Gespräche mit anderen Stämmen und fand sowohl bei den Sequanern als auch bei den Haeduern Verbündete, die ihn unterstützten. Unter diesen befand sich pikanterweise Dumnorix, der Bruder des haeduischen Druiden und Romfreundes Diviciacus.

Doch das Establishment des Stammes widersprach den ehrgeizigen Plänen des Orgetorix, weil es dessen Machtambitionen erkannte und Kämpfe mit anderen Stämmen und den Römern fürchtete. Man nötigte ihn, sich den Stammesgesetzen zu unterwerfen: »Ihren Bräuchen entsprechend zwangen sie Orgetorix, sich in Fesseln zu verantworten. Wurde er schuldig gesprochen, musste er zur Strafe verbrannt werden.« Doch anscheinend wollte sich der Angeklagte keinem Urteil beugen. Er rief seine gesamte Gefolgschaft einschließlich der Sklaven zusammen, und entzog sich mit ihrer Hilfe dem Prozess. Bei anschließenden Unruhen und Kämpfen fand Orgetorix den Tod. Wie stark jedoch seine Anhänger waren, zeigte sich daran, dass sie das Vermächtnis des Getöteten durchsetzten: Man hielt an den Auswanderungsplänen fest. Die Helvetier gaben alle Siedlungen auf und brannten Oppida, Dörfer sowie Bauernhöfe nieder. Was an Getreidevorräten nicht mitgenommen werden konnte, wurde vernichtet. Die Rückkehr war ausgeschlossen. Eine neue Heimat wollte man im Westen gewinnen, in den weiten Gebieten am Atlantik nördlich des heutigen Bordeaux. Um sie zu erreichen, musste man nicht nur etliche Stammesgebiete, sondern auch römisches Territorium durchqueren. Denn der einfachste Weg führte die angeblich 350 000 Menschen mit ihren Wagen und ihrem Vieh durch das Land der Allobroger, in deren Siedlung Genava (Genf) eine Brücke über die Rhône führte. Der Nachteil dieses Weges war, dass das Gebiet zur Gallia Narbonensis gehörte. Und für diese Provinz trug Gaius Julius Caesar als Statthalter die Verantwortung.

Caesar greift in Gallien ein

Der Name dieses römischen Politikers und Staatsmannes ist in die Geschichte eingegangen und blieb im deutschen *Kaiser* und im russischen *Zar* erhalten. Seit 2 000 Jahren gilt er als machtgieriger Staatsmann, skrupelloser Eroberer und Diktator, der das Ende der Republik einleitete, andererseits aber auch als hervorragender Schriftsteller, genialer Stratege und visionärer Planer des römischen Weltreichs, dessen Idee sein Adoptivsohn Augustus als Kaiser in die Tat umsetzte.

Caesar stammte aus einer der angesehensten Patrizierfamilien Roms und übte in zwanzig Jahren alle Verwaltungsämter aus, die einem karrierebewussten jungen Mann der Oberschicht gut anstanden. Allerdings brachten sie ihm nicht das Geld ein, das ein Politiker investieren musste, etwa für Wahlgeschenke oder Bestechungssummen. Nachdem Caesar 59 vor Chr. mit einem Kollegen das Konsulat innegehabt hatte und damit der höchste Repräsentant der Republik gewesen war, übernahm er ein Jahr später die Statthalterschaft in drei Provinzen. Dieses Amt bot üblicherweise die Gelegenheit, endlich an Geld zu gelangen – viele Statthalter beuteten ihre Provinzen schamlos aus. Doch Caesars Pläne gingen über die bloße Bereicherung hinaus. Er erbat sich die Gallia Cisalpina, Gallia Narbonensis und Illyricum. Damit verfügte er über die ertragreichen Gebiete in der

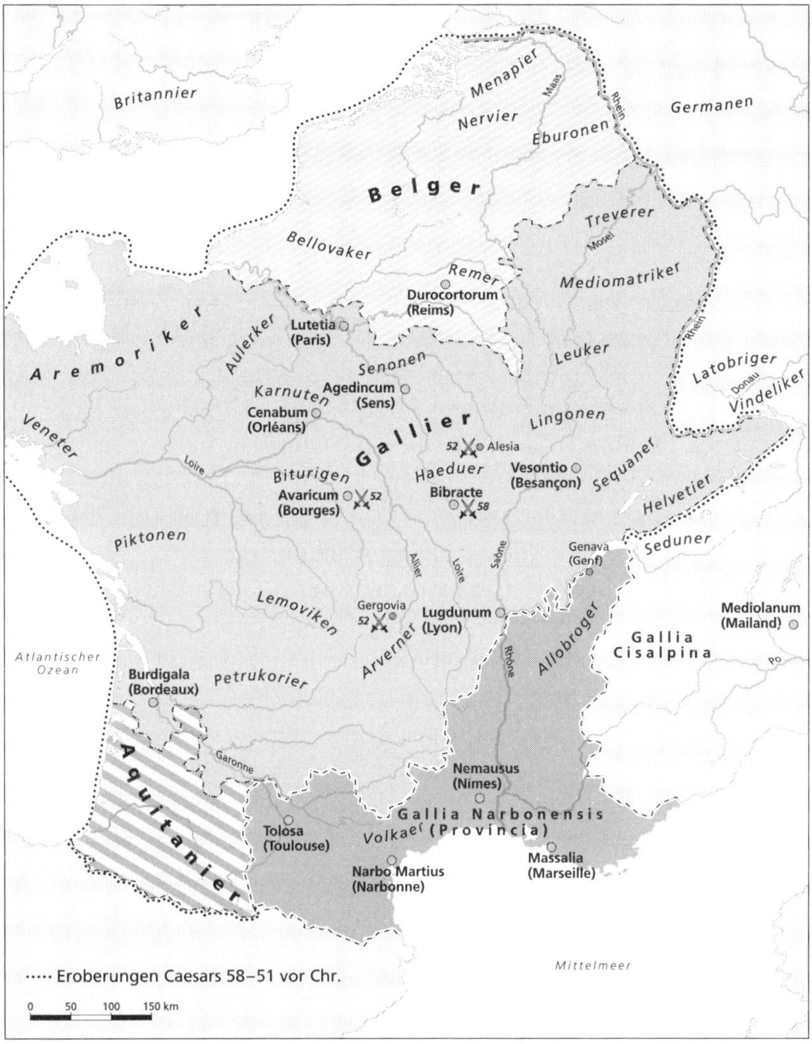

Gallien zur Zeit der Eroberung durch Caesar

Po-Ebene und in der Provence. Außerdem blieb er der Hauptstadt Rom möglichst nah, um weiterhin politisch Einfluss zu nehmen.

Einem risikobereiten Statthalter boten die gallischen Grenzgebiete überdies viele Möglichkeiten, militärische Erfolge zu erringen und reiche Beute zu machen. Denn unruhige Keltenstämme boten ausreichend Anlässe, einen Krieg zu führen, Eroberungen zu machen und Tributzahlungen zu verhängen. Mit derlei Geldern wurde man nicht nur reich, sondern konnte auch seine Popularität unter den Legionären wie unter dem römischen Volk steigern. Bis heute ist ungewiss, wie weit Caesars Pläne zu Beginn seiner Statthalterschaft gingen. Offiziell durfte er keinen Krieg außerhalb römischen Territoriums führen, lediglich dessen Grenzen sollten verteidigt werden. Doch dann bot der Zug der Helvetier die Möglichkeit, an der Grenze der Provincia und im freien Gallien zu intervenieren.

Die Massen der Helvetier und kleinerer Stämme, die sich ihnen angeschlossen hatten, wussten davon nichts. Sie wollten nur auf dem leichtesten Weg vorankommen. Umso überraschter waren sie, als sie die Genfer Brücke zerstört fanden und am anderen Rhône-Ufer massive Befestigungswerke erblickten, die von römischen Legionären besetzt gehalten wurden. Caesars Soldaten hatten ganze Arbeit geleistet: Sie waren in Eilmärschen zum Genfer See gezogen und hatten vor dem schwerfälligen Wagentreck der Kelten ihr Ziel erreicht. Diese versuchten nichtsdestotrotz, mit eilig gezimmerten Flößen und zusammengebundenen Kähnen den Fluss zu überqueren. Die Römer vereitelten diese Bemühungen, und der Statthalter Caesar erklärte den Helvetiern, er werde keinen Durchmarsch über römisches Gebiet dulden. Die keltischen Führer akzeptierten notgedrungen dieses Verbot. Obwohl sie über mehr als 90 000 Krieger verfügten, wollten sie zu diesem Zeitpunkt keinen Krieg mit Rom anzetteln. Sie entschieden sich für den beschwerlicheren Weg über das Jura-Gebirge und durch das Gebiet der Sequaner. Deren Erlaubnis hatte der Haeduer Dumnorix, der alte Verbündete des Orgetorix, für sie ausgehandelt.

Damit hätte sich Caesar zufrieden geben müssen, die Gefahr für die Provinz war abgewehrt. Doch gegenüber Rom argumentierte er mit einer fortwährenden Bedrohung durch die Helvetier. Sie zögen in steter Nachbarschaft zu römischen Gebieten quer durch Gallien und stellten ein erhebliches Sicherheitsrisiko dar. Ihre hungrigen Menschenmassen plünderten die Rom treuen Haeduer aus und brächten damit das ohnehin schon gestörte Machtgleichgewicht unter den Barbaren durcheinander. Über kurz oder lang würden die Unruhen auf die eigenen Provinzen übergreifen. Caesar musste im Übrigen nur an die Gallierkatastrophe von 387 vor Chr. erinnern und an die jüngeren Züge der Kimbern und Teutonen. Auf diese Weise gewann er Rückendeckung aus Rom, sodass er mit fünf Legionen, also bis zu 30 000 Mann, im freien Gallien einmarschieren konnte.

Nach mehreren kleineren Gefechten und ergebnislosen Verhandlungen kam es in der Nähe von Bibracte zur Entscheidungsschlacht mit den Helvetiern, die durch ihren Treck stark behindert waren. Schutzlos vermochten sie nur mit Mühe den von einer Anhöhe herabstürmenden römischen Reitern standzuhalten. Dann rückten die dicht gestaffelten Legionäre in drei Schlachtreihen vor und schleuderten ihre Wurfspieße auf die keltischen Krieger. Deren gelichtete Scharen griffen mit der weit gerühmten gallischen Todesverachtung die Römer an, wurden jedoch blutig abgewehrt. Dem Gegenangriff leisteten sie stundenlang erbitterten Widerstand, bis sie sich schließlich in ihre Wagenburg zurückziehen mussten. Auch diese wurde von Roms Soldaten eingenommen, wobei sie die Tochter des Orgetorix sowie einen seiner Söhne gefangen nahmen. Den geflohenen Überlebenden ließ Caesar unerbittlich nachsetzen, bis sich der Reststamm bedingungslos unterwarf. Die Helvetier mussten Geiseln stellen, die Waffen abliefern und in ihre alten Siedlungsgebiete zurückkehren. Nur 110 000 Menschen sollen Caesars Angriff überlebt haben.

Nach dem raschen und vollständigen Sieg des Statthalters suchten ihn Gesandte vieler gallischer Stämme auf, um die neue Lage zu sondieren. Immerhin stand nun das mächtige Rom mit seinen Legionären mitten im Land der Haeduer und damit im unabhängigen Gallien. Die Gespräche führten zur Einberufung einer gesamtgallischen Versammlung mit dem anwesenden Caesar. Dabei mögen auch die Sueben des Ariovist angesprochen worden sein, die sich inzwischen im Sequanergebiet zunehmend Land aneigneten. Wahrscheinlich waren die Meinungen darüber geteilt, wer das größere Übel für die Gallier sei: der Germane Ariovist oder der Römer Caesar.

Dieser nutzte jedenfalls die Situation aus und ergriff die Gelegenheit, um tiefer nach Gallien vorzustoßen. Angeblich waren gallische Häuptlinge mit Diviciacus zu ihm gekommen und hatten sich ihm weinend vor die Füße geworfen: Er müsse sie von dem germanischen Barbaren Ariovist befreien und ihn über den Rhein zurücktreiben. Caesar erfüllte diese Bitten gern und brachte sie mit Roms Interessen in Einklang: Auch die Wanderlawine der Sueben stelle eine Gefahr dar, die irgendwann Rom bedrohen werde. Caesars anschließende Verhandlungen mit Ariovist, die sogar zu einem persönlichen Treffen führten, markierten den Beginn jahrhundertelanger wechselhafter Beziehungen zwischen Rom und den Germanen, die nach dem Ende der freien keltischen Stämme in Westeuropa zum neuen barbarischen Feindbild der Mittelmeerwelt avancierten. Die Legionäre besiegten die Sueben in einer Schlacht bei Mühlhausen im Elsass, mit der im Jahr 58 vor Chr. der römische Einmarsch in Gallien erfolgreich abgeschlossen wurde.

Anschließend erklärte der Feldherr den Rhein zur Völkergrenze, hinter der angeblich noch wildere Barbaren als die Gallier hausten, vor denen Rom geschützt werden müsse. Um die Germanen abzuwehren, überschritt Caesar in den folgenden Jahren zweimal den Rhein. Doch mit dem Entscheidungskampf um die Freiheit der gallischen Stämme hatten die Germanen nichts mehr zu tun.

Die gallischen Stämme und Caesar

Mit Caesars Legionen standen auf einmal starke Truppen einer fremden Macht im Gebiet der unabhängigen Gallier. Die Reaktion darauf waren überall erregte Debatten in den Ältestenräten und Versammlungen, wie damit umzugehen sei. Gallien stellte weder ein einheitliches Reich dar, noch hatten seine Bewohner so etwas wie ein Nationalbewusstsein. Den Aristokraten stand jeweils ihr eigener Stamm am nächsten; ihn galt es zu schützen. Was kümmerte die Stämme am Ärmelkanal die Not und Bedrängnis der Haeduer oder Sequaner. Sie waren nur von Interesse, wenn es um Bündnisse ging und um die Interessen des eigenen Stammes. Ob die gesamtgallische Druidenschicht gezielt ein stammesübergreifendes Bewusstsein pflegte und ob ihr darin Adlige und die breite Bevölkerung folgten, ist völlig ungewiss. Sicher ist dagegen, dass Stammesdenken und Zersplitterung der Gallier ein gemeinsames Vorgehen gegen Caesar erschwerten und fast unmöglich erscheinen ließen.

Außerdem herrschten innerhalb der Stämme viele verschiedene Meinungen. Am deutlichsten trat dies bei den Haeduern zu Tage, wo die Brüder Diviciacus und Dumnorix nicht nur die politische Lage unterschiedlich einschätzten, sondern wohl auch entgegengesetzte Ideen vertraten. Nach Caesars Schilderung galt Diviciacus als traditionsbetonter Druide, der die überkommenen Stammesgesetze pflegte. Das enge Bündnis mit Rom, das von den Vorvätern übernommen worden war, setzte er gegenüber Caesar fort. Während des gallischen Krieges zählte er offenbar zu dessen engsten einheimischen Beratern.

Ganz anders verhielt sich Dumnorix, den Caesar als Gegner einschätzte. Schon während der Kämpfe gegen die Helvetier sah er unter den Haeduern eine starke Opposition am Werk, die Hilfeleistungen für die Römer, etwa das wichtige Getreide, zu boykottieren versuchte. Der oberste Stammesführer machte Dumnorix dafür verantwortlich und beschrieb ihn nach Caesars Worten wie folgt: »Tollkühn und verwegen sei er beim Volk überaus beliebt. Mehrere Jahre lang habe er die Zölle und die übrigen Abgaben bei den Haeduern für eine geringe Summe gepachtet, weil niemand wage, dagegen zu bieten, wenn er biete. Auf diese Weise habe er sein Vermögen vermehrt und sich umfangreiche Möglichkeiten der Bestechung geschaffen. Er unterhalte eine große Zahl von Reitern, die sich immer in seiner Nähe befänden, und nicht allein in der Heimat, sondern auch bei den benachbarten Stämmen sei sein Einfluss bedeutend. Um seine Macht zu sichern, habe er seine Mutter dem vornehmsten und mächtigsten Mann der Biturigen zur Ehe gegeben, während er selbst eine Frau aus dem Stamm der Helvetier besitze und seine Schwester mütterlicherseits sowie die Frauen aus seiner Familie in andere Stämme verheiratet habe. Auf Grund seiner

Verwandtschaft sei er den Helvetiern freundschaftlich verbunden, während er Caesar und die Römer aus ganz persönlichen Gründen hasse, weil durch ihr Erscheinen seine Machtstellung erschüttert worden sei, wohingegen sein Bruder Diviciacus seine frühere Beliebtheit und sein ehrenvolles Ansehen wiedererlangt habe.«

Jenseits von Caesars einseitiger Darstellung erwies sich der Haeduer als machtbewusster Adliger, der alle Register der Stammesgesellschaft zu ziehen verstand – kriegerische Tapferkeit, Beliebtheit beim Volk, Reichtum und eine Schar von Abhängigen, eine schlagkräftige Kriegergefolgschaft und die diplomatischen Feinheiten einer weit verzweigten Heiratspolitik. Er war bei weitem nicht der hinterlistige Intrigant, als den ihn Caesar hinstellte, sondern ein stolzer keltischer Aristokrat, der sich sogar auf Münzen abbilden ließ. Eine zeigt ihn mit den Insignien des siegreichen Kämpfers: mit dem Schwert und dem Kopf eines Feindes in der Hand. In lateinischen Buchstaben ist zudem sein Name zu lesen. Roms Feinde griffen also auf die Schrift der Römer zurück, ohne auf die eigenen Traditionen zu verzichten. Unter den Galliern gab es viele Männer, die wie Dumnorix dachten.

Die Belger sind die Tapfersten der Gallier

Weit oben in den nördlichsten Teilen Galliens lagen jenseits der Seine und der Marne die Siedlungsgebiete der Belger. Das Land ihrer vielen Stämme wurde von Wäldern und Sümpfen geprägt und war insofern erheblich unzugänglicher als das so genannte keltische Gallien, dessen Oppida durch ein Wegenetz verbunden waren. Wegen dieser rauen Umwelt unterschieden sich die Menschen dort von den übrigen Galliern. Darüber hinaus hielt man sie für Abkömmlinge eingewanderter Germanen, die sich einen Teil ihrer Wildheit bewahrt hatten. Caesar bezeichnete sie als die Tapfersten unter den Galliern, die Gründe dafür sind für ihn offensichtlich: Sie wohnten am weitesten entfernt von der verfeinerten Lebensweise und Zivilisation der römischen Provinz, weshalb nur selten deren Händler mit ihren Waren zu ihnen gelangten. Überdies führte die Nachbarschaft zu den Germanen ständig zu kriegerischen Auseinandersetzungen.

Als kampferfahrenster belgischer Stamm verstanden sich die Bellovaker, die 100 000 Krieger auf die Beine brachten und daher die Führung beanspruchten. Die Suessionen nannten dagegen die fruchtbarsten Gebiete ihr Eigen und genossen hohes Ansehen. Und den weitab lebenden Nerviern sagte man eine besondere Wildheit nach. Neben diesen drei größten Stämmen existierte eine Anzahl kleinerer Völkerschaften. Von ihnen allen berichtete man Caesar, sie hätten sich gegen Rom verschworen und Bünd-

Eine Silbermünze offenbart, was Caesar verschweigt: Die Gallier schätzten noch die Kopfjagd. Der hier dargestellte adlige Haeduer Dumnorix trägt einen Lederpanzer und ein Schwert und hält in der Rechten eine Kriegstrompete, eine Eberstandarte sowie in der Linken einen Kopf.

nisse untereinander geschlossen. Ob die Belger in ihren entlegenen Gebieten die römische Präsenz im Süden als so bedrohlich wahrnahmen, ist allerdings fraglich. Vermutlich schlossen sie sich zu einer weiteren Runde von Feldzügen gegen benachbarte Stämme zusammen, nicht zuletzt, um auf Kopfjagd zu gehen. Für Caesar stellten diese Nachrichten jedenfalls einen triftigen Grund dar, um sein angenehmes Winterlager in Oberitalien aufzugeben und in den kalten Norden zu reisen. Im Namen Roms beanspruchte er das Gewaltmonopol in Gallien – auch interne Stammeskämpfe durften nicht mehr ausgefochten werden.

Unterdessen sammelten sich die Belger für den Kampf gegen die Nachbarn. Feldzüge größeren Ausmaßes mussten rasch ausgeführt werden, um die Versorgung der Krieger zu sichern und den eigenen Stammesgebieten die Hauptmacht der Truppen nicht zu lange zu entziehen. Überraschend traf die Verbündeten ein Angriff der Haeduer, die das Land der Bellovaker verwüsteten. Wahrscheinlich ahnten diese nicht, dass Caesar den Haeduer Diviciacus damit beauftragt hatte. Trotzdem stürmten die Belger an der Aisne gegen ein Oppidum der Remer, die zwar selbst zum großen belgischen Verband gehörten, sich aber mit den Römern verbündet hatten. Noch hielten sich deren Legionen in ihren Verschanzungen zurück, während die Angreifer das Oppidum von allen Seiten einschlossen. Ein erbitterter Kampf entbrannte, in dem die Belger die Mauern der Remer mit Steinen beschossen und gleichzeitig versuchten, die Tore einzunehmen. Nur der Einbruch der Nacht rettete die Belagerten, die Caesar um rasche Hilfe baten. Als dann die Belger die Verstärkung der fremden Soldaten erspähten, brachen sie die Belagerung ab und wandten sich gegen Caesar selbst, in dessen Nähe sie ein großes Lager errichteten.

Der römische Statthalter zögerte einige Zeit, sich auf eine offene Schlacht mit dem Feind einzulassen. Dann begann er mit den Vorbereitungen, denen die Belger anscheinend tatenlos zusahen. Die vom Lager flach abfallende Ebene ließ er mit Gräben und Kastellen begrenzen, an denen große Schleudermaschinen aufgestellt wurden. Damit hinderte er den Feind, ihn an den Flanken zu umgehen und in die Zange zu nehmen. Zwei Legionen blieben im Lager, sechs Legionen stellten sich in Schlachtordnung auf. Ihnen gegenüber nahmen die belgischen Krieger ihre Positionen ein.

Damit standen sich nicht nur zwei feindliche Heere gegenüber, sondern auch zwei völlig unterschiedliche Strategien, die im Laufe der römischen Unterwerfung Galliens immer wieder aufeinander treffen sollten. Caesars Legionen bildeten als Fußtruppen den Kern seiner Heeresmacht, der meist von Reitern unterstützt wurde. Der einzelne Legionär war ein Berufssoldat, der eine harte Ausbildung hinter sich hatte. In ihr lernte er, mit dem Pilum, dem Wurfspeer, und der Spatha, einem kurzen Hiebschwert, zu kämpfen. Seinem Schutz dienten ein lederbezogener Holzschild, ein Panzerhemd aus Lederstreifen und Eisenplatten sowie ein Helm. Ein solcher gedrillter Kämpfer musste kräftig genug sein, um 30 Kilogramm Marschgepäck über viele Kilometer tragen zu können: Verpflegung, Kochgeschirr und Schanzpfähle sowie Werkzeuge für den Lagerbau. Aber vor allem musste der Legionär sich den Befehlen bedingungslos unterordnen und sich als Teil einer rational geordneten Kampfeinheit verstehen. Diese Eigenschaften verliehen der Legion aus bis zu 6000 Soldaten ihre Stärke. Hatten diese ihre Verschanzungen ausgehoben und sich auf übersichtlichem Terrain Schild an Schild wie eine menschliche Mauer aufgestellt, waren sie kaum zu besiegen.

Den Schlachtreihen der Legionen standen die Gallier gegenüber, die ein ganz anderes Bild von sich gaben. Sie trugen bunte Hemden, Hosen und einen gestreiften Überwurf. Ließ sie diese Bekleidung in römischen Augen eher komisch erscheinen, wirkten ihre militärische Ausrüstung und ihr Gebaren erschreckend martialisch, wie der Historiker Diodor berichtet: »Bewaffnet sind sie mit mannshohen Schilden, die eigenartig bunt bemalt sind. Einige haben auch aufgesetzte bronzene Tierfiguren in guter Ausführung, nicht nur als Schmuck, sondern auch zum Schutz. Sie tragen Bronzehelme mit hoch emporragenden Aufsätzen, die ihren Trägern ein sehr großes Aussehen geben. Einige Helme haben nämlich angeschmiedete Hörner, andere Darstellungen der Köpfe von Vögeln oder vierfüßigen Tieren. Sie haben Trompeten mit eigentümlichem, barbarischem Klang. Denn wenn sie in diese blasen, bringen sie einen rauen und zum Kriegslärm passenden Ton hervor. Einige tragen eiserne Kettenpanzer, andere begnügen sich mit ihrer bloßen Haut und kämpfen unbekleidet.« Als Waffen benutzten sie lange Schwerter, die an eisernen oder bronzenen Ketten hingen und an der rechten Seite anlagen. Ferner gebrauchten sie Speere mit langen Spitzen, die furchtbare Wunden reißen konnten.

Vor Kampfbeginn und während der Schlacht sollen sie folgende Bräuche gepflegt haben: Wenn sie sich zur Schlacht aufgestellt hatten, herrschte die Sitte, vor die Kampflinie zu treten und die Tapfersten der Gegner zum Zweikampf herauszufordern, wobei sie ihre Waffen schwangen, um ihren Gegnern Furcht einzuflößen. Nahm einer die Herausforderung zum Kampf an, priesen sie die Heldentaten ihrer Vorfahren und brüsteten sich mit ihrer eigenen Tapferkeit. Den Gegner beschimpften sie, setzten ihn herab und suchten ihm im Voraus die Kampfmoral zu nehmen. Den gefallenen Feinden schlugen sie die Köpfe ab und hängten diese ihren Pferden an den Hals; die erbeuteten Waffen übergaben sie ihren Dienern, und obwohl sie blutverschmiert waren, führten sie die Trophäen unter Hymnen und Siegesgesängen mit sich.

Den keltischen Stammeskriegern mussten die römischen Legionäre in ihrer anonymen Masse völlig fremdartig erscheinen. Verlangte nicht der Kriegerstolz, dass man sich kundtat, sich vorstellte und seine Heldentaten pries; dass man die tapferen Feinde aufzählte, deren Köpfe man sein Eigen nannte! Die Gallier orientierten sich an ihren Stammes- und Gefolgschaftsverbänden. Und wenn der Klang der Kriegstrompeten zum Kampfbeginn ertönte, stürmte man mit Todesverachtung los und dachte nur an den ruhmreichen Sieg. Den antiken Geschichtsschreibern erschien diese Taktik als Beweis barbarischer Tollheit. Trotzdem waren die Kelten damit über Jahrhunderte erfolgreich, sie erregten bei ihren Feinden Furcht und Schrecken.

Derart unterschiedlich standen sich also Belger und Römer zum ersten Mal gegenüber und erwarteten jeweils den Angriff der gegnerischen Seite.

Die Krieger und ihre Welt

Unter den Griechen und Römern waren die keltischen Stämme weniger wegen ihrer Druiden bekannt, von denen ohnehin erst Caesar berichtet. Hingegen fürchtete man seit dem 4. Jahrhundert vor Chr. die Kampfkraft und Unberechenbarkeit der Keltenkrieger, wie die Zitate antiker Historiker an anderen Stellen eindrucksvoll belegen. Auch wenn sich darin manches Mal Klischeevorstellungen mit der historischen Wahrheit vermischten, so ist doch gewiss, dass seit Beginn der großen Wanderungen der Kriegeradel mit seinen Gefolgsleuten den Ton angab in der keltischen Gesellschaft.

Deswegen versammelten die Häuptlinge und andere mächtige Adlige ihre Krieger in der Halle, um auch in Friedenszeiten das Loblied ihrer vermeintlichen Heldentaten zu singen. Poseidonios, der als einer der Ersten ausführlicher von den Barbaren des Nordens berichtet, schildert die Atmosphäre solcher Versammlungen: »Die Kelten führen zuweilen beim Mahle Zweikämpfe auf. Sie versammeln sich unter Waffen, führen Scheinkämpfe auf und ringen miteinander. Aber manchmal kommt es zu Verletzungen, und im Zorn darüber treiben sie es sogar bis zum Totschlag, wenn nicht die Anwesenden einschreiten. Früher erhielt der Mächtigste das beste Stück von dem aufgetragenen Schinken. Wenn ein anderer darauf Anspruch erhob, kämpften sie im Zweikampf bis zum Tode. Andere auf dem Schauplatz empfangen Silber oder Gold, wieder andere eine Anzahl von Weingefäßen, und wenn sie sich gegenseitig für das Geschenk Bürgschaft geleistet und es an Verwandte oder Freunde als Geschenk verteilt haben, strecken sie sich rücklings auf Schilde aus,

Zwischen ihnen erstreckte sich ein Sumpf, den keiner als Erster durchqueren wollte. Die Gefahr, sich darin eine Blöße zu geben, war zu groß. Die gallischen Krieger wollten siegreich kämpfen und nicht in einem Morast niedergemetzelt werden. Caesar zog daraus die Konsequenz und führte seine Legionen ins Lager zurück. Als die Belger anschließend doch einen Überraschungsangriff unternahmen, wurden sie blutig zurückgeschlagen. Eine rasche Entscheidung schien demnach nicht möglich zu sein. Zudem gingen die lebenswichtigen Vorräte zur Neige. So entschloss man sich, den Kampf abzubrechen und in die jeweiligen Stammesgebiete heimzukehren. Diesen überraschenden Aufbruch mitten in der Nacht hielt Caesar anfangs für die Inszenierung eines Hinterhalts. Doch das Zweckbündnis der Belger hatte sich in der Tat aufgelöst und war wieder in seine Einzelstämme zerfallen, denen in erster Linie die Verteidigung des eigenen Gebiets notwendig erschien. Als der Römer diesen für ihn unbegreiflichen Rückzug erkannt hatte, schickte er ihnen Reiter und Legionen hinterher, die den Abziehenden am nächsten Tag noch größere Verluste bereiteten. Gleichwohl wurde die Entscheidungsschlacht vertagt.

und einer, der daneben steht, schneidet ihnen mit dem Schwert die Kehle durch.«

Auf Poseidonios und andere antike Autoren geht das Bild des zwischen Treuherzigkeit und Jähzorn schwankenden keltischen Kriegers zurück, der gegenüber dem Feind wie unter seinesgleichen zu Unbesonnenheit, Prahlsucht und Eitelkeit neigt. Diese zeigte sich angeblich besonders im Tragen von Goldschmuck – sei es in Form des Torques-Halsrings oder als Reifen um Arm und Handgelenk. Wegen ihrer Selbstgefälligkeit schimpfte man sie nach einem Sieg unerträglich, nach Niederlagen aber wie benommen.

Dazu kam ein für die Menschen der Mittelmeerwelt fremdartiges Gebaren, das oftmals geradezu kindlich schien: Sie hätten nämlich ein Furcht erregendes Aussehen und tief tönende, ganz raue Stimmen. Im Gespräch drückten sie sich kurz und rätselhaft aus; und während sie das meiste nur versteckt andeuteten, sprächen sie andererseits gern mit Übertreibungen, um sich selbst zu erhöhen und alle anderen herabzusetzen. Sie gäben sich gern drohend, hochtrabend und gespreizt. Dabei hätten sie einen scharfen Verstand und seien nicht unbegabt zum Lernen.

In diesem Zusammenhang werden die später weithin berühmten Barden erwähnt, die Liederdichter, die, von lyraähnlichen Instrumenten begleitet, sowohl Lob- als auch Schmählieder sangen. Auf diese Weise priesen sie ihren Herrn, seine Tapferkeit und vermutlich die Anzahl seiner erbeuteten Köpfe, wohingegen sie die Feinde verhöhnten und der Lächerlichkeit Preis gaben. Derart feierte man sich, seine Ruhmestaten und seine Ehre bei so manchem Gelage, wobei die Teilnehmer kräftig dem Trinkhorn voll Wein oder Met zusprachen – kein Wunder also, wenn Streit und Ehrenhändel durchaus blutig ausgehen konnten.

Kämpfe in der Wildnis

Doch die Belger sollten kein gemeinsames Heer mehr aufstellen, weil Caesar die Gunst der Stunde zu nutzen wusste. Er marschierte gegen die einzelnen Stämme und nahm ihre Unterwerfung an. Anders verhielt es sich nur mit den Nerviern, die unter den kampfstarken Belgern als besonders wild und tapfer galten. Sie lehnten eine Kapitulation ab und verweigerten jegliche Verhandlungen mit Gesandten oder Caesar selbst. Schon um sein Gesicht zu wahren, musste dieser mit den Legionen in das unwegsame Sumpfland der Nervier an der Schelde vordringen. Dessen Bewohner schienen ihre Stärke im Kampf aus dem Unterholz und im Hinterhalt zu sehen. Zu ihren traditionellen Angriffs- und Verteidigungstechniken gehörte es, junge Bäume einzuschneiden und umzubiegen. Zwischen ihren dann in die Breite wachsenden zahlreichen Zweigen pflanzten sie Brombeer- und Dornbüsche und stellten auf diese Weise einen Schutzverhau her. Nach Caesars Bericht war diese künstliche Hecke so undurchdringlich wie eine Mauer.

Damit gelang es den Nerviern nicht nur, die Römer abzuwehren, sie

Aber in der Schlacht standen die keltischen Krieger ihren Mann, und ihre ungestümen Gefolgschaften schreckten als Söldner nicht selten Feinde in allen Teilen der antiken Welt bis nach Ägypten. Überall zeichneten sie sich durch Eigentümlichkeiten aus, von denen die erschreckendste die genannte Gewohnheit war, den toten Feinden die Köpfe abzuschlagen und als Trophäen mitzunehmen. Doch schon die Kleidung der Barbaren war gewöhnungsbedürftig, bestand sie doch aus der am Mittelmeer ungewohnten Hose und einem farbenfroh gemusterten Wollumhang, der an die Schottenkilts erinnert. Hinzu kam die ebenso befremdliche Schmuckfreudigkeit der keltischen Männer, die außer den erwähnten Hals- und Armringen Gewandspangen und Fingerringe trugen, was von Griechen und Römern als unmännliche Protzerei angesehen wurde.

Von den Kämpfen wird glaubhaft überliefert, dass keltische Krieger nackt zum Angriff gestürmt seien – wobei dies eher fanatischen Kriegerbünden vorbehalten blieb. Während der einfache Kämpfer kaum über einen ausdrücklichen Schutz verfügte, trugen die Adligen Panzer unterschiedlicher Art, so als Brustpanzer aus Leder und Metall oder Schuppen- und Ringpanzer, die Ähnlichkeit mit den mittelalterlichen Brünnen zeigten. Helme fanden sich ebenso selten und bestanden üblicherweise aus Eisen oder Bronze. Sie konnten mit prächtigen Tierfiguren verziert sein, die etwa einen Eber oder ein Pferd darstellten. Darüber hinaus trug man hohe Feldzeichen mit sich, die mit ihren Figuren und Symbolen die Schlacht magisch vorbestimmen sollten. Schließlich gehörten zu einer keltischen Schlachtreihe Hörner und die Karnyx, eine Kriegstrompete, deren Schalltrichter die Form eines Tierkopfes annahm. Deren Töne, das Geschrei und raue Singen der Krieger sowie

sorgten mit ihren Überraschungsangriffen aus den Wäldern sogar für erhebliche Unruhe beim Feind. Mit großer Geschwindigkeit stürmten sie hervor und stürzten sich auf die Reiterei. Nachdem diese sie zurückgeschlagen hatte, griffen sie unverzüglich die gerade einen Fluss überquerenden Legionäre an und störten anschließend deren Schanzarbeiten beim Lagerbau. Caesar sah sich zur Eile getrieben und hieß die Legionäre, sich in Schlachtordnung aufzustellen. Doch sie wurden von den ständigen Attacken der Nervier überrascht und mussten unter chaotischen Verhältnissen kämpfen. Der Feldherr selbst nannte die Situation mitten im wilden Nervierland »außerordentlich ungünstig«. Derweil hatten seine Feinde entdeckt, dass das römische Lager große Schwachstellen aufwies. In dichten Reihen stürmten sie über ungedeckte Verschanzungen und glaubten das Lager in ihrer Hand. Daraufhin machten sich Schrecken und Verzweiflung unter den Römern und ihren Verbündeten breit. Die mit Caesar verbündete Reiterei der Treverer verließ sogar den Kampfplatz und kehrte heim ins Moselland.

In dieser Situation musste der Statthalter sein Leben wagen, um in letzter Minute die Katastrophe abzuwehren. Er griff sich einen Schild und

deren exotisches Aussehen ließen so manchem griechischen oder römischen Soldaten den Schreck in die Glieder fahren.

Dabei kämpfte die Masse der Krieger zu Fuß, während der Kampf zu Pferde den Adligen und herausragenden Kämpfern vorbehalten blieb. Eine auffallende Eigenart der keltischen Kampfweise war die Verwendung eines zweirädrigen Streitwagens, vor den man zwei Pferde spannte. Eine Beschreibung seiner Verwendung gibt im 1. Jahrhundert vor Chr. der Sizilianer Diodor: Auf ihren Reisen und in den Schlachten benutzten sie Zweigespanne mit einem Lenker und einem Kämpfer auf dem Wagen. Stießen sie im Gefecht auf Reiter, so warfen sie mit dem Spieß auf die Gegner, stiegen dann ab und traten zum Kampf mit dem Schwert an. Einige von ihnen verachteten den Tod so sehr, dass sie nackt bis auf einen Gürtel in den Kampf zogen. Sie führten auch Diener mit sich, die Freie waren; sie wählten sie aus den Armen aus und verwendeten sie während der Kämpfe als Wagenlenker und Waffenträger. Allerdings war zu Lebzeiten dieses Gewährsmannes der Streitwagen auf dem Kontinent schon lange nicht mehr in Gebrauch. Caesar lernte ihn dagegen in Britannien noch kennen, wo man ihn bis zur späteren römischen Eroberung verwendete. In Irland blieb diese Tradition noch lange erhalten und die Heldengestalten der mittelalterlichen Erzählungen sind dementsprechend Streitwagenkämpfer – in ähnlicher Art und Weise, wie sie Diodor mehr als 1 000 Jahre früher beschrieben hat.

Das eiserne Schwert war die viel geschätzte und gefürchtete Hauptwaffe der Kelten, die als Meisterstück ihrer Schmiedekunst galt. Im Laufe der Jahrhunderte machte sie viele Veränderungen durch: Zu Zeiten der Salzherren von Hallstatt

drang bis zur ersten Kampfreihe vor, wo er seine Soldaten ermutigte und anspornte. Tatsächlich gelang es ihm, ihren Widerstand zu stärken und die desolaten Reihen zu schließen. Zugleich erschienen drei lang erwartete Legionen, die die Wende herbeiführten. Die Nervier sahen sich auf einmal von mehreren Seiten angegriffen und verteidigten sich erbittert bis zum letzten Mann, denn eine Aufgabe kam für sie nicht in Frage. Darum fanden fast alle ihrer Krieger in dieser Schlacht den Tod. Den überlebenden Alten mit den Frauen und Kindern gewährte Caesar Frieden. Noch nie war der Römer bis dahin in Gallien einer Niederlage so nahe gewesen wie in dieser Schlacht in der Wildnis. Anschließend wurde der letzte Widerstand unter den Belgern gebrochen, von denen man Tausende in die Sklaverei verkaufte.

Gegen Ende des Jahres 57 vor Chr. herrschte nach Caesars Angaben in ganz Gallien Ruhe. Er hatte nicht nur die gefürchteten Belger in ihre Schranken verwiesen. Seine Legionen hatten darüber hinaus viele andere Stämme Galliens unterworfen. Römische Truppen wurden in Winterlagern mitten in den Stammesgebieten stationiert, um die römische Herrschaft über Gallien sicherzustellen. Nach diesen Erfolgen nahm Caesar gern die

betrug die Schwertlänge mehr als einen Meter, während Fürsten wie der von Hochdorf sich mit erheblich kürzeren Dolchen schmückten, die kaum einen halben Meter erreichten. Darüberhinaus wurden Kurzschwerter geschmiedet, die teils als Hieb-, teils als Stichwaffe Verwendung fanden. Schließlich setzte sich das 80 Zentimeter lange Hiebschwert mit seiner abgerundeten Spitze durch, das man in einer Metallscheide mit Kette an der rechten Hüfte trug. Doch wie immer das Schwert aussah und benutzt wurde – stets schätzte es sein Träger außerordentlich und zierte es mit reichen Tier- und Symboldarstellungen. Und in der irischen Sagenwelt schien manches Schwert ein lebendiges, mit magischen Kräften erfülltes Wesen zu sein.

Außerdem bediente man sich einer Vielzahl weiterer Waffen, zu denen im Nahkampf Keulen und Streitäxte gehörten. Mithilfe von Lederriemen wurden Steine oder Tonkugeln auf den Feind geschleudert. Neben Wurfspeeren fanden zeitweilig auch Lanzen Verwendung, die eine Länge von bis zu 4 Metern erreichen konnten.

Doch neben dem Schwert stellte der schutzbietende Schild das augenfälligste Attribut des Kriegers dar. Grundsätzlich bestand er aus mit Leder überzogenen Holzbrettern, wobei der metallene Schildbuckel die Stelle schützte, an der die Hand den Schild hielt. Auch Schilde und Schildbuckel konnten – ähnlich den Schwertern – reich verziert sein. Im Laufe der keltischen Geschichte nahmen Schilde alle möglichen Formen an und konnten oval, viereckig oder in die Länge gezogen sein; betrug ihre Höhe anfangs einen halben Meter, so waren sie später fast mannshoch.

Ehrungen des Senats entgegen, mit denen zugleich sein Oberkommando in Gallien bestätigt wurde.

Aber wenn er tatsächlich glaubte, das ganze Land zu kontrollieren, irrte er sich. Er hatte zwar mit seinen rasanten Feldzügen einigen Stämmen römische Heeresmacht demonstriert. Zu vielen war jedoch noch kein einziger Legionär vorgedrungen; dort wusste man nichts von der vermeintlichen Eroberung Galliens.

Seeschlachten, Guerillas und Massaker – Gallien steht nicht unter Caesars Herrschaft

Während das Land der Belger ein Randgebiet Galliens darstellte, das mit seinen schwer zu durchdringenden Wäldern und Sümpfen schon an die Wildnis Germaniens erinnerte, lebte der Stamm der Veneter in einer völlig anderen Welt. Diese Kelten siedelten an der bretonischen Atlantikküste und hatten als geschickte Seefahrer großen Wohlstand erworben. Mit ihren flachen Schiffen, deren Bug und Heck hoch emporragten, konnten sie sowohl Untiefen meistern als auch die starken Wellen des offenen Meeres überstehen. Segel aus Leder sorgten für eine beachtliche Geschwindigkeit. Die Veneter verfügten über eine ganze Flotte derartiger Schiffe, die in Gallien ihresgleichen suchte. Auf ihnen betrieben sie neben der Fischerei vor allem intensiven Handel mit Spanien und den Britischen Inseln. Damit kontrollierten sie den selbst für Rom wichtigen Zinnhandel, der die Basis ihres Reichtums und ihrer Macht bildete. Sie beherrschten die vereinzelten Häfen, prägten Münzen und erhoben Steuern. Deshalb sah man sie in Gallien als selbstbewussten und einflussreichen Stamm an, dessen Meinung unter den vielen Nachbarn zählte.

Die stolzen Veneter hatten anfangs wie andere Stämme den Römern Geiseln gestellt, die ihr Wohlverhalten garantieren sollten. Darüber hinaus waren zusehends Vertrauensleute Caesars ins Land gekommen, unter denen sich nicht nur Kelten, sondern auch Römer befanden. Bald schon berieten die Häuptlinge darüber, ob man dem fremden Statthalter nicht zu sehr entgegengekommen sei und ob man die Stellung von Geiseln mit der Stammesehre vereinbaren könne. Der Adel verneinte dies und zog daraus die Konsequenz: Man ließ alle Römer festnehmen, derer man habhaft werden konnte. Sie galten als Pfand, mit dem man die eigenen Geiseln austauschen wollte.

Dem mächtigen Küstenvolk schlossen sich die schwächeren Nachbarn an. Auf einmal befand sich der ganze Nordwesten Galliens in Unruhe und Aufruhr. Die Veneter wussten um die Stärke ihrer Flotte, mit der sie sowohl in der Anzahl der Schiffe als auch in Navigations- und Ortskenntnis den Römern überlegen waren. Darum zogen sie sich mit ausreichenden Getreidevorräten in ihre befestigten Küstensiedlungen zurück und erwarteten dort die Legionäre Roms.

Caesar selbst schilderte ihre sichere und starke Position: »In der Regel waren die Städte so angelegt, dass sie am Ende von Landzungen oder auf Vorgebirgen erbaut und zu Fuß unerreichbar waren, wenn vom offenen Meer her die Flut heranströmte, was in einem Abstand von zwölf Stunden stets zweimal am Tag geschah. Da bei zurückweichender Flut Schiffe auf Sandbänke aufliefen, waren die Städte auch für die Schiffe schwer erreichbar. Beides zusammen machte daher die Belagerung einer Stadt sehr schwierig. Wenn die Einwohner dennoch einmal einer groß angelegten Belagerung nicht gewachsen waren, wenn Damm und Molen das Meer gestaut und die Höhen der Stadtmauern erreicht hatten, sodass die Einwohner alle Hoffnung aufzugeben begannen, ließen sie eine große Zahl von Schiffen landen, über die sie reichlich verfügten, schafften ihren ganzen Besitz fort und zogen sich in die nächstgelegenen Städte zurück. Dort verteidigten sie sich aufs Neue unter den gleichen günstigen Umständen. Über lange Strecken des Sommers konnten sie so verfahren, umso leichter, als starke Stürme unsere Schiffe abhielten und die Seefahrt vor fast unüberwindlichen Schwierigkeiten stand, denn es handelte sich um ein weites, offenes Meer mit starken Strömungen, wo es nur wenige oder fast gar keine Häfen gab.«

Trotzdem verzichtete Caesar auf eine Belagerung zu Land und versuchte von Anfang an, die Entscheidung in einer Seeschlacht herbeizuführen. Dafür hatte er eine große Zahl römischer Kriegsschiffe bauen lassen, denen die Veneter eine Flotte von 220 Schiffen entgegenstellten. Oberbefehlshaber, Militärtribunen und Zenturionen waren zunächst ratlos, wie man gegen die Veneter vorgehen könne; denn eine gewohnte Taktik schien wenig Erfolg versprechend – weder das Rammen der feindlichen Schiffe noch der Einsatz von Wurfgeschossen. Doch die für ihren Pragmatismus berühmten Römer waren auch in dieser Situation einfallsreich. Sie befestigten an Stangen scharfe Sicheln, mit denen sie die Taue der feindlichen Takelage durchschnitten. Wenn dies gelang, konnten die Veneter ihre Segel nicht mehr nutzen und verloren ihre Wendigkeit. Eintretende Windstille ermöglichte es den römischen Soldaten zusätzlich, auf die venetischen Schiffe zu springen und im Nahkampf den Feind zu schlagen. Dem hatten die Gallier nichts mehr entgegenzusetzen – sie verloren ihre Flotte und mussten ihre Städte aufgeben.

Caesar ging mit ungewöhnlicher Härte gegen die Besiegten vor: Er ließ den gesamten Ältestenrat hinrichten und verkaufte die Bevölkerung in die Sklaverei. So setzte er ein deutliches Zeichen, womit Widerstand leistende

Stämme und ihre Führer in Zukunft zu rechnen hatten. Bei loyaler Zusammenarbeit mit den Besatzertruppen winkten dagegen reicher Lohn und Einfluss unter Roms Herrschaft. Die völlige Entmachtung der Veneter brachte Caesar noch ganz andere Vorteile; denn durch sie konnte er das Ruder im ertragreichen Seehandel übernehmen und hohe Gewinne einstreichen.

Trotz des harten Vorgehens gegen die Veneter kam Gallien in den nächsten Jahren nicht zur Ruhe. Immer wieder schickte Caesar Gesandte zu den Stämmen, die dringendst ermahnt wurden, ihre Bündnisverpflichtungen gegen Rom einzuhalten. Mehrere Legionen stießen in viele Teile des Landes vor, um unruhige Stämme im Zaum zu halten und Aufstände niederzuschlagen. Caesar selbst kämpfte nicht nur im Rheinland gegen germanische Völkerschaften, er unternahm auch zwei Expeditionen nach England, die allerdings erfolglos blieben.

Schon vorher war mit dem Haeduer Dumnorix einer der prominentesten gallischen Widersacher des Feldherrn ums Leben gekommen. Anscheinend hatte er auch unter römischer Aufsicht das Feuer des Aufstands kräftig geschürt und geheime Verhandlungen mit gleich Gesinnten aus vielen Stämmen geführt. Als ihn Caesar mit nach Britannien nehmen wollte, unterstellte er dem Römer, er wolle ihn und andere Stammesführer auf diesem Feldzug eliminieren. Darum machte er sich samt seiner Gefolgschaft auf den Heimweg ins innere Gallien. Caesar sandte ihm sofort seine Reiter hinterher, die Dumnorix unter ungenannten Umständen töteten.

Doch damit endete keineswegs der Widerstand gegen die römischen Legionen und ihre gallischen Verbündeten. Wie unruhig die Lage war, bewies ein Vorfall bei den Karnuten. Dort hatte Caesar dem Edlen Tasgetius die Königswürde verliehen, die früher immer von dessen Familie wahrgenommen worden war. Später hatte der Stammesadel die Königssippe entmachtet, und ebenso wenig war man willens, Caesars Schützling zu akzeptieren. Als er im dritten Jahr herrschte, wurde er von der Adelsopposition getötet. Caesar musste Truppen in das Gebiet entsenden, die für Ruhe sorgen sollten. Solche Vorfälle geschahen zuhauf in Galliens Stämmen und richteten sich gegen Könige, einzelne Adlige und ganze Ältestenräte. Caesars gallische Verbündete waren ihres Lebens nicht mehr sicher.

Außerdem erhoben sich viele Stämme geschlossen, sei es unter den Aquitaniern im Südwesten oder wiederholt unter den Belgern im wilden Norden, die mit ihrer Guerillataktik den Legionen erhebliche Schwierigkeiten bereiteten. Die zwischen Maas und Rhein siedelnden Eburonen, ein keltisierter Germanenstamm, lockten Roms Truppen in einen Hinterhalt, der mehrere tausend Legionäre das Leben kostete. Sobald Caesar konnte, eilte er durch Eifel und Ardennen ins Gebiet des unbotmäßigen Volkes, wo er blutige Rache nahm. Er löschte den Stammesnamen aus und rief alle

Völker der Nachbarschaft zur Ausplünderung der Eburonen auf. Deren Aufstand hatte ihm erneut gezeigt, auf welch unsicheren Fundamenten Roms Herrschaft ruhte. Nur eine Vielzahl von Feldzügen und Besatzungstruppen hielt die gallischen Stämme unter Kontrolle.

Geheime Versammlungen in den Wäldern

Die Fäden dieses gewaltigen und riskanten Eroberungsnetzes hielt allein Caesar in der Hand. Zwar verfügte er über fähige und verlässliche Offiziere und von seinen Legionären soll er gesagt haben, mit ihnen könne man den Himmel zum Einsturz bringen – doch der Statthalter war der Mann, von dem die Freiheit oder die Unfreiheit Galliens abhing.

Das wussten die führenden Männer der gallischen Stämme, die seit Winterbeginn des Jahres 53 vor Chr. wiederholt zusammentrafen. In dieser Jahreszeit weilte Caesar wie üblich in Norditalien, während seine Truppen in ihren verschanzten Lagern die Stellung hielten. Bald schon verbreiteten sich unter den Stämmen Gerüchte, der Statthalter habe in Rom innenpolitische Probleme, weshalb ihm die Hände in Gallien gebunden seien. Caesar selbst gibt im *Gallischen Krieg* die Stimmung dieser Zusammenkünfte glaubwürdig wieder: »Da die Gallier schon vorher ihre Unterwerfung unter die Herrschaft des römischen Volkes bitter empfanden, trieb dieser Umstand sie an, ungehemmter und verwegener Kriegspläne ins Auge zu fassen. Die führenden Männer Galliens setzten für ihren Kreis Versammlungen an entlegenen Orten in den Wäldern an.« Dort stellte man fest, dass das Unglück Galliens bitter zu beklagen sei; nun aber sei der Zeitpunkt gekommen, sich gegen die römische Fremdherrschaft zu erheben. Gallien müsse seine Unabhängigkeit zurückerhalten; denn besser sei es, auf dem Schlachtfeld zu sterben, als den alten Kriegsruhm und die Freiheit nicht wiederzugewinnen, die man von den Ahnen übernommen habe.

Auf Vorschlag der Karnuten traten die Versammelten vor ihren gemeinsamen Feldzeichen zusammen und legten einen feierlichen Eid ab, sich im Krieg gegen die Römer gegenseitig zu unterstützen. Anschließend einigte man sich auf einen Tag, an dem man losschlagen wollte. Die Karnuten erklärten sich bereit, in ihrem Hauptoppidum Cenabum, dem heutigen Orléans, das Fanal für ganz Gallien zu setzen. Am vereinbarten Tag stürmten Krieger durch die Straßen der Stadt und töteten jeden Römer, den sie ergreifen konnten. Zumeist lebten dort Kaufleute, die in Gallien gute Geschäfte machten und von dem Angriff völlig überrascht wurden. Keiner entkam dem Gemetzel. Anschließend wurden ihre reichen Warenlager und ihr Vermögen geplündert. Wie erwartet, verbreitete sich die Nachricht davon in Windeseile in ganz Gallien. Sie verband sich mit der Botschaft, dass kein einzelner Stamm den Aufstand wagte, sondern dass alle Gallier die Römer töten oder aus dem Land treiben wollten.

Vercingetorix und der große Aufstand

Unter den Arvernern machte sich der junge Adlige Vercingetorix zum Haupt der Erhebung. Schon sein Vater Celtillus hatte im Stamm großen Einfluss ausgeübt, ebenso verfügte der Sohn über eine zahlreiche Gefolgschaft. Aber die Stammesaristokratie widersetzte sich dem Aufstand, den Vercingetorix vehement propagierte. Die Mehrzahl der Adligen unterstellte dem jungen Mann wahrscheinlich Ambitionen auf die Alleinherrschaft; darum vertrieb ihn ausgerechnet sein Onkel Gobannitio aus dem Stammeszentrum Gergovia, das sich bei Clermond-Ferrand auf einem Bergplateau erstreckte. Doch auf dem Land gelang es Vercingetorix, so viele Anhänger zu gewinnen, dass er nach Gergovia zurückkehren, seinerseits seinen Onkel vertreiben und die Macht übernehmen konnte. Trotz seines verhältnismäßig jungen Alters von etwa 30 Jahren bewies der neue Herrscher der Arverner genügend Machtinstinkt. Zuerst beseitigte er die unmittelbaren Gegner, dann verhandelte er mit vielen anderen Stämmen über ein festes Bündnis gegen die Römer. Man einigte sich auf ihn als Oberbefehlshaber der gesamtgallischen Truppen.

Diese Aufgabe nahm er mit großer Strenge wahr, die ihn als Schüler römischen Militärwesens auszeichnete. Er bestimmte die Anzahl der Krieger, die jeder Stamm zu stellen hatte, ebenso wie die Zahl der herzustellenden Waffen und den Termin, an dem die Waffen zu liefern seien und die Truppen anrücken sollten. Die Aufstellung einer schlagkräftigen Reiterei war ihm ein weiteres Anliegen. Schließlich legte er höchsten Wert auf Disziplin und Gehorsam: »Denn bei größeren Vergehen ließ er die Schuldigen nach Anwendung aller Arten von Foltern verbrennen, bei weniger schwer wiegenden Anlässen ließ er ihnen die Ohren abschneiden oder ein Auge ausstechen und schickte sie nach Hause zurück, um den anderen einen Beweis seiner Strenge zu geben und sie durch die Härte der Strafe in Schrecken zu versetzen.«

Derart drakonisch gerüstet, zog Vercingetorix im Land umher und entsandte Truppen zu den Stämmen, die noch zögerten oder gar weiter zu Rom standen. Mit seiner auf ganz Gallien ausgerichteten Strategie und den Vorstellungen eines Heeresaufgebots, in dem strengste Disziplin herrschte, rückte der Arverner weit von den traditionellen keltischen Kampftugenden ab. Der einzelne Krieger sollte zwar von Todesverachtung erfüllt sein, zugleich aber musste er sich als Teil eines riesigen Heeres verstehen, das weit über den gewohnten Rahmen der Stammes- und Gefolgschaftsordnung hinausreichte. Vercingetorix war ein Reformer, dessen Denken den keltischen Partikularismus überwinden wollte, und der danach trachtete, Rom mit dessen eigenen Waffen zu schlagen.

Inzwischen hatte man Caesar über die Ereignisse informiert, worauf dieser im Februar des Jahres 52 vor Chr. in die römische Provence eilte. Dort musste er zunächst einen gallischen Angriff gegen Narbonne abwehren, der ihm deutlich machte, dass Vercingetorix den Krieg nicht auf das freie Gallien zu begrenzen gedachte. Anschließend sah sich der Statthalter mit dem Problem konfrontiert, wie er zu seinen Truppen im aufständischen Keltenland gelangen sollte. Denn die gewohnten Wege blockierten starke gallische Verbände, denen Caesar vorerst noch ausweichen wollte. Es kennzeichnet seine außergewöhnliche Risikobereitschaft, dass er mit seinen Soldaten durch die verschneiten Cevennen marschierte, um die Arverner zu überraschen. Diese hatten in der Tat mit einem so schnellen Angriff nicht gerechnet. Vercingetorix musste erfahren, wie schwierig strategische Überlegungen durchzusetzen waren, wenn es die Krieger zurückzog, um das Kernland des Stammes zu verteidigen. Dem römischen Überraschungscoup folgte ein Katz-und-Maus-Spiel zwischen Caesar und dem gallischen Oberbefehlshaber. Die Bemühungen des Römers gingen dahin, sich möglichst vieler Stämme zu vergewissern und sie davon abzuhalten, Vercingetorix Gefolgschaft zu leisten. Der Gallier hingegen schreckte nicht davor zurück, gegnerische Stämme anzugreifen, denen Caesar wiederum Hilfe bringen musste.

Den Römern bereitete diese Kriegsführung große Schwierigkeiten, denn anstatt die Legionen konzentrieren zu können, mussten sie in viele Landesteile entsandt werden. Zudem wandten sich immer mehr Gallier von Caesar ab. Kaum tauchte Vercingetorix mit seinen Truppen bei einem Stamm auf, schlossen sich ihm dessen Krieger an und richteten ihre Waffen gegen die Römer. Diese jedoch blieben in kleineren Gefechten und Schlachten siegreich, sodass die Gallier ihr weiteres Vorgehen überdenken mussten.

Vercingetorix berief eine Versammlung ein, in der er eine andere Taktik forderte. Man müsse den Krieg mit anderen Mitteln führen, indem man die Römer vom Nachschub abtrenne. Die starke gallische Reiterei könne dies erreichen, wenn sie jeden nahrungssuchenden Römertrupp angreife. Außerdem müsse man den Römern verbrannte Erde hinterlassen, so schmerzlich dies sei. Nichts dürfe von der Zerstörung ausgenommen werden, weder Oppida noch Dörfer und Gehöfte noch die Felder. Schon bald zeigte die neue Taktik bei den römischen Soldaten Wirkung; aber trotzdem hielten sie bei Märschen, Kämpfen und Belagerungen durch. Das Oppidum Avaricum (Bourges) der Biturigen hatten die Gallier ausnahmsweise nicht niedergebrannt. Nur zähneknirschend hatte sich Vercingetorix in dieser Frage den Bitten des Stammes gefügt; doch leider sollte er Recht behalten. Denn dort kam es zu schweren Kämpfen mit den Römern, die einen Belagerungsring um das Oppidum zogen. Anfangs bewiesen die gallischen Verteidiger großes Geschick, die römischen Angriffstechniken abzuwehren. So unterhöhlten sie einen Sturmdamm der Legionäre mit Tunneln. Auf den Mauern errichteten sie Türme, die mit Leder verkleidet wurden und somit kaum in Brand gerieten. Diese Techniken und ständige Ausfälle erschwerten die Belagerung. Trotzdem konnten die Römer in 25 Tagen einen Damm aufschütten, den die Soldaten wie eine Rampe benutzten, um die Mauern einzunehmen. Die Gallier versuchten, sie mit Feuer und Pech davon abzuhalten. Doch schließlich besetzten die Legionäre den gesamten Mauerring. Dann stürmten und verwüsteten sie die Stadt: »Der Mord in Cenabum und die anstrengende Belagerungsarbeit hatten unsere Soldaten so erregt, dass sie nicht einmal Greise, Frauen und Kinder schonten. Von der ganzen Bevölkerung, deren Zahl etwa 40 000 betragen hatte, konnten am Ende kaum 800 … unversehrt zu Vercingetorix entkommen.«

Da dieser von Anfang an gegen die Verteidigung der Stadt gewesen war, gewann er durch die Katastrophe sogar noch an Zustimmung. Caesar entschied mit anbrechendem Sommer, die Entscheidung in einer großen Schlacht zu suchen. Denn die Lage in Gallien war aus seiner Sicht alles andere als stabil; sogar bei den treuesten Verbündeten, den Haeduern, musste er mittlerweile innenpolitische Streitigkeiten schlichten und die Romfeinde mit Drohungen im Zaum halten. Darum zog er mit sechs Legionen und Reitern ins Land der Arverner zu deren Hauptort Gergovia. Um dorthin zu gelangen, musste er einen Fluss überqueren, den das Wasser der Schneeschmelze zu einem reißenden Gewässer gemacht hatte. Zudem hatte Vercingetorix alle Brücken einreißen lassen und sein Heer auf dem gegenüberliegenden Ufer versammelt. Doch die römischen Legionäre verfügten über Erfahrung im Brückenbau, die sie schon bei Caesars beiden Rheinübergängen unter Beweis gestellt hatten. Es gelang ihnen, eine Behelfsbrücke zu errichten, auf der die Legionen den Fluss überschritten. In dieser Situation scheute Vercingetorix die Schlacht und zog sich nach Gergovia zurück.

Gergovia – Ein Sieg für die Gallier

Das Oppidum lag auf einem hohen Berg und war deshalb von allen Seiten nur schwer zugänglich. Die gallischen Truppen hielten dieses Plateau und die anderen Höhen besetzt und boten laut Caesar »einen Schrecken erregenden Anblick«. Unter solchen Verhältnissen kam für die Römer ein Sturmangriff nicht in Frage, weshalb sich der Statthalter auf eine Belagerung einstellte. Immerhin gelang es den Legionären, zwei Stellungen auf halber Höhe einzunehmen und dort Befestigungen zu errichten. Zwischen beiden Lagern ließ Caesar einen doppelten Graben ausheben, damit beide Stützpunkte über eine sichere Verbindung zueinander verfügten.

Während die Römer vor Gergovia mit Erdarbeiten beschäftigt waren, taten sich die Arverner durch Verhandlungsgeschick hervor. Ihnen gelang es, den Führer der Haeduer, Convictolitavis, auf ihre Seite zu ziehen. Da Caesar diesem nach eigenen Angaben das Amt verschafft hatte, war er über dessen Verrat erzürnt. Aber der Haeduer befand sich mit seiner Entscheidung auf der Seite der jungen adligen Kämpfer, die schon längst gegen die Besatzer hatten losschlagen wollen. Auch sie wollten um die Freiheit der gallischen Stämme kämpfen. 10 000 Krieger der Haeduer, die auf dem Weg zu Caesar waren, um sich ihm gegen die Arverner anzuschließen, wurden aufgerufen, gegen die Römer zu kämpfen. Daraufhin plünderten sie römische Händler, die sie begleiteten, und töteten sie »unter grausamen Foltern«.

Die Nachricht, dass die erwarteten Haeduer nicht als Verbündete, sondern als Feinde kamen, löste beim Statthalter Bestürzung aus, da mit ihrem Eintreffen seine Soldaten in die Zange genommen werden würden. Ein weiteres Mal reagierte Caesar für die Gallier unerwartet: Mit äußerster Schnelligkeit führte er vier Legionen und die Reiterei den 10 000 Kriegern entgegen. Dieser Zug und die Argumente seiner Anhänger dürften bewirkt haben, dass die Haeduer die Waffen niederlegten. Caesars Gegner schlugen sich nach Gergovia durch und schlossen sich Vercingetorix an.

Dieser hatte die zwischenzeitlich schwächer besetzten Römerlager von starken Kräften angreifen lassen. Tausende gallischer Krieger hatten sie immer wieder bestürmt; fast pausenlos ging ein Regen von Pfeilen und allen möglichen Wurfgeschossen auf sie nieder. Boten meldeten Caesar die Lage und forderten ihn dringend zur Rückkehr auf; denn die nächsten Angriffe würden nicht lange auf sich warten lassen und nur mit Mühe habe man sich bisher behaupten können. Der römische Feldherr sah sich in einer bedrohlichen Situation, die er im *Bellum Gallicum* treffend beschreibt: »Da Caesar einen größeren Aufstand in Gallien erwartete, überlegte er, wie er sich, um nicht von allen Stämmen eingekreist zu werden, von Gergovia zurückziehen und das Gesamtheer wieder vereinigen könne, ohne dass sein Abzug aussähe, als entspringe er der Furcht vor einem Aufstand, und ohne dass er einer Flucht gliche.«

Eine Schwachstelle der Gallier schien ihm die Gelegenheit für einen Überraschungsangriff zu bieten. Er sollte lediglich die Feinde verunsichern und auf keinen Fall eine große Schlacht eröffnen. In der Tat lief alles wie geplant: Die Legionäre nahmen einige kleinere Lager der Gallier so unerwartet ein, dass angeblich ein aus dem Mittagsschlaf aufgeschreckter Stammeskönig nur mit Glück die Flucht ergreifen konnte. Da der Angriff voll und ganz gelungen war, ließ Caesar zum Rückzug blasen. Aber drei vorwärts stürmende Legionen hörten das Signal nicht. Sie standen vor den nur schwach verteidigten Mauern und Toren Gergovias, deren Einnahme Offizieren wie Legionären Sieg, Ruhm und große Beute verhieß. Deshalb erinnerte man sich nicht der Befehle des Feldherrn und alle stürmten weiter. Damit geriet die von Caesar sorgfältig geplante Aktion außer Kontrolle.

»Da aber erhob sich in allen Teilen der Stadt ein Geschrei, und da die Einwohner der etwas weiter entfernten Stadtbezirke, die durch den plötzlichen Aufruhr in Schrecken versetzt wurden, glaubten, der Feind befinde sich schon innerhalb der Stadtmauern, stürzten sie aus der Stadt hinaus. Die Frauen warfen von der Mauer Kleider und Silber herab, beugten sich mit entblößter Brust hinüber, streckten die Hände aus und beschworen die Römer, sie zu verschonen und nicht, wie sie es bei Avaricum getan hätten, selbst vor Frauen und Kindern keinen Halt zu machen. Einige ließen sich sogar an den Händen von der Mauer herab und lieferten sich den Soldaten aus.« Während mancher Legionär schon Ausschau nach einer hübschen Sklavin hielt, stürmten die alarmierten gallischen Krieger heran. Sie waren auf der anderen Seite des Oppidums mit Schanzarbeiten beschäftigt gewesen, als sie vom römischen Angriff hörten. Nun strömten sie in großer Zahl aus den Toren heraus und schlugen auf die Römer ein. Diese hatten dem wenig entgegenzusetzen. Denn zum einen hatten sie damit nicht gerechnet und sich schon als ruhmreiche Sieger gefühlt, zum anderen waren sie vom steilen Anstieg zur Stadtmauer erschöpft. Außerdem hielten sie die von Caesar als Unterstützung geschickten Haeduer für Feinde und kämpften auch gegen sie. Das Chaos war perfekt! Die Krieger des Vercingetorix trieben sie regelrecht den Abhang hinunter. Erst am Rand der Ebene stellten sich den Galliern frische römische Kräfte entgegen. Vercingetorix war aber so klug, seine Männer hinter die Stadtmauern zurückzuführen.

Allein während der Jagd den Berg hinab fielen 46 Zenturionen, wie Caesar bitter feststellte. Die so Erfolg versprechende Belagerung Gergovias entwickelte sich zusehends zum Debakel. Sie band auf nicht absehbare Zeit die römischen Legionen, während im weiten Gallien Unruhen herrschten. Caesar gab die Belagerung auf; er versuchte nur noch, vor den Truppen und vor Vercingetorix sein Gesicht zu wahren. Auf einer großen Heeresversammlung tadelte er das ungestüme Verhalten der Soldaten. Anschließend und am folgenden Tag ließ er die Legionäre in Schlachtordnung Aufstellung nehmen; damit bot er den Galliern oben in Gergovia den Entscheidungskampf an. Doch Vercingetorix ließ sich nicht provozieren und hielt seine Krieger hinter den Mauern zurück. Von dort beobachtete er den Abzug der Römer mit Genugtuung. Caesar hatte seinen effizienten Militärapparat erfolglos in Bewegung gesetzt. Mit dem Namen Gergovias durfte zumindest ein moralischer Sieg der Gallier verbunden werden.

Die Entscheidungsschlacht von Alesia

Für die Römer wurde die Lage in Gallien immer unsicherer. Die Haeduer waren aufs Neue abgefallen, und ihre Reiterei hatte in Noviodunum (Nevers) römische Händler und Beamte erschlagen. Auch viele kleinere Stämme schlossen sich nun dem Aufstand an, die nur mit Mühe besiegt werden konnten.

Auf einer gesamtgallischen Versammlung in Bibracte berieten die Stammesführer über ihr Bündnis und das weitere Vorgehen gegen Caesar. Sie bestätigten Vercingetorix als Oberbefehlshaber und stimmten seiner bisherigen Strategie zu. Der Arverner forderte 15 000 Reiter, die noch schneller Getreidefelder und Dörfer niederbrennen konnten. Auf diese Weise sollten Caesar mit seinen zehn Legionen weiter Versorgungsprobleme bereitet werden. Außerdem forderte Vercingetorix Truppen von den Verbündeten an und entsandte Krieger gegen die Stämme, die sich der antirömischen Koalition noch nicht angeschlossen hatten. Caesar verblieb dagegen weniger als eine Hand voll gallischer Stämme, auf die er sich nur mit Vorsicht verlassen konnte. Darüber hinaus schreckte er nicht davor zurück, von den gefürchteten germanischen Stämmen Reiter anzufordern.

Vercingetorix versammelte seine Krieger und die von den Stämmen gestellten Reiter. Im Grenzgebiet der Lingonen und Sequaner am Rand der Juraberge kam er Caesars Legionen und Hilfstruppen auf wenige Meilen nahe. Beide Feldherren schienen die Entscheidungsschlacht zu suchen. Der Arverner ließ seine Reiter noch einmal ausdrücklich die Treue schwören. Dann sollten sie in drei Gruppen schnell und kraftvoll den römischen Heerzug angreifen, ihm Verluste bereiten und Verwirrung stiften. Mit Hilfe der germanischen Reiter konnte Caesar die heftigen Angriffe abwehren. Anscheinend hatte Vercingetorix so stark auf den Erfolg seiner Reiterei gebaut, dass er jetzt die offene Schlacht vermied. Gleichwohl wollte er vor den Römern nicht die Flucht ergreifen oder sich durch Gallien treiben lassen. Warum also sollte er nicht einen Stellungskrieg wie in Gergovia wagen, der Caesar an den Rand der Niederlage gebracht hatte. So wurden dessen Truppen erneut gebunden und konnten nicht gegen frische Stammesverbände vorgehen. Aus solchen möglichen Erwägungen zog sich

Vercingetorix ins nahe Alesia zurück, das Hauptoppidum des kleinen Mandubierstammes. Hier sollte die Entscheidung um Gallien fallen!

Die Siedlung lag auf dem Mont Auxois nordwestlich des heutigen Dijon. Auch hier konnte Caesar, der am nächsten Tag sein Lager aufschlug, wegen der steilen Hänge keinen direkten Angriff wagen. Er beschloss, einen Belagerungswall um die Stadt ziehen zu lassen. In mehreren großen Lagern und in 23 Kastellen stationierte er seine Soldaten. Während der Arbeiten am Wall kam es zu einem ersten Reitergefecht, in dem wiederum die Römer in Bedrängnis geraten wären, hätten ihnen die germanischen Reiter keine Hilfe gebracht und unter den fliehenden Galliern, wie Caesar berichtete, ein Gemetzel angerichtet.

Vercingetorix sammelte auf dem Bergplateau 80 000 Krieger um sich, für welche die Getreidevorräte 30 Tage reichten. Alle Krieger zog er hinter die Stadtmauern zurück, die er aufwändig verstärken ließ. Ehe der römische Belagerungsring geschlossen wurde, sandte der gallische Oberbefehlshaber die überlebenden Reiter zu allen verbündeten Stämmen. Sie sollten das größte Heer heranführen, das die Gallier jemals aufgestellt hatten, und Caesar in den Rücken fallen.

Caesar verfügte über 70 000 Soldaten, die nicht nur die Belagerung bestreiten, sondern notfalls auch einen äußeren Angriff abwehren mussten. Um einem Angriff von zwei Seiten standhalten zu können, ließ er ein monumentales Befestigungs- und Belagerungssystem errichten, das an die 15 Kilometer Gesamtlänge aufwies. Es bestand aus einem doppelten Ring von Gräben und Wällen mit Mauern und Türmen. Ein Graben war 7 Meter breit, ein anderer wurde mit Wasser gefüllt und einen dritten versah man mit angespitzten Pfählen, die die Soldaten als Leichensteine bezeichneten. Sie waren Bestandteil eines ausgeklügelten Systems von Fallen und Hindernissen. Caesars Belagerungs- und Verteidigungswerke vor Alesia suchen in der antiken Geschichte ihresgleichen und haben ihre Spuren bis in die Gegenwart hinterlassen. Sie dokumentieren die Situation des Jahres 52 vor Chr.: In Alesia suchte Vercingetorix wie Caesar die Entscheidung, und für beide ging es um Leben oder Tod.

Währenddessen hatte eine Versammlung der gallischen Stammeshäuptlinge entschieden, Truppen einzuberufen und Vercingetorix Hilfe zu bringen. Aus allen Teilen Galliens zogen Krieger heran, nur wenige versagten sich dem Aufruf. Selbst enge Verbündete Caesars folgten dem Appell im Namen der Freiheit und des alten Kriegerruhmes. Schließlich kamen 8 000 Reiter und 250 000 Fußsoldaten im Gebiet der Haeduer zusammen. Sie erhielten vier Oberbefehlshaber, denen Vertreter der einzelnen Stämme an die Seite gestellt wurden: »Es gab nicht einen unter ihnen, der nicht glaubte, der Feind könne den bloßen Anblick einer solchen Menge nicht aushalten.«

Aber die riesige Truppenaushebung hatte Zeit gekostet, Tage um Tage, an denen die Vorräte der Belagerten aufgezehrt wurden. Hunger machte sich in Alesia breit, und man erwog, ob man einen Ausfall wagen oder sogar kapitulieren solle. Jedenfalls halte man den Hungertod nicht aus. Dem Vorschlag, sich vom Fleisch der getöteten Alten und Unnützen zu ernähren, scheint man nicht gefolgt zu sein. Doch zumindest sollten Kriegsuntaugliche nebst Frauen und Kindern die Stadt verlassen. Caesar allerdings verbot deren Aufnahme, sodass sie verzweifelt zwischen den Fronten lagerten.

Als das gallische Heer erschien, war die Lage der Römer äußerst bedrohlich. In Alesia standen 80 000 Gallier, und hinter den Legionen hatten sich mehr als eine viertel Million Krieger aufgestellt. Caesar schien in der Falle zu sitzen. Er verteilte seine Soldaten an allen Seiten, sodass nirgends eine Schwachstelle entstand. Dann schickte er die Reiter los, um den Kampf zu eröffnen: »Die Gallier hatten zwischen die Reiter einzelne Bogenschützen und leicht bewaffnete Fußsoldaten verteilt; falls die Reiter zurückweichen mussten, sollten sie ihnen zu Hilfe kommen und den Ansturm unserer Reiter aufhalten.« Die Schlacht fand vor Hunderttausenden von Augenpaaren statt, die gebannt das Geschehen verfolgten. Nachdem über etliche Stunden gekämpft worden war, gelang es wiederum den germanischen Reitern, die Gallier endgültig niederzumachen. Dieser Sieg fiel zugunsten Caesars aus.

Als Nächstes versuchte das Entsatzheer, in einem nächtlichen Angriff die Mauern zu überwinden. Mit Pfeilen, Schleudern und Steinen sollten die Römer vom Wall vertrieben werden. Vercingetorix hörte den Angriff und ließ darauf seine Männer zum Sturm blasen. Doch die äußeren Angreifer konnten die römischen Wälle nicht einnehmen. Sobald sie ihnen näher kamen, spießten sie sich an den gesetzten Pfählen auf oder stürzten in die Gräben. Viele fanden den Tod durch die herabgeschleuderten Speere der römischen Verteidiger. Am Tagesanfang brachen die Gallier ihren Angriff ab, und auch die Männer des Vercingetorix mussten unverrichteter Dinge nach Alesia zurückkehren.

Nachdem mehrere Angriffe dieser Art von den Legionären abgewehrt worden waren, fasste man einen anderen Plan. Der arvernische Oberbefehlshaber Vercassivellaunus, ein Verwandter des Vercingetorix, sollte mit 60 000 Kriegern eine schlecht zu verteidigende Stelle der römischen Befestigungslinie angreifen und eine Lücke reißen. Wiederum ließ auch Vercingetorix seine Kämpfer angreifen, sodass die Römer an diesem Abschnitt auf verlorenem Posten zu stehen schienen. Überall wurde inzwischen so erbittert gekämpft, dass die Stunde der Entscheidung nahe schien. Die erwähnte Schwachstelle war auf steilem Gelände schlecht zu verteidigen. Deshalb ließ Vercassivellaunus seine Männer mit Geschossen angreifen und im Schutz der Schilde vorrücken. Die Gallier stürmten über zugeschüttete Gräben hinauf auf die Wälle: Waren sie überwunden, gab es kaum noch ein Halten. Der alles im Blick habende Caesar sandte Kohorten in alle Ecken, um das Schlimmste zu verhindern. Schließlich griff er selbst ins Kampfgeschehen ein, bei dem es oft nicht mehr um das Halten der Wälle ging, sondern um den Schwertkampf Mann gegen Mann.

Doch die Strategie des römischen Feldherrn behielt die Oberhand. Wieder einmal wusste er seine zahlenmäßig begrenzten Truppen sinnvoll und erfolgreich einzusetzen. Endlich erschienen zudem Reiter und Hilfe bringende Kohorten, die die überraschten Gallier in die Flucht schlugen. Daraus entwickelte sich ein furchtbares Gemetzel, das schließlich zum Zusammenbruch des großen gallischen Entsatzheeres führte. Wer überlebte, suchte sein Heil in der Flucht und kehrte zu seinem Stamm zurück. Auch viele Männer des Vercingetorix nutzten ihre Chance und flohen. Der Arverner sah sich mit den restlichen Kriegern gezwungen, in die Stadt zurückzukehren. Er konnte den Belagerungsring nicht durchbrechen. Vercingetorix wusste, dass die Schlacht verloren war und nun der gallische Aufstand zusammenbrach. Ihm blieb keine andere Wahl, als sich mit seinen Männern zu ergeben.

Caesar hatte als Kapitulationsbedingungen die Auslieferung sämtlicher Waffen und die Übergabe des Vercingetorix gefordert. Das Zusammentreffen des römischen Siegers und des gallischen Besiegten wurde von der Nachwelt stets als welthistorisch bedeutsamer Moment voller Symbolik angesehen. Der einzige unmittelbare Gewährsmann, Caesar selbst, ging darüber im *Bellum Gallicum* nüchtern hinweg. Andere Quellen berichteten vom weiteren Schicksal des Arverners: Jahrelang wurde er gefangen gehalten, bis man ihn schließlich 46 vor Chr. auf Caesars Triumphzug durch die Straßen Roms führte. Anschließend wurde er hingerichtet. Gegenüber seinem großen gallischen Gegner wollte Caesar offenbar keine Gnade walten lassen.

Letzter Widerstand und das Ende des freien Gallien

Unmittelbar nach dem Sieg von Alesia bewies der römische Statthalter gegenüber den Geschlagenen sowohl Milde als auch Härte: Die Hauptverschwörer, den Arvernerstamm, verschonte er genauso wie die Haeduer, die in seinen Augen treulose Verräter waren. Aber Caesar dachte pragmatisch und hielt es deshalb für sinnvoll, den stärksten Stämmen die Hand zu reichen. Auf ihre Kooperation würde Rom in der Zukunft angewiesen sein. Seine Härte zeigte er gegen andere und kleinere Stämme, die sich am Aufstand beteiligt hatten – viele ihrer Angehörigen wurden zu Sklaven gemacht und verkauft. Sie trugen damit zu den kaum schätzbaren Gewinnen bei, die der Statthalter persönlich mit der Eroberung Galliens machte.

Den folgenden Winter verbrachte Caesar in Gallien und richtete sein Lager bei den Haeduern im Oppidum von Bibracte ein. Mit Recht hielt er seine Anwesenheit für notwendig, denn ganz Gallien war weder unterworfen noch befriedet. Der gesamtgallische Widerstand hatte ein dramatisches Ende gefunden, aber immer noch herrschte die Unbotmäßigkeit einzelner Stämme. Darum wurden in alle Richtungen Truppen entsandt, die die Unzufriedenheit schon im Keim ersticken sollten. Caesar selbst unternahm im folgenden Jahr einige kleinere Feldzüge, etwa gegen die Karnuten und Bellovaker. Je nach Bedarf gab er sich bei deren Unterwerfung mit der Stellung von Geiseln zufrieden, verfügte aber auch eine Reihe von Hinrichtungen. Schließlich sah der Feldherr keinen Stamm mehr, der sich zum Krieg rüstete, um ihm Widerstand zu leisten. Daraufhin entließ er Teile des Heeres. Seinen Umgang mit den Galliern beschreibt er wie folgt: »Caesar erwies daher den Stämmen alle möglichen Ehren, ließ den führenden Männern bedeutende Belohnungen zukommen und legte dem Land keine neuen Lasten auf, sodass er für das durch so viele Niederlagen erschöpfte Gallien eine Unterwerfung vorteilhafter erscheinen ließ und auf diese Weise mühelos den Frieden erhalten konnte.«

Sogar diese beschönigenden Worte verraten einen Teil der historischen Wirklichkeit: Gallien war nach sechs Jahren Krieg ausgeblutet und erschöpft. Man schätzt, das von den zwölf Millionen Einwohnern eine Million umkam und eine weitere versklavt wurde – Zahlen, die den ungeheuren Aderlass der keltischen Stämme verdeutlichen. Hinzu kamen weite Flächen verödeten Landes und eine große Zahl zerstörter Oppida und Dörfer. Wirtschaft, Verkehrswege und Stammesstrukturen waren zum Teil zusammengebrochen. An Widerstand und Revolten schien man in Gallien nicht mehr zu denken: Als zwei Jahre später in Rom ein neuer Bürgerkrieg ausbrach, der dessen Herrschaft ohne Zweifel schwächte, nutzten die gallischen Stämmen die Möglichkeit nicht mehr, um gegen Rom zu rebellieren.

Gallien war seine enge Anlehnung an die antiken Hochkulturen zumindest militärisch zum Verhängnis geworden. Denn die so genannten Barbaren nutzten deren Wissen und Erkenntnisse, um einen eigenen Weg zu gehen. Er führte zu einer zunehmenden Erschließung des Landes mit Wegen und Handelsrouten, welche die einzelnen Oppida miteinander verbanden. Dort wurde intensiv produziert, exportiert und Handel getrieben. Man nimmt an, dass die gallischen Stämme mit der Einführung des Münzwesens, der Verwendung griechischer und lateinischer Schrift und der Anwendung gewisser Verwaltungsstrukturen an der Schwelle zur Hochkultur standen. Was ihnen noch fehlte, war ein geeintes Reich. Vielleicht förderten die pangallischen Druiden ein Gemeinschaftsbewusstsein in dieser Richtung. Jedenfalls war Gallien keine Wildnis wie Germanien, sondern ein erschlossenes Land. Roms Legionen nutzten seine Straßen, um es zu erobern, und sie besetzten seine Oppida, wo sich die Herrschaftszentren befanden. Vercingetorix konnte sich nicht wie sechs Jahrzehnte später der germanische Cheruskerführer Arminius in die Wälder zurückziehen und den Römern auflauern. Die Gallier unterlagen vor Alesia den Legionen in einer Belagerungsschlacht, während die Germanen in der Schlacht von Kalkriese, der so genannten Schlacht im Teutoburger Wald im Jahr 9 nach Chr., aus dem Hinterhalt angriffen und den Römern eine katastrophale Niederlage bereiteten. Den Galliern wurde dagegen ihre fortgeschrittene Zivilisation zum Verhängnis. Mit ihrer Eroberung endete die Geschichte der meisten freien Keltenstämme auf dem Kontinent.

Caesar wusste die Eroberung Galliens zur Stärkung seiner politischen Macht in Rom zu nutzen. Aus seinem Konflikt mit dem Senat entwickelte sich ein Bürgerkrieg, aus dem der Feldherr als Sieger hervorging. Er wurde Konsul und übernahm schließlich das außergewöhnliche Amt eines Dictators auf Lebenszeit. Doch seine enorme Machtfülle missfiel einer Gruppe von Oppositionellen, die ihn im Jahr 44 vor Chr. während einer Senatssitzung ermordeten. Ihrem Anliegen, dadurch die Republik zu retten, war dennoch kein Erfolg beschieden. Denn einige Jahre später wurde Caesars Großneffe Octavian als Augustus erster römischer Kaiser. Unter ihm und der Herrschaft seiner Nachfolger sollte sich Gallien zu einer der wichtigsten Provinzen des Römischen Reiches entwickeln.

Das Verschwinden der Kelten

Im Laufe des 1. Jahrhunderts vor Chr. endete auf dem europäischen Kontinent die Kultur der Kelten, die seit mehr als einem halben Jahrtausend West- und Mitteleuropa geprägt hatte. Nur in Teilen der Britischen Inseln blieb die Stammesgesellschaft erhalten und konnte ihre Selbstständigkeit noch über Jahrhunderte behaupten.

Die Gallier zwischen Rhein und Atlantik wurden Untertanen und später Bürger des Römischen Reiches, an dessen Zivilisation sie sich in starkem Maße anpassten. Gleichwohl bewahrten sie eine Fülle keltischer Traditionen, die sich unter Roms durchaus auch toleranter Herrschaft zu einer spezifischen gallo-romanischen Kultur entwickelten. Ähnlich verhielt es sich mit den Keltenstämmen im östlichen Alpen- und Donauraum. Dort wurde beispielsweise das recht mächtige Reich der Noriker, das unter anderem über die alte Hallstattsiedlung herrschte, im Jahr 15 vor Chr. von

Roms Truppen erobert und dem Imperium eingegliedert. Auch in diesen Gebieten nahmen die Kelten die römische Kultur an, bewahrten aber zugleich Teile ihrer eigenen.

Wenig weiß man dagegen vom Ende der keltischen Stämme in den Mittelgebirgen, wohin die Römer nicht vordrangen. Dorthin gelangten immer mehr Kriegerscharen und Siedlertrecks germanischer Stämme aus dem Norden. Entgegen vieler klischeehafter Vorstellungen scheinen sie die Kelten nicht überrannt und vertrieben zu haben, wollten sie doch an deren Lebensweise teilhaben. In Böhmen begründete der Markomannenherrscher Marbod ein germanisches Vielstämme-Reich, in dem auch Kelten lebten. Der mächtige König residierte in ihren Oppida und übernahm viele Elemente ihrer Kultur. Trotzdem kam es zu einer zunehmenden Verarmung dieser Gebiete, zu einem Verschwinden keltischer Eigenarten und zu einer letztlichen Germanisierung. Denn die alte keltische Welt war mit der Eroberung Galliens zusammengebrochen. Sie basierte auf offenen Verkehrswegen und regem Handel zwischen den Oppida, die, wie oben dargestellt, das Bild weiter Gebiete Europas bestimmten.

Nun herrschte Rom über die Handelswege und teilte schließlich Europa in zwei Welten – in sein Reichsgebiet und in die unterentwickelten Länder der germanischen Stämme. Dazwischen gab es keinen Platz mehr für die Kelten.

Besonders deutlich zeigten dies die Verhältnisse in Süddeutschland: Im Südwesten entstand nach der Abwanderung der Helvetier in die Gebiete südlich des Hochrheins eine von den antiken Historikern so genannte Einöde, die kaum noch Spuren menschlicher Siedlungen aufwies. Weiter östlich kam es zu kriegerischen Auseinandersetzungen, Stammeswanderungen und dem Zusammenbruch der Handelswege und wirtschaftlichen Beziehungen. Darauf weisen die archäologischen Spuren der einstmals mächtigen Keltenstadt von Manching. Ihr prächtiges Tor wurde ein Raub der Flammen, ihre Befestigungen verfielen zusehends und immer mehr Menschen verließen das Oppidum. Schließlich kündeten nur noch die Reste der großen Mauer und verfallene Häuser vom vergangenen Ruhm Manchings.

4. Römische Städte und keltische Waldheiligtümer – Die gallo-romanische Kultur

Das römische Gallien

»Gallien blüht und gedeiht überall so gut wie Italien selbst.« Die Schiffe fuhren nicht mehr nur auf der Rhône und Saône, sondern auch auf der Maas, der Loire, auf dem Rhein und sogar auf dem Ozean. Gegenden, an deren bloße Existenz man niemals geglaubt habe, seien für Rom erobert worden – soweit Marcus Antonius in einem Nachruf auf den 44 vor Chr. ermordeten Caesar, zu dessen besten Offizieren und engsten Vertrauten er gehört hatte. Wenige Jahre nach der blutigen Eroberung des Keltenlandes entwarf der Römer ein beschönigendes Bild der Verhältnisse, denn ohne Zweifel lag das riesige Gebiet zutiefst erschöpft darnieder. Doch in der Tat sollte es nur wenige Jahrzehnte währen, bis sich die Situation der Gallier durchaus mit der Italiens vergleichen ließ.

Den Anfang machte im Jahr 27 vor Chr. Kaiser Augustus, der neben der bereits bestehenden südfranzösischen Provincia Narbonensis drei neue Provinzen einrichtete: Aquitanien, Belgien und das alte keltische Hauptland, das nach seiner Hauptstadt Lugdunum (Lyon) benannt wurde. Dort hatte man am Zusammenfluss von Rhône und Saône eine römische Kolonie gegründet. Sie beherbergte nicht nur den zentralen Tempel für die Göttin Roma und den vergöttlichten Augustus, sondern auch den Landtag der Provinz, in dem Delegierte von 60 Stämmen zusammenkamen. Allerdings repräsentierten sie nicht das ganze Volk; in der Versammlung Galliens trafen sich lediglich die Adligen der traditionellen Führungsschicht. Denn ihnen gewährte der Imperator eine Fülle von Privilegien und Gunsterweisen, insofern sie sich loyal verhielten. In diesem Fall wurden ihnen sogar wichtige Ämter in der Provinzialverwaltung anvertraut. Diese Bevorzugung war der entscheidende Grund, dass sich die meisten Angehörigen der gallischen Stammesaristokratien am rasantesten der römischen Zivilisation öffneten. Indem man seine Söhne auf die überall im Land gegründeten Lateinschulen schickte, beförderte man diesen Prozess der Romanisierung.

Schließlich erhielten fast ein Jahrhundert nach der Eroberung Galliens die Adligen der Haeduer die vollen römischen Bürgerrechte, womit sie sogar Senatoren in Rom werden konnten und zur politischen Führungsschicht des Imperiums aufstiegen.

Doch anscheinend fanden sich die Gallier insgesamt mit Roms Herrschaft ab und entwickelten keinen Widerstand, um wieder in den alten Verhältnissen zu leben. Zwar hatte man etliche Bräuche verboten: die Kopfjagd, Menschenopfer, nach einigen Jahrzehnten auch die Druiden, deren Organisation wahrscheinlich als zu politisch eingeschätzt wurde. Andererseits endeten mit der Zugehörigkeit zum Imperium auch die endlosen und blutigen Fehden zwischen den zahlreichen gallischen Stämmen und ihren Adligen. In der Tat herrschte nun die Pax Romana, der Frieden innerhalb des Reiches, der nicht gebrochen werden durfte. In dieser Friedensordnung konnten sich Handel und Wandel entwickeln und die gallischen Provinzen zu Reichtum und Wohlstand führen.

Dies zeigte sich in ganz Gallien, wo allenthalben die Oppida aufgegeben und neue Städte in der Ebene oder im Tal gegründet wurden – Zentren wie Arles, Orange und Nîmes in der Provence, Bordeaux am Atlantik, Paris an der Seine und Trier an der Mosel, um nur einige zu nennen. Sie wurden von einem Straßennetz durchzogen, entlang dessen Steinhäuser errichtet wurden. Eine ausgebaute Kanalisation sorgte für hygienische Verhältnisse, und die Bürger selbst schätzten den erholsamen Besuch in den prächtigen Thermenanlagen, wo man sich dem Bad, der Körperpflege und dem Müßiggang hingab. Anschließend konnte man in Paris, Lyon oder Trier ein Theater besuchen oder sich im Amphitheater die Gladiatorenkämpfe anschauen, jene spezifisch römische Art des Menschenopfers, das nicht verboten war.

Auch das Reisen wurde im römischen Gallien bequemer: Statt der einfachen Wege der Keltenzeit durchzogen ausgebaute Straßen das ganze Land, an denen Poststationen und Rasthäuser zu einer Pause einluden. Immer noch lebten die meisten Menschen auf dem Land – in Dörfern, kleinen Landstädten und in den Landhäusern. Solch eine Villa rustica bildete oft das Zentrum riesiger Latifundien, wo Tagelöhner, Pächter, Kleinbauern und Sklaven ihrer Arbeit nachgingen. Wer es sich leisten konnte, setzte moderne Geräte wie Räderpflug und Mähmaschinen ein. Oder er investierte in eine der vielen fabrikähnlichen Manufakturen, in denen Textilien oder Keramik produziert wurden. Diese Güter waren in Rom ebenso begehrt wie Wein, Schinken, Käse oder Gänsedaunen aus Gallien.

In jahrhundertelangen Friedenszeiten entwickelte sich das Land auf diese Weise zu einer reichen Provinz, in der die römische Kultur mit ihrer Sprache und ihren Sitten tonangebend war. Erst die Wanderungen der germanischen Stämme sollten im 5. Jahrhundert diesen Zustand beenden.

Die Schattenseiten der römischen Herrschaft: Unruhen in Gallien

Die blühende Wirtschaft und der hohe Zivilisationsgrad Galliens zeigten allerdings schon bald ihre Schattenseiten. Denn der römische Fiskus benötigte nicht nur Geld, um Straßen und Wasserleitungen zu bauen und zu unterhalten, ihm war natürlich auch daran gelegen, möglichst viel Gewinn aus den prosperierenden Provinzen zu schöpfen. Dementsprechend bürdete man den Menschen eine schwere Last an Steuern und anderen Abgaben auf. So mancher Gallier fand sich in einer hoffnungslosen Schuldenfalle wieder, und die ohnehin bescheiden lebenden Landarbeiter der Latifundien verarmten zusehends. Deshalb gehörten sie zu den Ersten, unter denen es schon wenige Jahrzehnte nach der Eroberung Caesars zu Unruhen kam, die jedoch immer recht schnell niedergeschlagen wurden.

Ein größeres Ausmaß scheint ein Aufstand des Jahres 21 nach Chr. angenommen zu haben, von dem der Historiker Tacitus in seinen *Annalen* berichtet. Danach verbündeten sich der Treverer Julius Florus und der Haeduer Julius Sacrovir, zwei angesehene Männer ihrer Stämme, um wegen der drückenden Schuldenlast etwas zu unternehmen. Der Römer Tacitus spricht in übelsten Tönen von ihnen und ihren Anhängern, die er teilweise als kriminelle Elemente bezeichnet. Zudem bezichtigt er sie der Absicht, sie hätten die Freiheit Galliens wiedergewinnen wollen. Ob Florus und Sacrovir wirklich so weit gehen wollten, ist fraglich. Durchaus glaubwürdig klingt dagegen, was vom Verlauf der Geschehnisse überliefert wird. Demzufolge hielten die beiden geheime Versammlungen ab, agitierten aber auch auf Marktplätzen gegen die Last der Schuldzinsen und das hochmütige Verhalten der Römer. Auf diese Weise gewannen sie eine große Zahl von Anhängern, mit denen sie unter anderem an der Loire und in den Ardennen losschlugen.

Während Florus rasch besiegt wurde, besetzte Sacrovir im Gebiet der Haeduer die Stadt Autun, deren Lateinschule das höchste Ansehen genoss und dementsprechend zahlreiche junge Männer beherbergte. Die Aufständischen versuchten sie für ihre Sache zu gewinnen oder zumindest – nach den Angaben des Tacitus – als Geiseln zu nehmen, um gegen deren vornehme Familien ein Druckmittel zu haben. Doch auch dies nützte Sacrovir nichts; denn letztlich verfügte er über zu wenig gut ausgerüstete Soldaten. Die meisten seiner Anhänger waren lediglich mit Jagdwaffen versehen und konnten gegen die römischen Legionäre nichts ausrichten. Darum endete der Aufstand mit dem Selbstmord des Anführers und der Niederlage seiner Anhänger. Zu keinem Zeitpunkt war er wie ein Flächenbrand über Gallien gerast; letztendlich blieb er auf wenige lokal gebundene Aktionen beschränkt.

Der Bataveraufstand – Gallier und Germanen gegen Rom

Fast vier Jahrzehnte später befand sich das Imperium Romanum in einer ernsten Krise, von der auch Gallien und das Rheinland betroffen waren. Tacitus schildert in bewegten Worten den Niedergang des Reiches, der seinen Ausdruck fand in einer Fülle von Unglücken und blutigen Kämpfen, in Zwietracht und Hass, in Aufständen, Kaisermorden und regelrechten Bürgerkriegen. Der bis heute als Mutter- und Gattinnenmörder, Brandstifter Roms und Christenverfolger verschriene Kaiser Nero hatte entscheidend zu dieser Situation beigetragen. Sein Despotismus weckte im Senat wie in den Provinzen den Widerstand, der 68 nach Chr. zum offenen Aufstand der Legionen in Spanien, Nordafrika und Gallien führte. Nachdem der spanische Statthalter Servius Sulpicius Galba zum Gegenkaiser ausgerufen worden war und unter den führenden römischen Politikern große Unterstützung erfuhr, nahm sich Nero das Leben. Doch damit fanden die schlimmen Zustände in Rom und den Provinzen noch lange kein Ende. Die ausbrechenden Kämpfe um den Kaiserthron brachten eine schnelle Folge von Herrschern mit sich, deren Anzahl das so genannte Vier-Kaiser-Jahr 69 verdeutlicht. Aus diesen Auseinandersetzungen ging letzten Endes Titus Flavius Vespasianus, der Befehshaber im Osten des Imperiums, als Sieger hervor, während seine drei Vorgänger alle einen gewaltsamen Tod erlitten. Der neue Kaiser musste sich sofort dem Norden des Reiches widmen, denn Teile Galliens und das ganze Rheinland befanden sich in hellem Aufruhr.

Eine Schlüsselrolle spielte dabei ein Germane namens Julius Civilis, der als hoher Offizier in römischen Diensten Hilfstruppen seines Bataverstammes befehligte. Mit ihnen war er in die Machtkämpfe um den Kaiserthron verwickelt, wobei sich der Unmut der Soldaten auch generell gegen die Herrschaft in Rom richtete. Ihrem Aufstand fielen große Teile des Verteidigungssystems am Rhein zum Opfer, fast kein Legionslager oder Kastell blieb ungeschoren. Die *Historien* des Tacitus sind die einzige schriftliche Quelle über die oft schwer zu überblickenden Ereignisse der Jahre 69 und 70.

Dem Aufstand der Bataver schlossen sich überraschend gallische Stammesgruppen an, obwohl sie sich wegen der ihnen verliehenen Bürgerrechte und Steuererleichterungen Rom hätten verpflichtet fühlen müssen. Doch die Unruhen und Kämpfe um den Sturz Neros und das folgende Vier-Kaiser-Jahr hatten längst auf Gallien übergegriffen – Verwüstungen römischer Soldaten und Massaker unter einigen Stämmen waren die Folge. Darum meldeten sich wahrscheinlich Stimmen gegen die Herrschaft Roms zu Wort, von denen Tacitus behauptet, sie hätten sich für eine nationale Erhebung ausgesprochen. Immerhin registrierte man genau, was in der

Der Martberg oberhalb der Moselorte Pommern und Karden (hier eine Rekonstruktion des typischen gallo-römischen Umgangstempels) gilt als herausragendes Beispiel dafür, wie eine keltische Kultstätte über ein halbes Jahrtausend fortbestand.

Hauptstadt des Imperiums geschah. Dort waren die Straßen »voll von Erschlagenen, blutbefleckt die öffentlichen Plätze und die Tempel«. Schließlich war sogar das altehrwürdige Kapitol in Brand geraten, das Herz der Stadt und der Tempel der höchsten Götter. Dieses Geschehen sah man als ungeheuerliches Fanal einer Zeitenwende an: Der Brand des Kapitols sei ein Zeichen, dass das Ende des Römischen Reiches gekommen sei. Einst sei die Hauptstadt zwar von den Galliern erobert worden; aber da Jupiters Sitz unzerstört geblieben sei, habe das Reich weiter bestanden. Jetzt sei das Feuer des Kapitols als Zeichen himmlischen Zorns zu verstehen und der Besitz der Welt sei den jenseits der Alpen wohnenden Völkern verkündet. So lauteten die »eitlen, abergläubischen Prophezeiungen der Druiden«, wie Tacitus sie nennt.

In Gallien herrschte demzufolge durchaus eine antirömische Stimmung, deren herausragender Vertreter der Treverer Julius Classicus wurde. Dieser Offizier einer treverischen Reiterabteilung, die zu den regulären römischen Truppen gehörte, stammte aus einem königlichen Geschlecht. Deshalb zeichnete er sich vor den meisten durch seine hohe Herkunft und seinen Reichtum aus. Seine Vorfahren hatten erbittert gegen Rom gekämpft, wessen sich der Gallier angeblich gern rühmte. Was immer er beabsichtigt haben mag, jedenfalls knüpfte er Kontakte mit Männern der Treverer und des Lingonenstammes, dessen Gebiet an der Marne lag. Außerdem tauschte er mit dem Bataver Julius Civilis Botschaften aus, die gewissermaßen die Korrespondenz zweier Offiziere in römischen Diensten darstellten.

Darüber hinaus verhandelten auch Privatleute über das weitere Vorgehen, und man kam in der römischen Ubierstadt Köln zu geheimen Gesprächen zusammen. Neben der Mehrzahl der Treverer und Lingonen waren einige Ubier und Tungrer anwesend. Auf der tumultösen Versammlung riefen die Anführer der Verschwörer dazu auf, die Alpenpässe zu besetzen und loszuschlagen – jetzt, wo in Rom selbst gekämpft werde. Dem entsprach man und beschloss, bisher gegnerische Verbände auf die eigene Seite zu ziehen. In alle Teile Galliens wurden Geheimboten entsandt, um weitere Verschwörer zu gewinnen.

In der Nähe des Römerlagers Vetera bei Xanten am Niederrhein schlossen Classicus und Civilis ein Abkommen zwischen gallischen und germanischen Verbänden. Den Römern fiel auf, dass sich die Gallier eigene Lager errichteten und sich dorthin zurückzogen. Die Revolte lag in der Luft, daher sah sich der römische Befehlshaber Vocula zu einer Reaktion veranlasst. Er betonte, Roms Macht sei immer noch stark genug, um die Feinde in einer einzigen Schlacht zu unterwerfen. Dieser undiplomatische Appell zeigte keinen Erfolg. Darum zogen sich die Römer in das befestigte Neuss zurück, während die Gallier in der Nähe ihr Lager aufschlugen. Was dann folgte, nennt Tacitus eine »Schandtat«; Offiziere wie Mannschaften seien zu den Galliern übergelaufen und hätten sich kaufen lassen. Schließlich wurde Vocula ermordet – angeblich auf Anweisung des Classicus, der in das Römerlager mit den »Abzeichen eines römischen Oberfeldherrn« kam. Alle verpflichteten sich nun der »Herrschaft Galliens«, und von Köln bis Mainz legten die Truppenverbände den gleichen Eid ab. Wer sich dem verweigerte, wurde weiterhin von den Soldaten des Civilis und Classicus belagert.

Schließlich befanden sich große Teile Nordostgalliens und das Rheinland in germanischer und gallischer Hand. Der Bataver Civilis hatte das zwischenzeitlich eroberte Lager Vetera zu seiner Zentrale gemacht, während der mit ihm verbündete Treverer Julius Classicus in seiner Heimatstadt Trier regierte. Obwohl sich beide Anführer für den endgültig in Rom herrschenden Kaiser Vespasianus erklärt hatten, ließ dieser ein großes römisches Heer an Rhein und Mosel aufmarschieren. Für ihn stellten sie unberechenbare Partner dar, die nicht unter Roms Kontrolle waren. Deshalb setzte der Imperator sechs Legionen aus Italien, Spanien und Britannien in Bewegung, zu deren Oberbefehlshaber er seinen Verwandten Petilius Cerialis ernannte.

Den konzentrierten römischen Kräften standen Gegner gegenüber, die sich in wenigem einig waren. Allein unter den gallischen Aufständischen machte sich Zwietracht wegen der Frage breit, welcher Mann und welcher Stamm die Führung übernehmen sollte. Andere wie die Sequaner beteiligten sich überhaupt nicht an dem Plan eines gallischen Reiches und fügten dessen Truppen sogar eine Niederlage zu. Darüber hinaus konnten sich die führenden Bataver und Treverer nicht auf ein gemeinsames Vorgehen verständigen – Civilis zog durchs unwegsame Belgerland, während sich Classicus »meistens dem faulen Nichtstun hingab«. Nachdem seine Treverer an der Nahe besiegt worden waren, verstreuten sie sich in alle Richtungen, und die Anführer versuchten sogar, ihre Teilnahme an der Revolte zu vertuschen. Zwar legten nun etliche ihren Eid auf Vespasianus ab, doch immer noch blieb eine große Anzahl auf Seiten der Aufständischen.

Mittlerweile war Petilius Cerialis nach Mainz gekommen, von wo er in drei Tagesmärschen nach Riol an die Mosel zog. Dieser Platz wurde von Treverern gehalten, die ihn durch einen Graben und zusätzliche Steinbefestigungen gesichert hatten. Cerialis ließ ihn von seinen Legionären und der Reiterei in einem Überraschungsangriff einnehmen. Anschließend zog er nach Trier, in die Heimat des Classicus. Nur mit Mühe konnte er seine Truppen von der Plünderung und Zerstörung der Stadt abhalten. Als ihm dies gelungen war, versuchte er, die ihm gegenüberstehenden Treverer und Lingonen durch eine Ansprache zur Aufgabe zu bewegen. Sie sollten doch bedenken, dass unter ihnen stets Despotentum und Krieg geherrscht hätten, bis sie sich dem römischen Rechtsbereich angeschlossen und die gleichberechtigte Teilnahme am römischen Staat gewonnen hätten. Aber mit diesen Worten konnte der römische Oberbefehlshaber die Gallier nicht überzeugen. Civilis und Classicus waren noch nicht geschlagen, im Gegenteil: Sie versammelten ihre Truppen in der Nähe und stellten sie zur Schlacht auf.

In der Mitte wurden die Ubier und Lingonen platziert, auf dem rechten Flügel die Bataver, links die germanischen Brukterer und Tenkterer. Ein Teil stürmte über die Berge heran, der Rest griff ungestüm im Moseltal an. Im Sturm brachen die Gallier und Germanen in das Lager der Legionen ein, schlugen die Reiter in die Flucht und besetzten die Moselbrücke bei Trier. Nach Tacitus war es dem ruhigen Blut und der raschen Reaktion des Cerialis zuzuschreiben, dass die Brücke mit Mühe zurückerobert werden konnte. Er rief die bereits fliehenden Truppen zurück und spornte sie an, den Feinden standzuhalten. Eine gewöhnliche Schlachtordnung konnte es nicht mehr geben, denn man kämpfte schon längst mitten im römischen Lager. Classicus selbst feuerte seinerseits Gallier und Germanen an.

Schließlich stoppte eine Legion den ungestümen Angriff und das Blatt wendete sich. Nun waren die Soldaten des Classicus und Civilis auf der Flucht. Noch am gleichen Tag gelang es Cerialis, das feindliche Lager einzunehmen und zu zerstören. Doch noch immer waren die germanischen und gallischen Truppen nicht besiegt; Classicus konnte erneut eine römische Reitereinheit schlagen. Letztlich musste er dennoch das Trevererland aufgeben und zog mit Civilis zum Niederrhein. Dort kam es bei Xanten zur Entscheidungsschlacht zwischen den Germanen und Römern, an der die Gallier kaum beteiligt waren. Sie endete mit dem Sieg des Cerialis und seiner kaisertreuen Truppen, womit der gesamte Aufstand der Bataver und ihrer Verbündeten zusammenbrach.

Was die gallische Beteiligung daran angeht, so scheint der einzige Gewährsmann Tacitus auf alte Barbarenklischees zurückgegriffen zu haben, die wenig mit den tatsächlichen Ereignissen zu tun hatten. Denn innerhalb Galliens blieb Julius Classicus mit seinen Verbündeten erstaunlich isoliert und wirkungslos. Eine Aufstandswelle, die der des Jahres 52 vor Chr. mit ihrem Anführer Vercingetorix vergleichbar gewesen wäre, blieb aus. Zudem ist fraglich, ob sich der Treverer überhaupt als keltischer Separatist sah, der die Trennung vom Römischen Reich anstrebte. Fast 120 Jahre waren seit der Niederlage von Alesia vergangen, die – wie dargelegt – aus Gallien ein romanisiertes Gebiet gemacht hatten. Wahrscheinlich strebte Classicus, der Treverer mit dem römischen Namen und den Offizierswürden des Imperiums, ein gallisches Sonderreich an, mit dessen Hilfe er beim Machtpoker am Tiber kräftig mitmischen wollte. Doch selbst damit war ihm kein Erfolg beschieden, weil sich ihm die überwiegende Mehrzahl der Gallier verwehrte – zum Teil sogar mit Waffengewalt.

In den folgenden zwei Jahrhunderten durchlebte Gallien eine lange Friedenszeit, in der es kaum innere Unruhen oder germanische Angriffe gab. Anschließend erwuchsen Probleme aus der Instabilität des gesamten Reiches, die um 260 zur Begründung eines gallisches Teilreiches führten. Dessen Zugehörigkeit zum Imperium Romanum wurde allerdings nie bestritten. Wenige Jahrzehnte später formierte sich die Bewegung der so genannten Bagauden, was vermutlich »Kämpfer« bedeutete. Unter dieser Bezeichnung sammelten sich bis ins 5. Jahrhundert immer wieder desertierte Soldaten, verarmte Landarbeiter und entlaufene Sklaven, die teils Verbesserungen ihrer Situation forderten, teils als Räuberbanden das Land unsicher machten. Größere Erfolge konnten die ziellosen Scharen nicht verzeichnen – mit Ausnahme der Aremorica. In der späteren Bretagne wehrten diese sich gegen germanische Eindringlinge und vertrieben die römischen Beamten gleich mit. Damit legten sie wahrscheinlich einen gewichtigen Grund für die spätere Einwanderung keltischer Bevölkerungsteile, die von den Britischen Inseln kamen.

Die gallo-römische Zivilisation

Bis zum Ende des Imperium Romanum im 5. Jahrhundert, dessen unmittelbare Nachfolge die oströmischen Kaiser Konstantinopels und mehrere Germanenreiche antraten, waren die gallischen Provinzen ein loyaler und sicherer Bestandteil seiner Herrschaft. Dafür sprach allein der fortgeschrittene Grad der Romanisierung, der römische Gelehrte von der Provence sagen ließ, sie ähnele Italien mehr, als dass sie eine eroberte Provinz sei. Die römische Kultur mit ihren wirtschaftlichen und politischen Vorteilen schloss den Wunsch nach einer Wiedergeburt des »barbarischen« Gallien so gut wie aus. Das bedeutete jedoch nicht, dass gewisse Überlieferungen und Erinnerungen aus der keltischen Zeit nicht weiter gepflegt wurden. Die römische Toleranz gegenüber dem Privatleben der Untertanen ermöglichte regionalen Eigenheiten innerhalb des Reiches freie Entfaltung. Darum wurde Gallien über Jahrhunderte zutiefst römisch geprägt und brachte zugleich eine so genannte gallo-römische Zivilisation hervor, die manches keltische Erbe bewahrte und weiter entwickelte.

Ganz offensichtlich zeigte sich dies in der Verwaltungsgliederung, die sich an den gallischen Stammesgebieten orientierte. Deshalb bewahrten deren Bewohner das Bewusstsein ihrer alten Stammeszugehörigkeit und sahen sich nicht nur als römische Bürger, sondern beispielsweise auch als Haeduer, Sequaner, Remer oder Treverer. Als in der Spätantike die Macht Roms schwächer wurde und man verstärkt auf eigene Traditionen zurückgriff, verdrängten sogar die alten Stammesnamen die römisch geprägten Namen vieler Städte: Lutetia benannte man nach den Parisiern Paris, Durocortorum wurde nach den Remern Reims genannt, Autricum erhielt den Namen der Karnuten und hieß seitdem Chartres.

Die Menschen erinnerten sich nicht nur der keltischen Namen, sie sprachen ebenso noch lange Gallisch. Obwohl das Lateinische schon bald dominierte, scheint doch in breiten Bevölkerungskreisen und besonders auf dem Land das alte Idiom weiterhin benutzt worden zu sein. So berichtete der christliche Bischof Irenaeus von Lyon am Ende des 2. Jahrhunderts, er müsse in seiner Diözese auf Gallisch predigen, sonst werde er von seinen Gemeinden kaum verstanden. Und noch 200 Jahre danach schrieb der schon erwähnte heilige Hieronymus von der treverischen Sprache in Trier, an die ihn das Galatische Kleinasiens erinnerte. Dass selbst der römische Staat die alten Sprachgewohnheiten akzeptieren musste, belegen die höchstoffizielle Anerkennung von Testamenten, die in keltischer Sprache verfasst wurden, ebenso wie die mit lateinischen Buchstaben geschriebenen gallischen Weiheinschriften. Doch letztendlich konnte sich das Keltische gegen das Übergewicht des Romanischen nicht behaupten. Als um 500 die germanischen Franken die neuen Herren Galliens wurden, dürfte dessen alte keltische Sprache kaum noch gesprochen worden sein. Darum hat sie im Französischen nur wenige Spuren hinterlassen.

Über die materiellen Zeugnisse der keltischen Kultur im Gallo-Römischen wurde viel gemutmaßt, so über spezifische Ausprägungen in der kunsthandwerklichen Ornamentik. Am greifbarsten wird dieser Einfluss in der Tracht: Wenn der Gallier unter Roms Herrschaft neben den gebräuchlichen Hosen auch zur römischen Toga griff, so verwendete er doch weiterhin ebenso den Kapuzenmantel, der aus einem Umhang mit angenähter Kopfbedeckung bestand. Er wurde geradezu zum Kennzeichen gallo-römischer Alltagskleidung. Die wohlhabenden Gallierinnen bevorzugten außerdem den traditionellen Schmuck des Torques-Halsrings und eines Fibelpaars, die man schon seit etlichen Jahrhunderten kannte und schätzte.

Selbst in der Architektur schufen sich die Gallier respektive Gallo-Romanen ihre eigenen Formen. Diese fanden ihren deutlichsten Ausdruck im so genannten Umgangstempel, den man in Italien nicht kannte. Darunter war ein hoher, meist quadratischer Mittelraum zu verstehen, dessen Außenwände von einem gedeckten Gang umgeben waren. Mehrere Säulen trugen das Dach dieses Umgangs, der den Gläubigen Schutz ge-

Die Götterwelt der Kelten

Caesar weist in seinen Schriften ausdrücklich darauf hin, dass alle gallischen Stämme sehr religiös seien und zahlreiche Gottheiten verehrten. Deren höchste benennt er nach der zu seiner Zeit üblichen Interpretatio Romana mit den Namen und Eigenschaften seiner römischen Götter : »Unter den Göttern verehren sie Merkur am meisten. Von ihm besitzen sie besonders viele Götterbilder, ihn halten sie für den Erfinder aller Künste, für den Führer auf allen Straßen und Wegen, und von ihm glauben sie, er habe den größten Einfluss auf den Erwerb von Geld und auf den Handel. Auf Merkur folgen Apollo, Mars, Jupiter und Minerva. Der Glaube an diese Götter hat etwa denselben Inhalt wie bei den übrigen Völkern: Apollo vertreibt Krankheiten, Minerva lehrt die Anfangsgründe des Handwerks und der Künste, Jupiter hat die Herrschaft über die Himmelsbewohner, und Mars lenkt die Kriege.«

Die Götterwelt der Kelten war zweifelsohne vielgestaltig und ähnelte den religiösen Vorstellungen anderer indoeuropäischer Völker wie der Griechen, Römer oder Germanen. Über die Namen und Bedeutungen dieser Gottheiten kann man allerdings für viele Jahrhunderte nur Mutmaßungen anstellen, weil sie erst in den Schriften der antiken Autoren und in gallo-römischen Inschriften genannt werden. Jedenfalls stellte man in der schriftlosen La Tène-Zeit göttliche Wesen häufig sitzend mit untergeschlagenen Beinen dar, in der so genannten Buddha-Haltung. Wie viele dieser und anderer Götter und Göttinnen angebetet wurden, ist ungewiss – die späteren Inschriften nennen mehr als 400 Namen. Die meisten davon verehr-

währte. Diese Gebäudeart gehörte mit vielen anderen Zeugnissen zum religiösen Leben, in dem die gallo-römische Eigenart ihre herausragendste Ausprägung fand.

Die Gottheiten der Wälder, Berge und Quellen

Der römische Staat verlangte von seinen Untertanen die Verehrung des Kaisers und Opfer für die offiziellen Staatsgötter wie Jupiter, von deren Wohlwollen das Gemeinwesen abhängig war. Welche Gottheiten die Gallier außerdem privat anriefen, blieb jedem Einzelnen überlassen, insofern er die Autorität Roms anerkannte. Diese religionspolitische Toleranz endete bei den Druiden, die Kaiser Claudius im Jahr 54 nach Chr. verbot. Inwieweit diese einstmals mächtige Priesterkaste im Geheimen fortbestand, ist ungewiss. Vornehme Gallier zählten deren Angehörige durchaus mit Stolz zu ihren Ahnen, aber politischen Einfluss übten sie im römischen Gallien augenscheinlich nicht mehr aus.

te man lediglich an bestimmten heiligen Orten, in begrenzten Gegenden und unter einzelnen Stämmen.

Insofern erwies sich die zeitweise europaweite Götterwelt der Kelten als ebenso uneinheitlich wie ihre zahlreichen Stämme. Weiterhin wirken die Eigenschaften und Aufgaben einzelner Gottheiten selten streng voneinander getrennt, sodass der Eindruck des Fließenden und Unbestimmten entsteht. Anscheinend unternahm man erst in der Römerzeit gewisse Ordnungsversuche, wodurch sich einige Namen herauskristallisierten.

Dazu gehörte Teutates, der die Züge eines Stammvaters mit denen des Kriegsgottes Mars und des Handelsgottes Merkur vereinte. Esus wurde als bärtiger Mann dargestellt, der einen Baum fällt. Taranis galt als Gott des Donners und entsprach darum Jupiter, dem obersten römischen Himmelsherrscher. Neben diesen drei gallischen Hauptgöttern, die der römische Dichter Lucan im 1. Jahrhundert nach Chr. anführt, gehörten zu den weiter verbreiteten Gottheiten: Belenus, der mit dem Heilgott Apollo gleichgesetzt wurde; der ein Hirschgeweih tragende Cernunnos, dessen Gestalt vermutlich auf sehr alte Vorstellungen zurückzuführen ist; der Handwerkergott Lugus, dessen Spuren sich in Ortsnamen wie Lugdunum (Lyon) erhalten haben, und Ogmios, der ein Gott der Unterwelt war, dem aber auch die Kraft der Rede zugeschrieben wurde.

Wie rätselhaft dieser Letztere wirkte, belegt der Bericht eines griechischen Geschichtsschreibers. Nach seinen Worten stellten sich die Gallier den Helden Herakles, der unter ihnen Ogmios heiße, höchst seltsam vor. Obwohl er die heroischen Attribute eines Löwenfells, des Bogens und Köchers sowie der Keule

Ansonsten vermischten sich neue römische mit alten keltischen Vorstellungen und es entstand eine ganz typische gallo-römische Religion, die in der Götterverehrung, an heiligen Plätzen und in Kultbauten ihren Ausdruck fand. Zwar ordneten die Römer die Aufgabe der auf den Höhen gelegenen Oppida an und gründeten in den Tälern und Ebenen Städte, die verkehrsgünstiger lagen. Doch auf den Bergen blieben oftmals die keltischen Kultplätze zurück, deren Mächte weiterhin von den Gläubigen angerufen wurden.

Ein prägnantes Beispiel dafür stellt der Martberg oberhalb der Untermosel dar, der ein altes Zentrum der Treverer war und in römischer Zeit zu Ostgallien gehörte. Dieser Stamm hatte einst auf dem lang gestreckten Plateau, das fast durchgehend in Steilhängen abfällt, eine große Siedlung angelegt; ein Oppidum, das von mächtigen Befestigungsmauern geschützt wurde. Nach Caesars Eroberung entwickelte sich aus diesem politischen Mittelpunkt ein großes Areal mit mehreren gallo-römischen Umgangstempeln und vielen anderen Gebäuden. Sie alle wurden nach römischer Sitte aus Stein errichtet. Dort hinauf zog es über mehrere Jahrhunderte die gallischen Gläubigen, um Lenus-Mars Opfer darzubringen, dem traditio-

trage, sei er ein uralter, glatzköpfiger Mann mit faltiger und verbrannter Haut, der den Gewährsmann an Charon, den Fährmann der griechischen Unterwelt, erinnerte. Der gallische Gott zog viele Menschen hinter sich her, deren Ohren mit Ketten aus Gold und Bernstein an seiner Zunge befestigt waren und die ihm offensichtlich voller Freude folgten. Gemäß den Erläuterungen eines Druiden sollte sich in diesem Bild die Kraft des gesprochenen Wortes zeigen, die erst im Greisenalter zur höchsten Entfaltung käme.

Außer den männlichen Gottheiten kannten die Kelten eine große Anzahl von Göttinnen. Zu ihnen zählte die mit Minerva gleichgesetzte Belisama ebenso wie Epona, die populäre Schutzgöttin der Pferde. Besonderer Beliebtheit erfreuten sich jene höheren weiblichen Mächte, die man an bestimmten Orten als heimisch ansah. Dort repräsentierten sie Gebirge, Flüsse und Quellen, so Abnoba den Schwarzwald, Arduinna Eifel und Ardennen sowie Sequana und Matrona die Seine und die Marne. Wie wichtig den Kelten die Anrufung solcher Mächte war, belegt die Vielzahl heiliger Quellen, an denen man ihnen Opfer darbrachte. Eine späte Erinnerung an den Kult von Ortsgottheiten birgt die irische Vorstellung von den Elfen, deren Anderwelt man sich unter anderem in den Hügeln der Großsteingräber dachte.

In gallo-römischer Zeit pflegte man die Verehrung der keltischen Götter weiter, wobei sie auf mannigfaltige Weise mit fremden Gottheiten verbunden wurden. Im erwähnten Matronenkult der Fruchtbarkeit gewährenden Mütter flossen vor allem gallische und germanische Vorstellungen zusammen, während sich römische Einflüsse in Namenskombinationen und Götterpaaren fanden. So rief man Lenus-Mars im Trevererland um heilende Hilfe an, wohingegen in Aachen Apollo-Grannus diese

nellen Stammesgott der Treverer. Zudem galt er als Gottheit mit heilenden Kräften, von der man sich Gesundung von diversen Krankheiten versprach. Darum verband man auf dem Martberg den religiösen Kult mit der medizinischen Betreuung. Tier- oder Menschenopfer waren von den Römern verboten worden. Die pilgernden Männer und Frauen gaben keltische und römische Münzen aus Bronze und Silber, kleine Tonväschen, Statuetten oder kleine Räder, die schon die freien Gallier als Götterattribute benutzten. Der viel besuchte Tempelbezirk auf der Moselhöhe fand erst um 400 ein Ende, als die Bewohner die heidnische Verehrung aufgaben und die im Tal entstehenden christlichen Kirchen besuchten.

Gerade im ostgallischen Gebiet der Treverer und Mediomatriker, deren Hauptstädte Trier und Metz waren, pflegte man die alten heiligen Kultplätze. Häufig lagen sie in den weiten Wäldern des Mittelgebirges, von den Vogesen über den Hunsrück bis zu Eifel und Ardennen. Keltische Naturkulte verbanden sich mit römischen Steinbauten, Stelen und aus hohen Schieferfelsen herausgehauenen Reliefbildern. Noch heute finden sich in Eichenwäldern Reste von Weihedenkmälern, von denen ein eigentümlicher Zauber ausgeht. Die Treverer errichteten sie etwa für Diana, die römi-

Aufgabe übernahm. Die überirdischen Mächte traten oft zusammen mit einer Göttin auf, wie etwa Sucellus, der als Gott der Toten wie des Reichtums galt, mit Nantosuelta, einer Schutzgöttin des Hauses, und Apollo-Grannus mit Sirona, die auch an Heilquellen angerufen wurde.

Diese und viele hundert andere Gottheiten standen zu allen Zeiten der keltischen Geschichte im Mittelpunkt des menschlichen Lebens, das man sich in sämtlichen Bereichen von jenen höheren Mächten bestimmt dachte. Umso mehr bemühte sich der Einzelne wie der ganze Stamm, die Götter und Göttinnen milde zu stimmen und ihre Unterstützung zu erlangen. Man opferte ihnen Waffen und Schmuck, Münzen und Statuetten und – in vorrömischer Zeit – Tiere und Menschen. Zudem schrieb man ihnen besondere Symbole und göttliche Tiere zu und beging ihnen zu Ehren heilige Festtage.

So zahlreich die überlieferten gallo-römischen Götternamen sind, so wenig ist über die Mythen bekannt, die sich die Gallier und andere keltische Stämme erzählten. Dies waren wahrscheinlich Geschichten vom Anfang der Welt und der Entstehung der Götter und Menschen, Erzählungen von den Kämpfen zwischen den höheren Wesen und Dämonen sowie Untieren, Abenteuer von Gottheiten und Erklärungen über die Phänomene der Welt – die Gestirne und Gewässer, die Berge, Pflanzen und Tiere. Manchmal hat eine Szene die Zeiten überdauert, deren dazugehöriger Mythos jedoch nicht – dies gilt etwa für die Darstellung eines Stieres mit drei Reihern, die in Teilen Galliens bekannt war.

Erst die mehr als ein Jahrtausend später niedergeschriebenen Erzählungen der Iren und Waliser enthalten Gestalten und Motive, die im Kern Relikte der kelti-

sche Göttin der Jagd und des Wildes, die man mit der keltischen Arduinna gleichsetzte, der Gottheit des Gebirges gleichen Namens, das sich heute über Ardennen und Eifel erstreckt.

Überhaupt verschmolzen die Gallo-Römer bevorzugt einheimische mit fremden Göttern. Anfangs nannte man noch die alten Gottheiten mit ihrem Namen. Dies belegt ein monumentaler Stein, den die Schiffer von Paris während der Regierungszeit des Kaisers Tiberius (14–37 nach Chr.) dem höchsten Gott Jupiter errichteten. Gleichzeitig stellt das Denkmal jedoch auch gallische Götter dar und bezeichnet sie in lateinischen Inschriften unter anderem als Esus und Cernunnos. Später verehrte man Götter mit keltisch-römischen Doppelnamen, wie den des treverischen Lenus-Mars oder des Apollo-Grannus, der auch als Heilgott galt. Weiterhin gab es Vorstellungen von Paaren, die aus einem römischen Gott und einer gallischen Göttin bestanden. Im Saarland blieben zum Beispiel die Reste eines Felsbildes erhalten, das ursprünglich die keltische Nantosuelta mit Sucellus verband, der mit dem römischen Waldgott Silvanus identifiziert wurde. Die gallo-römische Götterwelt bot eine Fülle derartiger Verschmelzungen, die sehr oft an bestimmten Plätzen in der Natur an-

schen Götterwelt und Mythologie sind. Doch die mittlerweile gläubigen Christen hatten aus den heidnischen Gottheiten menschliche Helden oder dämonische Wesen gemacht und die alten Mythen ihrer Heimat am Rand Europas angepasst. So wurde aus dem gallischen Gott Sucellus der irische Dagda, ein mächtiger Anführer der Tuatha Dé Danann, jenes zauberkundigen Geschlechts der grünen Insel, das der Sage nach von den Kelten in die Anderwelt vertrieben wurde. An den Attributen dieses Herrschers zeigt sich die Erinnerung an seine göttliche Macht: ein stets voller Kessel und eine Keule, die nicht nur töten, sondern auch zum Leben erwecken kann.

Ebenso lebte nach vielfacher Verwandlung der gallische Lugus in den inselkeltischen Mythen fort. Darin ist er als Lug mac Ethnenn ein Kämpfer des oben erwähnten Geschlechts, der die dämonischen Fomóri besiegt und aus Irland vertreibt. Deshalb und als Vater des Helden CúChulainn genoss er ein hohes Ansehen, das sich auch in der Benennung des Herbstanfangs nach ihm ausdrückt. Als sein Halbbruder galt Ogma, der keltische Gott Ogmios, den die Iren als Erfinder ihrer nach ihm benannten Ogam-Schrift ansahen.

Auch in vielen Frauenfiguren der inselkeltischen Dichtungen glaubt man alte Göttinnen erkennen zu können – so die Pferdegöttin Epona in der Rhiannon der walisischen Sammlung von den *Vier Zweigen des Mabinogi*. Uralte Vorstellungen einer Herrschaftsgöttin scheinen sich in der Figur der Medh zu verbergen, die als Königin von Connacht den Rinderraub von Ulster anzettelt und zur erbitterten Feindin des irischen Helden CúChulainn wird.

gesiedelt und dementsprechend verehrt wurden. Dies kam besonders in der Vorstellung von Quellgottheiten zum Ausdruck, die man sich in weiblicher Gestalt dachte. Eine ihrer berühmtesten Vertreterinnen war Sequana, die Seine-Göttin, an deren Quelle in der Nähe Dijons ein bedeutendes Heiligtum errichtet wurde.

Weibliche Mutter- und Fruchtbarkeitsgottheiten genossen eine herausragende Verehrung. Das galt besonders für die so genannten Matronen (»Mütter«), denen man im östlichen Gallien und in der Provinz Niedergermanien viele Weihesteine und Altäre widmete. Ihr Kult war unter romanisierten Germanen und Galliern stark verbreitet und stellte eine Vermischung römischer mit keltischen und germanischen Traditionen dar. Viele ihrer Weihesteine zierten lateinische Inschriften und Darstellungen der Matronen. Zumeist stellte man sie sich als drei sitzende Frauen vor, die zum Teil die Kopfhauben der Ehefrauen, zum Teil das offene Haar der Unverheirateten trugen. Auf ihrem Schoß hielten sie reich beladene Fruchtkörbe, dazu kamen als Umrahmung weitere Opferschalen mit Obst, Opfer von Schweinen und Fischen, Weihrauch sowie Pflanzen und Bäume. In den Jahrzehnten um 200 nach Chr. erfreuten sich diese Muttergottheiten größter Beliebtheit und Verehrung. In vielen kultischen Zentren und Tempelbauten opferten ihnen Frauen und ganze Familien, die sie um Fruchtbarkeit auf den Feldern, beim Vieh und bei den Menschen baten. Sie galten als Beschützerinnen der Familie und wurden auch bei Geburten um Hilfe angerufen.

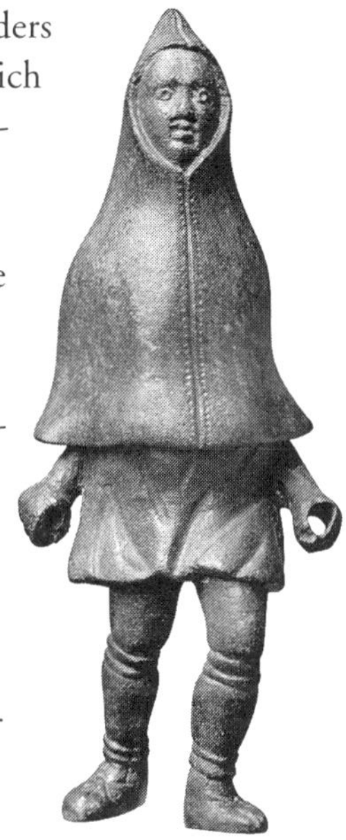

Die kleine Bronzestatuette aus Trier stellt einen treverischen Bauern der gallo-römischen Zeit dar. Typisch keltisch ist der kurze Kapuzenumhang des Landmannes.

Wer über die gut ausgebauten Römerstraßen durch Ostgallien reiste, nahm demnach eine Fülle von Zeugnissen der gallo-römischen Religion wahr. Er sah auf den Höhen und im Tal die Umgangstempel, die mit anderen religiösen und profanen Gebäuden sogar große Bezirke bilden konnten. Er kam an Matronenheiligtümern vorüber und konnte an einer Quelle ein kleines Opfer darbringen, bevor er unter schattigen Baumkronen ein ehrwürdiges Weihedenkmal betrachtete. An manchem Straßenrand erhob sich ein mächtiges Monument, das man als Jupitergigantensäule bezeichnet hat. Hoch oben zeigte sie den höchsten römischen Gott, wie er gepanzert und zu Pferd einen Giganten, einen Riesen, niederreitet. Diese Art der Jupiterdarstellung kannte man in Rom nicht; auch sie war typisch für ostgallische und niedergermanische Reichsgebiete. Die Gallier setzten ihn mit ihrem alten Himmels- und Donnergott Taranis gleich, dessen Radsymbol er manchmal hält. Auf den Säulen waren zudem neben einem Schuppenmuster stilisierte Eichenblätter zu erkennen – ein deutlicher Hinweis auf den vorrömischen Kult dieses den Kelten heiligen Baumes.

Zur gallo-römischen Glaubenswelt gehörten nicht nur die mehr oder weniger lichten Gottheiten der Wälder, Berge und Quellen. Sie äußerte sich auch in dunklen Vorstellungen des Aberglaubens, der Magie und Hexerei. Nur wenige Zeugnisse blieben davon bewahrt, und römische zeitgenössische Schriftsteller erhielten nur selten Nachrichten über diese geheimnisumwitterten Vorgänge. Unter anderem wirft eine Bleitafel ein schwer zu deutendes Licht darauf, die um das Jahr 100 nach Chr. auf einer Graburne befestigt worden war. Auf die Platte aus dem südfranzösischen Larzac hat man mit lateinischen Buchstaben über 160 Wörter in gallischer Sprache geritzt. Leider ist dieser recht lange Text nur schwer verständlich. Offensichtlich ging es darin um den »Zauber von Frauen«, die ihr magisches Wissen zum Schaden anderer Frauen ausübten. Die so genannte Fluchtafel bietet dafür einen Gegenzauber. Anscheinend bezieht sich der Text auf eine Auseinandersetzung zwischen zwei sich bekämpfenden gallischen Hexengruppen. Damit bezeugt er die Vielfalt der gallisch-römischen Kulturmischung und den weit reichenden Einfluss keltischer Überlieferungen.

Dies alles belegt, dass auch unter der Herrschaft Roms zahlreiche keltische Elemente weiter existierten und sich mit der fremden Kultur vermischten. Letztlich bewirkte erst das Christentum, dass römisches wie gallo-römisches Heidentum ein Ende nahmen. Mit ihm enden die letzten Erinnerungen an die Kelten des Festlandes, deren Spuren erst viele Jahrhunderte später wieder aufgenommen werden.

5. Die Kelten der Britischen Inseln

Die geheimnisvollen Zinninseln

Als viele keltische Stämme von den reichen und fruchtbaren Ländern des Mittelmeers angelockt wurden, zog es den griechischen Gelehrten Pytheas in die entgegengesetzte Richtung. Er begab sich um das Jahr 325 vor Chr. von seiner Heimatstadt Massalia aus auf eine gefahrvolle Schiffsreise, die ihn in die Länder des Nordens führte. Sein Ziel war ihm nicht gänzlich unbekannt, weil es wagemutige Händler immer wieder dorthin gezogen hatte, wo nach ihrem Weltbild der Rand der Erdscheibe nahe war. Aber die Fahrt zu den ständig verregneten und in dichtem Nebel liegenden Inseln lohnte sich, auch wenn antike Historiker auf die Widerwärtigkeiten ihres Klimas hinwiesen. Denn die dortigen Barbarenstämme beuteten reiche Zinnvorkommen aus, jenes Metallerz, das für die Bronzeherstellung unverzichtbar war. Dieses begehrte Handelsobjekt verband Nord und Süd und trug bekanntermaßen zum Reichtum der frühen Keltenfürsten wie der vom Mont Lassois bei, weil sie als Zwischenhändler auftraten.

Den wissensdurstigen Pytheas lockte es also in das ferne Herkunftsland des Zinns; seine Reiseroute führte durch die Straße von Gibraltar über den offenen Ozean und an der spanischen und französischen Küste entlang nordwärts. Für ihn wurden alle diese Gebiete einschließlich der geheimnisvollen und nebligen Zinninseln von Kelten bewohnt, jenem Barbarenvolk, das er auch aus der Nachbarschaft Marseilles kannte. Über die Einzelheiten seiner Expedition ist nichts bekannt, und seine Beobachtungen und Berichte sind umstritten. Gewiss ist, dass der Grieche viele Inseln kennen lernte, die er insgesamt als »Bretanike«, Britannien, bezeichnete. Die größten Inseln waren Albion (die britische Hauptinsel) und Ierne (Irland), womit Pytheas wahrscheinlich keltische Eigenbezeichnungen wiedergab. Denn die Bewohner der Britischen Inseln einschließlich Irlands sprachen überwiegend keltische Sprachen und bildeten einen Teil der großen Keltenwelt.

Seit jeher spielten die unzähligen großen und kleinen Eilande zwischen Ärmelkanal und meerumbrandeten Orkney- und Shetland-Inseln sowie zwischen Nordsee und offenem Atlantik eine Sonderrolle, der ein Hauch des Geheimnisvollen nachgesagt wurde. Ihn begründen bis heute solche imposanten vorgeschichtlichen Steinbauten wie die südenglische Kultstätte Stonehenge und das Hügelgrab von Newgrange in Irland. Von ihnen und anderen monumentalen Relikten der Jungsteinzeit erzählten sich schon die Kelten Mythen und Sagen, in denen sie diese zu Behausungen überirdischer Wesen machten. Dabei ist völlig ungeklärt, wie die Kelten selbst auf die Britischen Inseln kamen. Da diese weder als deren Heimat gelten noch ein Ziel großer Einwanderungen waren, scheint sich die alteingesessene Bevölkerung regelrecht keltisiert zu haben. Aus letztlich unbekannten Gründen nahm sie die keltische Sprache und Kultur an, die ihr durch den Handel mit dem Festland und kleinere Einwanderergruppen vermittelt wurden.

Daraus entwickelte sich eine Gesellschaft von zahlreichen Stämmen, die neben den Neuerungen weiterhin alte Traditionen pflegten und darum in einer spezifisch britannischen Kultur lebten. Wie die Kelten auf dem Kontinent kannte man keine großen Städte, sondern wohnte auf dem Land, das man bearbeitete. Darüber herrschten die Häuptlinge in den so genannten Hillforts, die im Süden und Westen Englands besonders häufig zu finden waren. Wie die größte Anlage, Maiden Castle im südenglischen Dorset, bestanden diese befestigten Höhensiedlungen aus einem von Wällen und Gräben geschützten Areal, das im Innern dicht bebaut war. Außerdem entstanden auch in England stadtähnliche Oppida, deren Zahl jedoch viel geringer war als in Gallien. Überhaupt gab die spätkeltische Stadtkultur auf den Britischen Inseln nicht den Ton an. Deren Stämme blieben ihren Traditionen treu und lebten in einer bunten Vielfalt, was den Römern als Kennzeichen besonderer Urtümlichkeit und Wildheit galt. Gleichwohl unterhielten die Keltenstämme enge Beziehungen über den Kanal, die unter anderem von den seeerfahrenen Venetern der Bretagne gepflegt wurden.

Als erster römischer Autor geht Caesar im *Bellum Gallicum* näher auf die Verhältnisse Britanniens ein. Vom Landesinneren weiß er nur zu berichten, dass sich dessen Bewohner der Insel selbst entsprossen glaubten. An der Küste lebten dagegen Stämme der Belger, die in jüngster Vergangenheit herübergekommen seien, um Krieg zu führen und Beute zu machen. Sie trügen fast alle noch die Stammesnamen, die auch aus dem Nordosten Galliens bekannt seien. Nach ihren Kriegszügen seien sie im Land geblieben und hätten begonnen, es zu bebauen und Vieh zu halten. Als Währung benutzten sie Kupfer- und Goldmünzen oder Eisenbarren, die ein bestimmtes Gewicht hätten. Caesar fällt auf, dass sie es als Frevel ansehen, Hasen, Hühner oder Gänse zu verzehren; deswegen hielten sie diese Tiere nur zum Vergnügen. Überhaupt seien die bei weitem zivilisiertesten Britannier die Einwohner Kents, deren Bräuche sich kaum von den gallischen unterschieden.

Über andere Kelten der Britischen Inseln weiß Caesar dagegen ganz

Ungewöhnliches und für ihn Exotisches zu berichten: »Die Bewohner des Innern bauen kein Getreide an, sondern leben von Milch und Fleisch und tragen als Bekleidung Felle. Alle Britannier aber reiben sich mit Waid ein, einem Färbemittel, das eine Blaufärbung bewirkt, wodurch sie im Kampf noch schrecklicher aussehen. Sie lassen ihre Haare lang wachsen, sind aber bis auf den Kopf und die Oberlippe am ganzen Körper glatt rasiert. Sie haben je zehn oder auch zwölf Frauen gemeinsam, vor allem unter Brüdern, aber auch unter Vätern und Söhnen. Wenn eine Frau ein Kind zur Welt bringt, gilt dieses als das Kind desjenigen, dem die Mutter als Jungfrau zugeführt wurde.«

Spätere Geschichtsschreiber wie Tacitus vermitteln gleichfalls das Bild einer unübersichtlichen und barbarischen Welt, in der die Fremden selten zu unterscheiden vermochten, welche Stämme seit uralten Zeiten hier lebten und welche erst später eingewandert waren. Zu den Britanniern gehörten die Kaledonier in Schottland, deren gewaltige Glieder und rötliches Haar an Germanen erinnerten, während die walisischen Siluren dunkle Gesichter und krauses Haar wie die Spanier hatten. Einig war man sich stets darin, dass sie alle erheblich mehr Wildheit als die Gallier aufwiesen. Zum Glück Roms seien sie genauso zerstritten wie jene und würden »unter der Führung ihrer Häuptlinge von Parteikämpfen und Eifersüchteleien hin und her gerissen.« Darum kämpften die Stämme zumeist einzeln und würden »allesamt besiegt«.

Caesar in Britannien

Die engen Beziehungen zwischen britannischen und gallischen Keltenstämmen boten Caesar den triftigen Grund, um im Jahr 55 vor Chr. den Feldzügen in Gallien vorübergehend den Rücken zu kehren und eine militärische Expedition ins wilde Britannien zu wagen – denn von dort unterstützten angeblich Hilfstruppen die aufständischen Gallier. Dem müsse Einhalt geboten werden, auch wenn man nur sehr geringe Informationen über die Gallien gegenüberliegenden Küstengebiete habe. Daraufhin versammelte er die Flotte, die erfolgreich gegen die Veneter gekämpft hatte und schließlich knapp hundert Lastschiffe sowie zusätzliche Kriegsschiffe umfasste. Auf ihnen setzten zwei römische Legionen etwa auf der Höhe von Dover über. Ihren Feldherrn begleiteten Gesandte von britannischen Stämmen, die deren Unterwerfung angeboten hatten – zumindest in Caesars Interpretation. Einige Stämme hatten wahrscheinlich ihre guten gallischen Informationsquellen genutzt, um einen potenziellen mächtigen Verbündeten in den innerbritannischen Stammeskämpfen zu gewinnen.

An den Steilküsten Ostkents mussten die Römer allerdings feststellen, dass sie nicht willkommen waren; denn auf den Anhöhen hatten sich offensichtlich feindlich gesinnte Truppen aufgestellt, die den Strand mit Wurfgeschossen bombardierten. Sie verhinderten mit ihren Reitern und schnellen zweirädrigen Kriegswagen, dass man die Schiffe verließ: »Sie waren mit der Gegend wohlvertraut, befanden sich im Trockenen oder waren nur wenig ins Wasser vorgerückt, sodass sie alle ihre Glieder frei gebrauchen konnten. Sie schleuderten kühn ihre Wurfgeschosse und trieben ihre Pferde an, die an diese Kampfesweise gewöhnt waren.« Unter den ersten an Land gegangenen Soldaten brach Panik aus – noch eroberten sie keinen Fuß englischen Bodens.

Caesar bekam also schon während der Landung einen Vorgeschmack auf die eigentümlichen britannischen Verhältnisse. Doch er wusste diese Situation zu meistern, indem er die Feinde von seinen Kriegsschiffen aus mit Schleudern, Bogen und schweren Geschützen beschießen ließ. Dann ermutigten sich die Soldaten gegenseitig, sprangen von Bord und stürmten gegen die Britannier. Aber eine gewohnte Schlachtordnung konnte nicht aufgebaut werden, und die flinken keltischen Reiter umzingelten etliche Gruppen der Römer, die zudem durch ihr Gepäck behindert waren. Andere Feinde schleuderten Wurfgeschosse auf sie. Als Caesar die erneute prekäre Lage seiner Soldaten erkannte, schickte er weitere Männer an Land. Mit ihrer Hilfe wendete sich das Kriegsglück, und die Britannier zogen sich zurück. Da sich die römische Reiterei jedoch noch auf den Schiffen befand, konnten sie nicht verfolgt werden. Dies sei, so Caesar, das Einzige gewesen, was zu seinem bewährten Kriegsglück gefehlt habe.

Die widerspenstigen Stämme Kents waren anscheinend zu der Überzeugung gelangt, es mit einem starken und mächtigen Gegner zu tun zu haben, den man nicht ohne weiteres besiegen konnte. Deshalb versuchten sie es mit bewährter Stammesdiplomatie und schickten Gesandte zu Caesar, die ihre Bereitschaft erklärten, Geiseln zu stellen und alle seine Forderungen zu erfüllen. Nach ihnen trafen auch erste Häuptlinge ein, die ihre Friedensbereitschaft bekundeten. Noch bevor Caesar einwilligen konnte, wendete wiederum ein Besonderheit der Britischen Inseln das Blatt. Ein starker Sturm und alles verschlingende Springfluten vernichteten einen Großteil der römischen Flotte.

Die Stammeshäuptlinge schätzten die neue Situation dementsprechend ein: Caesar fehlte es an Reitern, er hatte seine Schiffe verloren, war damit vom Festland abgeschnitten und verfügte darüber hinaus über keine ausreichenden Proviantvorräte. Deshalb entschieden die Britannier, den Kampf wieder aufzunehmen und bis zum Winter fortzusetzen. Auf diese Weise sollten die Römer zermürbt und schließlich vollständig besiegt werden. »Sie vertrauten fest darauf, dass in Zukunft niemand mehr nach Britannien übersetzen würde, um dort Krieg zu führen, wenn das römische Heer geschlagen oder ihm der Rückweg abgeschnitten sei.«

Caesar musste in dieser prekären Situation zuallererst für das Überleben seiner Soldaten sorgen. Deshalb ließ er im Umland Getreide von den Feldern ins Lager schaffen und befahl, alle noch einsatzfähigen Schiffe eiligst auszubessern. Auf ihnen sollte man notfalls Britannien wieder verlassen. Zunächst kam jedoch eine eher friedliche Stimmung auf, in der die Legionäre mit den einheimischen Bauern auf den Feldern arbeiteten und viele Britannier sogar das Römerlager besuchten.

Wie trügerisch dieser Eindruck war, bewies eine Meldung, die Caesar in aller Eile gemacht wurde: Die wachhabenden Soldaten hatten eine ungewöhnlich große Staubwolke am Horizont gesichtet, dort wo ihre Kameraden mit der Ernte beschäftigt waren. Caesar ritt sofort in diese Richtung und sah, wie seine Männer aufs Härteste bedrängt wurden. Britannische Krieger hatten sie aus den nahen Wäldern überraschend mit Speeren und anderen Wurfgeschossen angegriffen und dann ihre stärkste Waffe eingesetzt – die Reiter und die Streitwagenkämpfer. Während die gallischen Stämme sich dieser für die Kelten typischen Kampfgefährte nicht mehr bedienten, galten sie auf den Britischen Inseln noch lange als hervorragendste Waffe der besten Krieger. Caesar schildert ihren Furcht erregenden Einsatz, der dem Feind große Verluste zufügen konnte:

»Der Kampf von diesen Streitwagen aus verläuft folgendermaßen: Zuerst fahren die Britannier nach allen Richtungen über das gesamte Schlachtfeld und schleudern Wurfgeschosse, wobei sie meist schon durch den Schrecken, den die Pferde verbreiten, und den Lärm der Räder die feindlichen Reihen in Verwirrung bringen. Sobald sie in die berittenen Einheiten eingedrungen sind, springen sie von den Wagen und kämpfen zu Fuß weiter. Währenddessen fahren die Wagenlenker etwas aus dem Kampfgebiet heraus und stellen sich so auf, dass sie den Ihren, falls sie von einer feindlichen Übermacht bedrängt werden, eine gute Möglichkeit bieten, sich ungehindert zu ihrem Heer zurückzuziehen. So zeigen sie im Kampf die Beweglichkeit von Reitern und die Standfestigkeit von Fußsoldaten. Durch Gewohnheit und tägliche Übung haben sie es dabei soweit gebracht, dass die Wagenlenker sogar auf abschüssigem, steilem Gelände die Pferde in vollem Lauf aufhalten, in kürzester Frist bändigen und schwenken lassen können. Ja, sie laufen sogar über die Deichsel und stellen sich auf das Joch der Pferde, um sich von dort wiederum in größter Geschwindigkeit auf die Wagen zurückzuziehen.«

Nach Caesar kam noch hinzu, dass die Feinde nie in dicht geschlossenen Reihen, sondern in großem Abstand voneinander kämpften und überall kleinere Einheiten aufstellten, die die Kämpfenden wieder aufnahmen, um die ermüdeten durch unverbrauchte neue Krieger zu ersetzen. Diese für sie völlig ungewohnte Kampfweise verwirrte die römischen Soldaten sehr. Nur mit Mühe gelang es Caesar, sie ohne größere Verluste ins Lager zurückzuführen. Denn eine offene Schlacht schien ihm unter diesen Umständen zu gefährlich. Daraufhin zogen sich auch die Britannier zurück, hatten sie doch ihr Ziel erreicht und die Legionäre vollständig verunsichert. In den nächsten Tagen tobten heftige Herbststürme, was weitere Kämpfe zunächst verhinderte.

Inzwischen versammelten sich immer mehr britannische Krieger in der Nähe des Römerlagers. Die Aussicht auf reiche Beute hatte selbst entfernter siedelnde Stämme dazu veranlasst, sich auf den weiten Weg zu machen und alte Streitigkeiten untereinander ruhen zu lassen. Schließlich rückten sie in großen Scharen mit Reitern, Streitwagen und Fußkämpfern vor und forderten Caesar zum Kampf heraus.

Dieser nahm die Herausforderung an und stellte seine Legionen zur Schlacht auf. Über den Verlauf der ausbrechenden Kämpfe schweigt sich Caesar im *Bellum Gallicum* aus. Er gesteht jedoch ein, dass man den Feind nicht entscheidend schlagen konnte. Denn die Britannier zogen sich nach Verlusten und bei großer Bedrängnis schnell zurück und wichen den Legionären aus. Da keine Seite den Sieg erringen konnte, kam es erneut zu Verhandlungen. In ihnen erklärten sich die Kelten zur Stellung von Geiseln bereit, die sie später aufs Festland schicken wollten. Aber Caesar hatte es mit dem voranschreitenden Jahr eilig, nach Gallien zurückzukehren.

Die zweite Britannien-Expedition – Caesar contra Cassivellaunus

Der römische Statthalter Südfrankreichs, dessen Ambitionen mittlerweile bis nach England reichten, musste mit seinem Zug gegen die Britannier völlig unzufrieden sein. Denn außer einigen Geiseln – wenn er sie überhaupt empfing – hatte er nichts erreicht; nicht einmal eine kleine Besatzungstruppe konnte er auf der Insel zurücklassen. Deshalb trieb ihn wohl mehr der Ehrgeiz als eine sachliche Notwendigkeit, im folgenden Jahr eine zweite Militärexpedition nach Britannien zu unternehmen. Dieses Mal wollte er den großen und alles entscheidenden Schlag gegen die Kelten auf der Insel führen: In der Gegend um Calais stach eine Flotte von angeblich 800 Schiffen in See, unter denen allerdings nur wenige Kriegsschiffe waren. Caesars fünf Legionen und 2000 Reitern hatten sich nämlich unzählige Händler und Privatleute angeschlossen, die auf gute Geschäfte in einem eroberten und von Rom kontrollierten Land hofften.

Doch so weit kam es vorerst nicht, weil dieses Mal die Britannier jede

Schlacht vermieden und sich sogar außer Sichtweite hielten. Wenn die römischen Soldaten am Strand martialische Kelten erwartet hatten, wurden sie also enttäuscht. Also sah sich Caesar gezwungen, weiter ins Landesinnere vorzustoßen. Die Probleme des Vorjahres wiederholten sich: Der Feind verschanzte sich in den Wäldern, und wenn es zum Kampf kam, gerieten die römischen Soldaten wegen der geschilderten Kampfweise der Britannier in Schwierigkeiten; außerdem beschädigte aufs Neue ein Sturm die meisten Schiffe der Flotte.

Der Vormarsch der Römer provozierte zudem bisher unbekannte Feinde zum Kampf. An ihrer Spitze tat sich ein Häuptling namens Cassivellaunus hervor, der den nördlich der Themse siedelnden Stamm der Catuvellauner beherrschte. Ihm gelang es, von vielen Stämmen als Oberbefehlshaber eines vereinigten britannischen Heeres anerkannt zu werden. Caesar wollte gegen diesen offensichtlichen Hauptgegner die Initiative ergreifen und beschloss, ihn in dessen eigenem Gebiet anzugreifen. Dazu musste er jedoch seine Soldaten über die Themse führen, die in der Nähe nur an einer Stelle durchquert werden konnte. Dort warteten am anderen Ufer die britannischen Truppen, die Ufer und Flussbett mit spitzen Pfählen fast unpassierbar gemacht hatten. Mühsam kämpften sich Caesars Reiter und Legionäre durch die Hindernisse, bis sie den Feind unmittelbar attackieren und in die Flucht schlagen konnten. Daraufhin ließ sich Cassivellaunus auf keine weitere Schlacht mehr ein und zog seine Krieger zurück. Die meisten von ihnen schickte er heim zu ihren Stämmen. Nur seine schlagkräftigste Waffe behielt er – 4000 Streitwagenkämpfer, die die römischen Truppen immer wieder überraschend angriffen und damit erreichten, dass weder Reiter noch Legionäre weiter im Land umherstreiften.

Caesar befand sich wiederum in einer Situation, in der er keinen entscheidenden Sieg erringen konnte. Einen Vorteil verschaffte ihm zumindest die Rivalität unter den britannischen Stämmen, die der Lage in Gallien vergleichbar war. So gelang ihm ein Bündnis mit den Trinovanten, die als Nachbarn der Catuvellauner in Essex und Suffolk lebten. Angeblich hatte Cassivellaunus einst ihren König getötet und dessen Sohn mit dem Tod bedroht. Dieser hatte deshalb bei Caesar Schutz gesucht und für seinen Stamm die Stellung von Geiseln und die Lieferung von Getreide versprochen. Daraufhin schickten auch andere Stämme Gesandte mit Friedensangeboten. Von ihnen erfuhr Caesar die Lage des Hillforts, in dem sich Cassivellaunus mit vielen Menschen und deren Vieh verschanzt hielt. Obwohl dieses Befestigungswerk von den Römern eingenommen wurde, konnten die meisten Kelten entkommen. Und ihr Häuptling zeigte sich keineswegs entmutigt – er hatte inzwischen ein Bündnis mit mehren Stämmen aus Kent geschlossen. Doch auch gegen diese Koalition waren Caesars Truppen erfolgreich, und letztendlich soll Cassivellaunus um

Frieden gebeten haben. Der römische Feldherr machte ihm nach eigenen Worten strenge Auflagen: Geiseln sollten gestellt und jährliche Steuern an Rom entrichtet werden. Der Keltenfürst selbst blieb ungeschoren und musste lediglich erklären, gegen die Verbündeten der Römer nicht vorzugehen.

Caesar schien sehr froh zu sein, Britannien endlich auf Nimmerwiedersehen zu verlassen. Ob sich Cassivellaunus an Caesars Befehl gehalten hat, ist nicht bekannt. Geiseln und Tributzahlungen sind jedenfalls nie weder in Gallien noch in Rom eingetroffen. Die beiden Feldzüge über den Ärmelkanal zählen zu den seltenen militärischen Unternehmungen Caesars, denen letztlich kein Erfolg beschieden war. Außer unverbindlichen Zusagen hatte er nichts erreicht. Kein einziger römischer Legionär vertrat Roms Macht auf den Britischen Inseln. Tacitus urteilte später treffend über Caesars Leistung, »er habe Britannien der Nachwelt nur gezeigt, nicht übergeben«.

Die langsame Eroberung eines fast vergessenen Landes

Nach Caesars missglückten Eroberungszügen schien man in Rom die fernen Zinninseln für mehr als 90 Jahre vergessen zu haben. Der gallische Aufstand, die brutalen Bürgerkriege und der lange Kampf gegen die germanischen Stämme hatten Britannien aus dem römischen Bewusstsein fast verdrängt. Darum blieben dessen keltische Stämme sich selbst überlassen. Aber auch ohne römische Besatzungstruppen zeigten sich die Einflüsse von Roms Macht und Kultur, die immerhin bis an die gallische Nachbarküste vorgedrungen waren. Besonders im Süden Englands wusste man so manches von den Veränderungen jenseits des schmalen Meeres. Viele britannische Adlige nahmen sich Rom zum Vorbild – einige besonders ehrgeizige eroberten sich kleine Reiche und führten eigene Münzen ein. Gleichzeitig befehdete man sich heftig untereinander und schreckte nicht davor zurück, den Kaiser im fernen Rom um Hilfe anzurufen. Es war nur eine Frage der Zeit, bis dieser die Gelegenheit ergreifen und auf den Spuren des ruhmreichen Caesar wandeln würde.

Nachdem sich unter dem Imperator Caligula die Soldaten geweigert hatten, nach Britannien zu gehen, gelang es dessen Nachfolger Claudius, in Südengland Fuß zu fassen. Unter dem Oberbefehl des Aulus Plautius setzten im Jahr 43 nach Chr. vier Legionen über den Ärmelkanal – und waren nach der Landung erstaunt, weil sich keiner der angeblich so schrecklichen Feinde sehen ließ. Diese waren in der Tat von der Invasion überrascht worden und hatten sich in Sümpfe und Wälder zurückgezogen,

Abbildung I Die Mehrzahl der Gallier lebte auf Bauernhöfen, in Dörfern und in befestigten Burgen der hier rekonstruierten Art. Darin residierte eine große Adelsfamilie, die von diesem Zentrum über ihr Land herrschte. Auf derartigen Keltenburgen entfaltete sich keine höfische Pracht – auch sie wurden vom bäuerlichen Leben geprägt. Der Wache stehende Krieger im Vordergrund verdeutlicht, dass in der keltischen Vielstämmewelt stets mit Überfällen und Kämpfen gerechnet werden musste.

Abbildung II Die so genannte Chi-Rho-Seite, mit der im *Book of Kells* das Matthäus-Evangelium beginnt, ist eine der kompliziertesten Darstellungen der irischen Buchmalerei des frühen Mittelalters. Die griechischen Buchstaben XP des Christusmonogramms sieht nur der Eingeweihte und um den filigranen Schmuck zu erkennen benötigt man eine Lupe: Dann zeigen sich zwischen ineinander verschlungenen geometrischen Mustern menschliche Figuren und Tiere, u. a. Schmetterlinge, Katzen und Otter. Die Mönche der Britischen Inseln erwiesen sich damit als späte Meister der La Tène-Kunst.

Abbildung III So könnte das Ende der Heuneburg ausgesehen haben: von keltischen Feinden belagert, in Brand gesetzt und schließlich erobert und zerstört. Damit endete um 480 vor Chr. die mehr als 100 Jahre währende Blütezeit des mächtigen Fürstensitzes und seiner Herrscher. Als Jahrzehnte später Herodot von der Stadt Pyrene an der Donau sprach, meinte er möglicherweise die schon längst untergegangene Heuneburg. Archäologen fanden hier Gefäßscherben aus Oberitalien und Griechenland sowie etruskische Weinamphoren. Deren Händler brachten offenbar auch das Haushuhn mit in den Norden.

Abbildung IV Die im gleichnamigen Keltenmuseum rekonstruierte Grabkammer des Fürsten von Hochdorf stellt einen Höhepunkt archäologischer Forschung dar. Sie lässt die zweieinhalb Jahrtausende alte Pracht wieder auferstehen und in neuem Glanz erstrahlen. Davon war in dem 1978 entdeckten Grab nicht viel mehr übrig geblieben als ein unansehnlicher Haufen von Knochenresten, Gold-, Bronze- und Eisenteilen, Stofffetzen, Steinen und anderem, das man vereinfachend als Dreck bezeichnen könnte. Erst mit Hilfe modernster wissenschaftlicher Methoden und Techniken gelang es, sage und schreibe 2000 einzelne Objekte zu identifizieren, deren Analyse den Sensationsfund von Hochdorf als einzigartig erwies.

Abbildung V Das Kultbäumchen von Manching wurde im dortigen Oppidum gefunden, wo es wahrscheinlich um 200 vor Chr. hergestellt worden war. Die erhalten gebliebenen 70 cm sind vergoldet und zeigen einen von Efeu umrankten Eichenast samt Eicheln. Der kostbare Gegenstand lag ursprünglich in einem vergoldeten und reich geschmückten Holzkasten. Vermutlich führte man ihn auf Prozessionen mit und er oblag der Pflege der Druiden. Das Kultbäumchen dürfte ein herausragendes Zeugnis der keltischen Baumverehrung sein.

Abbildung VI Seit man 1996 am Glauberg die lebensgroße Sandsteinstatue fand, hat die Welt der frühgeschichtlichen Kelten ein unverwechselbares Gesicht bekommen. Die Ausgrabungen gelten zu Recht als sensationell und einzigartig. Sie lassen für die Zukunft auf weitere Entdeckungen dieser Art hoffen.

Abbildung VII Der Kessel von Gundestrup wurde in einem Moor im dänischen Nordjütland gefunden. Dorthin, zu den germanischen Kimbern, hatte es die keltische Arbeit verschlagen. In den letzten Jahrhunderten vor Chr. stellte ein Schmied die Silberplatten mit ihrem reichen Figurenschmuck her – mutmaßlich im östlichen Europa unter thrakischen und anderen Einflüssen. Die Darstellungen zeigen eine Fülle von göttlichen Wesen, Menschen und Tieren, deren einzelne Bedeutung umstritten ist. Auf der rechten Innenseite der Abbildung glaubt man jedenfalls den Gott Cernunnos im typischen Buddhasitz zu erkennen, in einer Hand eine Widderkopfschlange, in der anderen einen Torques-Halsring. Die Darstellung links innen lässt sich als Opferkessel oder als Kessel der Wiedergeburt interpretieren.

Abbildung VIII Die 7 Meter hohe Statue des Vercingetorix schmückt seit 1865 den Mont Auxois im nördlichen Burgund und erinnert an die entscheidende Schlacht des Jahres 52 vor Chr., in der die Gallier vor Caesars Legionen kapitulieren mussten. Seit dem 19. Jahrhundert galt der unterlegene Arvernerhäuptling in Frankreich als Freiheitsheld.

Abbildung IX Seit der Antike beschäftigte die Phantasie der Geschichtsschreiber und Künstler, wie sich Vercingetorix dem siegreichen Feind Caesar unterworfen habe. Dieser geht im *Bellum Gallicum* schweigend darüber hinweg, während spätere Autoren verschiedene dramatische Szenarien entwarfen. So soll der stolze Arverner mit seinem reich geschmückten Pferd Caesar umrundet und anschließend seine Waffen auf den Boden geworfen haben. Daran scheint der französische Maler Lionel Royer (1852–1926) auf seinem Gemälde anzuknüpfen, indem er selbst den besiegten Vercingetorix noch als Helden darstellt.

Abbildung X Das Poster zu J.R.R.Tolkiens Fantasy-Bestseller *The Lord of the Rings* erfreute sich in den Jahren um 1970 großer Beliebtheit und verdeutlicht die weltweite Popularität dieses Epos, das reichlich aus keltischen und germanischen Überlieferungen schöpft. Dreißig Jahre später sorgte die Filmtrilogie des Neuseeländers Peter Jackson für einen *Herr-der-Ringe*-Boom bis dahin unbekannten Ausmaßes.

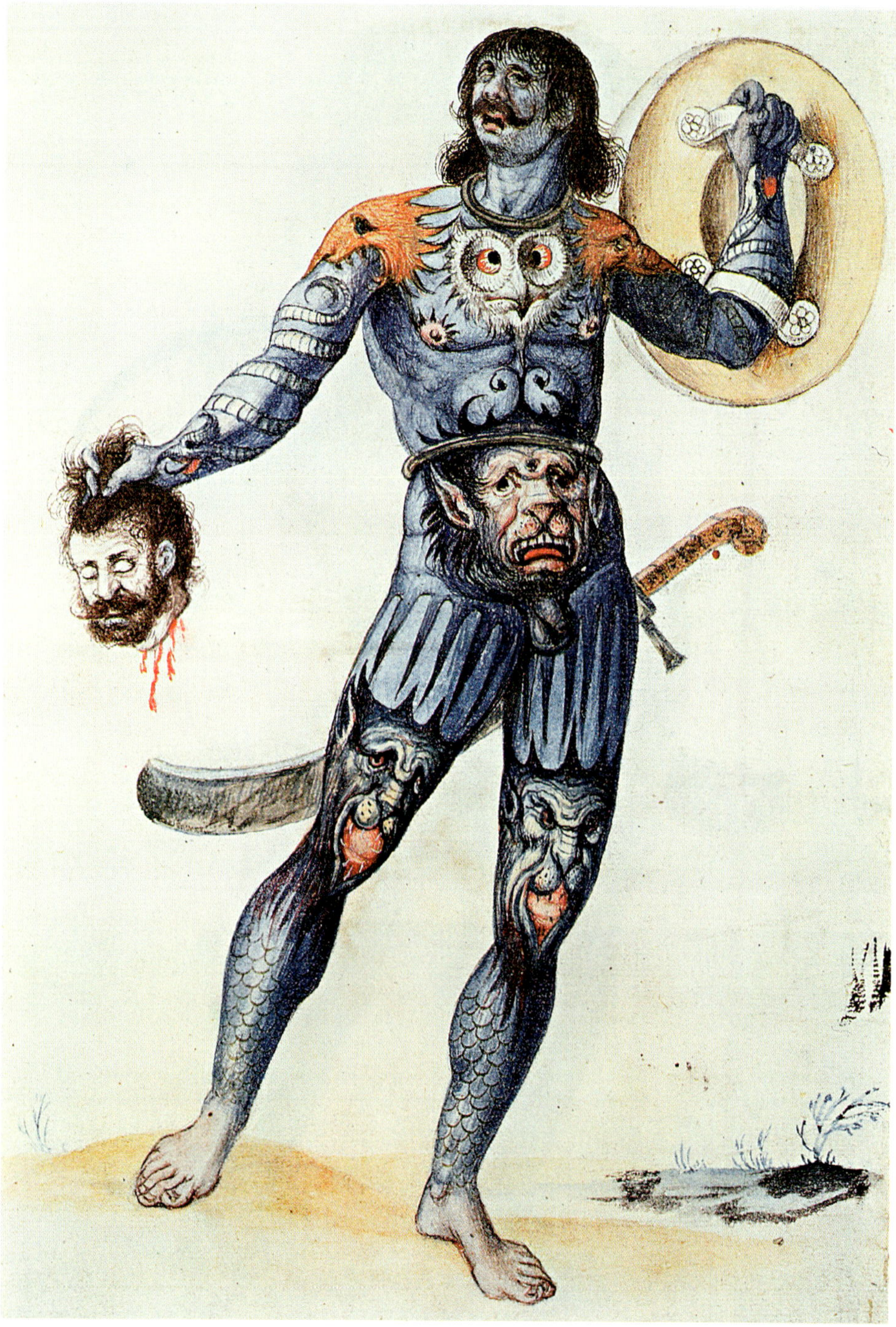

Abbildung XI Wie unterschiedlich das neuzeitliche Bild der Kelten ist, belegt die Darstellung eines piktisches Kriegers auf dem Aquarell von John White, das um 1590 entstand. Sie entspringt der Fantasie des Künstlers und bedient sich gleichwohl verschiedener Motive der antiken Historiker, so der Nacktheit, des Tätowierens des Körpers und der Kopfjagd. Ähnliche Bilder dieser Zeit zeigen sogar tätowierte Kriegerinnen, die ein farbenfrohes Blumenmuster schmückt.

Abbildung XII Die 42 Zentimeter große Bronzestatue von Bouray südlich von Paris stellt offensichtlich einen Gott dar. Dafür sprechen der Buddhasitz, der Torques-Halsring und die in Hirschhufen endenden Beine. Die Figur entstand wahrscheinlich nach der römischen Eroberung. Welcher Gott aus dem vielköpfigen keltischen Pantheon dargestellt ist, bleibt ungewiss.

Abbildung XIII »So hielt er seinen Einzug im Hain und war froh unter den Eschen verborgen zu liegen; und er staunte über die wilden Tiere, die in den Lichtungen weideten … Er nährte sich von den wilden Kräutern und ihren Wurzeln, er genoss die Früchte der Bäume und die Beeren des Dickichts; er wurde ein Waldmensch, gleichsam ein den Wäldern Geweihter.« (Geoffrey von Monmouth. Vita Merlini) In der obigen Illustration aus einer französischen Handschrift des 13. Jahrhunderts tritt Merlin in Hirschgestalt vor den König, was an uralte keltische Vorstellungen erinnert.

Abbildung XIV Dem Toten vom Glauberg wurde diese über 50 Zentimeter hohe bronzene Schnalbelkanne mit ins Grab gegeben. Das ursprünglich mit Met gefüllte Gefäß zeichnet sich durch filigrane Ornamente und figürliche Verzierungen aus. Auf dem Henkel fällt eine Figurengruppe auf: Ein jugendlicher Mann im Buddhasitz, den zwei Fabelwesen anblicken.

Abbildung XV Dieser bronzene Gürtelhaken vom Glauberg, 8 Zentimeter lang, verdeutlicht die hervorragenden Techniken der keltischen Kunstschmiede. Aus dem Beschlag ragt ein Raubtierkopf hervor, der in seinen Zähnen einen Männerkopf hält. Dessen Bart bildet den Haken, was auf das Können und den Witz der Kelten hinweist, wie auf ihre Vorliebe für Monster und Menschenköpfe.

Abbildung XVI Der von den Römern seit 122 nach Chr. errichtete Hadrianswall sollte den zum Imperium Romanum gehörenden, südlich davon gelegenen Teil der Britischen Hauptinsel vor Überfällen der Kaledonier und anderer Stämme schützen. Einige Jahrzehnte später verschob man die Grenzlinie mit dem Antoniuswall oberhalb Glasgows und Edinburghs beträchtlich nach Norden, was allerdings nur wenige Jahre zu halten war. Aber trotz der häufigen Kämpfe Roms mit den Völkerschaften Schottlands gab es auch intensive Handelsbeziehungen.

Abbildung XVII Dem Stein Fál von Tara sagt die irische Überlieferung magische Kräfte nach. Einstmals sollen ihn die Tuatha Dé Danann auf die Insel gebracht haben, wo er als flacher Trittstein oder als phallusartiger Stein aufschrie, wenn ihn Irlands rechtmäßiger König berührte. Der Fál hatte an einem heiligen Ort wahrscheinlich die Bedeutung eines »Nabels der Welt«, was sein Standort in der historischen Provinz Mide (»Mitte«) deutlich macht. Derartige Mittelpunktsteine, die auch mit Fruchtbarkeitsriten verbunden wurden, finden sich vor allem in Teilen der Britischen Inseln und in der Bretagne.

von wo sie nach traditioneller Kampfweise den Römern zusetzen wollten. Doch ihre Taktik erwies sich nicht mehr als so erfolgreich wie zu Caesars Zeiten. Das mochte unter anderem daran liegen, dass die Machtzentren der größeren Stammesbünde verhältnismäßig schnell eingenommen werden konnten. Zu ihnen zählte Colchester nordöstlich Londons, das die Römer unter dem Namen Camulodunum zu ihrem Hauptsitz machten. Unter Aulus Plautius siegten sie in etlichen Schlachten, und schließlich erschien Kaiser Claudius selbst mit Kriegselefanten in Britannien, um die Unterwerfung der Keltenstämme entgegenzunehmen. Sein Unternehmen glückte: Britannien wurde römische Provinz, deren Eroberung der Imperator zwei Jahre später in Rom aufwändig feiern ließ. Die neu gegründete Siedlung Londinium sollte bald Hauptstadt werden und bis heute die Metropole Englands und Großbritanniens bleiben.

Die römischen Überraschungserfolge stellten lediglich den Beginn dar, dem viele Jahre der systematischen Eroberung großer Teile Britanniens folgten. Erst während dieser Kämpfe lernten die Römer die zahlreichen Stämme mit ihren ungewöhnlichen Bräuchen und Sitten kennen. Mit den schnellen keltischen Kampfwagen hatte man zwar umzugehen gelernt. Aber die Insel barg eine Welt voller Seltsamkeiten – Königinnen herrschten über die Stämme, Krieger stellten sich mit grell bemalten Körpern zum Kampf, die Druiden schienen hier besondere Macht zu besitzen, man munkelte sogar von amazonengleichen keltischen Kämpferinnen.

Mit der Zeit erschlossen die Legionäre das besetzte und von loyalen Stämmen bewohnte Land mit Kastellen und Veteranensiedlungen, in denen aus dem Dienst entlassene Soldaten einer zivilen Tätigkeit nachgingen. Gleichzeitig marschierten die Truppen west- und nordwärts Richtung Wales und Schottland, um Stämme wie die Siluren und Briganten unter römische Kontrolle zu bringen. Immer wieder erhoben sich Gruppen, derer man sich sicher geglaubt hatte, oder man stieß auf bis dahin unbekannte Völkerschaften, die heftigen Widerstand leisteten. Ein landesweites Zentrum der Feinde Roms schien sich auf der Insel Mona zu befinden, dem heutigen Anglesey vor der nordwestwalisischen Küste. Dort vermutete man die Kultstätten der Druiden, in denen diese – aus römischer Sicht – barbarische Opfer vollzogen und gegen die neuen Herren zum Kampf aufriefen.

Deshalb schlugen sich die Legionäre im Jahr 60 nach Chr. dorthin einen Weg frei, um den Widerstand endgültig zu brechen. Der Historiker Tacitus hat in seinen *Annalen* eine beeindruckende Schilderung von der Einnahme gegeben. Nach ihr bereitete der Befehlshaber Suetonius Paulinus den Angriff auf Mona vor, indem er die Legionäre auf flachen Schiffen übersetzen ließ, während die Reiter durch eine Furt nachfolgten oder in tieferem Wasser neben ihren Pferden schwimmend herüberkamen. Dabei bot sich ihnen das folgende Bild: »Da stand am Gestade die gegnerische Kampffront, eine dichte Reihe von Waffen und Männern; dazwischen liefen Frauen herum, die nach Art von Furien im Leichengewand mit herabwallenden Haaren Fackeln vorantrugen; die Druiden ringsum stießen grausige Verwünschungen aus, die Hände zum Himmel erhoben. Dieser ungewohnte Anblick versetzte die Soldaten in Bestürzung, sodass sie sich, gleichsam an den Gliedmaßen gelähmt, unbeweglich der Verwundung aussetzten. Als dann aber der Feldherr sie anfeuerte und sie sich selbst Mut machten, doch nicht vor einem Haufen rasender Weiber in Angst zu geraten, gingen sie zum Angriff über, warfen alle nieder, die ihnen entgegentraten, und trieben sie in das Feuer der eigenen Fackeln. Eine Besatzung wurde anschließend auf die besiegte Insel verlegt, und man zerstörte die Haine, die den Riten eines wilden Aberglaubens geweiht waren; denn vom Blut von Kriegsgefangenen die Altäre dampfen zu lassen und aus menschlichen Eingeweiden den Willen der Götter zu erfragen hielten sie für heiliges Recht.«

Mit der Eroberung Monas schien das wichtigste Widerstandsnest zerstört worden zu sein. Aber darin irrte man sich, denn im selben Jahr brach ein furchtbarer Aufstand aus, der die Römer an den Rand der Niederlage brachte.

Der Aufstand der Königin Boudicca

Nach den Worten des Tacitus, der die Ereignisse überliefert hat, war dieser Aufstand durch das Verhalten der Römer gegenüber eines Stammes verschuldet worden, der nicht einmal als romfeindlich galt. Die ostenglischen Ikener hatten sich bis dahin eine gewisse Unabhängigkeit bewahren können. Ihr König Prasutagus war für seinen Reichtum berühmt; er hoffte, ihn und die Selbstständigkeit zu erhalten, indem er Rom seine Ergebenheit ausdrückte. Deshalb bestimmte er nicht nur seine beiden Töchter zu seinen Erben, sondern auch den römischen Kaiser. Doch diese Hoffnung erwies sich nach seinem Tod als vergebens; sein Reich wurde wie eine feindliche Macht verwüstet: »Gleich zu Beginn wurden seine Gattin Boudicca misshandelt und seine Töchter geschändet; alle vornehmen Ikener wurden, als hätte man das ganze Gebiet zum Geschenk erhalten, von ihren ererbten Gütern vertrieben, und die Verwandten des Königs behandelte man wie Sklaven. Infolge dieser Schmach und aus Furcht vor noch drückenderen Maßnahmen, da ihr Land bereits in die Form einer Provinz übergegangen war, griffen sie zu den Waffen.«

Von den Ikenern sprang der Aufstand auf andere Stämme über, die sich zusammenschlossen, um Herrschaft und Ausbeutung der Römer abzuschütteln. Dabei scheint der Königswitwe Boudicca eine herausragende

Rolle zugekommen zu sein. Gemäß Tacitus sprach dafür nicht nur, dass sie aus einer königlichen Familie stammte, sondern auch, dass bei den Britanniern eine Frau das Heer befehligen konnte.

Besonders verhasst waren den Aufständischen die römischen Veteranen, weil sie zum Beispiel in der Kolonie Camulodunum die keltischen Einwohner aus ihren Häusern und von den Feldern verjagten und diese wie Kriegsgefangene oder Sklaven behandelten. Die Soldaten unterstützten die Veteranen noch bei ihrem Tun. Darum richtete sich der Zorn der Menschen vor allem gegen Camulodunum. Dessen Kaisertempel galt als Zwingburg der Tyrannei, und angeblich vergeudeten seine Priester das ganze Vermögen des Volkes. Da die Siedlung über keine Befestigung verfügte, schien es den Aufständischen nicht schwierig, gegen sie und die verhassten Veteranen vorzugehen. Die britannischen Krieger umzingelten die Stadt, die zudem nur von wenigen Soldaten geschützt wurde. Dann griffen sie an, plünderten die meisten Stadtteile und legten sie in Schutt und Asche. Den Tempel, in dem sich die römischen Soldaten verschanzten, belagerte man zwei Tage lang und erstürmte ihn schließlich. Anschließend zogen die keltischen Krieger der 9. Legion entgegen, die unter ihrem Legaten Cerialis eigentlich Entsatz bringen sollte. Aber die Britannier stürmten

Die Keltinnen

Die keltische Gesellschaft war patriarchalisch geprägt, denn ihre Führungsschicht hob das männliche Kriegerideal ausdrücklich hervor. Die Frauen mochten nach dem Bekunden antiker Quellen noch so groß und angeblich den Männern sogar an Stärke gewachsen sein – rechtlich hatte der Mann die Verfügungsgewalt über Frau und Kinder. Dies betont unter anderem Caesar mit einem drastischen Beispiel: Demzufolge hätten die Männer gegenüber ihren Frauen ebenso wie gegenüber ihren Kindern Gewalt über Leben und Tod. Wenn das Oberhaupt der Familie aus hohem Stande gestorben sei, versammelten sich seine Verwandten und verhörten die Ehefrauen wie die Sklaven, falls an dem Tod etwas Verdacht erregte. Stellte sich der Verdacht als begründet heraus, würden sie die Frauen verbrennen, nachdem sie sie auf alle mögliche Art gefoltert hätten. Mehr als ein Jahrtausend später bestätigten irische Rechtstexte die deutliche Benachteiligung der Frau, weil sie vor Gericht kein Zeugengewicht hatte und nicht eigenständig Verträge abschließen durfte.

Doch scheint dies nur eine Seite der historischen Wahrheit zu sein, die letztendlich nur annäherungsweise aufgeklärt werden kann. Denn wiederum Galliens Eroberer Caesar weiß von einer bemerkenswerten frühgeschichtlichen Zugewinngemeinschaft zu berichten: »Die Männer lassen, wenn sie von ihren Frauen Vermögen als Mitgift erhalten haben, ihr eigenes Vermögen schätzen und legen einen gleich großen Wert mit der Mitgift zusammen. Über dieses Gesamtvermögen führen sie gemeinsam Buch und sparen den Gewinn; wer von beiden länger lebt, erhält den

derart wild auf sie ein, dass niedergemacht wurde, wer nicht sein Heil in der Flucht fand. Der Legat selbst entkam nur mit Mühe in ein befestigtes Lager.

Ein zweites römisches Heer gab die Stadt Londinium auf, die durch die Zahl ihrer Händler und Handwerker von großer Bedeutung war. Man entschied sich, mit den Waffenfähigen gegen die Feinde zu ziehen, während diese schon mehrere Orte mit reichen Versorgungslagern ausgeplündert hatten. Tacitus nennt 70 000 Römer und Bundesgenossen, die dabei umgekommen seien: »Denn die Britannier machten oder verkauften keine Gefangenen noch trieben sie sonst einen im Krieg üblichen Handel wie Austausch oder Lösegeld, vielmehr mordeten und hängten, verbrannten und kreuzigten sie in aller Eile, gleich als wüssten sie, dass sie die Todesstrafe zur Vergeltung erleiden würden, jedoch erst nach inzwischen vorweg geübter Rache.«

Inzwischen hatte der Statthalter Suetonius Paulinus 10 000 Bewaffnete versammelt, mit denen er dem Feind entgegentreten wollte. Die Legionäre stellte er in dichten Schlachtreihen auf, die leicht Bewaffneten folgten auf beiden Seiten, ganz außen die Reiter. Die Truppen der Britannier – angeblich 120 000 Mann – schwärmten dagegen in Haufen und Gruppen umher,

beiderseitigen Anteil mit dem Gewinn, der mit der Zeit hinzugekommen ist.« Spätere Quellen erwähnen das Recht der Frau, ihren Güterbesitz zu vererben, ohne dass ein männlicher Vormund darauf uneingeschränkt Zugriff hätte nehmen können. Zählt man zum Recht, über sein Eigentum zu verfügen, noch die Nachrichten über eine freie Gattenwahl und eine recht offene Sexualität, so scheint die Keltin doch zumindest teilweise über relativ große Freiheiten verfügt zu haben.

Archäologische Funde vermitteln sogar das Bild einer Schicht reicher, mächtiger und verehrter Frauen. Dazu gehörte die so genannte Fürstin von Vix, für deren Bestattung man um das Jahr 500 vor Chr. nahe des Mont Lassois an der Seine einen mächtigen Grabhügel aufschüttete. Darin bahrte man inmitten einer hölzernen Grabkammer die zweifelsohne adlige Tote auf – inmitten von Beigaben, die teilweise ihresgleichen suchen. Außer einem vierrädrigen Wagen, Trinkgeschirr, Fibeln und Schmuckringen sowie diversen Gefäßen, die vom Mittelmeer kamen, brachte man ein bronzenes Mischgefäß in das Grab. Es stammte von den Griechen, war 1,6 Meter hoch, wog über 200 Kilogramm und hatte ein Fassungsvermögen von 1 100 Litern – heute ist es das größte antike Metallgefäß, das bisher gefunden wurde. Ein derartiges Prunkstück kam nur für eine Person in Frage, die für die Stammesgemeinschaft von herausragender Bedeutung gewesen war und noch im Tod höchste Verehrung genoss. Mutmaßlich wurde der Toten am Fuße des Fürstensitzes auf dem Mont Lassois eine lebensgroße Skulptur errichtet, die sie sitzend mit einem langen Gewand und einem Torques-Halsring zeigte. Deshalb wurde viel über den Rang der edlen Dame von Vix gerätselt: Als Fürstin darf sie sicher bezeichnet werden, mögli-

angefeuert von ihren Frauen, die von Wagen aus dem Geschehen zuschauten. Boudicca hatte ihre Töchter bei sich auf dem Wagen und fuhr zu jedem Stamm, dessen Krieger sie ansprach und anfeuerte. Sie galt als britannische Oberbefehlshaberin und stimmte die Krieger auf die Schlacht ein. Der Historiker Cassius Dio beschreibt diese Situation eindringlich und glaubwürdig, auch wenn er manches kräftig ausgemalt haben mag. Nach seinem Bericht stieg die Königin auf ein Tribunal, das aus Erde aufgeschüttet war. Sie selbst war hoch gewachsen und in ihrer Erscheinung Furcht erregend. Ihre Augen blitzten, und sie besaß eine raue Stimme. Dichtes, hellblondes Haar fiel ihr bis zu den Hüften herab, um den Nacken trug sie eine große goldene Kette. Ihr Gewand war bunt und wurde teils von einem dicken, durch eine Nadel zusammengehaltenen Mantel bedeckt.

Mit einer Lanze in der Hand appellierte sie an ihre Krieger: Sie verwies auf den Unterschied zwischen Freiheit und Sklaverei. Besser sei es allemal, arm in der britannischen Freiheit als wohlhabend in der römischen Sklaverei zu leben. Aber die Britannier seien ja selber schuld, indem sie den Römern nicht die Eroberung der Insel verwehrt hätten. Nun könnten sich die Krieger als geeinte Britannier erweisen, die den Römern in Helmen, Brustpanzern und Beinschienen allein durch ihre Tapferkeit überlegen

cherweise war sie eine Priesterin oder eine frühe mächtige Druidin. Gewiss ist allein ihre herausragende Stellung.

Diese nahm auch jene reiche Fürstin ein, die etwa 180 Jahre später in Waldalgesheim bei Bingen auf den Hunsrückhöhen beigesetzt wurde. Wie der Dame von der Seine errichtete man ihr einen mächtigen Grabhügel, der eine Fülle kostbarer Beigaben enthielt – Importgut aus dem Süden und von keltischen Meisterhandwerkern gefertigt. Sie schufen mit ihren ornamentalen Verzierungen und Figuren sogar einen neuen Stil, der als so genannter La Tène-Stil typisch für die keltische Kunst wurde. Die Keltin vom Mittelrhein verfügte über Reichtum und Macht – und über weit reichende Beziehungen ins Mittelmeergebiet, in die Champagne und die Ardennen.

Die Stammesherrscherinnen von Vix und Waldalgesheim stehen nicht allein, sondern hatten viele andere mächtige Frauen zur Seite, wie etliche Prachtgräber von Rhein und Saar, aus Lothringen und anderen Gebieten bezeugen. Dass Keltinnen als Fürstinnen und Königinnen auftreten und ihren Vätern und Ehemännern auf dem Thron folgen konnten, zeigen neben den archäologischen Funden die römischen Geschichtsschreiber wie Tacitus. Er schildert das Schicksal der britannischen Ikenerkönigin Boudicca, die als Stammesherrin den Römern erbitterten Widerstand leistete. Dementsprechend hielt sich in den irischen Heldenerzählungen die Tradition mächtiger Königinnen und furchtloser Kriegerinnen.

Frauen spielten in der Nachfolge der Fürstin von Vix eine bedeutende Rolle als Priesterinnen und Seherinnen, Magierinnen und Druidinnen. Dies bestätigen Nach-

seien. »Nachdem Boudicca so gesprochen hatte, bediente sie sich einer Art Zukunftsdeutung und ließ aus dem Bausch ihres Gewands einen Hasen entwischen. Der rannte nun auf die Seite, die sie für die günstige hielten, worauf die Masse in Jubelrufe ausbrach. Boudicca hob nun ihre Hand zum Himmel und rief die Göttin Andraste an.«

Die keltische Göttin war den Britanniern offenbar nicht hold, denn am Ende der Schlacht hatten die meisten den Tod gefunden. Genaue Schilderungen des Kampfgeschehens sind nicht überliefert; jedenfalls konnten die Kelten nicht ihre gewohnte Taktik des Überraschungsangriffs und eines schnellen Rückzugs anwenden. Die Legionäre warfen zuerst ihre Speere auf die feindlichen Reihen, dann rückten sie in Keilform mit Schwert und Schild vorwärts. Die Reiter brachen mit ihren eingelegten Lanzen jeden Widerstand. Weder die britannischen Krieger noch ihre Frauen wurden bei dem folgenden Massaker geschont. Schließlich sollen 80 000 tote Britannier das Schlachtfeld bedeckt haben, während nur 400 Legionäre fielen. Über das Schicksal Boudiccas berichten die römischen Geschichtsschreiber Unterschiedliches: Entweder bereitete sie selbst mit Gift ihrem Leben ein Ende oder sie starb geraume Zeit nach der Schlacht an einer Krankheit und wurde von Stammesangehörigen prunkvoll beigesetzt.

richten antiker Gewährsmänner über religiöse Bräuche in Gallien. Auf Poseidonios geht eine Schilderung zurück, nach der gegenüber der Loire-Mündung eine kleine Insel liege, die allein von Frauen bewohnt sei. Sie seien von Dionysos besessen. Kein Mann dürfe die Insel betreten, aber die Frauen segelten zum Festland und hätten dort Beziehungen zu den Männern. Einmal im Jahr werde das Tempeldach abgetragen und am selben Tag wieder neu gedeckt. Jede Frau müsse Baumaterial herbeibringen. Diejenige, die es fallen lasse, werde von den anderen in Stücke gerissen. Dann trügen sie die Leichenteile so lange um den Tempel, bis ihr Wahnsinn nachlasse. Diesen Worten zufolge opferten die Priesterinnen eine der ihren, um einen Fruchtbarkeitsgott zu verehren.

Dieses Zeugnis steht nicht allein; noch zur Zeit der römischen Herrschaft hörte man von einer anderen Insel, die als berühmte gallische Orakelstätte galt. Dort sollten neun heilige Jungfrauen mit ihren Zauberliedern Wind und Meer in Bewegung versetzen, zudem konnten sie sich in jedes beliebige Tier verwandeln und Prophezeiungen sprechen. In derartigen antiken Berichten lag eine Quelle für die Vorstellung der mythischen Insel Avalon, die in den Sagen um König Arthur und den Zauberer Merlin eine wichtige Rolle spielte.

Trotz dieser zahlreichen Zeugnisse von Frauenmacht lebten die Keltinnen und Kelten in keiner matriarchalischen Gesellschaft. Aber nach Berichten und Funden blieb doch eine Fülle von Einflüssen, die durchaus weibliche Macht ermöglichte. Die Keltinnen spielten viele herausragende Rollen – und sei es als Göttinnen und Feen der Sagenwelt der Britischen Inseln.

Nach dem großen römischen Sieg wurde der Aufstand endgültig niedergeschlagen; Britannien sollte unterworfen und befriedet werden. Darum schickte der Kaiser neue Truppen auf die Insel, die in Winterlagern stationiert wurden und jede Revolte im Keim ersticken sollten. Sie verwüsteten die Gebiete aufsässiger Stämme, was dort zu Hungersnöten führte, weil die Felder nicht bestellt werden konnten. Rom zeigte brutale Härte angesichts der Gefahr, die für seine Herrschaft in Britannien bestanden hatte. Noch heute zeugen ausgegrabene Brand- und Schuttschichten römischer Siedlungen von der Gewalt der großen britannischen Erhebung.

Das römische und barbarische Britannien

Trotz des römischen Sieges konnte Britannien noch lange nicht als befriedet und erobert gelten. Auch wenn Rom mit vielen Stammeshäuptlingen Bündnisse schloss und ihnen Ehrentitel wie »Freund« oder »Bundesgenosse« verlieh, mussten seine Soldaten mit Erhebungen und Überfällen rechnen.

Zwanzig Jahre nach dem Aufstand der Boudicca versuchte Julius Agricola ein gerechter Statthalter zu sein, der gleichzeitig gegen unbotmäßige Stämme energisch vorging. Dieses Bestreben lenkte seinen Blick weit in den Norden, nach Schottland, wo keltische und andere Völkerschaften für Unruhe sorgten. Mit ihrer wilden Kampfbereitschaft taten sich besonders die Kaledonier hervor; sie ließen sich selbst von einer Niederlage gegen die römischen Truppen nicht abschrecken, weiter Widerstand zu leisten. Zu diesem Zweck bewaffneten sie die jungen Krieger, versteckten die Frauen mit den Kindern und bekräftigten auf Versammlungen und durch Opferfeiern ihr Bündnis gegen Rom.

Dessen Statthalter entsandte eine Flotte, die die schottische Küste unsicher machen sollte. Gleichzeitig führte er seine Soldaten auf beschwerlichen Landwegen durch die Highlands, wo es schließlich an einem unbekannten Ort zur Entscheidungsschlacht kam. Ein weiteres Mal trafen die Legionäre auf Krieger, deren Erscheinungsbild ihnen befremdlich und barbarisch schien – was auf viele Stämme der Britischen Inseln zutraf. Oft trugen diese nämlich überhaupt keine Kleider, sondern schmückten ihre Körper und Nacken mit Ringen aus Eisen und hielten dies für einen Schmuck und ein Zeichen von Reichtum. Ihren Körper tätowierten sie mit bunten Zeichnungen und verschiedenen Bildern von Tieren. Oftmals verzichteten sie auf Gewänder, damit die Körperzeichnungen nicht verdeckt waren. Die römischen Geschichtsschreiber charakterisieren sie als streitbar und mordgierig: Sie seien nur mit einem Kurzschwert und einer Lanze gerüstet und trügen das Schwert um den nackten Körper gegürtet. Der Gebrauch eines Brustpanzers oder Helms sei ihnen unbekannt, ja, sie hielten solche Bewaffnung für eine Behinderung beim Durchqueren der Sümpfe.

In Schottland standen mehr als 30 000 derart bewaffneter und geschmückter Krieger den Römern gegenüber und hörten die anfeuernden Worte ihres Befehlshabers. Als dieser geendet hatte, erklangen die Kriegstrompeten, rauer Gesang ertönte und mit lautem Geschrei rief man die Götter an. Dann bildeten sich die Heerhaufen, die Verwegensten preschten mit blitzenden Waffen vor, um sich, den eigenen Kämpfern und dem Feind ihren Mut und ihre Todesverachtung zu beweisen. Schließlich begann die Schlacht, die dem bekannten Muster vieler Kämpfe zwischen römischen Legionären und keltischen Stammeskriegern folgte. Den Kaledoniern gelang es nicht, mit ihren ungestümen Angriffen die Römer und ihre Verbündeten zu verwirren und in die Flucht zu schlagen. Sie erlitten eine bittere Niederlage, nach der sie sich zurückzogen. Tacitus schildert die Szenerie des folgenden Tages: Ödes Schweigen herrschte überall, die Hügel waren verlassen und in der Ferne erblickte man rauchende Hütten. Die ausgesandten Kundschafter trafen auf keinen Menschen, nur unbestimmte Fluchtspuren waren zu sehen. Daraufhin machte sich Agricola mit den Truppen wieder nach Süden auf. Die Kaledonier aber zogen sich in die unzugänglichen Berge und Sümpfe zurück, um in den nächsten Jahrhunderten ihre angestammte Kultur weiter zu pflegen. Schottland wurde niemals von den Soldaten Roms eingenommen und blieb als barbarisches Britannien sich selbst überlassen.

England und Wales wurden dagegen endgültig römische Provinz. Hier entstanden Städte wie London, Bath, Lincoln und York, wo man Straßen anlegte und steinerne Bauten errichtete. Britannier und Römer ergingen sich auf dem Forum, handelten auf den Märkten und gaben sich in luxuriösen Bädern dem Wohlleben hin. In den zahlreichen Tempeln opferte man seinen Göttern, wozu man immer häufiger die Toga des zivilisierten Römers trug. Die alte Stammesaristokratie erkannte die günstigen Zeichen der neuen Zeit; denn Rom belohnte auch hier Ergebenheit reichlich. Außerdem brachte die fortschreitende Romanisierung ein friedliches Leben in satter Muße. Die Söhne der Oberschicht genossen eine römisch geprägte Bildung und Erziehung. Sichere und komfortable Straßen durchzogen das Land und verbanden die vielen großen und kleinen Städte. Handel und Wandel gediehen. Britannien wurde ein Teil des Imperium Romanum, an dessen Entwicklung und Geschicken es von nun an teilnahm.

Damit dies so blieb, schützten die römischen Kaiser ihre nördlichste Provinz. Seit 122 nach Chr. ließ der Imperator Hadrian einen Verteidigungswall anlegen, von dem aus die angriffslustigen Stämme Schottlands abgewehrt werden sollten. Über 120 Kilometer zog sich der so genannte Hadrianswall vom Norden der Irischen See quer durch Nordengland bis zur Nordseeküste bei Newcastle. Dieses System von Mauern, Wällen, Gräben, Wachttürmen und Kastellen schirmte das romanisierte Britannien fast drei Jahrhunderte ab. Weder konnten die Legionäre im Inneren Schottlands Fuß fassen, noch stellten die Angriffe und Raubzüge von Stämmen wie den Pikten eine grundlegende Gefahr dar.

Die Britannier südlich des Hadrianswalles akzeptierten letztendlich die Herrschaft des römischen Kaisers. Und wie andere Kelten pflegten sie unter der römischen Oberfläche weiterhin Teile ihres kulturellen Erbes, wie die Verehrung alter Gottheiten und die Verwendung traditioneller Schmuckornamente belegen. Sie sahen darin keinen Widerspruch, und die Römer tolerierten Sonderwege innerhalb des Imperiums, solange ihre Herrschaft unangetastet blieb. Als sich Rom später von den Britischen Inseln zurückziehen musste, erlebten die keltischen Traditionen eine zusätzliche Renaissance.

Irland – Die grüne Insel am Rand der Keltenwelt

Als Agricola, der römische Statthalter Britanniens, in der Zeit um 80 nach Chr. Feldzüge nach Wales und Schottland unternahm, sah er am Horizont des westlichen Meeres eine ferne Küste – Irland. Diese Hibernia genannte Insel war für die Römer keine Terra incognita, denn sie hatten im Laufe der Zeit einiges über sie erfahren. Nach dem Bericht des Tacitus erstreckte sie sich zwischen Britannien und Hispanien (Spanien) in einer Ausdehnung, die geringer als die der britischen Hauptinsel war. Allerdings sei sie größer als die Eilande des Mittelmeeres und läge verkehrsgünstig für den Seehandel. Folglich seien auch ihre Häfen und Zufahrten den römischen Kaufleuten gut bekannt. In der Natur des Landes und der Art ihrer Bewohner sei sie Britannien sehr ähnlich. Auch hier herrschten zahlreiche Häuptlinge, die sich gegenseitig bekriegten und um Macht und Einfluss kämpften. Ein von Rivalen vertriebener Stammesfürst suchte sogar den Statthalter Roms auf und versuchte ihn möglicherweise zu einer militärischen Intervention zu überreden. Agricola erhielt auf diesem Weg viele Informationen über Irland, von dem er angeblich glaubte, es mit einer Legion und einigen Hilfstruppen erobern zu können. Doch dazu kam es nicht, weil der Römer aus Britannien abberufen wurde und die Kaiser in Rom genug mit der anderweitigen Sicherung ihres Riesenreiches zu tun hatten.

So blieb Irland sich selbst überlassen und wurde niemals Teil des Imperium Romanum. Völlig isoliert war die Insel am Rande Europas trotzdem nicht. Zwischen Iren, Britanniern und Römern bestanden etliche Kontakte sowohl kriegerischer als auch friedlicher Natur. Vor allem durch den Handel übernahmen die Iren vielerlei Einflüsse; nach dem Vorbild des lateinischen Alphabets entwickelten sie zum Beispiel eine eigene Schrift, das Ogam. Aber im Großen und Ganzen lebte man länger als ein Jahrtausend, ohne sich fremder Invasoren erwehren zu müssen.

Die in der einheimischen Sprache Ériu genannte Insel konnte auf eine lange Geschichte zurückblicken, als sie wahrscheinlich im Laufe des 4. Jahrhunderts vor Chr. keltisiert wurde. Wie in Britannien ist auch hier ungewiss, auf welche Weise die Iren zu Kelten wurden – durch Einwanderung oder durch Übernahme der keltischen Kultur und Sprache. Jedenfalls blieben sie von fremden Eroberern bis ins frühe Mittelalter verschont, als die skandinavischen Wikinger ihre Küsten angriffen.

Dies hatte Konsequenzen, die Irland heute zum keltischen Land schlechthin machen. Denn während die Gallier und die anderen Stämme des Kon-

Mönche, Missionare und heilige Frauen – Das Christentum in Irland

Irland, die abgelegene Insel am Rand Europas, entwickelte sich im frühen Mittelalter zu einem christlichen Land, dessen Missionare in vielen Teilen des Abendlandes tätig wurden. Das Festland ehrte das letzte keltische Refugium mit dem Titel der »Insel der Heiligen und Gelehrten« – was auf den ersten Blick durchaus befremdlich wirkt. Denn die grüne Insel stellte bekanntlich keine »Insel der Seligen« dar, sondern erwies sich als zersplitterte Stammesgesellschaft, in der Krieg an der Tagesordnung war. Trotzdem gelang es den ersten christlichen Sendboten, Fuß zu fassen und ihren Glauben unter den rauen Kelten durchzusetzen.

Der Mann, der damit den entscheidenden Anfang machte, war der heilige Patrick, bis heute hoch verehrter Apostel und Schutzpatron Irlands. Der Sohn einer romanisierten britannischen Familie wurde als 16-Jähriger zu Beginn des 5. Jahrhunderts ein Opfer der politischen Verhältnisse. Nachdem Rom seine Truppen von den Britischen Inseln abgezogen hatte, nutzten irische Seeräuber die Chance, ungestraft auf Beutezug zu gehen. Dabei fiel ihnen der junge Patrick in die Hände: Er wurde nach Irland verschleppt und musste als Sklave Schafe hüten. Nach einigen Jahren gelang ihm die Flucht. Der Legende nach hatte er später die Vision, Irland für das Christentum zu gewinnen. Im Auftrag des Papstes kehrte er als Missionsbischof um 435 auf die Kelteninsel zurück und gründete in deren Norden die Kirche und das Erzbistum von Armagh, das zum kirchlichen Zentrum Irlands werden sollte. Wenn Patrick auch sicherlich nicht der erste Christ auf der Insel war, so verhalf er der neuen Religion doch zum Durchbruch.

Der Erfolg der irischen Geistlichen hing offensichtlich mit ihrer Anpassung an die gegebenen Verhältnisse zusammen. Denn das keltische Heidentum nahm ein

tinents romanisiert wurden und auch die Zahl der freien Kelten in Britannien zusammenschrumpfte, bewahrten sich die Iren ihre Selbstständigkeit. Fernab der welthistorischen Ereignisse wie Caesars Gallienkrieg lebten sie in den Traditionen der La Tène-Zeit, denen sie ein eigenes Gepräge gaben. Seit dem frühen Mittelalter schrieben christliche Mönche und Gelehrte die Überlieferung nieder – Mythen, Sagen, Legenden und Geschichtswerke. Sie sind die einzigen schriftlichen Quellen der frühen irischen Geschichte. Da sie Historisches mit Fantastischem vermischten, entstand jene zauberhafte Darstellung keltischer Geschichten, die heute die irische Mythen- und Sagenwelt so populär macht.

Die geschichtlichen Fakten sind dagegen karg: Die irische Gesellschaft war in bis zu 150 kleine Stammesreiche zersplittert, zu denen selten mehr als 3 000 Menschen zählten. An der Spitze der Zwergstaaten standen Könige, die sich zumeist heftig befehdeten. Trotzdem schloss man sich auch zu lockeren Reichen zusammen, aus denen sich die Provinzen Ulster, Munster, Leinster, Connacht und Meath entwickelten. Deren Oberkönige genossen

schnelles Ende, und an seine Stelle traten die Priester mit ihren Lehren. Aller Wahrscheinlichkeit nach lösten sie die Druiden ab und übernahmen deren Aufgaben in der Stammesgesellschaft. Jedenfalls wurden die christlichen Kleriker von den Clanchefs und Kleinkönigen akzeptiert – keiner von ihnen musste den Märtyrertod erleiden.

Darüber hinaus nahm die irische Kirche ganz eigene Formen an, indem an die Stelle der Bischofssitze Klöster traten, die sich bald über die ganze Insel verteilten. Ihre Äbte, häufig eng mit den Häuptlingen versippt, stellten zunehmend eine gewichtige Macht dar. Weil es keine städtischen Siedlungen gab, nahmen die Klöster die Bedeutung wirtschaftlicher Zentren an, in denen der Handel gedieh. Schließlich wurden sie zu Eigentümern immer größerer Ländereien, die zu ihrem anwachsenden Reichtum beitrugen. Davon legten Klosterschätze wie der von Armagh ein beredtes Zeugnis ab.

Allerdings wirkte sich dieser Reichtum vorerst nicht auf das vorherrschende Mönchsideal aus, das im Gegenteil von einem Zug asketischer Strenge geprägt wurde. Wer gegen deren Gebote verstieß, musste mit strengen Bußen rechnen. Viele Brüder gingen noch weiter und suchten als Eremiten die völlige Weltabgeschiedenheit, die sie oft auf den kleinen felsigen Eilanden vor der Küste fanden und die einige mit ihren Booten bis nach Island trieb. Der berühmteste jener frommen Reisenden wurde der heilige Brendan, der nach der Sage übers Meer ins Land der Verheißung kam – was an die Fahrten in die Anderwelt erinnert.

Seit dem 6. Jahrhundert suchten irische Mönche zuerst die Britischen Inseln und dann das Festland auf, um dort Gottes Wort zu verkünden. Als erster dieser emsigen Missionare gilt Columban, der die schottischen Pikten christianieren wollte und dafür auf der Hebrideninsel Iona ein Kloster gründete. Ihm folgten Gründun-

ein höheres Ansehen, ohne allerdings große militärische Macht zu besitzen. Als Ideal pflegte man die Vorstellung eines irischen Hochkönigs, der über die gesamte Insel herrschte. Aber erst um das Jahr 1000 nach Chr. gelang es, dieses höchste Amt in die Tat umzusetzen – wenn ihm auch auf Dauer weder Erfolg noch Beständigkeit beschieden waren.

Die Iren siedelten als Bauern in einem Land, das weder Städte noch Dörfer und feste Straßen kannte. Die einzelnen Gehöfte umgab man mit einem runden Erdwall, der den Großfamilien, ihrem Gesinde und dem Vieh Platz und notfalls auch Schutz bot. Der Reichtum zeigte sich vor allem in der Größe der Rinderherden, deren Tiere als wichtigstes Tauschmittel dienten. Man verwendete kein Geld und brachte deshalb auch keine Münzen in Umlauf. Als Wertmaßstab wurden Rinder und Sklavinnen verwendet. Wie andere Kelten kannten die Iren nämlich Sklaven als unterste Bevölkerungsschicht, über die sich die Masse der freien Bauern erhob.

Über allen herrschte der Adel mit einem König an der Spitze. In seinen Kreisen pflegte man noch lange die keltische Kriegerherrlichkeit, für die

gen in Schottland und England, die den wachsenden klerikalen Einfluss der Iren verdeutlichten. Schließlich entstanden auch auf dem Festland immer mehr der so genannten Schottenklöster – nach der damals üblichen Bezeichnung für die Iren. Zu den bedeutendsten gehörten Luxeuil in Burgund und Bobbio in der Lombardei, deren Gründer ein jüngerer Columban war. Aus der Vielzahl irischer Missionare seien zudem der im Schweizer St. Gallen wirkende Gallus und der in Würzburg verehrte Kilian genannt. Sie verdeutlichen heutzutage die fortbestehende Erinnerung des irisch-christlichen Erbes in Europa. Dass die Mönche von der grünen Insel zu den gebildetsten Europäern ihrer Zeit gehörten, belegt außerdem die Tatsache ihrer Beliebtheit am Hofe Karls des Großen. So mancher Lehrer der berühmten Aachener Hofschule stammte aus Irland.

Asketische Frömmigkeit und Gelehrsamkeit sind zwei Aspekte des Christentums irischer Art; ein anderer ist die Umdeutung heidnisch-keltischer Motive, die unter der Bevölkerung beliebt waren. Ihr herausragendstes Beispiel bietet die Verehrung Brigits, der berühmtesten Heiligen Irlands. Ihr wurde die Gründung des südostirischen Klosters Kildare nachgesagt und der damit verbundene Kult verbreitete sich später auch auf dem Festland. Hier wie dort rief man sie bevorzugt als Schutzheilige des Ackerbaus und des Viehs an, was sich an ihrem Festtag zeigte – dem 1. Februar. An diesem Tag feierte man nach dem alten irischen Kalender Imbolc, den Frühlingsanfang. Der Brigitkult knüpfte dementsprechend an die vorchristlichen Bräuche an. Er nahm zudem Züge einer gleichnamigen heidnischen Göttin auf, die als Tochter des Gottes Dagda galt. Derart verknüpfte sich der christliche Glaube mit zahlreichen Traditionen der alten Religion. Die Iren konnten sie weiter pflegen und trotzdem rechtgläubige Christen sein.

wie früher auf dem Kontinent der stolze Streitwagenkämpfer mit seinen erbeuteten Feindesköpfen bestimmend war. An den Herrschersitzen und unter der Gefolgschaft genoss eine Schicht von Gelehrten und Dichtern Verehrung und Beliebtheit. Zu ihnen gehörten die Druiden, deren Traditionen sich lange hielten, und diejenigen Poeten, die als Lobsänger den König verherrlichten.

Außer den Abertausenden von runden Bauernhöfen, die man archäologisch nachgewiesen hat, und den befestigten Königssitzen kannten die irischen Stämme Orte von besonderer Bedeutung. Dazu zählte Tara nordwestlich des heutigen Dublin, wo der irische Hochkönig seinen Sitz nahm. Inmitten ausgedehnter Wallanlagen auf einer Hügelkuppe wurde der König in sein Amt eingeführt. Diese geheiligte Zeremonie begleitete ein großes Fest, zu dem die Menschen von nah und fern kamen. Noch heute erhebt sich in diesem Areal der so genannte Stein Fál, der nach der Legende aufschrie, wenn ihn der rechtmäßige Herrscher berührte. Ein anderer Platz, der mit zahlreichen Mythen und Sagen verknüpft wurde, ist Navan Fort in der Provinz Ulster, wo angeblich die mächtigen Herrscher des gleichnamigen Königreichs ihren Sitz hatten. Bis heute bestimmen solche Orte das Landschaftsbild der grünen Insel. Sie erinnern die Menschen an ihre keltische Vergangenheit und weit darüber hinaus. Denn häufig legte man religiöse und rituelle Anlagen dorthin, wo schon die Inselbewohner der Jungsteinzeit mächtige Grabbauten und Großsteindenkmäler hinterlassen hatten. Die Historiographen des Mittelalters schrieben diese Bauten geheimnisvollen und dämonischen Wesen der Vorzeit zu.

Über viele Jahrhunderte stand die Welt der Stämme mit ihren Fehden und Kriegen, aber auch mit ihren Feiern und Ritualen im Mittelpunkt der irischen Geschichte. Sie wurde allenfalls von den Zügen irischer Seeräuber unterbrochen, die britannische Küstengebiete verunsicherten und in Wales sogar Kolonien gründeten. Erst die christlichen Missionare sorgten im 5. Jahrhundert für eine deutliche Zäsur. An ihrer Spitze stand der heilige Patrick, der »Apostel Irlands«, der mit anderen frommen Männern den kriegerischen Stämmen den christlichen Glauben brachte. Und, seltsam genug, es gelang dies, ohne dass nur ein einziger Missionar den Märtyrertod erlitt. In der Nachfolge Patricks entstand eine Vielzahl von Klöstern, die sich zu neuen Mittelpunkten Irlands entwickelten. In ihrem Umfeld traf man auf Märkten zusammen, während die asketischen Brüder in ihren Mönchszellen prächtige Bücher schrieben und zum Lobe des Herrn mit wunderbaren Illustrationen schmückten. In Irland rotteten die Mönche das keltische Heidentum nicht mit Stumpf und Stiel aus, sondern sie übernahmen wichtige traditionelle Vorstellungen in die neue Religion. Damit bewahrte man bei allen zeitbedingten Veränderungen eine Vielzahl keltischer Relikte, für die die irische Kultur berühmt ist.

Das dunkle Zeitalter

Britannien war wie viele römische Provinzen im 4. Jahrhundert zunehmend Überfällen und Raubzügen fremder Völker und Kriegerscharen ausgesetzt – die Iren landeten an der Westküste, die schottischen Pikten fielen im Norden ein und schließlich die germanischen Sachsen im Südosten Englands. Die Herrschaft Roms geriet überall ins Wanken, weil Wirtschaftskrisen und Kämpfe zwischen kaiserlichen Thronanwärtern das Reich von Innen schwächten, während das Reitervolk der Hunnen und unzählige germanische Stämme gegen seine Grenzen anrannten. Die Teilung in West- und Ostrom besiegelte das Ende des alten Imperiums, zu dessen eigentlichen Herrschern germanischstämmige Kriegsherren wurden. Kaiser Honorius, der oberste Herr des Westens und damit auch der Provinz Britannien, verließ sogar die Hauptstadt Rom und bezog in Ravenna seine Residenz, wo er sich inmitten der Sümpfe des Po-Deltas sicherer fühlte.

Wie konnte ein derart geschwächter Imperator den Menschen jenseits des Ärmelkanals Hilfe gewähren, als sie ihn verzweifelt darum baten? Denn die Überfälle der Iren und Pikten hatten immer bedrohlicher zugenommen, je mehr römische Truppen von der Insel abgezogen wurden. Der britannische Geschichtsschreiber Gildas schildert die Not seiner Vorfahren folgendermaßen: »Aufgrund der Angriffe und der schrecklichen Verwüstungen schickte Britannien Gesandte nach Rom, die unter Tränen um die Entsendung einer bewaffneten Schutztruppe baten und dafür eine unverbrüchliche und von ganzem Herzen kommende Unterwerfung unter die römische Herrschaft versprachen, wenn es nur gelänge, die Feinde in größerem Abstand zu halten.« Doch auf Dauer konnte ihnen Rom respektive Ravenna keine Legionäre oder Hilfstruppen mehr schicken. Man sah sich sogar gezwungen, die Provinz Britannien militärisch aufzugeben, und zog um das Jahr 410 die letzten Legionäre ab. Kaiser Honorius schrieb Briefe an die britannischen Städte, in denen er sie aufforderte, für sich und ihre Sicherheit künftig selbst Sorge zu tragen.

Wohl kein anderes römisches Gebiet wurde so abrupt und drastisch jeden Schutzes beraubt. Ein Land, das über Jahrhunderte tief von der römischen Zivilisation geprägt worden war, sah sich vor dem Abgrund des Chaos und der Anarchie. Damit begann auf der britischen Hauptinsel eine Epoche, die man wegen des Fehlens schriftlicher Quellen als *dark age*, das »dunkle Zeitalter«, bezeichnet. In den folgenden 200 Jahren gab es nur wenige Informationen über die Ereignisse in der im Stich gelassenen Provinz. Umso mehr sollten sich die Nachfahren jener Zeit annehmen und in ihr die Quelle für Mythen, Sagen und Legenden sehen.

Die historischen Fakten sind dünn: Anscheinend »rüsteten sich die Männer aus Britannien, setzten ihr eigenes Leben ein und befreiten die

Städte selbst von der Bedrohung durch die Barbaren« – wie es einer der wenigen zeitgenössischen römischen Autoren schildert. Demzufolge nahm die römisch-keltische Provinzbevölkerung ihr Schicksal selbst in die Hand und baute sich eigene Staatswesen auf. In London soll sogar ein König gewählt worden sein, der eine Regierung bildete und die Herrschaft über das Land beanspruchte. Während man in den Städten versuchte, das römische Leben, so gut es ging, zu pflegen, wurden in vielen Gebieten Britanniens wieder einheimische Traditionen aufgegriffen. Entsprechend alter Überlieferungen und des irischen Vorbilds etablierten sich keltische Fürsten, die an ihre ferne Vergangenheit anknüpften. Sie zogen zu den Überresten der seit langen Zeiten ungenutzten britannischen Hügelbefestigungen, bauten sie wieder auf und nutzten sie als Herrschaftssitze. Ebenso griff man auf vorrömische Wirtschaftsformen zurück; man gab die Geldwirtschaft wieder auf und betrieb stattdessen den traditionellen Tauschhandel. Wie in Irland zählten von nun an Rinder und Sklavinnen als Werteinheit.

Britannien teilte sich in eine Vielzahl von Herrschaften auf, von denen manche eher römisch, andere traditionell keltisch und noch andere als Mischung beider Kulturen existierten. Sie richteten sich in den neuen Verhältnissen ein, und nicht alles in dieser Zeit erschien den Menschen als finster. Doch da gab es weiterhin die Bedrohung durch die Pikten und die Skoten, wie die Iren damals genannt wurden (erst später bezeichnete der Name die heutigen Schotten). Um sich ihrer zu erwehren, kam – nach späteren Quellen – ein britannischer Fürst Vortigern auf die Idee, germanische Krieger zu Hilfe zu rufen. Er bot den jenseits der Nordsee in Jütland siedelnden Angeln und Sachsen Land an, wenn sie die barbarischen Stämme zurückschlugen. Damit beging er in den Augen späterer keltischer Geschichtsschreiber einen verhängnisvollen Fehler: Die angesprochenen Stämme ließen sich nicht zweimal bitten. Sie wanderten in den Jahrzehnten um 450 massenweise in Britannien ein und eigneten sich willkürlich das Land der Britannier an.

Diese wurden in ihrer eigenen Heimat zu Vertriebenen, die letztlich dem Ansturm nicht widerstehen konnten. Die so genannten Angelsachsen bestimmten seither die Geschicke der meisten britischen Gebiete. Sie gaben nicht nur England seinen Namen (»Land der Angeln«), sondern lieferten mit ihren germanischen Dialekten auch die Grundlage des Englischen. Die Sachsen hinterließen ihre Spuren in den Namen von Sussex, Wessex und Essex, wo sie später einige ihrer Reiche gründeten. Die keltischen Britannier wurden dagegen zu Fremden im eigenen Land, was die ursprüngliche Bedeutung von Wales ausdrückt (»Land der Fremden«). Sie zogen sich in die westlichen Randgebiete zurück, nach Wales und Cornwall, wo die keltische Sprache und Kultur erhalten blieben. Einige Gruppen entschlossen sich, ihrer Insel völlig den Rücken zu kehren. Sie wanderten auf die

Halbinsel im nordwestlichen Gallien aus, die von den Römern Aremorica genannt wurde und später Bretagne (»kleines Britannien«) hieß. In dem – erst in der Neuzeit so genannten – Großbritannien sollten in Zukunft die Angelsachsen die Macht behalten.

Doch bevor dies geschah, leuchtete im »dunklen Zeitalter« noch einmal ein heller Hoffnungsstrahl für die Kelten auf. Denn sie gaben sich noch nicht geschlagen und leisteten den Angelsachsen erbitterten Widerstand. Unter ihren Häuptlingen ragte einer hervor, der später als König Arthur grenzenlosen Ruhm genießen sollte. Er brachte den germanischen Kriegern mehrere schwere Niederlagen bei und konnte damit ihren Vormarsch für einige Jahrzehnte aufhalten. Die Geschichte von Arthur und seinen Kämpfern ist so stark von Legenden und Sagen umrankt, dass ihr an anderer Stelle mehr Aufmerksamkeit gebührt (siehe Kapitel 6); denn sie ist vor allem Ausdruck keltischer Dichtung und Fantasie.

Kelten, Angelsachsen, Wikinger

Im frühen Mittelalter konnten sich also außer den Bretonen der Bretagne nur noch die Kelten auf den Britischen Inseln ihre Selbstständigkeit bewahren – in Cornwall, Wales, Schottland, auf der Insel Man und in Irland. Deren keltischsprachige Bevölkerung nahm das Christentum an und war teilweise vorzüglich mit der spätantiken Bildung vertraut – exemplarisch hierfür stehen vor allem die irischen Mönche. Besonders in den Künsten, der Dichtung, der Buchmalerei und dem Kunsthandwerk schöpfte man zudem aus den keltischen Traditionen, die ihren Ursprung in der La Tène-Zeit hatten.

Die Jahrhunderte nach 800 wurden von Zügen der skandinavischen Wikinger bestimmt, von denen überwiegend Dänen und Norweger die angelsächsischen Königreiche Englands und die keltischen Stämme angriffen. Um 835 fassten norwegische Krieger an der irischen Küste Fuß, von wo aus sie Raubzüge zu den reichen Klöstern im Landesinnern unternahmen. Gleichzeitig gründeten sie mehrere Handelsplätze, aus denen die ersten irischen Städte hervorgingen: Dublin, Cork, Waterford und Wexford. Überall entstanden Wikingerreiche, die aber zumeist ein buntes Durcheinander von Dänen, Norwegern, Angelsachsen und Kelten bildeten. Koalitionen während der häufigen Fehden waren nicht an ethnische Zugehörigkeiten gebunden, sondern richteten sich nach den Machtinteressen der einzelnen Gruppen, Stämme und ihrer Anführer. So kam es auch zu fruchtbaren Verbindungen der Kulturen, etwa zwischen Irisch-Keltischem und nordgermanischen Einflüssen der Skandinavier.

Nach dem Ende der unruhigen Wikingerzeit entstanden in den keltischen Gebieten Königreiche, die zunehmend Anschluss an den Kontinent fanden. Sie alle wurden von der wachsenden Macht Englands bedroht und fielen ihr schließlich zum Opfer. Damit endete die Unabhängigkeit der letzten Keltenreiche. Das Keltische fand sich seitdem mit seinen Besonderheiten in vielen Elementen der Kultur und Kunst wieder. Ein ausgeprägtes keltisches Selbstbewusstsein sollte jedoch erst viele Jahrhunderte später neu entstehen.

6. König Arthur – Die berühmteste keltische Sage und ihre Geheimnisse

Sir Thomas Malory und Arthurs Tod

Gegen Ende des 15. Jahrhunderts lag das dunkle Zeitalter der englischen Geschichte fast ein Jahrtausend zurück, und die frühgeschichtliche Kultur der Kelten war längst vergessen. Das Königreich England hatte in seiner jüngsten Vergangenheit eine schattenreiche Historie blutiger Bürgerkriege und eines mehr als 100 Jahre währenden Krieges mit Frankreich hinter sich gebracht. Die Menschen waren froh über jedes Jahr im Frieden, in dem sie ungestört das Land bebauen, ihrem Handwerk nachgehen und Handel treiben konnten. Die Zeit vertrieb man sich an den adligen Höfen, in reichen Bürgerhäusern und auf den armseligen Bauernkaten gern mit dem Erzählen von Geschichten. Da die wenigsten lesen konnten, ließ sich, wer Geld hatte, etwas vorlesen oder kunstvoll vortragen. Arm und Reich schätzten gleichermaßen Abenteuerhistorien von edlen Rittern, sittsamen Jungfrauen und blutgierigen Riesen und Drachen. Am liebsten hörten sie von jenem König Arthur (oder Artus, wie ihn die Franzosen nannten), der einstmals der mächtigste und ruhmvollste Herrscher Englands gewesen sein sollte – in Wahrheit jedoch ein keltischer Sagenheld war.

In dieser Zeit kam William Caxton aus Westminster die Idee, mit dem alten Sagenkönig Arthur etwas völlig Neues zu wagen: Die Geschichten um ihn und seine Ritter sollten als Buch herauskommen – nicht etwa von einem teuren Schreiber Seite für Seite zu Papier gebracht, sondern nach der modernsten Technik seiner Zeit gedruckt. Caxton war der Erste in seinem Land, der die schwarze Kunst des Buchdrucks beherrschte und mit ihr Bücher produzierte. Und mit König Arthur stieß er sowohl beim Adel als auch unter den wohlhabenden Bürgern auf eine große Nachfrage. Um diese noch zu steigern, sollte sein Buch nicht nur von Arthur allein oder von einem seiner Ritter erzählen – es musste möglichst viele Geschichten von den Helden der sagenhaften Tafelrunde enthalten. Der umtriebige Buchdrucker stieß auf das richtige Werk im literarischen Nachlass von Sir Thomas Malory, einem 1471 gestorbenen englischen Adligen. Caxton arbeitete dessen zahlreiche beschriebene Blätter durch, teilte das Werk übersichtlich in 21 Bücher mit Kapiteln ein und gab es 1485 unter dem Titel

Le Morte Darthur (*Der Tod Arthurs*) heraus. Damit erhielt er der Nachwelt ein Werk, das am Ende des Mittelalters fast den gesamten Stoff der Dichtungen um König Arthur sammelte und zusammenfasste. Wer immer sich im 20. Jahrhundert in Buch, Film oder Musical mit jener Sagenwelt beschäftigte, der griff auf *Le Morte Darthur* zurück.

Die höfisch-tragische Welt von Camelot

Das dickleibige Werk erzählt von erheblich mehr als dem Tod des Königs. Sein Verfasser entwirft ein prächtiges Bild der Helden an Arthurs Hof Camelot, die eine Vielzahl von Abenteuern erleben. Darunter finden sich der herrliche Ritter Lanzelot, der sich unsterblich in Königin Ginevra verliebt, der mannhafte Gawein, der nach dem Gral irrende Parzival, der dieses Heiligtum findende Galahad, Lanzelots Sohn und derjenige, welcher den gefährlichen Sitz an der Tafelrunde einnimmt, die feenhafte Morgana, Arthurs Halbschwester, und neben vielen weiteren Gestalten schließlich auch Merlin, der geheimnisumwitterte Zauberer und Ratgeber des Königs und seines Vaters. Sie alle bestehen gefährliche Abenteuer gegen andere Ritter und übernatürliche Wesen. Schnell greifen die Helden zum Schwert und schlagen ihren Gegnern den Kopf ab – manchmal sogar edlen Damen.

Über allen Helden steht König Arthur, der ritterliche und mächtige Herrscher Britanniens, der gleichwohl vor Verfehlungen nicht gefeit ist. Sein Vater, König Uther Pendragon, begehrte einst so sehr Igraine, die Frau des Herzogs von Cornwall, dass ihn sein Verlangen in den Krieg trieb. Als der Herzog Igraine auf die vom Meer umtobte uneinnehmbare Burg Tintagel brachte, half Merlin dem König, indem er ihm mittels eines Zaubers die Gestalt des Herzogs gab. So zeugte Uther mit der nichtsahnenden Herzogin Arthur, während ihr Gemahl in der Schlacht fiel. Später heiratete der König die Witwe und verriet ihr sein Geheimnis sowie die Bedingung Merlins, der sich den mit seiner Hilfe gezeugten Knaben ausbedungen hatte. Der Zauberer übergab Arthur einem braven Edelmann, der ihn wie einen Sohn aufzog. Weder er noch sonst jemand in England wusste, dass der Junge der rechtmäßige Thronfolger war.

Inzwischen war es zu Unruhen und Kämpfen um die Krone gekommen, weil Uther angeblich keinen Erben hinterlassen hatte. Schließlich wurden alle Großen und Edlen nach London geladen, um endlich einen neuen Herrscher zu bestimmen. Dort erblickten sie ein seltsames Gebilde, das wie von Zauberhand erschienen war: »Als das Morgengebet und die erste Messe vorüber waren, gewahrte man auf dem Platz vor der Kirche, dem Hochaltar gegenüber, einen großen viereckigen Stein, wie ein Marmor-

Der englische Zeichner Aubrey Beardsley (1872–1898) illustrierte eine Ausgabe von Sir Thomas Malorys *Morte Darthur*. Seine Darstellungen trugen zur Popularität des Arthurstoffes bei.

block, und mitten darauf etwas, ungefähr einen Fuß hoch, das wie ein stählerner Amboss aussah, darin stak, tief hineingestoßen, ein blankes Schwert, um das in goldenen Buchstaben geschrieben stand: Wer dieses Schwert aus diesem Stein und Amboss herauszieht, der ist der rechtmäßige König von ganz England.« Die besten Ritter des Landes mühten sich, die vermeintlich leichte Aufgabe zu bewältigen – doch keinem gelang es, das Schwert herauszuziehen. Als jedoch der junge Arthur für seinen Stiefbruder ein Turnierschwert suchte, zog er die Wunderwaffe mühelos aus Amboss und Stein. Dieser Bursche, der überhaupt kein Ritter war, sollte demnach der rechtmäßige König Englands sein? Tatsächlich. Entgegen allen Zweifeln und Widerständen erwies sich Arthur als der Einzige, der das Schwert in die Hand bekam.

Darum bestieg er den Thron und herrschte von seinem viel gerühmten Hof Camelot über England und zahlreiche eroberte Reiche. Dort versammelte er die Ritter der Tafelrunde um sich, deren hehrstes Ziel es war, den heiligen Gral zu finden. Viele mussten die Suche nach dem Gral mit dem Tod bezahlen. Arthurs Leben verlief trotz allen Glanzes und Ruhms tragisch, denn er zeugte ahnungslos mit seiner Halbschwester oder Schwester Morgana einen Sohn: Mordred, der ihn mit Hass verfolgte und sein ärgster Feind wurde. Als der König auf einem Feldzug außer Landes weilte, übernahm Mordred die Regentschaft und verriet ihn. Schließlich trafen sie in einer erbitterten Schlacht aufeinander, die fast allen Rittern den Tod brachte: »Als aber die beiden Heere das gezückte Schwert gewahrten, bliesen sie die Trompeten, Posaunen und Hörner und brüllten grimmig. Daraufhin stürmten die beiden Heere gegeneinander. König Arthur bestieg sein Pferd und rief: Wehe, was für ein unseliger Tag! Er ritt zu seiner Partei, und Sir Mordred tat desgleichen. Niemals hat es je in einem christlichen Land eine so blutige Schlacht gegeben. Alles fiel wütend übereinander her und focht und hieb, und gar mancher tödliche Streich fiel, und zornige Worte flogen hinüber und herüber ... So kämpften sie den ganzen Tag und hielten nicht inne, bis die meisten edlen Ritter auf der kalten Erde lagen. Noch weiter ging die Schlacht, bis die Nacht hereinbrach und hunderttausend Tote den Hügel bedeckten. König Arthur geriet außer sich vor Zorn, dass seine Leute so hingemetzelt wurden und blickte um sich. Da merkte er, dass von seinem ganzen Heer und allen seinen wackeren Rittern nur noch zwei am Leben waren ... Da gewahrte König Arthur, wie Sir Mordred inmitten eines Haufens toter Männer auf seinem Schwert lehnte ... Dann packte der König seine Lanze mit beiden Händen, sprengte auf Sir Mordred los und rief: Verräter, jetzt hat deine Todesstunde geschlagen! Als Sir Mordred König Arthur hörte, rannte er ihm mit dem gezückten Schwert entgegen. Mit der Lanze stieß König Arthur Sir Mordred unter dem Schild in den Leib, dass die Lanze über einen Klafter tief durch ihn hindurchfuhr. Als Sir Mordred spürte, dass er eine tödliche Wunde empfangen hatte, richtete er sich mit seiner ganzen Kraft auf und hieb mit dem Schwert, das er in beiden Händen hielt, seinem Vater einen solchen Streich seitlich gegen den Kopf, dass das Schwert Helm und Hirnschale durchschlug. Danach stürzte Sir Mordred tot zur Erde, und der edle Arthur sank bewusstlos zu Boden.«

Sir Bedivere, sein einziger überlebender Ritter, nahm sich des tödlich verwundeten Königs an und erhielt den Auftrag, dessen Schwert Excalibur ins Meer zu werfen und ihm zu berichten, was er gesehen habe. Doch mehrmals dauerte es ihn um die kostbare Waffe und er versteckte sie. Aber Arthur durchschaute ihn und wiederholte seinen Auftrag: »Da ging Sir Bedivere, nahm das Schwert rasch aus dem Versteck und trat ans Wasser. Dort band er den Gurt um den Griff und warf das Schwert, so weit er nur konnte ins Meer. Sogleich reckte sich eine Hand aus dem Wasser, griff danach und schüttelte und schwang es dreimal. Dann verschwand die Hand mit dem Schwert im Wasser.«

Jetzt erst glaubte Arthur seinem Ritter und ließ sich an den Strand tragen. Dort erwartete ihn eine kleine Barke mit »vielen schönen Frauen«, unter denen drei Königinnen waren. Sie trugen schwarze Kapuzen und klagten um den König. Sir Bedivere legte Arthur auf die Barke, wo eine Königin seinen Kopf in ihren Schoß nahm. Dem trauernden Ritter sagte Arthur: »Ich will in das Tal von Avalon gehen, um dort meine schwere Wunde heilen zu lassen. Wenn du nichts mehr von mir hörst, bete für meine Seele.« Dann entschwand das Schiff in jenes rätselhafte Avalon, und mit ihm der große König in eine unbekannte Welt jenseits des Horizonts. Aber Sir Thomas Malory erzählte, dass viele Menschen in England glaubten, Arthur sei nicht tot, sondern lebe an einem anderen Ort, bis er wiederkomme.

In der Literatur des Mittelalters war die Gestalt des sagenhaften Königs seit mehr als 300 Jahren stets wiedergekommen. Da sein Hof als ritterliches Vorbild galt und die Ritter der Tafelrunde Verhaltensmuster boten, denen man nacheifern oder die man vermeiden sollte, erfreute sich die Arthur- oder Artusdichtung großer Beliebtheit. Zwischen Sizilien und Island schrieb man unzählige Romane, Versepen, Chroniken und Balladen über den König und seine Helden, die nicht nur der moralischen Belehrung, sondern auch der spannenden Unterhaltung dienten. Dabei schätzten vor allem die Dichter in England, Frankreich und Deutschland den Stoff und machten aus dem englischen einen internationalen Heldenkönig. Für sie stehen stellvertretend die französischen Werke des Chrétien de Troyes sowie die mittelhochdeutschen Versromane *Parzival* Wolframs von Eschenbach und *Tristan und Isolde* Gottfrieds von Straßburg.

Geoffrey von Monmouth und die britischen Könige

Der Begründer der überaus erfolgreichen Artusdichtung hieß Geoffrey und wurde nach seinem Geburtsort im südlichen Wales Geoffrey von Monmouth genannt. Wenig weiß man von seinem Leben: Geboren um 1100, stammte er aus einer walisischen oder aus einer eingewanderten bretonischen Familie. Drei Jahrzehnte später tauchte sein Name in Oxford auf, wo er als Geistlicher und Lehrer wirkte. Schließlich übernahm er einen Bischofssitz in Nordwales. Dort starb er nach wenigen Jahren um 1154.

Der Nachwelt hinterließ er mehrere Werke, die alle auf Lateinisch verfasst worden waren. Als beliebtestes Buch entpuppte sich schon bald die *Historia Regum Britanniae, Die Geschichte der Könige Britanniens,* die fleißige Schreiber immer wieder kopierten. Geoffrey erzählt darin die fast zwei Jahrtausende währende Geschichte der Herrscher Britanniens bis zum endgültigen Sieg der aus Germanien eindringenden Angelsachsen: Zuvor jedoch leistete der alles überragende König Arthur erfolgreich Widerstand; er besiegte die Angelsachsen in vielen Schlachten und vertrieb sie sogar während seiner Herrschaftszeit aus Britannien. Als heldenhafte Lichtgestalt zog er gemäß Geoffreys Ausführungen in die Schlacht: mit einem prächtigen Panzer, auf dem Kopf einen goldenen Helm tragend, den eine Drachenfigur zierte, bewaffnet mit Schwert, Lanze und Schild, auf den ein Bild der Gottesmutter Maria gemalt war. Denn Arthurs Kampf gegen die Invasoren wurde nicht nur als Landesverteidigung gesehen, sondern auch als Auseinandersetzung der christlichen Britannier mit den heidnischen Sachsen.

Nachdem diese von der Insel vertrieben worden waren, unternahm der König viele Feldzüge, auf denen er Irland, Norwegen und Gallien eroberte.

Schließlich übertraf Britannien alle übrigen Reiche und galt als Vorbild an Reichtum, ritterlicher Tapferkeit, Mode und höfischen Sitten. Seine Macht war so groß, dass Arthur sich den Ansprüchen des Römischen Reiches verweigerte und mit seinem Heer gegen Rom marschierte. Von dessen Einnahme hielt ihn der Verrat Mordreds ab, von dem auch Sir Thomas Malory erzählt. Bereits Geoffrey schildert die Schlacht und den Tod des Verräters sowie die Entrückung Arthurs auf die Insel Avalon.

Obwohl er für dieses Ereignis die Jahreszahl 542 nach Chr. nennt, ist seine *Geschichte der Könige Britanniens* keine wissenschaftlich korrekte Darstellung. Wie andere mittelalterliche Geschichtsschreiber vermischte der gelehrte Waliser fabelhafte Erzählungen wie die von der trojanischen Abstammung der Britannier mit Legenden und volkstümlichen Überlieferungen. Außerdem kannte er keine Skrupel, die Geschichten mit Figuren und Motiven zu verbinden, die letztlich seiner eigenen Fantasie entsprangen. Geoffrey wollte mit seiner *Historia* die normannischen Herrscher verherrlichen, die auf Englands Thron saßen, seitdem ihn ihr Ahn Wilhelm der Eroberer 1066 von den angelsächsischen Königen erobert hatte. Deshalb hegten viele der keltischstämmigen Waliser und Bretonen Sympathien für die Normannen. Zu ihnen zählte Geoffrey von Monmouth, der ein Werk für sie schrieb, das schließlich selbst Geschichte machte.

Die geheimnisvollen Bücher der Kelten

Bei aller fantasievollen Ausschmückung gehörte es sich für einen Gelehrten jedoch auch, dass er auf seine Vorlagen verwies und damit an ältere Werke anknüpfte. Geoffrey griff nach eigenem Bekunden auf britische Geschichtsschreiber zurück, deren lateinische Werke einige wenige Angaben zu König Arthur machten. Insbesondere wollte er jedoch seine Quellen aus einem sehr alten Buch bezogen haben, das in britischer Sprache geschrieben worden war. Obwohl dieses geheimnisvolle Werk niemals gefunden wurde, besteht kein Grund, an Geoffreys Worten zu zweifeln. Denn noch zu seinen Lebzeiten bestanden in Wales von England unabhängige Herrschaften, in denen wie in anderen Landesteilen »Britisch« gesprochen und geschrieben wurde – worunter die keltische Landessprache Kymrisch zu verstehen war.

In den schwer zugänglichen Gebirgen und Wäldern von Wales hatten die romanisierten und christianisierten Kelten vor den seit dem 6. Jahrhundert vordringenden Angelsachsen eine Zuflucht gefunden – eine Heimat, die sie erfolgreich verteidigten. Dort schufen ihre Dichter, die Barden, keltische Poesie, und dort erzählte sich das Volk alte Geschichten und Legenden. Auch wenn sie gläubige Christen geworden waren, pflegten sie nach wie vor ihre Traditionen, die oft Märchenhaftes und Reste heidnischer Mythen bewahrten. In der fantastischen Welt walisischer Dichtungen und Sagen taucht auch König Arthur auf, doch hat er mit Geoffreys britischem König oder dem höfisch-ritterlichen Herrscher Sir Thomas Malorys wenig gemeinsam. Nach der kymrischen Überlieferung zog er mit seinen Kriegern durch eine märchenhaft-mythische Welt, in der er gegen Riesen, Hexen und Werwölfe kämpfte und über das Meer zu einer Burg segelte, die offensichtlich in der berühmten Anderen Welt lag. Deren übernatürliche Bewohner konnten den keltischen Sagen-Arthur nicht davon abhalten, ihnen einen Zauberkessel und andere Schätze zu rauben. Derartige Geschichten schrieb man während des Mittelalters in Handschriften nieder, die solch poetische Bezeichnungen wie *Das Rote Buch des Hergest* (*Llyfr Coch Hergest*) und *Das Weiße Buch des Rhydderch* (*Llyfr Gwyn Rhydderch*) trugen.

Darin findet sich unter anderem die Erzählung *Culhwch und Olwen*, die wahrscheinlich die altertümlichste Dichtung ist, in der Arthur eine Rolle spielt: Sein Vetter Culhwch kommt an seinen Hof und bittet ihn um Hilfe. Denn dessen Stiefmutter hat ihm in einem Schwur auferlegt, als erste Frau die Riesentochter Olwen zu gewinnen. Erst Arthurs besten Kriegern ge-

Die Handschriften der irischen Mönche

Die auffallenden Eigenarten der La Tène-Kunst fanden auch auf den Britischen Inseln Verwendung und überdauerten die Jahrhunderte, während derer die keltische Kultur auf dem Festland unterging. In Irland fühlte man sich so stark den alten Traditionen verpflichtet, dass sie sogar nach der Christianisierung der Insel weiter gepflegt wurden. Zwischen dem 7. und 9. Jahrhundert erlebten sie insbesondere als Buchmalereien eine späte Blütezeit, der erst die Überfälle und Plünderungen der skandinavischen Wikinger ein Ende setzten.

Bis dahin hatten die frommen irischen Mönche eine Vielzahl Gott gefälliger Handschriften geschrieben, deren Inhalt hauptsächlich in der Wiedergabe der lateinischen Evangelientexte bestand. Die Art und Weise, diese heiligen Schriften zu schmücken, schöpfte aus verschiedenen Quellen: Angelsächsisch-germanische Einflüsse mischten sich mit christlich-mediterranen Motiven und dem Erbe der altkeltischen Kunst zu Meisterwerken der Kalligraphie und Buchmalerei. Darin herrschen Spiral- und Flechtmuster vor, in denen sich Pflanzen und sich gegenseitig beißende Tierfiguren ineinander verschlingen und ganz offenkundig an die La Tène-Kunst anknüpfen. Die Initialen der Textanfänge, die Darstellungen der Evangelisten mit ihren Symbolen, die Muttergottes und Christus werden in diesem Rahmen gemalt. Darüber hinaus verweisen Buchseiten, die nur prächtigen Ornamenten dienen, auf die mönchische Vorliebe für diese ausgeprägte Art der Darstellung.

lingt es, den Vater der Riesin aufzuspüren und – unter Lebensgefahr – seine Bedingungen zu vernehmen. Als Brautpreis fordert er von Culhwch, ihm den Bart zu scheren. Dazu benötigt dieser allerdings so viele wundersame Gegenstände, dass er an die 40 Aufgaben erfüllen muss, von denen jede einzelne kaum lösbar scheint. Im Mittelpunkt der Riesenwünsche steht der gigantische Eber Twrch, ein verzauberter König, der als besondere Kleinodien Kamm, Rasiermesser und Schere mit sich führt.

Im Folgenden bricht Arthur mit seinen Gefährten auf, um die geforderten Wunderdinge zu finden und zu erbeuten. Am schlimmsten wird der Kampf mit dem riesigen Eber, der mit seinen sieben Jungen schon große Teile Irlands verwüstet hat. Der König setzt mit den Kriegern samt Pferden und Jagdhunden zur grünen Insel über und beginnt die Jagd. Doch selbst tagelange blutige Kämpfe, denen viele Streiter zum Opfer fallen, schaden dem Wildschwein nicht. Schließlich nimmt einer von Arthurs Männern die Gestalt eines Vogels an, um mit dem Gegner gefahrlos verhandeln zu können. Aber auch das ist nutzlos: Twrch will nicht mit sich sprechen lassen. Stattdessen schwimmt er mit seinen Jungen durch die Irische See nach Wales und Cornwall, wo er ebenfalls alles zu verwüsten beginnt. Arthur setzt ihm nach und verliert in heftigen Kämpfen fast sämtliche Gefolgsleute, ohne dass der Eber größeren Schaden nimmt. Aber letztendlich

Letztendlich haben nur wenige kostbare Handschriften die unruhigen Zeiten des frühen Mittelalters überstanden. Zu ihren größten Schätzen gehören die Bücher von Durrow und Armagh und vor allem das um 800 entstandene *Book of Kells*, das mit dem prächtigsten Ornamentschmuck verziert wurde. Dieser erregte die Aufmerksamkeit und Bewunderung des gelehrten Klerikers Giraldus aus Wales, der um 1185 Irland bereiste und dabei auf eine herrliche Handschrift stieß. Sie war womöglich das *Book of Kells* oder doch zumindest ein ähnlich beeindruckendes Werk, das den Betrachter in Erstaunen versetzte:

»Dieses Buch enthält die Harmonie der vier Evangelisten nach der Fassung des heiligen Hieronymus, und fast jede Seite zeigt verschiedene Verzierungen, die sich durch verschiedene Farben unterscheiden. Hier kann man das göttlich gemalte Porträt des Himmelsherrn, dort die mystischen Symbole der Evangelisten, alle mit Flügeln, bald sechs, bald vier, bald zwei, bewundern; hier ist der Adler, der Stier, der Mensch und dort der Löwe neben anderen, beinahe überwältigenden Formen. Wenn man es oberflächlich betrachtet mit einem gleichgültigen Blick, würde man es als eine Nichtigkeit und nicht als einen Schatz betrachten. Höchste Perfektion zeigt sich überall, aber man muss es nicht erkennen. Erst wenn man genauer hinsieht, wird man das Geheimnis dieses wahren Heiligtums der Kunst lüften. Man wird dann Feinheiten erkennen, so zierlich und ausgeklügelt, so genau und kompakt, so voller Knoten und Windungen, mit Farben, so frisch und lebensnah, dass man glauben könnte, es sei nicht die Arbeit eines Menschen, sondern eines Engels

gelingt es doch, ihm die kostbaren Rasierutensilien zu entreißen. Daraufhin schwimmt Twrch aufs offene Meer hinaus und wird nie mehr gesehen.

Zu guter Letzt muss noch das Blut der Schwarzen Hexe gewonnen werden, die in einer Höhle im Norden haust. Auch sie erweist sich als ungewöhnlich stark und schlägt Arthurs Männer fast tot. Als Letzter stürmt der König selbst in die Höhle und sticht mit seinem Dolch so lange auf die Hexe ein, bis ihr Körper in zwei Teile zerfetzt ist.

Endlich kann sich Culhwch der abschließenden Aufgabe stellen: Mit den Wunderdingen des Ebers und dem Hexenblut wird der Bart des Riesen geschert, »Haut und Fleisch bis auf die Knochen, und beide Ohren schnitt er gleich mit ab«. Danach gibt dieser seine Tochter dem Culhwch zur Frau und verliert damit sein Leben. Man zerrt ihn an seinen Haaren auf einen Misthaufen und schlägt ihm den Kopf ab, der zur Abschreckung auf die Burgzinnen gesteckt wird. Dann eignet sich Culhwch das Land des Riesen an und heiratet Olwen. Anschließend kehrt Arthur mit den Kriegern an seinen Hof zurück.

Solcher Art waren die Geschichten, die sich die frühmittelalterlichen Kelten in Wales erzählten und später niederschrieben. Hinter vielen Figuren glaubt man alte Göttergestalten zu erkennen und so manches Requisit erinnert ganz offensichtlich an sehr alte keltische Traditionen – in der Er-

gewesen. Je öfter ich das Buch sehe, je genauer ich es studiere, umso mehr verliere ich mich in immer neuem Staunen, und ich erkenne mehr und mehr Wunder in diesem Buch.«

Die Laien nahmen noch weit andere Wunder an diesen Handschriften wahr. Denn sie hielten sie für wundertätige Gegenstände, die man zu magischen Zwecken benutzen konnte – was nicht im strengen christlichen Sinne war. Trotzdem erzählte man sich Geschichten der Art, ein solch heiliges Buch bleibe auch im Wasser trocken und Stückchen davon seien ein Heilmittel gegen Schlangenbisse. Letzteres wurde nur außerhalb Irlands wiedergegeben, weil auf der Insel selbst in der Tat keine Schlangen lebten. Manches pergamentene Wunderwerk trug man zudem den Kriegern in der Schlacht voraus, weil man sich davon Schutz und Sieg versprach.

Neben den Illuminatoren christlicher Handschriften schufen im frühmittelalterlichen Irland auch andere Kunsthandwerker Arbeiten, die den alten Traditionen folgten und damit unter anderem Motive der La Tène-Kunst verwendeten. Dazu zählten liturgische Geräte wie Bischofsstäbe und Kelche, Ringbroschen wie die prächtige Tarafibel und die monumentalen Hochkreuze, die bis heute als typisch für Irland gelten.

zählung von *Culhwch und Olwen* etwa der dämonische Rieseneber und der wunderkräftige Kessel. Die Geschichten der Waliser schreckten selbst vor drastischen Zügen nicht zurück. Manche der Motive finden sich noch in den französischen Dichtungen um König Artus, die man so gern an den kultivierten Höfen hörte; sogar in Sir Thomas Malorys Buch vom *Tod Arthurs* erscheinen sie Jahrhunderte später. Zu diesen ursprünglichen keltischen Elementen zählt man nicht nur Eigennamen, sondern auch Motive wie die Hirschjagd, den Zug in eine Andere Welt – wie bei der Gralssuche – und die Vorstellung eines wüsten Landes.

Außer den Walisern überlieferten vor allem ihre keltischen Verwandten vom Festland, die Bretonen, die vielfältigen Geschichten um König Arthur, denn die Beziehungen zwischen der Bretagne und Wales sowie Cornwall blieben immer recht eng. Über das Meer hinweg herrschte ein reger Verkehr und Austausch, durch den die Bretonen die Erzählungen von den Britischen Inseln kennen lernten und den Damen und Herren normannischer und anderer französischer Höfe weiter vermittelten.

Hat Arthur gelebt? – Auf den Spuren einer keltischen Sagengestalt

Seit dem Jahrhundert Geoffreys von Monmouth fragt man sich, ob König Arthur gelebt hat und wo er seine letzte Ruhestätte fand – denn fromme Christen konnten sich nicht mit seiner Entrückung nach Avalon zufrieden geben. Ausgerechnet Benediktinermönche stießen auf seine vermeintlichen sterblichen Überreste: Sie entdeckten 1191 in ihrem Kloster Glastonbury ein Grab, dessen Steinplatte verkündete, hier liege der berühmte König Artus begraben. Leider ging sein angebliches Skelett später verloren. Außerdem erweckte der Fund den Eindruck gezielter politischer Propaganda; denn der englische König Richard Löwenherz sah sich als Nachfolger des ruhmreichen Herrschers. Deshalb war Arthurs Grab höchstwahrscheinlich nicht mehr als eine der zahlreichen historischen Fälschungen des hohen Mittelalters.

Dagegen nennen einige Chroniken und Annalen des frühen Mittelalters, die zum Teil auch Geoffrey kannte, tatsächlich einen Heerführer dieses Namens. Dieser Arthur habe mit seinen britannischen Reiterkriegern sage und schreibe zwölf Schlachten gegen die heidnischen Sachsen geschlagen und sie alle siegreich beendet. Seinen größten Triumph erkämpfte er gemäß dieser Quellen um das Jahr 518 an einem Berg namens Badon, dessen Lage nicht sicher bestimmt werden kann. Danach zogen sich die Angelsachsen vorübergehend zurück. Doch zwanzig Jahre später ereilte

Arthur das Schicksal der Niederlage in der Schlacht von Camlan, deren Schauplatz unter anderem in Cornwall lokalisiert wird. Dort begleitete ihn sein tapferer Krieger Medrawd in den Tod, aus dem bei Geoffrey Arthurs verräterischer Sohn Mordred wurde.

So selten und dürftig diese Angaben sind, verweisen sie doch auf das oben erwähnte »dunkle Zeitalter« der britischen Geschichte, als die römischen Legionen die Insel verlassen hatten und sie schutzlos den Überfällen der Pikten, Skoten sowie der germanischen Angeln und Sachsen überließen. Hinter dem sagenhaften König Arthur verbirgt sich demnach ein britannischer Anführer, dem es im 6. oder bereits im 5. Jahrhundert gelang, die zahlreichen Scharen der Feinde abzuwehren und der keltischen Bevölkerung eine vorübergehende Zeit des Friedens zu verschaffen. Sein Name verweist auf römische Herkunft, weil man ihn auf einen lateinischen Familiennamen Artorius zurückführt. Folglich stammte Arthur entweder aus einer römischen Familie oder er gehörte zu den romanisierten Britanniern, die Eigennamen aus Rom annahmen und ihre Kinder auf sie tauften.

Außer den schriftlichen Quellen bezeugt bis heute eine Fülle von Ortsnamen die Popularität König Arthurs auf der britischen Hauptinsel. Zwischen dem schottischen Hochland im Norden und dem äußersten Ende Cornwalls im Südwesten findet sich in den ehemals beziehungsweise immer noch keltisch geprägten Landesteilen so mancher *Arthur's Seat* (Stuhl), *Stone* (Stein) oder *Bed* (Bett). Allerdings sprechen derartige Bezeichnungen eher für die Beliebtheit der sagenhaften und literarischen Figur, als dass sie Relikte des mutmaßlichen historischen Arthur darstellen.

Darüber hinaus gibt es in Britannien Plätze, die den Nimbus des Faszinierenden und Rätselhaften haben und sogar Spuren aus Arthurs wahrscheinlicher Lebenszeit aufweisen. Dazu gehört Arthurs vermeintlicher Geburtsort Tintagel an der Nordküste Cornwalls, dessen markanter Granitfels als Vorgebirge ins Meer hinausragt. Der Anblick der pittoresken Burgruine täuscht jedoch insofern, als sie erheblich jüngeren Datums ist. Lediglich archäologische Funde belegen, dass auf diesem Fels um 500 ein befestigter Mittelpunkt bestand, in dem Handel getrieben wurde und wo ein keltischer Häuptling residiert haben mochte. Ähnliches gilt für Cadbury Castle im südwestenglischen Somerset. Dort erhob sich schon in vorrömischer Zeit eine keltische Hügelfestung, die vielleicht während des Aufstands der Königin Boudicca umkämpft wurde. Unter der römischen Herrschaft blieb der Ort unbewohnt, bis er zur Zeit Arthurs eine späte Blüte erlebte. Cadbury Castle wurde damals vermutlich als eine Art fürstlicher Residenz genutzt. Deshalb sieht man darin das historische Vorbild für Arthurs Camelot.

Schließlich stellt das unweit gelegene Glastonbury mit seinen Abteiruinen den Ort dar, an dem vorgeblich Arthurs Gebeine gefunden wurden.

Mit dem benachbarten Hügel gilt er vielen nicht nur als uralte magische Stätte, sondern auch als erste christliche Gemeinde Britanniens. Hierher wurde der Legende nach der Gral aus dem Heiligen Land gebracht. Außerdem setzt man Glastonbury seit alters her mit jener Insula Avalonis gleich, wohin Arthur nach der Schlacht mit Mordred kam. Darum will mancher mit dem Ort in Somerset alte keltische Vorstellungen der Anderwelt verbinden. All die reichen Legenden um Arthur und den Gral bewirken, dass Glastonbury bis heute eine der populärsten Stätten der Keltenwelt geblieben ist.

Doch wem an wissenschaftlichen Fakten gelegen ist, dem kann mit Gewissheit nichts geboten werden. Der Name Arthurs und seiner Welt ist vielerorts auf den Britischen Inseln greifbar, aber genauerem Nachfragen entzieht sich der Held gleich einem Phantom. Einig ist man sich zumindest in der erwähnten Feststellung, hinter der Figur des Königs eine historische Person des so genannten dunklen Zeitalters zu sehen. Für manche verbirgt sich dahinter ein römisch-britannischer Reitergeneral, der mit seiner Kavallerie die zu Fuß kämpfenden Sachsen davonjagte. Für andere war Arthur ein Stammesfürst des Grenzgebiets zwischen England und Schottland, der 542 am Hadrianswall seine letzte Schlacht schlug und sich auf die Insel Man zurückzog. Wieder andere sehen in ihm einen durchaus mächtigen britannischen Herrscher, der unter der Bezeichnung Riothamus (»höchster König«) sogar von Geschichtsschreibern des Festlands erwähnt wird. Nach ihnen unternahm er um 470 einen Feldzug nach Gallien, wo sich seine Spuren kurz vor der burgundischen Stadt Avalon verlieren – woraus in der sagenhaften Überlieferung die geheimnisvolle Insel Avalon geworden sein soll.

Letztendlich bleibt die Suche nach dem historischen König Arthur Glaubenssache. Wer auch immer er gewesen ist, den bedrängten Kelten in ihren Randgebieten blieb die Erinnerung an eine dunkle Zeit, in der ihnen gleichsam eine rettende Lichtgestalt erschienen war. In den Erzählungen des Volkes und in den kunstvollen Dichtungen der Barden entwickelte sich daraus eine Sagengestalt, die mit alten und jungen Motiven der keltischen Vorstellungswelt verknüpft wurde.

Merlin – Prophet und Zauberer

Die faszinierendste und rätselhafteste Gestalt der Dichtungen um König Arthur ist dessen weiser Ratgeber Merlin, der heute oftmals als bekannteste Personifikation eines keltischen Druiden gilt. Mehr noch als Arthur selbst umgibt ein wahrer Zaubernebel seine Figur und ihre Ursprünge, deren geheimnisumwitterte Konturen auch unter modernen Autoren ein beliebtes Thema sind.

Wiederum entwirft Sir Thomas Malorys *Le Morte Darthur* ein bezeichnendes Bild des Magiers: Nie ist er zu fassen, stets taucht er unvermittelt auf und verschwindet auf eben solche Weise. Hinter jeder Person kann er sich verbergen; einmal tritt er als Bettler auf, dann wieder als Jäger, der ganz in schwarze Schafspelze eingemummt ist, große Stiefel und einen rotbraunen Umhang trägt, einen Bogen und Pfeile mit sich führt und Wildgänse in der Hand hält. Die Gestalt eines 14-jährigen Knaben tauscht er mit der eines 80-jährigen Greises und sorgt damit bei vielen für Verwirrung und Misstrauen. Sie nennen ihn einen »Hexenmeister«, vor dem man sich hüten müsse, denn er – der Teufelssohn – wisse alle Dinge durch vom Teufel verliehene Künste. Die verrufene Magie setzt Merlin bereits ein, als er Uther Pendragon eine andere Gestalt gibt und damit die Zeugung Arthurs ermöglicht. Diesem wird er schließlich ein wichtiger Ratgeber und Helfer in mancher Not.

Doch Malorys Merlin hat auch menschliche Schwächen, die ihm zum Verhängnis werden. Er entbrennt in heißer Liebe zur Dame vom See, die als geheimnisvolle Feengestalt unter Namen wie Nimue oder Viviane in vielen Dichtungen auftritt. Sie umgarnt und betört ihn, um seine Zaubermacht zu brechen. Und so geschieht es einmal, dass Merlin ihr einen Felsen zeigt, der ein großes Wunder birgt und einen Zauberbann auf denjenigen legt, der unter einen mächtigen Stein geht. Mit verführerischen Worten erreicht die Dame vom See, dass Merlin unter diesen Stein tritt, um ihr das Wunder vorzuführen. Dann bewirkt sie mit ihrer Magie, dass er trotz aller seiner Künste, die ihm zu Gebote stehen, nicht mehr unter dem großen Stein hervorkommen kann. So lässt sie Merlin eingeschlossen zurück. Der Zauberer bleibt für immer in seinem Steingrab gefangen, und draußen vernimmt man seine Weissagungen, ohne dass ihm Hilfe gebracht werden könnte.

Wegen dieser List der Fee verschwindet Merlin schon bald aus Camelot und dem Umkreis der Tafelrunde. Eine bedeutendere Rolle als bei Malory spielte er bei den französischen Dichtern des Mittelalters, die ihn zu dem machten, als was er berühmt wurde – der weise Zauberer und Berater König Arthurs, der ihn und seine Ritter durch viele Gefahren zu lenken weiß. Dabei gilt Merlin als verrufen, weil er der Sohn einer Königstochter und eines Teufels ist, der sie ohne ihr Wissen schwängerte. Als halber Mensch und halber Dämon verfügt er über die Gaben der Prophetie und der magischen Künste. Die französische Vorliebe für den Zauberer trug dazu bei, seine Figur aufs Engste mit der bretonischen Sagenwelt zu verknüpfen, wonach sein Gefängnisgrab und die Quelle der feenhaften Viviane im Wald von Brocéliande zu suchen sind.

Doch als eigentlicher Schöpfer der Merlinfigur gilt wiederum Geoffrey von Monmouth. In der *Geschichte der Könige Britanniens* führt er den Zauberer in einer seltsamen Episode ein. Darin erzählt er von dem britannischen König Vortigern, der vor den von ihm selbst gerufenen Sachsen nach Wales floh. Dort rieten ihm seine Wahrsager, einen befestigten Turm zu errichten, der ihm als letzte Zuflucht dienen konnte. Aber jedes Bauwerk, das er auf dem dafür vorgesehenen Berg errichtete, versank in der Erde. Daraufhin empfahlen ihm die Ratgeber, er möge einen vaterlosen Jüngling suchen, ihn töten und mit seinem Blut Steine und Mörtel besprengen. Schließlich fand man den jungen Merlin und brachte ihn mit seiner Mutter zu Vortigern. Doch der Junge konnte sein Leben retten, indem er erklärte, warum alle Türme einstürzten. Denn dort gebe es einen Sumpf unter der Erdoberfläche und darunter schliefen zwei Drachen. Als man die Stelle ausgrub, erwachten die Drachen und fielen sofort übereinander her. Der König forderte Merlin auf, ihm dies zu deuten – womit Geoffrey viele Prophezeiungen beginnen lässt. Dazu gehört auch das Sinnbild des Drachenkampfes: Der weiße Drache stehe für die germanischen Sachsen, der rote symbolisiere die keltischen Britannier, die einst den Sieg erringen würden.

Weiterhin weissagte der Jüngling Vortigern, er werde von seinen Feinden im Turm verbrannt werden – was tatsächlich geschah. Der neue Herrscher beauftragte Merlin, eine würdige Gedenkstätte für die Toten zu erbauen. Daraufhin begab sich der Seher mit Arthurs Vater Uther Pendragon und 15 000 Männern nach Irland, um von dort Steine für das Denkmal zu holen. Aus ihnen errichtete er angeblich die monumentale Kultstätte von Stonehenge. Mit diesem fiktiven und historisch unbegründeten Motiv, das sich Geoffrey vermutlich ausdachte, legte der Verfasser den Grund für die vielerorts bis heute herrschende Anschauung, Merlin respektive die Druiden seien die Schöpfer der jungsteinzeitlichen Anlage.

Der Waliser Gelehrte aus Monmouth gewann durch die Gestaltung König Arthurs unsterblichen Ruhm, obwohl er sich mit der Figur Merlins viel intensiver beschäftigte und zwei Bücher über ihn schrieb. In einem verkündet er die angeblichen Prophezeiungen des Weissagers, die allerdings – nach allem, was man weiß – Geoffreys Feder und Fantasie entsprangen. Da sie den englischen Königen eine glückliche Zukunft verhießen, erfreuten sie sich in Britannien großer Beliebtheit. In den folgenden Jahrhunderten wurden sie in vielen europäischen Ländern so populär, dass sie schließlich die Katholische Kirche auf ihren Index verbotener Schriften setzte.

Überdies verfasste Geoffrey eine *Vita Merlini*, eine Lebensbeschreibung Merlins, deren Held sich in vielen Zügen von Arthurs Zauberer unterscheidet. Dies rief schon unter den Zeitgenossen Verwirrung hervor und veranlasste sie zu der Bemerkung, der Waliser habe eigentlich zwei Merlingestalten geschaffen. Der zweite Merlin regierte als britannischer König ein

Reich im Norden Englands, das in heftige Fehden und Kämpfe mit anderen Häuptlingen verstrickt war. Nach einer besonders blutigen Schlacht sah Merlin seine Verwandten und die treuen Gefolgsmänner niedergemetzelt liegen. Dieser Anblick erschütterte ihn so stark, dass er darüber wahnsinnig wurde: »Drei Tage lang hatte er nun schon geweint und alle Speisen verweigert, so groß war der Schmerz, der ihn verzehrte. Immer von Neuem ganz außer sich, füllte er mit lautem Klagegeschrei die Luft, dann entwich er ungesehen in die Wälder. So hielt er seinen Einzug im Hain und war froh unter den Eschen verborgen zu liegen; und er staunte über die wilden Tiere, die in den Lichtungen weideten. Bald lief er ihnen nach, bald eilte er ihnen voraus. Er nährte sich von den wilden Kräutern und ihren Wurzeln, er genoss die Früchte der Bäume und die Beeren des Dickichts; er wurde ein Waldmensch, gleichsam ein den Wäldern Geweihter.«

So durchstreifte Merlin die Wälder Kaledoniens im Süden Schottlands und tauchte manchmal wie ein Herr der Tiere aus ihnen auf – etwa auf einem Hirsch reitend und ein ganzes Rudel der edlen Tiere anführend. Mehrmals wurde er zum Hof seines königlichen Schwagers gebracht, an dem er durch seine Prophezeiungen berühmt wurde. Doch stets packte ihn die Scheu vor den Menschen, worauf er sich in seiner Besessenheit in die wilde Natur zurückzog. Endlich entdeckte er eine wundersame Quelle, deren Wasser ihn von seinem Wahnsinn heilte. Trotzdem blieb er als frommer Mann im Wald und lebte dort als Seher mit einigen Gleichgesinnten.

Heute weiß man, dass Geoffrey von Monmouth im 12. Jahrhundert nicht nur mit König Arthur das Vorbild des idealen Herrschers schuf, sondern dass er auch mit Merlin einen Archetyp des Zauberers und weisen Mannes kreierte. Dessen Name ist seit Jahrhunderten in aller Munde und gilt bekanntlich als Sinnbild des keltischen Druiden. Dabei entlehnte der gelehrte Geistliche für Merlins vermeintliche Prophezeiungen viele Motive und Symbole aus mittelalterlichen Enzyklopädien und Chroniken. Sie sind letztendlich eine »moderne« Erfindung Geoffreys. Die Figur des Magiers enthält dagegen so manches, das – ähnlich der Arthur-Gestalt – aus keltischen Überlieferungen der Britischen Inseln stammt.

Dort erzählten walisische Annalen von einem Barden namens Myrddin, der um 575 an einer Schlacht zwischen keltischen Häuptlingen im nordwestenglischen Cumbria teilnahm. Als er den Tod seines Fürsten mit ansehen musste, verlor der treue Dichter den Verstand und streifte vom Wahnsinn umfangen im Land umher. Unter den schottischen Kelten kursierte schon bald die Sage von Lailoken, dem »Wilden Mann«, wie sie ihn nannten. Die Waliser übernahmen diese Geschichte und gaben dem traurigen Wanderer den Namen Myrddin. Jahrhunderte später hörte Geoffrey davon und passte ihn seinen lateinischen Texten an, indem er daraus Merlinus machte. Inzwischen war die Gestalt des Barden und Sehers Myrddin in

Wales heimisch geworden und wurde mit vielen Orten und Ereignissen verbunden. Aus dem wahnsinnigen Waldmenschen und Seher entwickelte sich immer mehr die Gestalt des Weisen und Zauberers, der schließlich Geoffrey zum Durchbruch verhalf.

Historisches ist bei Myrrdin/Merlin kaum greifbar. Es mag sein, dass sich um ein tatsächliches Ereignis des 6. Jahrhunderts die Erzählungen und Dichtungen des Volkes und seiner Barden rankten. In ihnen vermischten sich alte Relikte mit der faszinierenden Gestalt des Naturmenschen und späteren Magiers. Darum war die Kunstfigur Merlin kein Druide – obwohl sie uralte Motive aufgenommen haben kann: Das Außer-sich-sein des Wahnsinns, das Wissen um die Natur mit ihren Pflanzen und Tieren, die Fähigkeit des Gestaltwandels, das zweite Gesicht des Sehers verweisen bei beiden Merlin-Gestalten auf ferne keltische Quellen.

Der Gral und andere Zauberdinge

Die Welt Arthurs und seiner Tafelrunde bevölkern nicht nur rätselhafte Zauberer und Feen; sie ist auch geprägt von mysteriösen Gegenständen wie dem Schwert Excalibur. Aber zum unübertroffenen Symbol des Geheimnisvollen und Mystischen wurde der Gral, den man sich meistens als Schale, Kelch oder Edelstein vorstellte. Dabei ist das Wort wahrscheinlich lateinischer Herkunft und bezeichnete ursprünglich nicht mehr als ein schlichtes Gefäß. Als heiliger Gral wurde daraus der Abendmahlskelch Christi und damit ein christliches Symbol. Darüber hinaus gilt der von Geheimnissen umhüllte Gegenstand bis heute als Sinnbild des Heils, der Erlösung und des dies- wie jenseitigen Glücks. Seit 800 Jahren bewegt die Suche nach dem Gral die Gemüter – in der Literatur wie in der Realität. Denn nie wollte man sich damit abfinden, in ihm lediglich ein literarisches Motiv zu sehen. Deshalb vermutete man ihn in verborgenen Gewölben, verwitterten Burgruinen oder einsamen Kapellen. Die Zahl der Gegenstände, in denen der Gral gesehen wurde, ist Legion: unter anderem ein Kelch im spanischen Valencia, ein Holzgefäß in Nordwales und eine Bronzeschale in Glastonbury, wohin der Gral nach der literarischen Überlieferung aus dem Heiligen Land gebracht wurde.

Die Gralssuche begann mit einem französischen Buch des Chrétien de Troyes, das den bezeichnenden Titel *Die Geschichte des Gral* trug und um 1190 geschrieben wurde. Dessen Held ist der junge Perceval, Parzival, den seine Mutter fern der höfischen Etikette und des ritterlichen Lebens aufzieht, um ihn vor dem Tod im Kampf zu bewahren. Denn nicht nur ihr Mann, sondern auch ihre Brüder verloren als Ritter ihr Leben. Als dem

Jüngling jedoch eines Tages Ritter begegnen, bricht er trotz aller Klagen der Mutter zu König Arthurs Hof auf. Dort wird der bäuerlich aufgewachsene und höfisch ungebildete Perceval zum Inbegriff des tumben Tors, der Ritter werden will. Mit seiner Beherztheit erwirkt er dennoch den Ritterschlag und begibt sich auf die Suche nach seiner Mutter. Dabei besteht er viele Abenteuer und begegnet zum ersten Mal dem Gral.

Auf dem Ritt durch einen Wald gelangt er an einen reißenden Fluss, den er mit der Hilfe eines Fischers überquert. Dieser Mann setzt ihn nicht nur über, sondern lädt ihn auch in eine benachbarte Burg ein. Inmitten der Wildnis macht sich der Ritter dorthin erfreut auf den Weg und gelangt schließlich zu einer prächtigen Feste. Perceval wird in eine Halle geführt, wo ihn der hilfsbereite Fischer begrüßt – er ist der Herr und König der Burg. Der offensichtlich kranke und leidende Mann schenkt seinem Gast ein Schwert, das von außergewöhnlicher Stärke und Schärfe ist. Anschließend beobachtet Perceval eine seltsame Prozession: Ein Knappe zieht durch den Saal mit einer Lanze, von deren Spitze Blut tropft. Auf zwei weitere Knappen, die Leuchter tragen, folgt ein Edelfräulein. Sie trägt einen so genannten Gral in Händen, eine goldene, mit Edelsteinen verzierte Schale. Ein zweites Fräulein bringt eine silberne Platte. Dieser mysteriöse Zug verlässt die Halle, nimmt aber während des Mahls bei jedem neuen Gang seine Prozession wieder auf. Perceval glaubt sich höflich zu verhalten, indem er dem König zu dem rätselvollen Geschehen keine Fragen stellt. Als er am nächsten Morgen erwacht, scheint die Burg menschenleer zu sein. Nachdem er sie über die Zugbrücke verlassen hat, wird diese wie von Geisterhand hinter ihm hoch gezogen.

Später erfährt der junge Ritter, welche Fehler er begangen hat: Er hätte den so genannten Fischerkönig nach seinem Leiden fragen und ihm sein Mitleid zeigen müssen; außerdem hätte er den Sinn des Grals erfragen müssen. Dadurch wäre der kranke Herrscher geheilt und gerettet worden, doch nun käme sogar Schaden über das Land. Trotz dieser Erklärungen bleibt die letztendliche Bedeutung des Grals im Dunklen. Gewiss ist nur, dass er mit bestimmten Fragen und Ritualen verbunden wird. Als Perceval davon erfährt, macht er sich auf die Suche nach dem Zauberding und viele Ritter der Tafelrunde folgen ihm.

Ebenso folgten Chrétien die mittelalterlichen Dichter, die das Gralsmotiv immer wieder aufnahmen und ausschmückten. Seine reiche Symbolik und Bildersprache konnte nie vollständig entschlüsselt werden. Zweifelsohne wird sie von christlichen Vorstellungen bestimmt, wonach der leidende König Christus ist, während die Lanze an jene Waffe erinnert, mit der er am Kreuz verwundet wurde. Aber andererseits zeigt das Geschehen um die geheimnisumwitterte Gralsburg große Ähnlichkeit mit keltischen Erzählungen und Vorstellungen. Dementsprechend wirkt Percevals Ritt zur Burg wie eine Reise in die Anderwelt, jenes mystische Land, das neben der Menschenwelt existiert.

In Irland erzählte man sich lange vor Chrétien eine Geschichte von der *Weissagung des Phantoms*. Darin tritt der König Conn Cétchathach in seiner Residenz Tara auf den magischen Stein Fál, der daraufhin laut aufschreit. Die Berater des Herrschers deuten die Schreie als Prophezeiung der Nachfolger Conns. Dann tut sich plötzlich ein Zaubernebel auf, und die Männer finden sich in einer Ebene mit einem goldenen Baum. Ein geheimnisvoller Reiter führt sie in sein Haus, wo auf einem Kristallthron eine junge Frau sitzt, die die Herrschaft über Irland personifiziert. Der Gastgeber entpuppt sich als Angehöriger eines alten Göttergeschlechts und spricht Weissagungen über die zukünftigen Könige Irlands. Nachdem die Frau Conn in einem goldenen Kelch Bier ausgeschenkt hat, ist plötzlich alles verschwunden und der König findet sich mit seinem Gefolge wieder in seinem Hof in Tara.

Diese Geschichte entrückt den Herrscher in eine Anderwelt, wo ihm und seiner Familie nach einem bestimmten Ritual die rechtmäßige Herrschaft zugesichert wird. Viele alte Mythen dieser Art blieben in irischen und walisischen Erzählungen erhalten. In ihnen ging es nicht um christliche Erlösung, sondern um den Aspekt der Macht. Ihre Vorstellungswelt breitete sich mit der Gestalt König Arthurs aus. Dazu gehörten Motive und sehr alte Mythen, die wahrscheinlich bis in die Zeit des Fürsten von Hochdorf zurückreichten. Ihm und anderen wohlhabenden und mächtigen Kelten gab man große und prächtige Kessel mit ins Grab, die mit Met gefüllt waren. Kessel galten seit damals auch als Opfergefäße, in die sogar Menschblut geflossen sein soll. Das berühmteste Exemplar ist der so genannte Kessel von Gundestrup, dessen Silberplatten neben Gottheiten auch religiöse Rituale zeigen.

Gemäß archäologischer Funde und literarischer Überlieferungen aus Irland und Wales genossen solche Kessel unter den Kelten eine große Bedeutung und Verehrung. Denn sie galten als Spender von Nahrungsfülle und Reichtum sowie von Weisheit und poetischer Inspiration. Außerdem verband man mit ihnen mutmaßlich den Glauben an eine Wiedergeburt. Darum schrieb man ihre Herkunft der Anderen Welt zu, was den keltischen Arthur dazu veranlasste, dorthin einen Kriegszug zu unternehmen und einen derartigen Zauberkessel zu rauben.

Mythen, Geschichten und religiöse Vorstellungen der Kelten scheinen in das mittelalterliche Gralsmotiv eingeflossen zu sein. Sie erklären in der Verbindung mit christlichen Inhalten die alles umfassende rätselhafte Macht dieses Gefäßes, das zugleich grundlegende menschliche Sehnsüchte anspricht. Auf alte keltische Traditionen und Bräuche verweist eine Änderung, die die Geschichte von Parzival in einer walisischen Erzählung erfuhr. Auch in ihr beobachtet der Held eine Prozession; doch statt des Grals bringen zwei Mädchen eine Schüssel, in der ein Kopf in seinem Blut schwimmt.

Der ewige Arthur – Der keltische Beitrag zur Weltliteratur

Die mittelalterlichen Geschichten von König Arthur und den Rittern seiner Tafelrunde, von Merlin und vom Gral sind der bedeutendste Beitrag der Kelten zur Weltliteratur. Dabei waren es vor allem die Erzählungen der Waliser und Bretonen, in denen die reiche Vielfalt dieses Stoffes gestaltet wurde. Dass man nicht nur Geschichten von Schlachten, mysteriösen Ereignissen und Zauberdingen kannte, belegt eines der berühmtesten Liebespaare – Tristan und Isolde. Sein tragisches Geschick siedelte man in Cornwall an, aber insbesondere hatten die Waliser daran Anteil. Sie fügten Namen und Motive aus Schottland und anderen keltisch geprägten Gebieten zu der traurigen Liebesgeschichte, der dann in Frankreich und Deutschland viel Erfolg beschieden war.

Auf diese Weise fand eine Fülle keltischer Geschichten und Motive den Weg in die Literaturen vieler europäischer Länder. Der tapfere Häuptling Arthur erstritt seinem Volk nach vielen Jahrhunderten doch noch einen glorreichen Sieg – wenn auch nicht auf dem Schlachtfeld, sondern auf Pergament und Papier, auf der Bühne und der Kinoleinwand. Arthur, Merlin, die Ritter der Tafelrunde und all die rätselhaften Feen verkörpern und versinnbildlichen mit den zauberhaften Dingen ihrer Welt einen großen Teil der keltischen Fantasie.

7. Druiden, Kopfjäger und Grauen erregende Opferplätze – Besonderheiten der keltischen Kultur

Die Druiden – Priester, Richter und Universalgelehrte

Seit der Antike galt die Priesterkaste der Druiden als typisches Kennzeichen der keltischen Religion und Kultur. Caesar behauptete sogar, der Unterschied zwischen Kelten und Germanen zeige sich vor allem darin, dass die Ersteren das Druidenamt kannten, während es den Letzteren überhaupt nichts bedeutete. Deshalb sind die Kelten bis heute ohne ihre geheimnisvollen Priester nicht denkbar. Wenn auch – wie erwähnt – der Zauberer Merlin von König Arthurs Hof weit und breit als ihr berühmtester Vertreter angesehen wird, hat er doch außer einigen blassen Spuren wenig mit den historischen Druiden gemein.

Weit mehr als ein Jahrtausend vor den Erzählungen um König Arthur berichtet der sizilianische Gelehrte Diodor, ein Zeitgenosse Caesars, eine Fülle über die keltischen Priester und die Bräuche und Sitten der Barbaren im Norden. Ihmzufolge galten die in der Gesellschaft hoch Geehrten als Philosophen, also Männer der Weisheit, und Theologen, also Gotteskundige. Sie wussten um die Geheimnisse der Gottheiten und verstanden gleichsam deren Sprache. Darum stellten sie die Verbindung her zwischen den Menschen und den jenseitigen Mächten, denen man aus Dank opferte und von denen man sich Wohlergehen erbat. Für das eigentliche Ritual waren allerdings die Wahrsager zuständig, die aus dem Flug der Vögel und der Opferhandlung an den geweihten Tieren die Zukunft voraussehen konnten. Bei besonders wichtigen Fragen, von denen das Schicksal des ganzen Stammes abhing, pflegten sie einen weiteren Brauch, den Diodor »merkwürdig und unglaublich« nennt: »Sie weihen nämlich einen Menschen als Opfer und stoßen ihm ein Messer über dem Zwerchfell in den Körper; wenn das Opfer getroffen niedersinkt, erkennen sie aus der Art des Fallens, den Zuckungen der Glieder sowie dem Ausströmen des Blutes die Zukunft; in diesen Dingen verlassen sie sich fest auf eine alte und langjährige Beobachtungspraxis.« Aber über all dem wachten die Druiden, die entschieden, wie das Opfer von den Göttern aufgenommen worden war.

Laut Caesar, der die umfangreichsten Informationen zu diesem Thema gibt, reichten die druidische Macht und ihre Befugnisse erheblich über das von Diodor Gesagte hinaus. Zwar gehörte es zu ihren Aufgaben, über die religiösen Zeremonien zu wachen, die Opfer des Stammes wie des Einzelnen auszurichten und die entsprechenden Vorschriften richtig zu interpretieren. Aber weiterhin versammelten die Druiden um sich eine große Zahl von jungen Männern zum Unterricht, und standen überhaupt bei den Galliern in großen Ehren. Denn sie entschieden in der Regel in allen staatlichen und privaten Streitfällen. Wenn ein Verbrechen begangen worden oder ein Mord geschehen war, wenn der Streit um Erbschaften oder um den Verlauf einer Grenze ging, fällten sie das Urteil, setzten Belohnungen und Strafen fest. Hielt sich ein Privatmann oder das Volk nicht an ihre Entscheidung, untersagten sie die Teilnahme an den Opfern. Diese Strafe galt als die schwerste, denn die, denen die Teilnahme untersagt war, galten als Frevler und Verbrecher, alle gingen ihnen aus dem Weg und mieden den Umgang und das Gespräch mit ihnen, damit sie nicht durch ihre Berührung Schaden erlitten. Wenn sie etwas beanspruchten, wurde ihnen kein Recht zuteil, und alle Ehrenstellen waren ihnen verschlossen – zumindest gemäß Caesars Schilderung im *Bellum Gallicum*.

Als oberste Priester und Rechtsgelehrte verfügten die Druiden in den keltischen Stämmen über außerordentliche Macht. Zudem erwiesen sie der Bedeutung ihres Namens – »sehr Weiser« oder »Eichenweiser« – alle Ehre. Als Lehrer der jungen Adligen umfasste ihr Wissen wahrscheinlich fast alle Kenntnisse ihrer Welt. So kannten sie nicht nur die vielzähligen Götter und die Bräuche, wie ihnen zu opfern sei und wie man sich ihnen zu nähern habe. Sie lehrten ihre Schüler die Grundlagen des Kosmos, sein Werden und Vergehen, die Bewegungen der Gestirne und die Wirkungen von Pflanzen. Als »Naturwissenschaftler« wussten sie von den Krankheiten der Menschen und deren Heilung. Ebenso führten sie ihre Zöglinge in die Geheimnisse der menschlichen Seele ein, was sie nach dem Tod erwartete und wie man sein Leben moralisch zu führen hatte. Außerdem musste ein führender Mann der Oberschicht die von den Druiden tradierten Heldensagen seines Stammes kennen, dessen Mythen und die Herkunft der Ahnen. Darüber hinaus waren den Druiden die praktischen Hilfsmittel der Magie nicht fremd, sodass sie sich und anderen mit den passenden Zaubersprüchen zu helfen wussten.

Ob alle Keltenstämme derart druidische Universalgelehrte kannten, ist genauso ungewiss wie ihre Herkunft und das erstmalige Auftreten. Seit Caesars Zeit waren sie unter den Galliern und in Britannien bekannt. Über allen gallischen Druiden stand ein Mann, der den höchsten Einfluss unter ihnen genoss. Wenn er starb, folgte ihm entweder derjenige nach, der unter den Übrigen das meiste Ansehen besaß, oder aber sein Nachfolger wurde von den Druiden gewählt, falls mehrere über ein gleich hohes Ansehen verfügten. Nicht selten wurde dann – laut Caesar – auch mit Waffen um die leitende Stelle gekämpft. Außerdem tagten die Druiden zu einer bestimmten Zeit des Jahres an einem geweihten Ort im Gebiet der Karnuten, den man für das Zentrum ganz Galliens hielt. In diesem heiligen Wald mutmaßlich in der Gegend von Orléans kamen von überall her auch alle die zusammen, die einen Streitfall auszutragen hatten, und unterwarfen sich den Urteilen der Druiden.

Obwohl die keltischen Priester demnach großen Einfluss ausübten, hinterließen sie in Gallien nur zweifelhafte Spuren. Immerhin erwähnt Caesar mit dem Haeduerführer Diviciacus den einzigen namentlich verbürgten historischen Druiden. Aber ausgerechnet er entpuppte sich entgegen vieler Klischees als enger Verbündeter der Römer und ihres Statthalters Caesar.

Die Eichen verehrenden Mistelsammler

Das populärste Druidenbild verfasste der 79 nach Chr. ums Leben gekommene römische Gelehrte Plinius der Ältere. Nach seinen Worten halten sie »nichts für heiliger als die Mistel und den Baum, auf dem sie wächst, wenn es eine Steineiche ist. Schon um ihrer selbst willen wählen sie Steineichenhaine und sie verrichten keinen Kult ohne deren Laub und daher scheinen sie auch nach der griechischen Bezeichnung benannt worden zu sein« – also »Eichenwissende«. »Denn alles, was daraus hervorwächst, halten sie für vom Himmel gesandt und für ein Zeichen, dass der Baum vom Gott selbst erwählt sei. Die Mistel ist jedoch ziemlich selten zu finden, und wenn sie gefunden wird, so wird sie mit großer Feierlichkeit geerntet, insbesondere am sechsten Tag des Mondes – womit bei ihnen die Monate und Jahre beginnen – und nach dem dreißigsten Jahr eines Zeitabschnitts, weil sie dann Kräfte im Überfluss hat und nicht nur die Hälfte. Sie nennen sie in ihrer Sprache Allheilmittel. Nach dem Ritus bereiten sie unter dem Baum ein Opfer und Opfermahl vor und führen zwei weiße Stiere herbei, deren Hörner bei dieser Gelegenheit das erste Mal bekränzt werden. In weißem Kultgewand besteigt der Priester den Baum und schneidet die Mistel mit einer goldenen Sichel ab. Man fängt sie in einem weißen Wolltuch auf. Endlich schlachten sie die Opfertiere, wobei sie beten, dass der Gott seine Gabe jenen, denen sie zu Teil wird, zum Glück ausschlagen lasse. Sie glauben, dass durch Mistelabsud jegliches unfruchtbare Tier fruchtbar werde und dass er ein Gegengift gegen alle Gifte sei.«

In der Tat weiß man heutzutage von dieser immergrünen Schmarotzerpflanze, dass sie über heilwirkende Eigenschaften verfügt: Sie kräftigt das Herz, senkt den Blutdruck und soll sogar bei der Tumorbekämpfung von Nutzen sein. Diese Tatsache wirft ein bezeichnendes Licht auf die Kenntnisse der druidischen Mediziner, die als Meister der Naturbeobachtung bekannt waren. Außerdem griffen sie auf alte Überlieferungen zurück, nach denen sich die Mistel seit langem eines besonderen Ansehens erfreute. Immerhin wurden die großen Steinskulpturen wie die des Grabhügels von Glauberg bereits ein halbes Jahrtausend früher mit Blattkronen geschmückt, deren Vorbild wahrscheinlich das Mistelgewächs war. Unbekannt ist, welche Rolle der Pflanze im Weltbild und in der Mythologie der Kelten zukam. Druiden und andere Naturkenner waren sicherlich von deren Eigenart beeindruckt, ihre zähen Lebenskräfte aus einem mächtigen Baum zu gewinnen. Ihr immergrünes Äußeres dürfte zudem als vitales Symbol während der kalten und dunklen Winterzeit gegolten haben.

Solch einer Ehrfurcht gebietenden Pflanze durften sich selbst die Druiden nur unter bestimmten Ritualen nähern. Deren Höhepunkt bildete die Mistelernte, die vermutlich im Oktober und November durchgeführt wurde und wie oben geschildert mit einem Stieropfer verbunden war. Die Szene von den weiß gewandeten Keltenpriestern, die mit goldenen Sicheln die Eichen erklettern, ist das bekannteste Bild, das man sich von den Druiden macht. Darin offenbaren sie sich als anscheinend zutiefst mit der Natur und ihren Kräften verbunden. Doch dieser Eindruck ist nur ein Aspekt ihres vielfach schillernden Wesens.

Die Meister des gesprochenen Wortes und zwanzig Jahre Studium

Wiederum ist es Galliens Eroberer Caesar, der sie auch als Lehrer beschreibt: Die Druiden nähmen in der Regel nicht am Krieg teil und zahlten auch nicht wie die Übrigen Steuern. Sie leisteten keinen Kriegsdienst und seien auf jedem Gebiet von der Abgabepflicht ausgenommen. Diese großen Vergünstigungen veranlassten viele, sich aus freien Stücken in ihre Lehre einweihen zu lassen, oder ihre Eltern und Verwandten schickten sie zu den Druiden, wo sie, wie es hieß, eine große Zahl von Versen auswendig lernten. Daher blieben einige zwanzig Jahre lang im Unterricht. Sie hielten es für Frevel, die Verse aufzuschreiben, während sie in fast allen übrigen Dingen im öffentlichen und privaten Bereich die griechische Schrift benutzten. Das hätten sie aus zwei Gründen so geregelt: Einmal wollten sie nicht, dass ihre Lehre allgemein bekannt werde, zum andern wollten sie verhindern, dass die Lernenden sich auf das Geschriebene verließen und ihr Gedächtnis weniger übten. Denn in der Regel geschehe es, dass die meisten im Vertrauen auf Geschriebenes in der Genauigkeit beim Auswendiglernen und in ihrer Gedächtnisleistung nachließen.

Aus diesen Worten spricht der pragmatische Römer Caesar, der als Hauptgrund für die Druidenlaufbahn die Freistellung von Kriegsdienst und Abgaben sieht. Wer sich jedoch für die Priesterkaste entschied, der wählte den Weg einer langen und mühsamen Lehre, die zu einem Amt voll Macht und Verantwortung führte. Außerdem ist fraglich, ob die Druiden wirklich derart »pazifistisch« auftraten; Caesar selbst berichtet von Streitigkeiten im Karnutenhain, die auch mit Waffen ausgetragen wurden.

Nachvollziehbarer sind seine Vermutungen über die druidische Ablehnung der Schrift. Das nur von Mund zu Mund mitgeteilte Wissen blieb tatsächlich den Eingeweihten vorbehalten – die Weitergabe an andere wurde wahrscheinlich streng bestraft. Dass Wissen Macht ist, wussten ohne Zweifel auch die Druiden, die beides sorgsam hüteten. Darum verließen sie mit ihren Schülern die Stammesgemeinschaft und zogen sich in die Wildnis von Höhlen und entlegenen Wäldern zurück. Für weiter gehende Studien ging mancher sogar nach Britannien, woher nach Caesars Angaben die Druidenlehre angeblich stammte. Dass außerdem die fehlende Möglichkeit schriftlicher Notizen die Leistungsfähigkeit des Gedächtnisses stärkt, ist eine noch heute geltende Weisheit.

Aber die Ursachen für das regelrechte Schriftverbot der Druiden scheinen noch tiefer gelegen zu haben und zu den Quellen keltischer Religion und Kultur zu führen. Caesars Informationen und archäologische Funde machen deutlich, über welche Schriftkenntnisse zumindest die Gallier verfügten. So entdeckte man an der unteren Rhône Fundstücke aus dem 3. Jahrhundert vor Chr., auf die man offensichtlich gallische Wörter mit griechischen Buchstaben geschrieben hatte. Und über 100 Jahre später versahen auch nördlichere Kelten ihre Münzen mit den verschriftlichten Namen von Häuptlingen und Stämmen, die man beispielsweise in Alesia und Bibracte fand. Dort schrieben die Kaufleute und Stammesbeamten Verträge, Rechnungen und Einwohnerlisten in den Schriften der Mittelmeerkulturen nieder, die man teilweise schon seit dem 6. Jahrhundert vor Chr. kannte – etwa aus dem griechischen Massalia. Demnach hatten die Kelten ein halbes Jahrtausend intensive Kontakte mit Schriftkulturen, ohne dass sie deren Alphabete in allen Lebensbereichen übernahmen oder ein eigenes Schriftsystem erfanden. Diese Tatsache verwundert umso mehr, wenn man sich die gleichzeitigen Entwicklungen und Schöpfungen in der Metallverarbeitung, im Kunsthandwerk oder beim Aufkommen der stadtähnlichen Oppida vor Augen führt. Dagegen genügten den weitaus weniger entwickelten Germanen einige Jahrzehnte, um nach dem Vorbild italischer Alphabete die Runenschrift zu erfinden.

Die Kelten verzichteten augenscheinlich von Anfang an auf die Verwendung einer Schrift für religiöse und poetische Bereiche, bis schließlich die Druiden strenge Hüter dieses Verbots wurden. Über dessen Begründung kann nur gemutmaßt werden: Möglicherweise hatte man durchaus ein System von Zeichen in Gebrauch, das seinen bis heute faszinierenden und rätselhaften Ausdruck in der La Tène-Kunst fand. Sie verwendet bevorzugt irreal anmutende Motive von Pflanzen-, Menschen-, Tier- und Dämonendarstellungen, deren Übergänge fließend sind und sich auf die reiche mythische Glaubenswelt beziehen, von der keine schriftlichen Nachrichten überliefert wurden. Nach dem keltischen Glauben mögen sich die göttlichen Wesen und ihre Geschichten von den Ursprüngen der Welt eine feste Fixierung verboten haben. Ihre Niederschrift war tabu, damit das Heilige nicht seine ihm innewohnende Kraft verlor. Darum behielt auch die Sprache ihre magische Kraft und wurde zum alleinigen Medium der Mythen und des Wissens über Kosmos und Welt. Die Druiden sahen sich als die Pfleger und Wächter dieses Wissens, das ihre Macht begründete und sicherte.

»So ist der Tod die Mitte eines langen Lebens« – Druiden und Seelenwanderung

Nach den Berichten antiker Autoren gehörte zum Wissen der Druiden die Lehre von einer Seelenwanderung und Wiedergeburt, für die der Tod nur eine kurze Übergangsstation darstellt. Nach Lucan bleibt der Geist, die

Die Kelten und der Tod

Der Umgang der Kelten mit ihren Toten stellt einen der rätselhaftesten Aspekte ihrer Kultur dar. Die befremdlich wirkenden Opferbräuche, wie sie sich in nordostfranzösischen Funden offenbarten, wurden an anderer Stelle ausführlich geschildert. Sie wurden nur zeitweise betrieben und stellen darum lediglich ein einzelnes Phänomen dar.

Ansonsten zeichnete die keltische Bestattungsweise im Laufe der Jahrhunderte eine Vielfalt aus, die für den modernen Menschen ungewöhnlich ist, für frühgeschichtliche Völker aber durchaus üblich war. Denn sie zeigten sich gegenüber äußeren Einflüssen erstaunlich offen und übernahmen oft deren Totenbräuche. Wenn sie diese auch erst nach Generationen wechselten, ist man doch versucht, von modischen Trends zu sprechen. Dabei neigte man je nach Zeit und Ort einmal mehr zur Bestattung des Körpers, ein anderes Mal mehr zu dessen Verbrennung. Letztere war gegen Ende der Bronzezeit unmittelbar vor der Epoche der Kelten üblich gewesen, weshalb man diese Zeit als Urnenfelderzeit bezeichnet.

Die Fürsten der späten Hallstattzeit und der sich anschließenden Jahrhunderte wurden hingegen unter hoch aufragenden Grabhügeln in holzverkleideten Kammern

Seele, gleich, um in einer neuen Gestalt Platz zu finden. Danach ist der Tod nicht mehr als »die Mitte eines langen Lebens«. Andere Zeugnisse sprechen von dem keltischen Brauch, bei der Verbrennung von Toten Briefe auf den Scheiterhaufen zu werfen, die an verstorbene Verwandte gerichtet seien. Dahinter stehe die Annahme, die Toten könnten in einer anderen Welt und als Wiedergeborene solche Post empfangen. Diese Verwendung der Schrift scheint demnach erlaubt gewesen zu sein. Wieder andere Quellen behaupten, dass man wegen der Unsterblichkeit der Seele die Rückzahlung von Krediten und alle Arten von Geldgeschäften auf das nächste Leben verschieben könne. Dagegen betont Caesar den kriegerischen Aspekt dieses Glaubens: »Der Kernpunkt ihrer Lehre ist, dass die Seele nach dem Tod nicht untergehe, sondern von einem Körper in den anderen wandere. Da so die Angst vor dem Tod bedeutungslos wird, spornt das ihrer Meinung nach die Tapferkeit ganz besonders an.«

Während so mancher Geschichtsschreiber der Mittelmeerwelt verwundert dergleichen Anekdoten erzählte, schwiegen sich die Druiden natürlich darüber aus. Zwar scheinen sie wie alle Kelten an die Unsterblichkeit der Seele geglaubt zu haben, aber die genaueren Vorstellungen dieser Lehre sind unbekannt. Schon die Zeitgenossen des Fürsten von Hochdorf, der um 550 vor Chr. starb, bereiteten ihrem Herrn die oben beschriebene prächtige Grabkammer, die er offensichtlich als neue Wohnstätte nutzen sollte. Kritische Fragen nach dem Nutzen solcher prächtigen Beigaben, wo der Tote doch sowieso in der Welt wiedergeboren würde, dürften zu stark

beigesetzt – wofür das Grab von Hochdorf das beste Beispiel gibt. Allem Anschein nach sollte sich darin der edle Verstorbene so wohl fühlen wie in seiner schönsten irdischen Behausung, was die Fülle wertvoller Grabbeigaben verdeutlicht. Die Belegzahlen derartiger Grabhügel schwankten zwischen Einzel- und Mehrfachbestattungen, wobei sich manchmal ein Paar die Grabkammer teilte. Genauso schuf man in einem bestehenden Grabhügel zusätzlichen Raum für Verstorbene. Anstelle dieser berühmten künstlichen Erdaufschüttungen kamen anschließend in der La Tène-Zeit die unscheinbareren Flachgräber auf.

Auf diese Weise wechselten immer wieder die Bestattungsbräuche, die darüber hinaus je nach der gesellschaftlichen Schicht des Toten unterschiedlich sein konnten. So pflegten die Keltiberer in Spanien die gewöhnlichen Toten zu verbrennen, während man die Überreste der gefallenen Krieger für die Geier liegen ließ. Unter den Galliern war es gegen Ende ihrer Unabhängigkeit wieder üblich geworden, die Toten zu verbrennen. Davon berichtet Caesar auch im *Gallischen Krieg*: »Die Begräbnisse sind im Verhältnis zur sonstigen gallischen Lebensweise sehr prächtig und aufwändig. Alles, was dem Toten vermutlich lieb war, werfen sie auf den Scheiterhaufen, auch Tiere und bis vor kurzem noch Sklaven und Clienten, von denen feststand, dass der Tote sie geliebt hatte. Nach den feierlichen Beerdigungsriten wer-

der modernen Logik verpflichtet sein. Die gläubigen Kelten sahen die Grabkammer möglicherweise als luxuriöse Zwischenstation an. Andere Bestattungsbräuche wie die Totenverbrennung stehen dagegen auch logischen Erklärungen nicht im Weg und könnten sogar von den Druiden gefördert worden sein.

Anschauliche Darstellungen, wie man sich die Wanderung einer Seele und ihre Wiedergeburt vorgestellt haben könnte, bieten erst irische Erzählungen, die mehr als 1 000 Jahre nach der Eroberung Galliens entstanden sind. Sie wortwörtlich mit der Lehre der Druiden gleichzusetzen wäre vermessen, denn das Christentum und viele Märchenmotive haben im frühen Mittelalter auch in irischen Geschichten deutliche Züge hinterlassen. Dennoch vermitteln diese Texte einen fantasiereichen Eindruck ferner Erinnerung, woran die Druiden geglaubt haben könnten.

In der Erzählung von Túan mac Cairill – Túan, dem Sohn Cairills – gibt der Held als »alter ehrwürdiger Gottesmann« seine Lebensgeschichte wieder, die sich über viele Jahrhunderte hinzog. Sie handelt von den zahlreichen Einwanderungen, die Irland im Mittelalter angedichtet wurden. Eine von ihnen überlebte Túan als Einziger seines Geschlechts. Lange irrte er in dem öden und menschenleeren Land umher, von Hügel zu Hügel, von Klippe zu Klippe und stets wachsam vor den Wölfen. Im Lauf der Jahre wurde aus dem Mann ein dürrer Greis, dem die Kraft zum Umherziehen fehlte und der sich in der Wildnis auf Felsen und in Höhlen einen Unterschlupf suchte.

den sie zusammen mit dem Verstorbenen verbrannt.« Schon die antiken Zeitgenossen der Kelten taten sich mit deren Bestattungsbräuchen schwer und unterstellten ihnen teilweise sogar Kannibalismus – was prinzipiell nicht zu verneinen ist, aber archäologisch auch noch nicht mit Sicherheit nachgewiesen werden konnte. Menschenopfer, wie Caesar sie beschreibt, und Formen der Witwentötung hat es wahrscheinlich gegeben – wie in anderen Kulturen auch. Für die meisten Missverständnisse sorgte ein teils sorgloser, teils zuerst unverständiger Umgang mit den Toten, wie er sich auch in den Heiligtümern Nordfrankreichs nachweisen ließ. Denn bis heute weiß man zwar viel über die Beisetzungen der Häuptlingsschicht, während oft noch unklar ist, was mit den Verstorbenen der Masse der Bevölkerung geschah. Jedenfalls fand man menschliche Knochen sogar in Abfallgruben. Ebenso seltsam wirkt die andernorts beschriebene Sitte, Tote gewissermaßen zwischenzulagern und dann ihre Gebeine fein säuberlich nach Arten zu ordnen. Über die dahinter stehenden religiösen Vorstellungen kann wegen des Fehlens sonstiger Quellen nur spekuliert werden. Aber wie sollte der Kommentar eines Griechen oder Römers von Nutzen sein, dem derartige Sitten der Kelten ebenso unverständlich blieben wie den Archäologen der Gegenwart.

Als neue Siedler an der Küste landeten, versteckte er sich aus Furcht vor ihnen. Aber eines Nachts erblickte er im Schlaf sich selbst, wie er die Gestalt eines Hirsches annahm. Wieder jung und fröhlich sprach er die Worte: »Ein stolzes Geweih entwächst meinem Haupt, mit 60 Sprossen zu meiner Verteidigung, zu grauem Hirschfell wird meine Haut, ich werde stark, bin ungeschwächt vom Alter.« Als Hirsch wurde er das Leittier aller Hirschherden Irlands und zog durch das Land. Dann starben die Einwanderer aus, Túan alterte wieder und wurde uralt.

Erneut gingen die Jahre über den Greis hinweg. Da wurde ihm eines Tages am Eingang seiner Höhle bewusst, dass er ein weiteres Mal die Gestalt wechselte und zu einem Eber wurde. Diesmal zog er als junger starker Fürst aller Eberherden herum und durchlebte alternd die Jahre. Nach langer Zeit kehrte er alt und grau zu seiner Höhle heim, um sich wiederum zu verwandeln. Lange vegetierte er in seinem Versteck und erlebte abermals die Ankunft neuer Siedler. Da wurde aus ihm ein riesiger Seeadler, jung und stark. In dieser Gestalt flog er über das Land und erlebte Werden und Vergehen der Geschlechter. Dann verwandelte er sich in einen Lachs, den die Fischer eines Königs fingen. Er wurde geröstet und der Königin als Mahl serviert. Auf diese Weise gelangte er in ihren Bauch, wo er als Kind heranwuchs und geboren wurde.

Damit endet die Geschichte des irischen Helden Túan mac Cairill nach viele Seelenwanderungen durch Tierkörper mit seiner Wiedergeburt in menschlicher Gestalt. Jeden Gestaltwechsel erlebte und überstand er mit wachem Geist, der immer der Gleiche blieb. So oder ähnlich haben sich möglicherweise auch die gallischen Druiden des Festlandes die Ereignisse der menschlichen Seelenwanderung vorgestellt.

Herkunft und Wesen der Druiden

Die Priester der Kelten entpuppen sich als mehrgestaltig und nur schwer greifbar. Denn einerseits gibt es keinen Zweifel an ihrer Existenz und ihrem mächtigen Einfluss – aber andererseits gibt es keine archäologischen Spuren, die mit absoluter Gewissheit auf die Druiden weisen. Am ehesten glaubt man ihnen Diademe und Kopfschmuck aus Bronzeblech sowie Lanzen und Szepter als Symbole ihres Amtes zusprechen zu können. Der Fund einer Opferstätte an einem See auf der Insel Anglesey gilt als Beleg druidischer Opfer, zu denen Schwerter, Speere, Schilde und ganze Streitwagen gehörten. Die Insel war, wie erwähnt, unter dem antiken Namen Mona ein berühmtes Druidenzentrum der Britischen Inseln, dessen Eroberung durch die römischen Truppen Tacitus anschaulich geschildert hat.

Überhaupt sahen die antiken Geschichtsschreiber die keltischen Priester als barbarische Vollstrecker blutiger Rituale an, aber auch als weise Gelehrte, die sie mit den griechischen Philosophen verglichen. In Athen und Alexandria behauptete man sogar, philosophische Studien seien zuerst von den Barbaren betrieben worden. Dazu wurden neben persischen und babylonischen Magiern sowie den weisen Männern Indiens auch die gallischen Druiden gezählt. Diese Auffassung findet eine gewisse Bestätigung bei Marcus Tullius Cicero, der als Zeitgenosse Caesars einer der führenden römischen Politiker und Intellektuellen war. Als sich der schon des Öfteren genannte Haeduerfürst und Druide Diviciacus im Jahr 61 vor Chr. in Rom aufhielt, stattete er auch dem einflussreichen Cicero einen Besuch ab. Dabei ging es anscheinend nicht nur um die gallischen Stammesquerelen, sondern ebenso um philosophische Fragen. Denn der Römer schreibt, Diviciacus habe ihm erklärt, dass ihm die Erforschung der Natur der Dinge, von den Griechen Physiologa genannt, bekannt sei. Auch behauptete er, die Zukunft vorauszusehen, sei es durch Vorzeichen, sei es, dass er sie erahne.

Manchen griechischen und römischen Gelehrten erinnerten die Druiden an die ursprünglich in Süditalien beheimatete Philosophenschule des Pythagoras. Auch deren Angehörige umgaben sich mit dem Schleier des Geheimnisvollen und glaubten an eine Seelenwanderung nach dem Tod. Zudem zogen die so genannten Pythagoräer weit herum und gewannen in Teilen der Mittelmeerwelt viele Anhänger. In der griechischen Kolonie Massalia und in ihrer Nachbarschaft hätte schon um 500 vor Chr. die Möglichkeit bestanden, Vertretern der keltischen Oberschicht die Lehren aus dem Süden zu vermitteln.

Aber in den Druiden nur Ableger einer griechischen Philosophenschule zu sehen, scheint ihnen nicht gerecht zu werden – genauso wenig wie das Klischee der Misteln erntenden Naturpriester. Gleichwohl bildete beides einzelne Facetten des bunten Bildes, das von ihnen überliefert wird. Wie in der gesamten keltischen Kultur traf sich in ihrem Amt Altes mit Neuem und Fremdes mit Eigenem. Die Druiden sahen sich in einer langen Tradition stehend, die in Einzelheiten vielleicht sogar auf fernes vorgeschichtliches Schamanenwissen zurückzuführen war. Sie kannten ohne Zweifel viele Geheimnisse der natürlichen Mächte. Darin mögen sie die Nachfahren der frühkeltischen Herrscher von Hochdorf oder Vix gewesen sein, die nicht nur als Fürsten, sondern auch als Priesterkönige angesehen wurden. Nach der Entmachtung dieser Häuptlingsschicht könnten die Druiden deren Wissen und die religiösen Aufgaben übernommen haben. Auch sie waren weltoffen und nahmen Einflüsse der südlichen und östlichen Kulturen auf, etwa der Griechen und Etrusker oder der Skythen aus den eurasischen Steppen. Doch trotz aller wissenschaftlicher und spekulativer Bemühungen ist es ihnen bis in die Gegenwart gelungen, in einem Nebel voller Geheimnisse verborgen zu bleiben.

Kopfjagd und Schädelkult – Die Passion keltischer Krieger

Wie weit die Druiden am ausgeprägten Schädelkult der Kelten beteiligt waren, ist nicht bekannt. Allerdings wurde er in erster Linie von den Kriegern gepflegt, wie der Historiker Diodor zur Zeit der Eroberung Galliens berichtet. Nach seiner Schilderung war es für einen keltischen Kämpfer eine Ehrensache, einem besiegten Feind den Kopf abzuschlagen. Eine derartige Trophäe genoss umso mehr Wert, je größer Ruhm und Tapferkeit des Gegners gewesen waren. Dessen Kriegsbeute band man sich an den Sattel und kehrte damit voller Stolz auf seinen Hof oder in das Oppidum zurück. Dort nagelte man den Schädel an den Hauseingang, damit er allen von der Ruhmestat des Bewohners kündete. »Gerade so, als ob sie auf der Jagd Wild erlegt hätten«, wie der antike Gewährsmann mit Abscheu feststellt. Die Köpfe der vornehmsten Feinde wurden einbalsamiert und sorgfältig in einer Truhe aufbewahrt. Auf den vielen Gelagen zeigte sie der Gastgeber seinen Gästen und brüstete sich damit, dass für diesen Kopf einem seiner Vorfahren, seinem Vater oder auch ihm selbst viel Geld geboten worden sei, sie es aber nicht genommen hätten. Manche prahlten damit, selbst Gold im gleichen Gewicht hätten sie für einen solchen Kopf nicht angenommen.

Für die Römer war dies ein barbarischer Brauch, den sie nur mit Widerwillen zu schildern vermochten. Von Reisenden ins Keltenland wird berichtet, wie unerträglich und Ekel erregend die Relikte dieses Schädelkultes für sie gewesen seien. Die römische Feindschaft gegenüber den Kelten machte sich neben deren traumatisch empfundener Einnahme Roms 387 vor Chr. besonders an der Kopfjagd fest. Ihr waren während der Kämpfe in Italien auch einige edle Römerköpfe zum Opfer gefallen. So erbeuteten die keltischen Boier im Jahr 216 vor Chr. den Schädel des römischen Feldherrn Lucius Postumius, den sie präparierten, in Gold fassten und anschließend als wertvolles Trinkgefäß verwendeten. Dass Kopfjagd auch noch zu Caesars Zeit üblich war, belegt die keltische Münze, die den Haeduer Dumnorix mit einem erbeuteten Kopf in der Hand zeigt. Caesar verschweigt im *Bellum Gallicum* diese Sitte, die in Rom Zweifel hätte aufkommen lassen an der vermeintlichen Zivilisierbarkeit des Landes. Bezeichnend war, dass das Verbot der Kopfjagd zu den strengsten römischen Einschränkungen unter den eroberten Galliern gehörte. Und sogar dieses Verbot wurde nicht immer befolgt: Anscheinend konnten manche keltischen Hilfstruppen Roms im Kampfrausch nicht von dem alten Brauch ablassen und schnitten ihren Feinden wie gewohnt die Köpfe ab.

Dabei zeugte diese Sitte beileibe nicht von einer Missachtung des Besiegten. Denn der Schädel galt als Sitz seiner besten Tugenden, etwa seines kriegerischen Wagemuts. In ihm wohnte magische Kraft, die ihn zu einem besonders mächtigen Objekt machte. Deshalb durfte er nicht in die Hände der Feinde fallen. Nagelte man ihn über die Haustür oder an einen Pfosten, brüstete man sich nicht nur mit seinem Erfolg als Krieger. Ein solcher Kraftschädel konnte auch Unheil von seinem neuen Besitzer abwehren. Vorstellungen dieser Art pflegten die Kelten in besonders starkem Maße, sodass man sich schon an eine regelrechte Schädelmanie erinnert fühlt. Der Einzelne trug Splitter eines Schädelknochens als Talisman stets bei sich, und im Keltenland musste man immer gewärtig sein, auf menschliche – genauer gesagt männliche – Köpfe zu stoßen: an Hauswänden und Pfählen, in Heiligtümern und an Toren zu den Oppida. So schmückten Schädel etwa das Osttor der großen Keltensiedlung von Manching.

In der Kunst stellten abgschnittene Köpfe eines der Lieblingsmotive dar, das sich in keltischen Ländern sogar noch an christlichen Kirchenfassaden findet. In Irland hatte sich die Kopfjagd selbst nach der Einführung des Christentums noch länger erhalten. Dort kämpften die Krieger bis ins Mittelalter um ihre Köpfe, deren Trophäen man an den Sätteln oder auf Lanzenspitzen mit sich führte. Ihre Heldengeschichten zeugen zudem von der poetischen Vorliebe für die Kopfjagd, die in den Dichtungen der grünen Insel allenthalben auftaucht.

Dementsprechend sitzen auch in den Erzählungen um CúChulainn, Irlands berühmteste Heldenfigur, die Köpfe der Krieger stets locker. Um dies zu veranschaulichen, sei die Episode von Etarcumul wiedergegeben, einem fröhlichen und übermütigen Jüngling: Gemeinsam mit CúChulainns Pflegevater Fergus sucht er dessen kampfstarken Pflegesohn auf, der zwar erst wenige Lebensjahre zählt, den aber seine Wutanfälle zu einem gefürchteten Gegner machen. Darum ist es unvermeidlich, dass sich der junge Held von Etarcumuls herausfordernden Blicken provoziert fühlt. Allein die Begleitung des Fergus gewährleiste ihm Sicherheit. »Sonst, ich schwöre bei meinen Göttern, die ich anbete, wenn es nicht wegen Fergus' Ehre wäre, würden nur deine zerkleinerten Knochen und deine zerstückelten Glieder wieder in das Lager zurückkommen!« Doch Etarcumul will keine Schonung, sondern sucht hitzköpfig den Kampf. Daraufhin verabreden sich die beiden am nächsten Tag zum Zweikampf. Als der Herausforderer seinen – typisch keltischen – Streitwagen besteigt, reizt ihn sein Wagenlenker, den Kampf sofort zu suchen.

Dies lässt sich der jugendliche Krieger nicht zweimal sagen: »Lenk uns den Wagen wieder zurück, Bursche, denn ich schwöre bei den Göttern, die ich anbete, nimmermehr werde ich zurückkehren, bis ich nicht den Kopf jenes jungen Wilden zur Schau stellend mit mir bringe, den Kopf CúChulainns!« An einer Furt kommt es zum Kampf, in dem sich Etarcumul als der bei weitem Schwächere erweist und von seinem Gegner geradezu der Lächerlichkeit preisgegeben wird. Doch CúChulainn schont sein Leben, bis sich Etarcumul weigert, den Kampf aufzugeben: »Ich werde nicht gehen, wir wollen weiter miteinander kämpfen, bis ich deinen Kopf und den Sieg über dich und den Ruhm über dich davontrage, oder bis du meinen Kopf und den Sieg über mich und den Ruhm über mich davonträgst!« Da versetzt ihm CúChulainn einen gewaltigen Hieb quer durch den Kopf bis zum Nabel und durchtrennt seinen Körper mit einem zweiten Querhieb, »sodass auf ein Mal seine drei geteilten Stücke auf die Erde fielen«. Auf diese Weise starb Etarcumul; dass sein Schädel zweigeteilt wurde, muss der dichterischen Ausschmückung zugeschrieben werden.

Eine andere Erzählung bietet ein Beispiel dafür, wie unter den irischen Geschichtenerzählern des Mittelalters sogar das Thema der Konservierung bekannt war. In der Dichtung vom Tod Conchobars, des Königs von Ulster, wird der folgende bizarre Brauch geschildert: »Zu jener Zeit war es bei den Männern von Ulster Sitte, jedem Helden, den sie im Zweikampf getötet hatten, das Gehirn herauszunehmen, es mit Kalk zu mischen und harte Bälle daraus zu formen. Wenn sie dann über ihre Kriegstaten stritten, wurden ihnen die Bälle in die Hand gegeben.« Ein derartiges Heldengehirn stiehlt Cet mac Mágach, der zu den mit Ulster verfeindeten Connachtern zählt. Als es zwischen beiden Reichen zur Schlacht kommt, legt er die steinharte Kugel in seine Schleuder und schießt sie auf Conchobar. Sie dringt in dessen Kopf ein und bleibt darin stecken. Sieben Jahre lebt der König von Ulster mit dem Gehirn eines anderen im Schädel. Schließlich geschieht, was er nach ärztlichem Rat stets vermeiden muss: Er erregt sich und wird derart wütend, dass die fremde Hirnkugel nebst seinem eigenen Gehirn aus dem Kopf springt. Das bringt ihm den Tod.

Die irisch-keltische Literatur überliefert etliche Geschichten und Episoden dieser Art, die auch den Erzählungen der Waliser nicht fremd waren. Über sie fanden sie Eingang in die Sagen um König Arthur und die Ritter der Tafelrunde. Noch in dem oben erwähnten Werk des Sir Thomas Malory bevorzugen es die edlen Kämpfer, ihren Feinden die Köpfe abzuschlagen. Sie stellen eine ferne Erinnerung an keltische Kriegersitten dar. Kopfjagd und Schädelkult gab es in der Geschichte der Menschheit zu allen Zeiten und in vielen Kulturen – die Kelten haben diesen Brauch möglicherweise bei den Skythen der östlichen Steppen kennen gelernt und von ihnen übernommen. Aber nur selten wurde er derart intensiv gepflegt und überliefert wie unter den keltischen Stämmen des europäischen Festlands und der Britischen Inseln.

»Barbarische Riten, grässliche Opfer und Menschenblut«

Caesar hebt hervor, dass die gallischen Stämme ein sehr religiöses Volk seien – eine Aussage, die mit Sicherheit für alle Kelten zutraf. Dafür spricht nicht nur die Bedeutung der Druiden, sondern auch die Vielzahl der Plätze, an denen man Gottheiten verehrte und ihnen Opfer darbrachte. Der römische Dichter Lucan beschreibt ein heiliges Waldstück, das einstmals in der Nähe Massalias große Verehrung genoss: »Dort existierte ein Hain, der seit undenklichen Zeiten nicht entweiht worden war. Die ineinander verflochtenen Zweige umhüllen trübe Luft und kalte Schatten, indem sie dem Sonnenlicht den Zugang verwehren. Das ist kein Hain eines ländlichen Pan oder des Waldgottes Silvanus oder der Nymphen, vielmehr ein Ort der Kulte von Göttern barbarischer Riten, von Altären, die mit grässlichen Opfergaben versehen sind, und jeder Baum ist mit Menschenblut geheiligt … Die Vögel fürchten sich, auf diesen Zweigen zu sitzen, die wilden Tiere fürchten sich, in diesem Dickicht zu lagern. In diesen Wald ist kein Windstoß noch ein Donnerkeil aus schwarzen Wolken hineingefahren. Von selbst bebt das Laub, obschon es keine Brise rührt. Wasser ergießt sich aus schwarzen Quellen. Die schrecklichen und kunstlosen Götterbilder stehen da wie gestaltlose Baumstämme. Erstaunlich sind der Verfall und die Weiße des verrottenden Holzes. Das Volk, das Götter in gewöhnlicher Gestalt verehrt, fürchtet sich nicht so; vielmehr lässt die Unkenntnis der Götter, die es fürchtet, deren Schrecken wach-

Das Heiligtum von Roquepertuse gibt der Forschung seit dem 19. Jahrhundert Rätsel auf. So auch der Porticus und die kopflose Sitzstatue in Buddhahaltung, die als Attribut einer Gottheit angesehen wurde.

sen. Gerüchte gehen, dass unterirdische Höhlen im Erdbeben grollen, dass Eiben stürzen und sich wieder erheben, dass Flammen in den Bäumen erscheinen, ohne dass sie in Feuer stehen, und dass sich Schlangen um die Stämme ringeln. Das Volk sucht diesen Ort nicht zu Alltagsriten auf, sondern lässt ihn den Göttern. Wenn die Sonne im Mittag steht oder die schwarze Nacht die Himmel beherrscht, dann wagt sich auch der Priester nicht in die Nähe, aus Angst, den Herrn des Hains zu überraschen.«

Auch dieser Doppelkopf wurde auf dem Areal von Roquepertuse gefunden. Nach neuesten Erkenntnissen ist er im 5. Jahrhundert vor Chr. entstanden. Zwischen den Köpfen Reste einer Blattkrone.

Dieses eindrucksvolle und Schrecken erregende Szenario lässt die folgenden Worte des Dichters durchaus glaubwürdig erscheinen. Danach befahl der Krieg führende Caesar, die Bäume zu fällen, weil er Bauholz benötigte. Doch seine ansonsten stets tapferen Legionäre zeigten eine solche Scheu vor dem grauenvollen Hain, dass der Feldherr persönlich die ersten Axthiebe anbringen musste. Auch wenn Lucan das Schaurige dieses Ortes dichterisch ausgeschmückt hat, so bringt er doch das Fremdartige und Bedrohliche des Hains glaubhaft zum Ausdruck. Verglichen mit den lichten und erhabenen Tempeln der Griechen und Römer schien er eine völlig andersartige Welt zu repräsentieren, die selbst in den Hainen Pans und der Nymphen ihresgleichen suchte.

Schon 200 Jahre vor der Zerstörung des heiligen Hains fanden sich in der Provence Heiligtümer, die den Einfluss keltischer Kultur und Religion verdeutlichten. Das bekannteste, auf dessen Überreste man in Roquepertuse bei Aix-en-Provence stieß, lag im Gebiet der Ligurer. Sie waren ein seit langem dort siedelndes Volk, das viele Elemente benachbarter Kulturen wie der Gallier und Etrusker aufnahm. Sie kannten schon frühzeitig Steinbauten und waren meisterliche Steinmetze, deren Skulpturen die Gestalten ihrer religiösen Vorstellungen darstellten. In Roquepertuse errichteten sie unterhalb einer befestigten Siedlung, auf einer felsigen Anhöhe gelegen, eine offensichtlich heilige Stätte. Deren Mittelpunkt, ein steinernes Gebäude mit bemalten Wänden, betrat der Besucher durch eine breite Öffnung, die drei Pfeiler stützten. Statuen stellten einen Raubvogel dar, weiterhin im so genannten Buddhasitz thronende Gottheiten und mindestens eine Figur, deren zwei voneinander abgewandte Köpfe an den römisch Gott Janus erinnerten. Die Wände schmückten Bilder von Pferden, Schlangen und Fabelwesen. Fiel dann der Blick nach draußen, blieb er an den Innenseiten der Pfeiler haften. Denn in ihnen hatte man Nischen angebracht, aus denen mehrere Totenschädel den Betrachter anstarrten. Spätestens da mochte sich ein Römer mit Grauen abwenden und erkennen, dass er in eine barbarische Welt vorgedrungen war.

Doch als die Provence erobert und römische Provinz wurde, lag das Heiligtum von Roquepertuse schon lange in Trümmern. Um 200 vor Chr. war es zerstört worden und in Flammen aufgegangen. Wer dies aus welchen Gründen tat, ist nicht bekannt; die antiken Geschichtsschreiber schweigen sich darüber aus. Die Ereignisse jenseits ihrer Grenzen erweckten noch nicht ihre Neugier – so nah Marseille auch lag. Der keltisch-ligurische Tempel fiel wahrscheinlich einem der vielen Stammeskämpfe zum Opfer, deren Krieger nicht einmal vor heiligen Orten Scheu zeigten. Denn sie lebten in einer Welt ständigen Wandels, in der religiöse Gepflogenheiten nicht unantastbar waren.

Tempel, Haine, heilige Plätze … und Menschenopfer

Die Kelten kannten eine Vielzahl verschiedener Heiligtümer und heiliger Orte, an denen sie die Gottheiten und numinosen Mächte verehrten und ihnen Opfer darbrachten. Dazu gehörten seit alters her und überall, wo sie siedelten, Höhlen, markante Anhöhen, Berge, Quellen und Gewässer ebenso wie heilige Haine. Einen solchen Wald bezeichneten sie als *Nemeton* und übertrugen den Namen auf Tempel und deren Bezirke, die aus Holz und Fachwerk bestanden.

An diesen heiligen Plätzen opferten sie wie etwa in La Tène am Neuenburger See alle Arten von Waffen, aber auch ganze Streitwagen, prächtige Schilde und Schmuck. Eifrig gepflegt wurden darüber hinaus Tieropfer, wozu unter anderem Pferde, Schweine und Hunde gehörten. Schließlich besteht kein Zweifel daran, dass die Kelten auch Menschenopfer vollzogen, um die Götter gnädig zu stimmen. Diese Tatsache sowie seltsame, heute schwer zu verstehende Bestattungssitten riefen bei den Römern ungläubiges Kopfschütteln hervor. Dementsprechend schilderten ihre Autoren die für sie wahrhaft barbarischen Bräuche in geradezu bluttriefenden Bildern.

Gemäß Caesars Ausführungen im *Bellum Gallicum* weihten die gallischen Stämme einem Gott alles, was sie im Krieg zu erbeuten hofften. War der Sieg dann ihrer, opferten sie ihm alle erbeuteten Lebewesen, während sie das Übrige an einer Stelle zusammentrugen. Deswegen konnte man bei vielen Stämmen Hügel in der Nähe geweihter Orte sehen, die sie aus diesen Beutestücken errichtet hatten. Es geschah nur selten, dass einer sich gegen die Religion verging und Beute bei sich versteckte oder aber wagte, Weihegeschenke wegzunehmen, wenn sie schon niedergelegt worden waren. Auf diese Tat stand als Strafe härteste Folter und Tod.

Wer von schwerer Krankheit befallen war oder sich in Krieg und Gefahr befand, opferte, so fährt Caesar fort, Menschen anstelle von Opfertieren oder gelobte solche Opfer. Die Druiden führten diese Opfer durch, denn die Gallier glaubten, der Wille der unsterblichen Götter könne nur besänftigt werden, wenn für das Leben eines Menschen ein anderes eingesetzt würde. Auch in offiziellen Stammesangelegenheiten pflegten sie Opferbräuche der gleichen Art. Einige Stämme besaßen Opferbilder von ungeheurer Größe, deren Glieder durch Ruten untereinander verbunden waren, die sie mit lebenden Menschen ausfüllten. Dann wurden laut Caesar die Götterbilder angezündet, sodass die Menschen in den Flammen umkamen.

Anderen Zeugnissen zufolge wandte man unterschiedliche Opfermethoden an, entsprechend der Gottheit, der der Mensch geweiht werden sollte. Danach war der Gott Teutates nur zufrieden, wenn ein Mensch kopfüber in einen gefüllten Bottich gesteckt wurde, sodass er darin erstickte. Für Esus musste das Opfer so lange an einem Baum aufgehängt werden, bis sich seine Glieder in eine blutige Masse aufgelöst hatten. Dagegen verbrannte man dem Taranis einige Menschen in einem hölzernen Behältnis. Außerdem schoss man auf bestimmte Opfer mit Pfeilen, man kreuzigte sie in den Tempeln oder errichtete ein riesiges Gebilde aus Stroh und Holz, stellte allerlei Haus- und Wildtiere sowie Menschen hinein und veranstaltete dann ein Brandopfer. Der bereits erwähnte Diodor aus Sizilien bemerkt in prägnanter Kürze zu diesem Thema: »Ihre Verbrecher halten sie fünf Jahre lang gefangen, bringen sie dann auf Pfähle gespießt den Göttern dar und verbrennen sie mit vielen anderen ausgewählten Opfergaben, wofür sie riesige Scheiterhaufen errichten. Sie schlachten auch ihre Kriegsgefangenen wie Opfertiere zu Ehren der Götter.«

Es überrascht nach dieser Galerie des Schreckens kaum, dass den Bewohnern auf den Britischen Inseln sogar Kannibalismus nachgesagt wurde. Aber diese Schreckensbilder schienen doch überwiegend der Fantasie antiker Geschichtsschreiber zu entspringen, die mit den so völlig andersartigen Sitten und Bräuchen der vermeintlichen Barbaren nichts anzufangen wussten. Sie schufen mutmaßlich ein Arsenal von Klischees, hinter dem das historisch reale Volk der Kelten kaum noch erkennbar war. Deshalb hoffte man auf archäologische Funde, deren Analyse der geschichtlichen Wahrheit gerechter zu werden versprach. Auf ihren Erkenntnissen basieren die folgenden Rekonstruktionen.

Die Wache der kopflosen Krieger

Im Nordosten des alten Gallien, fast schon im Grenzgebiet zu den Belgern, hatten die einheimischen Stämme mehrere große Heiligtümer angelegt. Obwohl sie zur Zeit der römischen Eroberung längst aufgegeben worden waren, hätten sie Reisende und Händler vom Mittelmeer auch früher aufsuchen können – wenn man den Fremden einen Besuch überhaupt erlaubte. Die Eindrücke, die man etwa in dem *Nemeton* von Ribemont-sur-Ancre gewinnen konnte, waren selbst für einen Römer schwer zu verdauen – von einem modernen Mitteleuropäer ganz zu schweigen.

Man ging auf ein Areal zu, das auf einem Abhang oberhalb eines kleinen sumpfigen Flusses gelegen war. Eine übermannshohe Palisade und ein Graben schützten das Innere und verbargen es vor neugierigen Blicken. Den Zutritt gewährte nur ein mächtiges hölzernes Eingangsportal, an dessen Galerie und Pfosten man menschliche Totenschädel angebracht hatte. Wenn der Besucher durch dieses makabre Spalier hindurchgeschritten war, erblickte er ein System von Einfriedungen, die wiederum aus Palisaden und tiefen Gräben bestanden. Dahinter lagen Heiligtümer, Opferplätze und überdachte Bauwerke. Darüber hinaus bot sich einem Fremden ein völlig ungewohnter Anblick, den er im dort herrschenden Gestank intensiver Verwesung kaum zu fassen vermochte.

Denn an den hohen Holzwänden sah man menschliche Überreste, die offensichtlich als Trophäen zur Schau gestellt wurden: einzelne Knochen, etwa von Arm und Bein, aber auch vollständige Körperpartien, die aus der unteren oder oberen Körperhälfte bestanden. Dass diese Skeletthälften noch mit Waffen versehen waren, erwies sie als Reste keltischer Krieger. An anderen Stellen des Heiligtums hatte man menschliche Langknochen mit denen von Pferden genau geordnet und säuberlich zu einem ziemlich gleichmäßigen Viereck von 1 Meter Höhe geschichtet. Gleichzeitig sah man Männer, die andere Knochen peinlich genau reinigten, zertrümmerten und schließlich verbrannten.

Woher diese menschlichen Gebeine kamen, zeigte dem Betrachter eine Art Halle, die keine Seitenwände hatte. Dort erblickte man in mehreren Metern Höhe ein Podest, das nach allen Seiten geöffnet war. Auf ihm hielten 60 keltische Krieger regelrecht Wache – mit ihren vollständigen Ausrüstungen, die Schwerter umgegürtet, die Schilde vor sich und die Speere hoch erhoben. Aber alle Kämpfer waren tot und ohne ihren Kopf. Ihre Körper befanden sich im Zustand der Mumifizierung, und viele von ihnen hatten schon einzelne Gliedmaßen verloren.

Allem Anschein nach brachte man gefallene Krieger in das Heiligtum von Ribemont-sur-Ancre, um ihre kopflosen Überreste einem langsamen und vollständigen Auflösungsprozess auszusetzen und ihn durch gewisse

So stellt man sich das Gebäude mit den kopflosen Kriegern von Ribemont-sur-Ancre vor. In vielen Teilen der Keltenwelt pflegte man zeitweise einen ungewöhnlichen Umgang mit den Toten. Es war üblich, die Toten zu zerstückeln – nicht aus Grausamkeit oder mangelnder Ehrfurcht, sondern um bestimmten Ritualen Genüge zu tun.

Eingriffe sogar zu befördern. Vorher hatte man den Getöteten den Kopf als wertvollste Kriegstrophäe abgetrennt. Die übrigen Körper hielten dann im vollen Kriegerornat ihre bizarre Wache, bis die Leichen auf ihrem luftigen Podest austrockneten und mumifizierten. Allmählich verfielen sie und wurden schließlich von aller Haut und den Sehnenresten bis auf den blanken Knochen befreit. Am Ende stand die bereits erwähnte Verbrennung der Reste.

Die Leichen mehrerer hundert enthaupteter Krieger waren diesen Weg gegangen. Sie stellten mit ihrer Ausrüstung nebst den Waffen eine reiche Opfergabe dar – für eine Gottheit, die man sich wahrscheinlich in der Erde oder in den nahen Sümpfen dachte. Dass diese Sitte überall unter den Kelten gepflegt wurde, ist unwahrscheinlich. Im nördlichen Gallien kam sie jedenfalls um 100 vor Chr. außer Gebrauch. In der heiligen Kultstätte wurden noch in der gallo-römischen Zeit die Götter verehrt – allerdings mit weniger gespenstischen Ritualen, die das Imperium Romanum tolerieren konnte.

Im benachbarten Gournay-sur-Aronde stand ein ähnliches Heiligtum, ebenfalls in der Nähe eines versumpften Flussufers. Dort opferten die Bellovaker massenhaft Rinder, Schweine und Schafe, deren Kadaver und

Rekonstruktion des Heiligtums von Gournay-sur-Aronde aus dem 2. Jahrhundert vor Chr. Bei den Tieropfern bevorzugte man wie bei Menschen bestimmte Skelettteile. Besonders Rinderschädeln schrieb man eine Unheil abwehrende Bedeutung zu und befestigte sie deshalb am Porticus.

Knochen in etlichen Gruben deponiert wurden. Auch sie lagerten und zerstückelten die Leichen feindlicher Krieger, deren Überreste und Waffen sie als Trophäen innerhalb der Kultstätte aufstellten. Dazwischen war das Allerheiligste den Priestern vorbehalten, während sich die Männer und Frauen der benachbarten Siedlung wahrscheinlich an besonderen Festtagen zum Opfermahl versammelten. Der Verwesungsgeruch und die unmittelbare Nähe menschlicher Überreste dürften sie nicht gestört haben; offenbar verbanden sie die Nähe des Todes nicht nur mit Unterweltsgöttern, sondern auch mit Gedanken an Fruchtbarkeit und Wiedergeburt.

Zu welchen rätselhaften Ritualen der keltische Toten- und Opferkult jener Zeit führte, zeigt ein Beispiel aus den Ardennen. Dort hatte ein gallisches Dorf in Acy-Romance sein *Nemeton* bei einem uralten Grabhügel errichtet, der aus der vorkeltischen Bronzezeit stammte. Die Menschen sahen in ihm im 2. Jahrhundert vor Chr. vermutlich ein Denkmal der Vorfahren oder göttlicher Mächte.

Um ihre Gunst zu gewinnen, zwängte man die Leichen junger Männer derart in Holzkisten, dass der Einzelne zusammengekrümmt darin saß und den Kopf zwischen den Beinen hatte. Auf diese Weise wurde er längere Zeit in einem trockenen Brunnenschacht gelagert, bis sein Körper alle Flüssigkeit verloren hatte und die Kleider verrottet waren. Nach einer weiteren Austrocknungszeit an einem luftigen Ort setzte man den Leichnam in seinem »Buddhasitz« endgültig bei. Einem anderen Mann fesselte man die Hände, zwang ihn, sich niederzuknien, und tötete ihn mit einem Axthieb.

Sein Skelett wurde nach mehr als 2000 Jahren in einer Vorratsgrube gefunden.

Derartige Funde scheinen die keltischen Opfermassaker zu bestätigen, die von antiken Geschichtsschreibern mehrmals geschildert wurden. Dabei ist die unbestreitbare Tatsache, dass unter den Kelten Menschenopfer möglich waren, nur ein Teil der historischen Wahrheit. Zahlreiche Missverständnisse und Klischees der Römer wurzelten in einem völlig andersartigen Umgang mit den Toten. Ihre herausragende Behandlung, wie sie in den erwähnten Fällen beschrieben wurde, kann nämlich auch von besonderer Hochachtung zeugen. Wo es üblich war, die meisten Leichen einer Siedlung zu verbrennen oder sie achtlos verwesen zu lassen, kam einer langjährigen und arbeitsintensiven »Behandlung« eine Bedeutung zu, die wohl nur dem Stammesadel gebührte. Nur seine Angehörigen hatten wahrscheinlich ein Recht auf das Ritual der Austrocknung. Doch ob feindlicher Krieger, unschuldiges Opfer oder angesehener Aristokrat – der keltische Umgang mit den Toten ist dem Europäer des 21. Jahrhunderts genauso rätselhaft und abstoßend wie dem Römer 2000 Jahre früher. Und dennoch: Für etliche Stämme der Kelten stand hinter diesen Ritualen der adäquate Umgang der Menschen mit den Göttern.

Überall im nordöstlichen Gallien endeten derartige Bräuche um das Jahr 100 vor Chr. – mutmaßlich wegen vordringender römischer Einflüsse. Wo Menschenopfer gepflegt worden waren, trat jetzt die verstärkte Opferung von Haustieren an ihre Stelle. Dabei konnten während einer Zeremonie bis zu 150 Schafe abgeschlachtet werden – auch ihrer bedurfte es anscheinend viele, um die Götter zufrieden zu stellen.

Bei aller Ungewissheit über die genaue Bedeutung solcher Opfer gilt es als sicher, dass eine Priesterschicht notwendig war, um die zahlreichen Rituale entsprechend den göttlichen Geboten auszuführen. Wer außer den Druiden hätte die Zeremonien veranstalten können? Kein Schritt durfte falsch getan und kein Wort unnütz gesprochen werden, denn davon hingen das Gedeihen und die Existenz der Stammesgemeinschaft ab. Die Druiden allein verfügten über das komplizierte Wissen. Und sie hatten Kenntnisse von der Anatomie des Menschen, die bei dessen ritueller Zerstückelung angewandt wurden.

Im Umfeld der großen Kultplätze ist man auf Gräber einzelner Männer gestoßen, in denen man Angehörige der Druidenkaste zu identifizieren glaubt, weil zu deren Grabbeigaben Äxte und große Messer gehörten, mit denen Tier- und Menschenopfer durchgeführt wurden. Kleine Bronzepfannen dienten der rituellen Reinigung und wurden mit Scheren und anderen Werkzeugen ergänzt. Auch die Kriegerausrüstung hatte man den Toten mitgegeben, wobei allerdings die Schwerter wie üblich unbrauchbar gemacht worden waren.

Wo blieben die Druiden?

Wie oben dargelegt, kam mit Caesars Eroberungsfeldzug in Gallien das Ende der Druiden. Auch wenn der erwähnte Haeduer Diviciacus als sicherer Verbündeter Roms galt, war die gesamte Priesterkaste den neuen Herren suspekt. Ihr begründetes Misstrauen gegen deren politische Einflüsse führte letztendlich zu deren Verbot. In den Tempeln, in denen der Imperator, die Stadt Roma oder der Göttervater Jupiter verehrt wurden, war kein Platz mehr für die Druiden – und ebensowenig in den Umgangstempeln der gallo-römischen Mischgottheiten. So verschwand der Name der alten gallischen Priester aus den schriftlichen Zeugnissen und tauchte nicht wieder auf.

Nach einiger Zeit wurden im römischen Gallien Männer und Frauen erwähnt, die verdächtige Ähnlichkeit mit den untergegangenen Druiden aufwiesen. Zwar führten sie keine verbotenen Menschenopfer durch, was ihnen die römische Obrigkeit immer wieder vorwarf, und sie hatten zweifelsohne nicht die politische Macht wie unter den freien Stämmen. Allerdings scheinen sie druidische Traditionen in gesellschaftlichen Nischen weiter gepflegt zu haben, die unverdächtig waren. Ob dazu Hexen und Magier gehörten, sei dahingestellt. Hinweise deuten darauf, dass die Nachfolger der Druiden als Wahrsager tätig waren und zudem einen Teil der gallischen Intelligenz bildeten.

Ein Zeugnis dafür bot im 4. Jahrhundert der Grammatikprofessor Decimus Magnus Ausonius, dessen lateinisches Gedicht über die Mosel noch heute bekannt ist. Er rühmte seinen Großvater mütterlicherseits als einen Mann, der die himmlischen Zahlen und die schicksalsbestimmenden Gestirne kannte. Aber er habe diese Wissenschaft im Verborgenen ausgeübt. Auch habe er um die Zukunft seines Enkels gewusst und diese Weissagungen auf versiegelten Täfelchen niedergeschrieben. Angeblich sah sich dieser gelehrte Mann als Druide an. Außerdem berichtete Ausonius von zwei Professorenkollegen aus Bordeaux, die auf ihre druidische Abstammung stolz waren. Der eine kam aus der Bretagne, wo er Wächter im Tempel des keltischen Gottes Belenus gewesen sein soll.

Manches deutet also darauf hin, dass in den letzten Jahrhunderten römischer Herrschaft die Tradition der Druiden eine Wiedergeburt erlebte. Sie führte zur Entdeckung keltischer Wesenszüge, auf die sich viele Gallier besannen. Erst das Vordringen der germanischen Franken und die erstarkende christliche Religion scheinen all dem ein endgültiges Ende bereitet zu haben.

In dem von den Römern nicht besetzten Irland bewahrten die Druiden erheblich länger ihre alte Bedeutung. Erst mit dem sich rasch ausbreitenden Christentum verloren die traditionellen keltischen Priester ihren Einfluss – an ihre Stelle traten die Mönche, von denen mancher ein bekehrter Druide war. Die große Fülle der druidischen Aufgaben teilten die Angehörigen der Bildungsschicht unter sich auf.

In vielen irischen Sagen und Heiligenlegenden treten noch im Mittelalter Druiden auf. Darin sind sie – ähnlich ihren historischen Vorbildern – Berater, Weissager, Rechtsgelehrte, Zauberer und Erzieher von Fürstensöhnen. Ihr berühmtester Vertreter ist Cathbad, der weise Ratgeber des Königs Conchobar von Ulster. Die literarischen Druidenfiguren der irischen und walisischen Dichtungen führten schließlich nicht nur zur Gestaltung Merlins, sondern ebneten auch der Renaissance der keltischen Priester in der Literatur und in den bildenden Künsten den Weg.

8. Die Elfen aus der Anderwelt – Dichtung und Sagen der Inselkelten

Die sagenhafte Welt der Britischen Inseln

Im frühen Mittelalter gehörte die Kultur der festlandkeltischen Stämme schon lange der Vergangenheit an, sogar ihre Sprachen hatte man vergessen. Mehr oder weniger unabhängige Kelten lebten bekanntlich nur noch am Rande Europas: im Umkreis der Iren, Schotten und Waliser auf den Britischen Inseln und unter den Bretonen. Diese Völker bewahrten trotz aller Veränderungen, denen auch sie unterworfen waren, Traditionen der alten keltischen Kultur, auf die zum Teil schon verwiesen wurde. Ohne sie wüsste man nichts von den zahlreichen Mythen und Sagen, von den Göttern und Heldenkriegern der keltischen Welt, in denen auch der Arthur-Stoff seine Wurzeln hat.

Die Britischen Inseln waren indes dem Festland und erst recht der Mittelmeerwelt fremd geworden, seitdem Rom seine Macht verloren und die Germanenstämme der Angeln und Sachsen dort weite Gebiete erobert hatten. Überhaupt wusste man seit jeher wenig über die keltischen Gebiete, vor Schottlands Bewohnern hatten sich die römischen Kaiser gar durch den Bau des Hadrianswalls zu schützen versucht. Dessen Befestigungsanlagen kannte noch der byzantinische Geschichtsschreiber Prokop, der im 6. Jahrhundert Seltsames von Britannien berichtete:

Nach seinen Worten wird die Insel von dieser langen Mauer in zwei ungleiche Teile getrennt. Im Süden herrscht gute Luft, die Menschen leben wie anderswo und die Bäume stehen in voller Pracht, deren Früchte gut reifen; ebenso geben die Felder gute Ernte in einem wasserreichen Land. Im Norden hingegen kann ein Mensch kaum leben in einer Gegend, die von Schlangen, Nattern und ähnlichem Getier verseucht ist. Die Eingeborenen behaupten, jenseits der Mauer gebe man wegen der verderblichen Luft sofort den Geist auf, verirrte Tiere würden dort verenden. Für Prokop existiert in Schottland nicht nur ein völlig ödes, todbringendes Land, er sieht die Britischen Inseln insgesamt als Land der Toten an, in das die Seelen der Verstorbenen reisen, was gemäß dem oströmischen Historiker auf folgende Weise geschieht:

An der gegenüberliegenden Küste befinden sich viele Dörfer, deren Bewohner von Fischfang, Ackerbau und Schifffahrten nach Britannien lebten. Jene Leute behaupten, sie müssten die Seelen nach Britannien übersetzen. Wer des Nachts diesen Fährdienst leisten muss, legt sich schlafen, bis ihn der Führer des Seelenzuges weckt. Vor Mitternacht hören sie es an ihre Haustür klopfen und vernehmen die Stimme eines Unsichtbaren, der sie zur Arbeit ruft. Wie unter Zwang und Hypnose stehen sie auf und gehen zum Strand. Dort finden sie fremde Kähne, in denen alles zur Abfahrt bereit ist – ohne dass sie allerdings jemanden erblicken. Trotzdem steigen sie hinein und ergreifen die Ruder. Erst dann nehmen sie wahr, wie schwer die Schiffe durch die Mitreisenden sind, kaum erhebt sich der Kahn über die Oberfläche; zu sehen ist allerdings niemand. In einer Stunde rudern sie nach Britannien, während sie es sonst mit den Segeln kaum in einer Nacht und einem Tag schaffen. Nach der Ankunft merken sie, wie sich die Schiffe rasch leeren, und fahren schnell heimwärts. Keinen Menschen haben sie auf dieser Fahrt erblickt, glauben aber eine Stimme gehört zu haben, die die am Ufer Angekommenen namentlich aufruft und ihren gesellschaftlichen Rang und die Abstammung hinzufügt.

Prokop gestand das fantastisch Anmutende und Unglaubliche seiner Geschichte ein, die offensichtlich bis zu ihm nach Konstantinopel, dem heutigen Istanbul, gedrungen war. Heutzutage erinnert sie an jene Elfen- und Feensagen, die sich gerade die Kelten Irlands und anderer Gebiete der

Halloween und das keltische Jahr

In den letzten beiden Jahrzehnten des 20. Jahrhunderts breitete sich in vielen Ländern Europas Halloween aus – ein Brauch, der von den einen als typische amerikanische Mode geschmäht und von den anderen als altes heidnisch-keltisches Fest verehrt wird. Jedenfalls machen sich in der Nacht vom 31. Oktober auf den 1. November zwischen Frankreich, Norditalien, Deutschland und den Britischen Inseln immer mehr Kinder auf den Weg, um an Haustüren zu klingeln und Süßigkeiten zu fordern. Sie unterstreichen dies mit dem englischen Spruch *Trick or treat* – zu Deutsch etwa »Streich oder Belohnung« –, an dessen Stelle in Deutschland zunehmend »Süßes, sonst gibt's Saures!« getreten ist. Für diesen so genannten Heischegang ist eine passende Verkleidung unverzichtbar: als Hexe oder Vogelscheuche, als wandelnder Leichnam oder Horrorgestalt aus Film und Buch. Darüber hinaus finden mittlerweile auch unter jüngeren und älteren derart kostümierten Erwachsenen Partys statt, die allesamt den ausgehöhlten Kürbis zu ihrem Symbol erkoren haben, hinter dessen schauriger Fratze eine Kerze brennt. Auf diese Art und Weise hat sich in jüngster Zeit ein äußerst lebendiges Gruselfest etabliert, das sich zunehmender Beliebtheit erfreut.

Was dieses schaurige Treiben mit den Kelten zu tun hat, ist durchaus umstritten. Das Wort selbst ist aus dem englischen *All hallow's Eve* respektive *Evening* ent-

Britischen Inseln erzählten. Ob eine dieser Geschichten tatsächlich den weiten Weg bis ins östliche Mittelmeer gefunden hat, ist ungewiss – trotzdem belegt Prokops Text, dass man sich schon damals Geschichten über den Nordwesten Europas erzählte, zu denen besonders die Kelten ein großes Maß beitrugen.

Denn in dem niemals von Rom besetzten Irland hatten sich alte Überlieferungen erhalten und weiterentwickelt. Obwohl die christlichen Priester und Mönche seit dem 5. Jahrhundert die Druiden zunehmend verdrängten, gab es doch noch den alten Dichterstand, der sich an den zahlreichen Häuptlingshöfen großer Beliebtheit und Achtung erfreute. Das galt weniger für den rezitierenden Barden als für den so genannten Fili, der für seinen Herrn Preislieder dichtete und Macht und Ruhm von dessen Vorfahren besang. Diese hoch angesehene Dichterkaste hatte eine – mündliche – Ausbildung von zwölf Jahren zu absolvieren und war strengstens organisiert. Dem erreichten Grad entsprechend durfte ein Fili nur in einem vorgeschriebenen Versmaß dichten, was Einfluss auf sein Dichterhonorar hatte, das bis zu zehn Kühe betragen konnte. Aber diese Poeten schufen nicht nur eigene Gedichte, sie bewahrten auch vorchristliche Geschichten, von denen sie mehrere hundert aus dem Gedächtnis vortragen konnten. Dichterschulen, die sich dieser Tradition verpflichtet fühlten, gab es in Irland wohl noch während des gesamten Mittelalters.

standen, womit man den Abend vor Allerheiligen bezeichnet. Diesem Fest der christlichen Märtyrer und Heiligen sollte nach dem Volksglauben eine Nacht vorausgehen, in der die Seelen der Verstorbenen und diverse Spukgestalten wie Geister und Dämonen das Jenseits verlassen und in der Menschenwelt umgehen. In den USA entwickelten sich daraus die allseits populären Partys und Umzüge, bei denen auch ein Schabernack nicht fehlen durfte. In der Verbindung mit Kommerz und Hollywood-Filmen wurde Halloween in der Tat zu einem amerikanischen Brauch.

Ursprünglich pflegte man ihn in Irland, Schottland und Wales, bis er in der Mitte des 19. Jahrhunderts mit irischen Einwanderern nach Nordamerika gelangte. In seinen keltischen Heimatgebieten kannte das Volk schon lange vorher eine Vielzahl von Sagen, Geschichten und Bräuchen um jene Nacht, in der die Pforten der Anderwelt oder Hölle sich öffneten. Damit waren auch dort öffentliche Aktivitäten verbunden: So entzündete man in Irland große Feuer, mit denen die bösen Geister vertrieben werden sollten. In Schottland verkleideten sich junge Männer als schaurige Gestalten, um für Angst und Schrecken zu sorgen. Die Waliser glaubten von Halloween, dass in dieser Nacht auf jedem Zaun ein Gespenst sitze. In Irland hielt man für die vorübergehend heimkehrenden Seelen der Verstorbenen die Türen geöffnet und deckte für sie den Tisch. Außerhalb des Hauses war es ohnehin nicht geheuer; deshalb mied man die Friedhöfe und drehte sich nicht um, wenn man

Außerdem wurden in den Klöstern zunehmend Erzählungen auf Pergament niedergeschrieben und so vor dem Vergessen bewahrt, darunter vor allem die Götter- und Heldensagen, die das vorchristliche Irland mit seiner keltischen Kultur widerspiegeln. Was fromme Mönche und andere im Mittelalter aufschrieben, ist vielfach zensiert und von offensichtlich Heidnischem gesäubert worden. Trotzdem bewahren diese Handschriften einen wertvollen Schatz keltischer Dichtungen, von denen manche auf ein hohes Alter zurückblicken können.

Die irischen Einwanderungen: Monster, Götter und Kelten

Die gelehrten Schreiber des Mittelalters entwarfen ein detailreiches Bild der Geschichte Irlands, die sie als fromme Christen mit der göttlichen Schöpfung und nach der Sintflut beginnen lassen. Damals hausten mit den Fomóri urzeitliche Dämonen auf der Insel, missgebildete Ungeheuer, die als einäugig, einbeinig oder mit einem Hundekopf beschrieben wurden. Diese Furcht einflößenden Ureinwohner verteidigten das Land gegen alle Einwanderer, die auf der grünen Insel siedeln wollten. Zwischen den ersten Kolonisten und den Fomóri kam es angeblich 2500 Jahre vor Chr. zur

in der Dunkelheit Schritte hinter sich hörte – sie hätten von einem Gespenst kommen können.

Wie fließend in dieser Nacht die Grenzen zwischen Leben und Tod geworden sind, verdeutlicht die Sage von Jack-o-Lantern, womit in den USA der Halloween-Kürbis bezeichnet wird. Jedoch stammt auch diese Gestalt von den Britischen Inseln. Dort erzählte man sich die Geschichte von dem stets betrunkenen Schmied, dessen Seele sich der Teufel gewiss war. Aber in seinem Pub überlistete Jack den Satan, der auf immer auf dessen Seele verzichten musste. Doch nach seinem Tod wollte auch der Himmel nichts mit dem sündigen Schmied zu tun haben, sodass Jack gezwungen war, heimatlos umher zu irren und bis zum Jüngsten Tag auf seine Erlösung zu warten. Immerhin hatte ihm der Teufel ein Stück brennende Kohle zugeworfen, das ihm Licht spendete. Jack steckte es in eine ausgehöhlte Rübe, an deren Stelle in Amerika der Kürbis trat – beide galten als Symbol der verdammten Seele.

Alle Sagen und Bräuche um Halloween wurden in Irland und den anderen Ländern erst seit wenigen hundert Jahren überliefert. Von ihnen führt kein unmittelbarer bekannter Weg zu den Kelten der vorchristlichen Zeit. Als man allerdings im frühen Mittelalter das Allerheiligenfest des 1. Novembers in Irland einführte, fiel dessen Feier mit einem der wichtigsten Termine des altirischen Kalenders zusammen – mit Samain. An diesem Tag begann traditionellerweise nicht nur der Winter

ersten Schlacht auf irischem Boden. Nach den Quellen war es mehr eine Zauberschlacht als ein Kampf mit scharfen Waffen, doch konnten die Dämonen nicht besiegt werden.

Die zweiten Einwanderer wurden Jahrhunderte später von den Fomóri unterworfen und geknechtet, die zu jener Zeit ihren Sitz im Turm Conanns hatten, der sich auf einer Insel gegenüber der nordwestlichen Spitze Irlands aus dem Ozean erhob – das Meer scheint überhaupt deren ursprüngliches Element gewesen zu sein. Die Menschen mussten ihnen harten Tribut zahlen: nicht nur zwei Drittel ihrer Ernten, sondern auch ihrer Kinder. All dies sollten sie in jeder Samain-Nacht entrichten, dem keltischen Winteranfang am 1. November, der heute unter der englischen Bezeichnung Halloween bekannt ist. Schließlich lastete diese Unterdrückung so schwer auf den Iren, dass sie sich erhoben. Mit 30 000 Kriegern zu Wasser wie zu Land zogen sie gegen die Fomóri und eroberten den Turm Conanns. Doch frische Heerscharen der Dämonen zogen heran, und es kam am Strand zu einer erbitterten Schlacht. Wer nicht durch eine feindliche Hand starb, ertrank in der heranbrechenden Flut. Von den Iren entkam nur ein einziges Schiff mit dreißig Kriegern, die Irland verließen. Deren Nachfahren nannten sich die Tuatha Dé Danann, »die Sippen der Göttin Danann«.

Sie lebten auf den nördlichen Inseln der Welt, wo sie zu Meistern der Magie wurden, denn dort erwarben sie die Kenntnisse geheimen Wissens

und ein neues Jahr, sondern er wurde auch als Erntefest gefeiert. Darum beging man eine Vielzahl von Feierlichkeiten und Bräuchen: Dazu gehörten üppige Gastmähler, große Märkte und hitzige Wettrennen. Darüber hinaus hatte Samain noch die Bedeutung der Wintersonnenwende und damit einer Zeit, in der die Wesen der Anderwelt zuhauf aus ihren Elfenhügeln strömten – wie die von den Kelten der Sage nach dorthin verdrängten Tuatha Dé Danann oder die Fomóri-Ungeheuer. In den Heldenerzählungen von Finn mac Cumaill verdeutlicht eine Geschichte diesen Aspekt des Unheimlichen besonders stark. Nach ihr erschien zu jedem Samain-Fest, das in der Königsresidenz Tara begangen wurde, ein feuerspeiendes Monster, das die Krieger mittels Zaubermusik in Schlaf versetzte und anschließend die ganze Burg niederbrannte. Erst dem Helden Finn gelang es, den Unhold zu töten und dessen Treiben zu beenden.

So verband man mit dem alten Winteranfang seit jeher erschreckende Geschichten vom Einfall dämonischer Mächte. Diese Tradition scheinen sich die Inselkelten im Gefolge des Allerheiligenfestes bewahrt zu haben; an sie erinnert letztlich das moderne Halloweenfest. Die Nacht des 31. Oktober stellt somit einen geringen Rest davon dar, wie die Kelten sich das Jahr kalendarisch einteilten.

Die Druiden rechneten wahrscheinlich mit dem Mondjahr, nach dem ihnen der Lauf des Nachtgestirns als Grundlage für ihre zwölf Monate und notwendige Schaltmonate galt. Darauf deuten auch die Kalenderaufzeichnungen aus der Zeit

und der Hexerei, des Druidenwesens und der Zauberei. Vier mächtige magische Gegenstände nannten sie ihr Eigen, die in der irischen Mythologie eine bedeutende Rolle spielten: den oben erwähnten Lía Fál, »den Stein des Schicksals«, der sich in Tara befand und aufschrie, wenn ihn der irische König betrat; den Speer des Lug, der seinen Träger und dessen Heer unbesiegbar machte; das Schwert Nuadas, das ebenso stets den Sieg davontrug und schließlich Dagdas Kessel der unerschöpflichen Speisung, der immer gefüllt blieb.

Auf diese Weise ausgerüstet, kehrten die Tuatha Dé Danann nicht nur als tapfere Krieger, sondern auch als mächtige Zauberer nach Irland zurück. Dort bekämpften sie zuerst die menschlichen Siedler, wobei sie auch vor Bündnissen und Heiraten mit den Fomóri nicht zurückschreckten. Doch als der Sieg errungen war, keimte die alte Feindschaft mit den Dämonen wieder auf. Deren Anführer war Balor mit dem todbringenden Auge, und sein Heer war das schrecklichste, das man in Irland jemals erblickte. Die Tuatha Dé Danann verfügten ihrerseits über hervorragende Schmiede und Bronzegießer, die vorzügliche Waffen fertigten. An der »Quelle der Gesundheit« sprachen vier Ärzte Beschwörungsformeln, deren magischer Zauber bewirkte, dass die ins Wasser geworfenen Toten und schwer Verwundeten wieder gesund und munter der Quelle entstiegen.

Schließlich kam es zur großen Entscheidungsschlacht von Mag Tuired,

gegen 200 nach Chr., die man im südostfranzösischen Coligny auf einer in viele Teile zerfallenen Bronzetafel fand.

Während man davon wenig weiß, ist aus Irland die Festeinteilung bekannt, die für die Bauern von großer Bedeutung war. Sie begingen vier Jahresfeste, die heute als keltische Hauptfeste angesehen werden:

Mit Samain begann am 1. November das neue Jahr mit dem Winter – wie oben dargelegt.

Am 1. Februar beging man Imbolc, den Frühlingsbeginn, der als Fest der Hirten gefeiert wurde und sich darauf bezog, dass die Mutterschafe wieder Milch gaben.

An Beltaine, dem 1. Mai, begann mit dem Sommeranfang wieder die warme Jahreszeit. An diesem Festtag, der vermutlich dem Gott Belenus gewidmet war, zündete man große Freudenfeuer an und beging feierliche Handlungen, bei denen die Druiden eine entscheidende Rolle spielten. Außerdem begann für die Bauern die Hauptarbeit auf den Weiden und Feldern, während die Krieger zu Beutezügen auszogen.

Der 1. August markierte mit Lugnasad den Herbst- und Erntebeginn. In Irland galt das nach dem Gott Lug benannte Fest als Friedens- und Freudenzeit, während der man keinen Krieg begann. Das Volk amüsierte sich auf Jahrmärkten und gedachte auf Pilgerfahrten seiner religiösen Verpflichtungen.

zu deren Beginn die Fomóri ihr Lager verließen und sich in gewaltigen Schlachtreihen aufstellten. Ihre kampferprobten Krieger trugen Harnische und Helme, waren mit Lanze und Schwert bewaffnet und schützten sich mit einem Schild. Balor gehörte zu den Anführern dieser dämonischen Heerscharen, während sich unter den »Sippen der Göttin Danann« Lug mit seinem Streitwagen an die Spitze der Truppen setzte. Er trug einen magischen Gesang vor und führte ein Ritual unbekannter Bedeutung aus, indem er auf einem Bein im Kreis um die Iren herumhüpfte und dabei ein Auge geschlossen hielt.

In dem dann beginnenden unbeschreiblichen Gemetzel fielen viele edle Streiter. Blut strömte über die weiße und noch zarte Haut der jungen Krieger, die die Kämpfer der Dämonen angriffen, um ihren Mut zu beweisen. Ein ungeheurer Schlachtenlärm kam auf: Scharen von tapferen Kriegern versuchten, sich mit Schwertern und Schilden zu schützen, während die Feinde mit Lanzen und Schwertern auf sie eindrangen. Der Lärm klang über das ganze Schlachtfeld: die Rufe der Krieger, das Gedröhn der Schilde, das Sausen der Schwerter, das Rasseln und Scheppern der Pfeilköcher, das Surren und Schwirren der Speere und das Krachen der Hiebe. Auf dem schlüpfrigen Blut rutschten viele aus und stürzten; als sie hilflos auf dem Boden lagen, wurden ihnen die Köpfe abgeschlagen. Die Feinde lieferten sich eine mörderische Schlacht, und die Speerschäfte röteten sich in ihren Händen. Zahlreiche Tuatha Dé Danann fielen – wie Nuada mit der silbernen Hand und Macha, die Tochter der Ernmas, die beide von Balor getötet wurden.

Schließlich stieß Lug auf den Anführer der Fomóri, der wegen seines Auges gefürchtet wurde, dessen tödlichen Blick er nur auf dem Schlachtfeld aussandte. Vier Männer mussten das gewaltige Augenlid hochziehen. Wer auch immer in dieses Auge blickte, selbst wenn es Tausende von Kriegern waren, verlor seinen Kampfmut. Denn einstmals war Balor der magische Dampf einer druidischen Zauberbrühe unters Lid gedrungen und hatte das Auge mit seiner Giftwirkung durchdrungen. Doch Lug handelte schnell und schoss einen Schleuderstein gegen Balor, der durch dessen giftiges Auge jagte. Auf diese Weise trieb er es durch dessen Kopf, sodass es auf einmal auf die Krieger der Fomóri blickte. Diese wurden wie gelähmt und sahen Balors Körper auf sich stürzen. Doch die Schlacht brach wieder los, bis die Iren die Fomóri ans Meeresufer zurückschlugen. Schließlich baten diese Lug um Gnade, die er ihnen gewährte – unter dem Versprechen, Irland und seine Bewohner niemals wieder zu behelligen. Seit dieser Schlacht herrschten die Könige der Tuatha Dé Danann über die Insel und nahmen geradezu göttlichen Charakter an.

Viele Zauberdinge tauchten im Umfeld des gewaltigen Kampfes auf: etwa das Fomóri-Schwert Orna, das – aus der Scheide gezogen und gereinigt – von seinen Waffentaten erzählte. In der irischen Mythen- und Sagenwelt pflegten die gezogenen Schwerter von den Taten zu sprechen, die sie verrichtet hatten. Seitdem bargen diese Waffen zudem magische Kräfte und Dämonen sprachen aus ihnen. Die Krieger verehrten ihre Schwerter fast wie Götter und wiesen ihnen besondere Kräfte zu. Aber auch eine Harfe konnte ihr Eigenleben entwickeln, wofür auf Seiten der »Sippen der Göttin Danann« die prächtige Harfe des Anführers Dagda ein bezeichnendes Beispiel liefert. Die Fomóri raubten sie und befestigten sie als Beutestück an der Wand ihrer Halle. Doch als ihr Eigentümer Dagda die Harfe zu sich rief, sprang sie von der Wand, tötete neun Männer und flog zu den Tuatha Dé Danann zurück.

Die Vertreibung in die Unterwelt

Die Tuatha Dé Danann blieben nicht die Herren über Irland – auch sie wurden besiegt und vertrieben. Nach der legendenhaften irischen Zeitrechnung des Mittelalters betraten um 1700 vor Chr. die letzten Einwanderer die Insel: die keltischen Goidelen aus Spanien. Einer der ihren hatte an einem klaren Winterabend einen Turm bis zur Spitze erklommen und in nordöstlicher Richtung fern am Horizont die ihm unbekannte Insel Irland erblickt. Mit 150 Kriegern segelte er dorthin und landete an der Nordküste. Dieser Kelte namens Íth näherte sich friedlich den Tuatha Dé Danann und vermittelte sogar in ihren Streitigkeiten. Als er jedoch auf dem Rückweg zum Schiff war, ließen sie ihn von einer Streitmacht überfallen. Der Goidele starb an seinen Wunden und wurde nach Spanien gebracht. Dort entschloss man sich, seinen Tod zu rächen und machte sich auf den Weg in den Norden.

Doch »die Sippen der Göttin Danann« versuchten mit vielen magischen Mitteln die Landung der Kelten zu verhindern. So gaben sie einem Hafen die Gestalt eines Schweinerückens, um die anrückenden Feinde zu verwirren. Als die Goidelen trotzdem an Land kamen, wandte man weitere Listen an: Die Tuatha Dé Danann erwirkten eine Vereinbarung, nach der die Einwanderer ihre Schiffe bestiegen und Irland vorübergehend den Rücken kehrten. Aber als sie auf See waren, offenbarte sich die List der »Sippen der Göttin Danann«. Denn deren Druiden sangen am Strand magische Beschwörungen, die die keltische Flotte weit aufs Meer hinaustrieb und in Seenot brachte. Ein derartiger Druidenwind wehte nicht oberhalb der Schiffsmasten und gab sich auf diese Weise als Zauber zu erkennen. Allerdings verfügten auch die Goidelen über magische Fähigkeiten. Deshalb sprach ihr zauberkundiger Dichter Amorgen einen Gegenzauber, der ihnen einen günstigen Wind bescherte. So kam es zur Entscheidungsschlacht, in der drei Könige und drei Königinnen der Tuatha Dé Danann fielen und mit ihnen die Mehrzahl der Krieger. Nach diesem Sieg übernahmen die Goidelen die Herrschaft. Die Insel benannten sie nach der Königin Ériu, die zu den Unterlegenen gehörte.

Die Tuatha Dé Danann wurden weder ausgerottet noch verließen sie Irland für immer. Angeblich war es der Zauberer Amorgen, der die Insel zwischen den Siegern und den Unterlegenen aufteilte. Den Teil unter der Oberfläche Irlands erhielten die Tuatha Dé Danann; sie gingen in die Hügel und in die Unterwelt, wo sie sich einen König wählten. Auch wenn von nun an die keltischen Goidelen die grüne Insel beherrschten, so war doch die Macht dieses Dagán genannten Herrschers der Unterirdischen sehr groß. Die Tuatha Dé Danann hatten nämlich die Gewalt, den Menschen der Oberwelt Korn und Milch zu verderben, bis sie mit ihnen Frieden schlossen.

Mit der goidelischen Einwanderung ließen die irischen Dichter und Historiker die mythischen Ereignisse ihrer Geschichte enden. Von nun an siedelten die Kelten auf der Insel und prägten diese auf einzigartige Weise. Aber sie waren nicht deren einzige Bewohner. In den alten Hügelgräbern und unter den Bergen herrschte das vertriebene Göttergeschlecht der Tuatha Dé Danann, aus dem die Iren die Elfen und Feen der Anderwelt machten.

Die Anderwelt

Die unter den Iren und Walisern verbreitete Vorstellung einer anderen Welt, englisch *otherworld*, gilt als bekanntestes Motiv keltischer Mythen, Sagen und Märchen, auf das noch immer Schriftsteller und Filmregisseure bevorzugt zurückgreifen. Ob Festlandkelten wie die gallischen Stämme schon vor 2000 Jahren daran glaubten, ist nicht sicher. Die Kelten von den Britischen Inseln jedoch schufen sich das schillernde Bild einer fantastischen Anderwelt, von deren realer Existenz viele Iren auch noch im 20. Jahrhundert überzeugt waren.

Dabei entwickelten sich über die Jahrhunderte zahlreiche Vorstellungen jener Welt und ihrer Bewohner, die im Deutschen Elfen und Feen heißen, in Irland aber nach den Síd, ihren Behausungen in den Hügeln, benannt werden, während die Waliser der anderen Welt den kymrischen Namen Annwfn gaben. Dort wurde aus dem alten Göttergeschlecht das »Volk der Grabhügel« oder »die schöne Familie«, um nur zwei Bezeichnungen zu erwähnen, an deren Stelle man im Englischen von den *fairies* spricht.

Die Wohnsitze der Elfen und Feen dachte man sich an vielerlei verborgenen Orten: in Bergen und Hügeln, auf dem Grund von Seen und des Meeres, aber auch auf Inseln weit draußen im Ozean. Aus solchen Vorstellungen ging auch Avalon hervor, wohin der zu Tode verwundete König Arthur gebracht worden sein soll. Ansonsten war es schwierig, den Zugang zur Anderen Welt zu finden. Er konnte in einer Höhle versteckt sein, sich in einem Felsspalt verbergen, hinter einem mächtigen Stein liegen oder über eine einsame Ebene erreichbar sein, über der ein Zaubernebel lag. In Irland kannte man eine regelrechte Geografie der Síd, die am häufigsten in den vorgeschichtlichen Grabhügeln lokalisiert wurden. In ihnen nahmen die einzelnen Götter der Tuatha Dé Danann ihren Wohnsitz – so galt das prähistorische Hügelgrab von Newgrange nordwestlich Dublins unter der Bezeichnung Brug na Bóinne als ursprüngliche Herberge des Dagda, dem später dessen Sohn Oengus folgte.

Die Anderwelt lag folglich weder im Jenseits, noch war es eine schreckliche Hölle. Übliche Umschreibungen wie »Land der Jugend« oder »Land der Frauen« charakterisieren sie hingegen als einen Ort, an dem geradezu paradiesische Zustände herrschten. Denn ihre Bewohner verfügten mithilfe druidischer Zauberkünste über Dinge, die die Unterwelt zu einem Schlaraffenland machten: Dort standen Bäume, die stets voll reifer Früchte hingen, und selbst auf den beliebten Schweinebraten musste nicht verzichtet werden, weil sich das Fleisch des Tieres stets erneuerte. Darüber hinaus sorgten Kessel mit unerschöpflichem Met für die Wiedergeburt und ein glückliches Leben, bei dem ein ganz anderer Zeitbegriff herrschte als in der Menschenwelt.

Beide Sphären waren nicht hermetisch voneinander getrennt; es existierte eine Fülle gegenseitiger Kontakte, deren Geschehnisse zu den Lieblingsstoffen der mittelalterlichen Erzählungen gehörten. Unter anderem konnten sich die Elfen und Feen unsichtbar machen und zeitweilig ihre Hügel verlassen, um die Oberwelt aufzusuchen. Dies geschah vor allem zu Halloween, in der Nacht zum 1. November, sodass diese Zeit in den Ruf gefährlichen Geistertreibens kam.

Andererseits fühlten sich auch normale Sterbliche immer wieder vom schönen Volk und seinen prächtigen Behausungen angezogen. Einen Besuch in der Anderwelt schilderte zum Beispiel der walisische Gelehrte Giraldus Cambrensis. Der Geistliche hatte Ende des 12. Jahrhunderts entlegene Gebiete seiner Heimat bereist und dort die Geschichten des Volkes gehört. Unter anderem erzählte man sich von einem Jungen aus Südwales, der sich in einer Höhle an der Uferböschung des Flusses Neath versteckte. Dort litt er Hunger, bis auf einmal zwei kleine Männer die Höhle betraten und einen Korb Beeren sowie einen Krug Milch vor ihn stellten. Als der Junge gegessen hatte, boten sie ihm an, ihn in ein wunderschönes Land zu bringen, wo nur Freude herrsche. Daraufhin folgte er ihnen einen Pfad entlang, der sie immer weiter in die Höhle hinein und schließlich in ein Land führte, in dem es grüne Bäume, blühende Sträucher und saftige Wiesen gab. Allerdings sah man dort weder Sonnen- noch Mondlicht, weshalb die Tage düster und die Nächte stockdunkel waren.

Seine beiden Führer brachten den Jungen vor ihren König, der zwar auch winzig war, aber seine Untertanen doch bei weitem überragte. Er stellte dem Gast viele Fragen über die Menschenwelt und erlaubte ihm dann, bei den Feen in der Anderwelt zu bleiben. Ein ganzes Jahr wohnte er bei den kleinen freundlichen Männern und Frauen, die wunderschön anzusehen waren. Sie ernährten sich nur von Milch und sahen Vertrauen als das höchste Gut an. Sogar der Knabe genoss so viel davon, dass man ihn immer wieder seine Mutter besuchen ließ. Sie hörte aus seinen Erzählungen vom Reichtum der Feen und überredete den Sohn, ihr einen Ball aus purem Gold zu bringen.

Das nächste Mal stahl er ihn und ging auf dem bekannten Pfad zur Menschenwelt. Bald schon hörte er kleine Schritte hinter sich und sah, dass ihn seine beiden bekannten Freunde verfolgten. Auf der Hausschwelle seiner Mutter stolperte er und verlor den Ball, den die Feen sofort ergriffen. Alles Bitten, man möge ihm verzeihen und ihn wieder mitnehmen, war umsonst: Die Männer verließen ihn, ohne sich ein einziges Mal umzudrehen. Über viele Jahre ging der Junge zum Flussufer und suchte die Höhle mit dem Zugang zur Anderwelt – doch vergebens: Er fand sie niemals wieder. Später wurde er Mönch und erzählte sein Leben lang klagend von jener Welt der Feen, deren Vertrauen er gebrochen und die er darum auf immer verloren hatte.

Reisen in die Andere Welt

In Irland schätzte man derartige Erzählungen so sehr, dass Abenteuergeschichten und Reisen in die Andere Welt zu den beliebtesten Stoffen der Dichter gehörten. Als älteste und berühmteste Dichtung dieser Gattung gilt *Brans Seefahrt*, die im 8. Jahrhundert entstand.

Deren Held Bran mac Febail war eines Tages nahe seiner Burg allein unterwegs, als er Musik hinter sich vernahm. So oft er sich auch umsah, stets erklangen die süßen Töne hinter seinem Rücken. Darüber schlief er schließlich ein. Nach einiger Zeit erwachte er wieder und sah neben sich einen silbernen Zweig mit weißen Blüten. Den trug er in den Palast, dessen Königshalle voll von Gästen war. Unter ihnen stand auf einmal eine fremde Frau in seltsamem Gewand, von der niemand wusste, wie sie hereingekommen war. Sie sang ein langes Lied über die Anderwelt: Der silberne Ast stamme von deren Apfelbaum auf einer fernen Insel. Dort herrschten weder Schmerz noch Kummer, gäbe es keine Krankheit und keinen Tod. Nur Bran könne dorthin gelangen und vielleicht sogar das Land der Frauen finden. Nach diesen Worten verschwand die Elfin, um die es sich offensichtlich handelte, aus der Halle mitsamt dem wunderbaren Apfelzweig.

Schon am nächsten Morgen stach Bran mit seinen Männern in See. Nach zwei Tagen erblickten sie einen Mann, der mit einem Streitwagen über das Meer fuhr. Bran gab er sich in einem Gesang als Manannán mac Lir zu erkennen, als Herrscher eines Meerreiches, der auf dem Weg nach Irland war. Bran sei hier in Mag Mell, den Gefilden der Glückseligkeit, voller Blumen und umgeben von unzähligen Pferden, die für ihn unsichtbar seien.

Nach dem Zusammentreffen stieß Bran bald auf eine Insel, die voll von Menschen war. Als diese das fremde Schiff erblickten, brachen sie in schallendes Gelächter aus und antworteten nicht auf Brans Fragen. Genauso verhielt es sich mit einem der Iren, den man auf dieser Insel der Fröhlichkeit zurücklassen musste. Dann traf Bran auf ein Land, wo ihn die Fürstin der Frauen begrüßte. Sie lud ihn ein, er möge doch zu ihr kommen. Als er noch zögerte, warf sie ihm ein Bindfadenknäuel zu und zog damit das ganze Boot an den Strand. Sie führte die Männer in ihren Palast, in dem für alle Liebesbetten bereit standen. Die Speisen wurden niemals weniger, und die Seefahrer wähnten sich dort ein Jahr; aber in Wirklichkeit waren in der Menschenwelt viele Jahre vergangen. Als die Männer Heimweh packte, warnte sie die Fürstin, nicht die Erde Irlands zu betreten.

Schließlich näherten sie sich der heimatlichen Küste, wo sich Menschen versammelt hatten und fragten, wer sie seien und woher sie kämen. Als dies beantwortet wurde, meinten sie, einen Bran würden sie nicht kennen. Allerdings erzählten sie sich eine alte Sage von der Seereise eines gleichnamigen Mannes, der niemals zurückgekehrt sei. Ein Begleiter Brans hielt es nicht länger an Bord und er sprang an Land. Doch dort verwandelte er sich sofort in einen Haufen Staub. Da erkannte Bran, dass er in Irland dem schnellen Tode geweiht wäre. Er erzählte den Versammelten seine Geschichte und stach wieder in See, ohne jemals wieder gesehen zu werden.

Wie ihm erging es vielen seiner Nachfolger, die den Weg zu den Wohnstätten der Elfen suchten. Nicht wenige mussten erfahren, dass für deren Genüsse ein hoher Preis zu zahlen war. Denn während weniger Stunden in der Anderwelt vergingen daheim Jahrhunderte, und so mancher Rückkehrer zerfiel wie Brans Gefährte zu Staub oder lebte doch zumindest von nun an einsam und arm unter fremden Menschen.

Dieses Schicksal blühte dem berühmten irischen Helden CúChulainn nicht, auch wenn er erkennen musste, wie gefährlich der Umgang mit den zauberkundigen Bewohnern der Síd sein konnte. Die Erzählung seines Abenteuers in der Anderwelt schildert die große Versammlung, die die nordirischen Ulster-Krieger jedes Jahr an den Tagen um das Samain-Fest des 1. Novembers abhielten. Dabei führten sie ausgiebige Gespräche und vergnügten sich bei Gelagen und Spielen. Aber am liebsten prahlten sie mit ihren Heldentaten und legten als Beweis angeblich die Zungenspitzen der getöteten Gegner vor. Sprachen sie die Unwahrheit, kehrten sich ihre wundersamen Schwerter gegen sie selbst. Als sie während dieses Festes auf einem benachbarten See einen an Herrlichkeit unvergleichlichen Vogelschwarm erblickten, wünschten sich die Frauen diese Tiere.

Daraufhin fuhr CúChulainn mit seinem Streitwagen in den Schwarm, tötete alles mit seinem Schwert und brachte die Vögel zu der Versammlung – allein für seine eigene Frau blieb nichts übrig. Doch auf einmal gewahrte er zwei weitere Vögel auf dem See, die durch eine Kette verbunden waren und eine sanfte Melodie sangen. Als das Heer sie hörte, fiel es in einen tiefen Schlaf. Aber CúChulainn versuchte, die Vögel mit seiner Steinschleuder zu erlegen – zunächst ohne Erfolg. Als er schließlich einen verletzte, tauchten sie im Wasser unter. Der Held war davon so erschöpft, dass er sich an einen Stein lehnte und vom Schlaf übermannt wurde. Im Traum hatte er eine Vision von zwei Frauen, die in einem grünen und einem purpurnen Mantel zu ihm traten. Beide lächelten ihn an, schlugen ihn aber abwechselnd so lange mit einer Pferdepeitsche, bis er halbtot war. Dann verschwanden sie wieder.

Als CúChulainn aus diesem Traum erwachte, sprach er kein Wort, dabei blieb es ein ganzes Jahr. Am Tag vor dem nächsten Samain-Fest versammelten sich alle um den schweigenden Helden. Da erschien ein Abgesandter des Feenfürsten und sang ihnen ein Lied, demzufolge dessen Tochter Fand den jugendlichen Helden begehrte. Dann verschwand der Fremde so unvermittelt, wie er erschienen war. CúChulainn jedoch erwachte, erzählte seine Vision und erbat sich den Rat von König Conchobar. Ihm folgend, ging er zu der Steinsäule, an der er in den Schlaf gefallen war. Unverzüglich erschien die Frau im grünen Mantel und gab sich als Lí Ban aus der Anderwelt, dem »Land der Wonne«, zu erkennen. Er könne die Elfin Fand gewinnen, wenn er mit ihr komme und dem Elfenkrieger Labraid im Kampf gegen seine Feinde beistehe.

Nach langem Zögern und in Liebessehnsucht nach Fand entschloss sich CúChulainn, in den Síd aufzubrechen. Dort saß der Held Labraid unter vielen Leuten inmitten seines Feenhügels, umgeben von Massen an Waffen. Besonders schmückte ihn sein langes gelbblondes Haar, das ein Goldapfel zusammenhielt. Im königlichen Palast standen lange Reihen von Betten, deren Pfosten rot und deren Stützen weiß und vergoldet waren. Ein strahlender Edelstein spendete ihnen Licht. Vor dem westlichen Tor weideten herrliche Pferde, vor dem östlichen wuchsen drei Bäume aus purpurnem Glas. Dort sangen Vögel immerzu ein sanftes Lied. Ein silberner Baum strahlte in blendendem Licht, und dicht an dicht standen weitere Bäume, die überreich köstlichste Früchte trugen. Eine reiche Quelle sprudelte aus goldenen Zapfen, und ein Fass mit Met ging niemals zur Neige. Dort wohnte die herrliche Jungfrau Fand mit weißblondem Haar, an deren Liebeszauber das Herz jeden Mannes zerbrechen musste. Das ganze Land wurde von bildschönen Frauen bewohnt und von glänzenden Kriegern mit ihren Furcht erregenden Waffen.

Im Elfenland zog CúChulainn auf das Schlachtfeld und stellte sich allein einem riesigen Heer. Nachdem er viele Krieger getötet hatte, griff Labraid selbst in den Kampf ein und zerstreute die Feinde endgültig. Doch der irische Held war so entfesselt, dass er erst in drei Fässer kalten Wassers steigen musste, um sich zu beruhigen. Mit diesem Sieg gewann er die Elfin Fand, bei der er einen Monat blieb und mit ihr schlief – worüber seine Ehefrau äußerst erzürnt war. Erst als ihnen Druiden Vergessenstränke reichten, lösten sie den Bann der Anderwelt, dem der Held unterlegen war.

So manche andere irische Erzählung handelte ebenso von derartigen Beziehungen zwischen Männern und Elfenfrauen. Zu ihnen gehört die Geschichte des Königssohnes Connla, der sich aus Liebe zu einer Fee entscheidet, die Menschenwelt zu verlassen. Ein gläsernes Schiff aus der Anderen Welt entrückt ihn in das Reich der Síd.

Die irische Heldengalerie

Die irischen Dichter und Schreiber des Mittelalters hatten außer den Erzählungen von den mythischen Einwanderungen und den Geschichten über die Andere Welt noch ein weiteres beliebtes Thema: die Abenteuer und Kämpfe der großen und verwegenen Heldengestalten. Ihre Schlachten und Schicksale wurden zumeist in den ersten Jahrhunderten nach Chr. angesiedelt, ohne dass man überlieferte historische Ereignisse damit verknüpfen könnte. Aber die freie und abgelegene Insel am Rande Europas bot mit ihren Stammesfehden genug Stoff, aus dem sich in den folgenden Jahrhunderten die Heldensagen entwickelten. An den Höfen ihrer unzähligen Häuptlinge und Könige pflegten deren Gefolgsleute ein Kriegerideal, das dem der alten Kelten auf dem Festland sehr nahe kam.

Die Erzählungen vermitteln in ihren fantasievoll gestalteten Szenen Eindrücke eines solchen heroischen Lebens, dessen Glanzpunkt der ehrenvoll kämpfende Held in seinem Streitwagen darstellte. Je mehr erbeutete Feindesschädel an ihm hingen, desto größer war der Ruhm des Kriegers.

Mit ihnen prahlte man beim Gelage in der Halle, dessen bestes Stück Schweinefleisch als so genannter Heldenbissen dem Helden vorbehalten blieb. Außer dem Zweikampf kennen die Heldengeschichten den Rinderraub als herausragenden Beweis kriegerischer Tapferkeit und Verwegenheit. Zur bekanntesten irischen Heldensage sollte die Erzählung eines solchen Viehdiebstahls werden, wie weiter unten zu lesen ist. Da die Rinderherden der Insel als wertvollstes Gut galten, boten sie sich als Beute an, deren Eroberung respektive Verteidigung dem Krieger Prestige einbrachte.

Unter der langen Heldengalerie Irlands, deren Krieger mit Namen wie Finn mac Cumaill und Cormac Conn Longas beeindruckten, ragt konkurrenzlos CúChulainn hervor, von dem bereits mehrere Episoden wiedergegeben wurden. Die Sagen verleihen ihm schon allein durch seine Herkunft eine besondere Rolle, weil seine Mutter aus einer königlichen Familie stammte und sein Vater jener Lug von den Tuatha Dé Danann war, der fast 2000 Jahre vorher das Fomóri-Ungeheuer Balor getötet hatte. Diese Abstammung aus der Anderwelt trug zweifelsohne ihren Teil zu

Tiere – Pflanzen – Monster

Den Kelten wird eine besonders intensive Beziehung zur Natur nachgesagt, und ihre Druiden gelten als Weise, die mehr als andere mit den Geheimnissen ihrer Umwelt vertraut waren. Das moderne Keltenbild ist bewiesenermaßen von neuzeitlicher Romantik geprägt und hat sehr wenig mit der historischen Wirklichkeit zu tun. Trotzdem entwickelte sich die frühgeschichtliche Kultur in engster Umgebung ihrer Natur, der sie zahlreiche Motive entnommen hat und religiös verehrte. Gewiss zollte man der Fauna und Flora der unmittelbaren und wilden Nachbarschaft Respekt und sogar Anbetung. Die keltische Fantasie bediente sich vieler dieser Lebewesen, um sich Vorstellungen von monströsen Ungeheuern zu schaffen. Die vielgestaltige Kunst der La Tène-Zeit stellte derartige Wesen dar und verschmolz damit Menschen, Tiere und Pflanzen.

Davon abgesehen, gab es offensichtlich erheblich mehr Tierdarstellungen als solche von menschengestaltigen Wesen. Ihre Bedeutung zeigt sich in der Masse von Opfertieren aller Art, mit denen Gottheiten gnädig und günstig gestimmt werden sollten. Diese Götter und Göttinnen trugen häufig die Beinamen und Attribute der mit ihnen verbunden Tiere, manchmal konnten sie sogar deren Gestalt annehmen. So schien den Kelten das Überwirkliche überall in der Natur anwesend zu sein und seinen besonderen Ausdruck in gewissen Tieren zu finden.

Dazu gehörte der Hirsch, der damals wie heute als stolzes Wildtier angesehen wurde, das es mit Ehrfurcht zu bejagen galt. Er schien eng verbunden mit dem Gott Cernunnos zu sein, der sich durch ein Hirschgeweih auszeichnete. Diesen »Behornten« stellte man häufig dar, was für seine Bedeutung spricht. Wahrscheinlich galt er als ein Herr der Tiere, dessen Macht bei der Jagd und bei der rituellen Ver-

CúChulainns ungewöhnlichen Fähigkeiten bei. Sein Name, der »Hund des Culann« bedeutet, verweist auf eines seiner Abenteuer, die er als Kind bestand. Einstmals besuchte König Conchobar mit seinem jungen Neffen, dem späteren CúChulainn, den Schmied Culann. Dieser besaß einen gefürchteten Kampfhund, den er von der Kette gelassen hatte, ohne zu ahnen, dass der Knabe im Hof spielte. Als König und Schmied voll Sorge hinauseilten, sahen sie, wie der kleine Junge mit dem Untier fertig geworden war: Er hatte ihm eine Silberkugel in den Rachen geschleudert, die seine Eingeweide durch das Hinterteil riss, und ihn anschließend gegen einen Stein geschlagen hatte, sodass nun die Überreste des Hundes in zwei Teilen herumlagen. Als der Schmied zu klagen begann, wer fortan seinen Hof schützen solle, erbot sich der Knabe, diese Aufgabe zu übernehmen, bis ein ebenso starker Wachhund wieder herangewachsen sei. Auf diese Weise wurde der junge Held zum »Hund des Culann«.

Wenn CúChulainn in Kampfwut geriet, verfiel er bereits als kleiner Junge in seine berüchtigte Wutverzerrung, eine Art von Raserei, bei der sich ihm

söhnung mit dem erlegten Tier besonders zu beachten war. Oft hält er ein typisch keltisches Mischwesen in der Hand, eine so genannte Widderkopfschlange, die vermutlich die dunklen Mächte des Erdreichs symbolisierte. Mit ihrer Begleitung erweist sich Cernunnos als naturnahe und erdverbundene Gottheit.

Der Bär war zur Zeit der Kelten in Mitteleuropa ein anderes Jagdwild, das man aber bei weitem nicht so intensiv wie den Hirsch religiös verehrte. Gleichwohl galt er als Tier zweier Göttinnen, die mit ihm dargestellt wurden: Artio und Andarta (»die einen Bären in sich hat«). Aber das mächtige Raubtier wurde natürlich gefürchtet. Seine Stärke und Tapferkeit dienten dem Krieger als Vorbild, und in Irland bezeichnete man einen beherzten Kämpfer als Bären.

Ähnliches erzählten sich die Kelten von den angriffslustigen Wildschweinen, deren Wut ebenso vorbildlich war. Dies belegen die häufigen Eberdarstellungen als Figuren, auf Münzen, Helmzieren und vielem anderen. Der Ardennengöttin Arduenna diente der Eber sogar als Reittier. Überhaupt spielten Schweine in der keltischen Kultur eine gewichtige Rolle, stellten sie doch nach dem Rind die verbreitetste Haustierart, deren Überreste immerhin als Grabbeigaben gefunden wurden.

Das eindrucksvollste Zeugnis für das Ansehen des Stiers kommt aus Irland: In der mittelalterlichen Heldenerzählung des *Rinderraubs von Cuailnge* symbolisieren der mächtige Donn und der gewaltige Findbennach die Provinzen Ulster und Connacht. Für die irische Stammesgesellschaft drückte sich Macht und Reichtum nicht zuletzt in solchen Tieren und der Größe der Rinderherden aus. Dass der Stier auch unter den Festlandkelten einen wichtigen Ruf genoss, zeigt eine Fülle von Darstellungen.

Das Pferd genoss hohes Ansehen, stand es doch als Reit- und Zugtier der

niemand in den Weg stellen durfte. Dann begann er an allen Gliedern zu zittern, seine Adern schwollen auf die Größe eines Kinderkopfes an und ein Auge versank im Kopf, während das andere übergroß heraustrat. Sein Mund verzerrte sich, und das Herz klopfte so laut wie das Bellen eines Kampfhundes. Auch als er schon dutzendfach Feinde getötet hatte, konnte sich der derart entfesselte Held nicht beruhigen und musste mehrmals abgekühlt werden.

Zu einem Helden dieses Kalibers gehörte ein früher und dramatischer Kampfestod. Deshalb verwehrte CúChulainn sich nicht der Schlacht, obwohl ihm üble Vorzeichen wie sein von der Wand fallendes Schwert und drei Hexen am Wegesrand das Ende ahnen ließen. Während des Kampfes gegen zahlreiche Feinde starben sein Wagenlenker und sein edelstes Pferd, bis den Helden selbst die Erfüllung einer Weissagung traf: Ein Speer zerriss ihm den Bauch und ließ seine Eingeweide hervortreten. Um aufrecht und bis zum letzten Atemzug kämpfen zu können, schleppte sich CúChulainn zu einem hohen Stein, an dem er sich mit seinem Gürtel festband und

Im südfranzösischen Noves bei Marseille fand man die Figur der »Meereskatze« (mutmaßlich aus dem 1. Jahrhundert vor Chr.), deren aufgerichteter Phallus auf große Fruchtbarkeit verweist.

späteren Streitwagen in engster Beziehung zur keltischen Kriegerkaste. Ihre Angehörigen scheinen sich deshalb ausdrücklich der Pferdezucht gewidmet zu haben, um die prächtigsten Tiere ihr Eigen nennen zu können. Folgerichtig dienten Pferde auch als häufige Opfertiere und wurden manchmal sogar mit ihren Herren bestattet. In gallo-römischer Zeit sorgte die Pferdegöttin Epona für die Popularität dieser Tiere. Mit ihr symbolisierten sie nicht mehr das keltische Kriegertum, sondern Überfluss und Wohlergehen.

Neben den Pferden erfreuten sich noch andere Tiere der keltischen Verehrung. Dazu gehörten die Hunde, die sowohl als Attribut der Fruchtbarkeit schenkenden Muttergottheiten galten, als auch den Kriegern verbunden waren. Magische Bedeutung sprach man offensichtlich zahlreichen Vögeln zu, so dem Kranich, der Gans, dem Schwan und anderen Wasservögeln. Krähen und Raben galten als Tiere des Todes.

Aus der Tierwelt entnahmen die Kelten die Bestandteile für ihre Dämonen und Ungeheuer, die sich als fantastische Mischwesen in der Ornamentik der La Tène-Kunst zeigen. Erschreckenden Monsterwesen widmete man sogar große

schließlich starb. Wie es sich gehörte, schlugen ihm die Sieger den Kopf ab und nahmen ihn mit sich.

CúChulainn und der große Rinderraub

Seine bedeutendste Rolle fiel dem heldenhaften CúChulainn in der langen Erzählung *Der Rinderraub von Cuailnge* zu, die als bekannteste irische Heldensage gilt. Ihr Thema sind die Rivalitäten der beiden Königreiche von Ulster und Connacht, die im Wettstreit der berühmtesten Stiere beider Provinzen gipfeln. Das Geschehen beginnt mit einem Streit am Königshof von Connacht, den König Ailill und seine Gemahlin Medh miteinander austragen. Jeder will den anderen an Reichtum und Macht übertreffen, weshalb die Königin danach trachtet, den herrlichsten Stier Irlands zu gewinnen: den Donn, den »Braunen«, von Cuailnge (Cooley) an der Ostküste.

Plastiken, wie sie sich am eindrucksvollsten in der südfranzösischen Darstellung der »Tarasque« von Noves findet. Sie zeigt ein löwenartiges Untier mit Zügen eines Reptils, das seine Vorderpranken auf zwei abgeschlagene Menschenköpfe stützt, während aus seinem aufgerissenen Rachen ein menschlicher Arm hervorragt. Welche Bedeutung dieses Schreckwesen hatte, ist ungewiss.

Die viele Jahrhunderte später entstandenen irischen Erzählungen nehmen es mit ihren Monstern jedenfalls mit der Tarasque auf. Darin greifen die Fomóri als urzeitliche Wesen die Einwanderer der grünen Insel an und schrecken sie mit ihrem furchtbaren Aussehen. Riesige Wesen sind sie in unvollständiger menschlicher Gestalt. Außer ihnen bevölkern zahlreiche Ungeheuer die Sagenwelt der Inselkelten: Werwölfe und Wolfskrieger, dämonische Katzen und Rieseneber, Seeungeheuer und Gespenster in allerlei Gestalt. Schier unübersehbar ist außerdem die Zahl der Erscheinungen, die die Grenzen der natürlichen Welt aufheben: Wesen mischen sich, können ihre Gestalt wechseln, Tiere haben übernatürliche Fähigkeiten oder entpuppen sich als verzauberte Menschen. Im Reich des Schreckens schienen der keltischen Vorstellungskraft keine Grenzen gesetzt zu sein.

Friedvoller erwies sich die Pflanzenwelt, aus der bekanntlich besonders die Mistel die Verehrung der Druiden genoss. Außerdem kam den Bäumen in der keltischen Kultur und Religion eine bedeutende Rolle zu. In ihren Wäldern und heiligen Hainen rief man die überirdischen Mächte an oder betete den Baum sogar selbst als Gott an – so die ausdrücklich verehrte Eiche unter dem Namen Robur. Ebenso kannte man in Irland heilige Bäume, die mit dem Wohl einzelner Stämme verbunden wurden und auf keinen Fall verletzt oder schlimmstenfalls gefällt werden durften.

Fünfzig junge Kühe pflegt er jeden Tag zu bespringen, die schon am nächsten Morgen Kälber werfen. Fünfzig Knaben können auf seinem Rücken spielen, und hundert Kriegern bietet er unter sich Schutz vor Kälte und Hitze. Jeden Mittag und Abend lässt er sein melodisches Gebrüll ertönen, das man weithin vernimmt. Allerdings gehört dieses Wundertier zum Gebiet des Königs Conchobar von Ulster, der nie und nimmer darauf verzichten wird.

Also ruft Medh ein großes Heer zusammen und geht auf Kriegszug gegen Ulster. Indessen liegt das angegriffene Reich schutzlos vor den Feinden, weil sich seine Krieger in einem Schwächezustand befinden, der sie periodisch überkommt und auf einen Fluch zurückzuführen ist. In dieser Situation schlägt die Stunde des Knaben CúChulainn, der als Einziger bei Kräften ist und sich den Kriegerscharen aus Connacht entgegenstellt. Zuvor gibt er ihnen ein unübersehbares Zeichen dafür, dass sie nicht ungeschoren in Ulster einmarschieren können. Der Knabe mit den ungewöhnlichen Kräften hat einen Baum geschlagen und ihn zu einer Gabel mit vier Zinken zurechtgehauen. Dabei überraschen ihn zwei junge Connachter Krieger mit ihren Wagenlenkern, die ihren vermeintlich ersten erbeuteten Kopf vor sich sehen. Aber CúChulainn vereitelt ihre Pläne und es ist an ihm, den vier Feinden die Köpfe abzuschlagen. Anschließend spießt er jeden auf eine der vier Gabelzinken, die inmitten einer Furt von seiner Tat künden. Die Pferde und Streitwagen der Erschlagenen lässt er mit deren blutigen Überresten zum Heer der Feinde zurückfahren.

Im Folgenden führt der einsame Kämpfer Ulsters einen verwegenen Streit gegen das große Feindesheer, in dem er sogar Königin Medh bedroht. Immerhin macht er seine Drohung war, einen Stein in ihre Nähe zu schleudern: Mit zwei Würfen trifft er sowohl den zahmen Vogel als auch das Frettchen, die auf ihrer Schulter sitzen. Obwohl der junge Held viele Krieger aus Connacht tötet, kann er den Raub des prächtigen Stieres Donn nicht verhindern. Aber er kämpft weiter, kann jedoch seine Erschöpfung und Schwäche kaum noch verbergen. Da erhält er die Hilfe des Sídvolkes: Ein junger Elfenkrieger kommt geradewegs durch das feindliche Heer zu ihm – wie von Zauberhand ungesehen und unbehindert von den Connachtern. Er ist ein großer schöner Mann mit blond gelocktem Haar, dessen grüner Mantel von einer Silbernadel geschmückt wird. Sein schwarzer Schild ist mit weißer Bronze beschlagen, und in der Hand hält er einen Spieß. Der Krieger aus der Anderwelt lässt CúChulainn drei Tage und drei Nächte schlafen, währenddessen er für ihn wacht und seine Wunden mit elfischen Heilkräutern und Zaubersprüchen heilt.

Danach setzt »der Hund des Culann« über Hunderte von Seiten der Heldenerzählung seinen Kampf fort, bis endlich König Conchobar mit seinem Ulster-Heer erwacht. Die Entführung des Stieres können sie nicht mehr verhindern, aber sie setzen den Feinden nach und schlagen sie in einer gewaltigen Schlacht, in der sogar die Kriegsdämonin Morrígain in das Geschehen eingreift. Unterdessen kommt der umkämpfte Donn nach Connacht, wo er auf dessen Stier Findbennach, »den weißen Gehörnten«, stößt. Zwischen den beiden Tieren kommt es zu einem mythisch anmutenden Kampf: Beide sehen einander, scharren wütend mit den Hufen und werfen Erde über sich. Sie schleudern diese über die Schultern, ihre Augen glühen wie feurige Kugeln. Dazu blähen sich ihre Backen und Nüstern wie Blasebälge. Krachend stoßen sie aufeinander und versuchen sich gegenseitig zu durchbohren, niederzustoßen und zu vernichten. Die ganze Nacht kämpfen die Stiere erbittert, wobei sie durch Irland jagen und in der Dunkelheit ihr Kampfgetöse vernehmen lassen. Letztendlich trägt der Donn den Sieg davon, indem er den Gegner mit seinen Hörnern durchbohrt. Danach erliegt auch er dem furchtbaren Kampf und stirbt an gebrochenem Herzen – womit die Erzählung des *Rinderraubes von Cuailnge* endet.

In der irischen und walisischen Dichtung des Mittelalters finden sich keine konkreten Wiedergaben historischer Ereignisse – soweit man davon noch etwas wissen kann. Dennoch führen die Sagen von den Dämonen und Göttern, von der Anderwelt sowie von den Königen und Helden in eine ferne Vergangenheit zurück, deren Spuren sich hinter den fantastischen Erzählungen verbergen. So enthalten die Einwanderungsmythen anscheinend Erinnerungen an reale geschichtliche Migrationen, deren letzte tatsächlich greifbar ist. Denn mit ihr setzten sich die Kelten respektive ihre kulturellen Einflüsse endgültig in Irland durch. Damit verbreitete sich bekanntermaßen das Eisen als Waffen- und Gebrauchsmetall. Hinsichtlich dessen mag es mehr als ein Zufall sein, dass die im Mythos in die Unterwelt vertriebenen Tuatha Dé Danann Eisen verabscheuen!

Unter den Namen vieler Sagengestalten geben sich zudem alte keltische Gottheiten zu erkennen, wofür an dieser Stelle die Connacht-Königin Medh ein Beispiel bieten soll: Sie hält man für eine Nachfahrin der Muttergottheiten, die in der Matronenverehrung des römischen Rheinlandes einen Niederschlag fanden. Das häufige Auftreten bestimmter Tiere wie Eber, Hirsch oder Stier erinnert zudem offensichtlich an deren traditionelle Verehrung, die viele Darstellungen auf archäologischen Funden belegen. Dass darüber hinaus die irischen Heldengestalten in der Tradition keltischer Kriegerideale stehen, wurde schon an mehreren Stellen verdeutlicht.

Folglich greifen die gelehrten mittelalterlichen Erzählungen der Inselkelten bei aller fantasiereichen Ausgestaltung ihrer eigenen Zeit auf alte Mythen zurück, deren Figuren und Motive sie auf diese Weise dem keltischen Erbe erhalten.

Elfen, Kobolde und Zaubernebel: Sagen und Märchen der keltischen Völker

Allerdings schrieben nicht nur gelehrte Geistliche und berufsmäßige Dichter die zahlreichen Sagenerzählungen nieder. Diese erfreuten sich genauso wie die Geschichten um König Arthur unter den Inselkelten großer Beliebtheit und wurden schließlich sogar Bestandteile in deren mündlich erzählten Sagen und Märchen. Deshalb lauschten die Menschen auf der grünen Insel ebenso wie auf den mit ihr verwandten Hebriden und in den schottischen Highlands nur zu gern ihren Geschichtenerzählern, die ein wenig Freude und Abwechslung in das ansonsten karge Leben der Fischer und Bauern brachten. Besondere Spannung herrschte in den Hütten und Häusern, wenn eine Geschichte anhob von den Abenteuern des Finn mac Cumaill, eines alten irischen Kämpfers. Er war der Anführer einer verschworenen Kriegerschar, die in Friedenszeiten der Jagd nachging und im Kriegsfall für ihren König kämpfte. Finn galt gemeinsam mit seinem Sohn Oisín und dem Enkel Oscar als der populärste Held der Schotten und Iren, der zahlreiche Kämpfe gegen menschliche Feinde, Riesen und Ungeheuer zu bestehen hatte.

Neben den Heldengeschichten gehörten vor allem die Märchen über das Volk der Anderwelt zu dem Erzählgut, das als typisch keltisch angesehen wurde. Das schottische Märchen über den Mann vom Elfenhügel greift dabei das alte Thema auf, wie gefährlich der Besuch in einem Síd sein kann: Als ein Mann aus einem grünen Hügel die herrlichste Musik erklingen hörte, konnte er der Versuchung nicht widerstehen und ging ihr nach. Er entdeckte einen großen Stein, wälzte ihn weg und vor ihm lag eine prächtige Treppe, die er hinabstieg, bis er in eine große Halle kam. Dort herrschte ein buntes Treiben mit vielen Leuten, und von dort kam auch die Musik. Man spielte auf Flöten, Fiedeln, vielerlei Harfen und überhaupt auf allen Instrumenten, die es je auf Erden gegeben hatte. Der Besucher erblickte einen kleinen alten Mann mit einem langen wallenden Bart, der ihn einlud, Platz zu nehmen. Unverzüglich wurden ihm die besten Speisen serviert.

Nach einer Weile gab man ihm zu verstehen, es sei nun an der Zeit, sich wieder auf den Heimweg zu machen. Am Ende der Treppe solle er den Stein an seinen alten Platz setzen. Der Mann tat so und ging nach Hause. Aber dort gab es nichts mehr als verfallene Mauern und wüstes Land mit Unkraut. Daran erkannte er, dass er in einen Elfenhügel geraten war und dass mittlerweile in der Menschenwelt eine lange Zeit verstrichen war. Er unterhielt sich mit einem alten Mann und erzählte ihm, erst gestern Abend sei er in einen Elfenhügel geraten und nun erkenne er nichts mehr wieder. Der Alte antwortete: »So seid Ihr wohl der Mann, von dem mein Großvater immer erzählt hat, er wäre zum Strand hinuntergegangen und nie wieder gesehen worden.« Da fühlte der Mann sein Lebenskräfte schwinden und bat um einen Priester. Als der ihm die letzte Ölung gegeben hatte, fiel er tot zu Boden.

Die so genannten kleinen Leute der Elfenhügel wurden auch außerhalb der Märchen durchaus ernst genommen und traten in vielerlei Gestalt auf. Dabei war jedoch wenig von den stolzen Gestalten der Tuatha Dé Danann übrig geblieben. Zwar zierte die Elfen noch langes blondes Haar, trugen sie grüne Kleider und konnten plötzlich verschwinden und erscheinen – jedoch waren sie gewissermaßen geschrumpft und zu winzigen Geistern geworden. Trotzdem galt der Umgang mit ihnen als problematisch, weil sie zum einen den Menschen wohl gesonnen waren und ihnen allerlei Hilfe zuteil werden ließen – etwa bei Krankheiten. Zum anderen konnten sie ebenso schweren Schaden zufügen, indem sie etwa ein Menschenkind durch einen Wechselbalg austauschten, der sich zunehmend als hässliches und bösartiges Wesen entpuppte.

Im Gefolge der Elfen fand sich eine Vielzahl böser und freundlicher Geister, wie etwa der zu den Letzteren zählende schottische Brownie. Dieser kleine pelzige Hausgeist verrichtete Hofarbeiten wie das mühsame Korndreschen und braute sogar Bier. Dafür wollte er aber auch belohnt werden, was er in Form von Käse und Milch gern annahm. Überhaupt gehörte es sich während der Ernte, die letzten Früchte als »Früchte für die Elfen« zurückzulassen. Die bösen Geister umfassten übel gesinnte Kobolde, Hexen, die sich in Gestalt riesiger Katzen zeigten, und Verhängnisvolles verheißende weiße Frauen. Sie alle benutzten mit den Geistern der Verstorbenen die Halloween-Nacht vor Allerheiligen, um in der Menschenwelt Angst und Schrecken zu verbreiten. Aber über die Heimat der guten wie der bösen überirdischen Erscheinungen senkte sich häufig ein märchenhafter Zaubernebel, der den Zugang zum Land der Wunder ermöglichte und zu einem wichtigen Attribut der keltischen Fantasiewelten wurde.

In welcherlei Erscheinungsformen man sich die Wesen der Anderwelt dachte, zeigt unter anderem das walisische Märchen vom Zusammentreffen Einions mit der Frau vom Grünen Wald: Einion streifte eines Tages durch die Wälder, als er auf einmal einer schönen Frau begegnete. Deren Haut übertraf an Schönheit das Weiß des Schnees auf den hohen Bergen und das Rot der Morgendämmerung. Wie er sie so sah, überfiel ihn große Liebe. Sie erwiderte seinen Gruß sehr freundlich und beide sprachen höflich miteinander. In seiner Verliebtheit nahm er nicht wahr, dass sie statt Füßen Hufe hatte. Denn die Dame vom Grünen Wald war in Wahrheit ein Goblin, eine Art Kobold, und hatte Einion verzaubert: Er musste ihr von nun an überall hin folgen, und sie begleitete ihn unter die Menschen, ohne dass sie von anderen gesehen wurde.

Nachdem er lange unter dem Zauberbann gestanden hatte, traf er eines Tages einen Mann in einem weißen Gewand, der auf einem schneeweißen Pferd ritt. Mit einem Stab half er Einion, die Sinnestäuschung des Goblin zu durchschauen. Als dieser die wahre Gestalt der Dame vom Grünen Wald erkannte, schrie er vor Schreck auf. In Wirklichkeit war sie ein abstoßendes Wesen, widerlicher als die schrecklichsten Dinge der Welt. Allerdings konnte das Ungetüm jegliche Gestalt annehmen. So trat es als mächtiger Edelmann bei Einions verlassener Frau auf und machte sie glauben, dass ihr Mann schon lange tot sei. Dann bewirkte es einen Liebeszauber und bereitete die Hochzeit vor. Erst Einion konnte die Verzauberung seiner Frau mithilfe des magisches Stabes brechen, den ihm der Mann in Weiß überlassen hatte. Außerdem war er der Einzige, der die herrliche Harfe, die seine Halle zierte, zu stimmen vermochte. So wurde aus der Hochzeitsfeier ein großes Fest über die Befreiung vom Bann des Goblin.

Die irischen Elfen und die Brüder Grimm

Die Elfen und die bunte Schar inselkeltischer Geister und Helden waren schon länger auf dem Kontinent bekannt und populär – worauf das folgende Kapitel eingeht –, als die Brüder Jacob und Wilhelm Grimm, Märchensammler und Gründungsväter der germanistischen Wissenschaft, 1825 das Buch *Irische Elfenmärchen* veröffentlichten. Sie hatten ihrerseits die *Fairy Legends* des irischen Gelehrten Thomas C. Crocker kennen gelernt und waren von der Fantasie des irischen Volksglaubens so begeistert, dass sie das Werk ins Deutsche übertrugen. Sie sorgten damit für eine weite Verbreitung der Elfenvorstellungen, und beide Bücher gaben deren Bilder wieder, wie sie noch heute in England, Deutschland und anderen Ländern bestimmend sind.

Die Grimms machen recht genaue Angaben über das Aussehen der Elfen: Sie seien nur wenige Zoll hoch, hätten fast durchsichtige Körper von einer wunderbaren Schönheit und seien so leicht, dass ihr Gewicht keinen Tautropfen auseinander laufen lasse. Außerdem trügen sie schneeweiße und silberglänzende Kleidung, wozu sie gern die Blütenglocken des Fingerhuts aufsetzten. Immer seien sie in großen Gesellschaften anzutreffen, aber gleichwohl den Menschen unsichtbar. Deshalb sei stets Vorsicht geboten, wenn man über sie spreche. Nur der darum Wissende nehme sie wahr: »Sieht man auf der Landstraße große Wirbel von Staub aufsteigen, so weiß man, dass sie im Begriffe sind, ihre Wohnsitze zu verändern und nach einem andern Ort zu ziehen, und man unterlässt nicht, die unsichtbaren Reisenden durch ehrfurchtsvolles Neigen zu grüßen.«

Diese Wohnsitze fänden sich in Steinklüften, Felsenhöhlen und alten Riesenhügeln, wie die Brüder Grimm die Hügelgräber bezeichnen: »Innen ist alles aufs Glänzendste und Prächtigste eingerichtet, und die liebliche Musik, die zuweilen nächtlich daraus hervordringt, und noch jeden entzückt, der so glücklich gewesen ist, sie zu hören.« In den Sommernächten der Erntezeit versammelten sich die Elfen zum Mondschein allerdings auch außerhalb ihrer Behausungen und tanzten an heimlichen Orten wie Bergtälern, Flussufern und Kirchhöfen. Dort ruhten sie dann gern unter großen Pilzen aus.

Ihre Zaubermacht sei schier unbegrenzt. Sie könnten jede Gestalt annehmen, selbst die Schrecken einflößendste, und in Windeseile große Entfernungen überbrücken. Darum solle sich ein Mensch nicht von der Freundlichkeit und Grazilität ihres Wesens täuschen lassen: »Sie lassen sich auch wohl in menschlicher Gestalt sehen oder jemand, der nachts zufällig unter sie geraten ist, teil an ihren Tänzen nehmen; aber etwas Gefährliches liegt allzeit in dieser Berührung: Der Mensch erkrankt danach und fällt von der unnatürlichen Anstrengung, da sie ihm etwas von ihren Kräften zu verleihen scheinen, in ein heftiges Fieber. Vergisst er sich und küsst der Sitte gemäß seine Tänzerin, so schwindet in dem Augenblick, wo seine Lippen sie berühren, die ganze Erscheinung.«

Andererseits hätten manche Familien ihre eigenen Elfen, denen sie ergeben seien und dafür deren Hilfe erhielten, etwa bei Krankheiten und in Lebensgefahr. Nach dem Tod fielen die Menschen den Elfen zu und träten in deren Welt ein.

Die Elfen hätten eine lichte, gute und eine dunkle, böse Seite. Diese treibe sie zu heimtückischen und Verderben bringenden Streichen gegen die Menschen. Denn ihre Schönheit und die Pracht ihrer Wohnungen seien nur ein falscher Schein. Ihre wahre Gestalt zeige sich dagegen in abschreckender Hässlichkeit. Erblicke man sie einmal am helllichten Tag, so offenbarten sie ihr altersrunzliges Gesicht, das an einen welken Blumenkohl erinnere.

Wie übel sie einem Menschen mitspielen können, der sie nicht ernst nimmt, zeigt das folgende Elfenmärchen aus der Sammlung der Brüder Grimm: Es handelt von Caroll O'Daly, einem jungen Burschen aus der Provinz Connaught, der sich durch seine Stärke und sein prahlerisches Wesen auszeichnete. Niemals zeigte er Furcht und traute sich gar des Nachts auf einen verfallenen Kirchhof oder einen anderen Platz, wo die Elfen angeblich tanzten. Eines Tages traf er bei einbrechender Nacht in der Grafschaft Limerick am Fuße des Berges Knockfierna einen Mann auf einem weißen Pferd. Der vertraute ihm an, er reite auf die Bergspitze wegen des stillen Volkes, den Elfen also. Damit verabschiedete er sich. Doch der junge O'Daly vermutete anderes hinter diesem seltsamen nächtlichen Ausritt, denn an die Elfen wollte er nicht so recht glauben und Angst vor ihnen hatte er schon gar nicht.

Darum schlich er dem Reiter heimlich hinterher und erreichte nach einem mühsamen Aufstieg einen grünen Rasen auf der Spitze des Berges. Dort fand er nur das weiße Pferd, das neben einer schwarzen Öffnung friedlich graste. Der Bursche packte einen schweren Stein und warf ihn hinein – um an der Haustüre zu klopfen und zu sehen, ob die Geister daheim seien, wie er sich sagte. Als er ihm in den Schacht nachschaute, kam der Stein mit ungeheurer Wucht zurückgeschossen und traf ihn mit solcher Gewalt im Gesicht, dass er Hals über Kopf den ganzen Abhang hinabrollte: »Am folgenden Morgen fand man Caroll O'Daly neben seinem Pferd liegend, seine Haut war geschunden und zerrissen, die Augen geschlossen, und die eingedrückte Nase entstellte ihn auf sein Lebtag.«

Somit erweist sich auch die biedermeierlich-possierliche Gestalt der Elfen als äußerst trügerisch. Nichtsdestotrotz bietet sie heutzutage das weit verbreitetste Bild jener überirdischen Geschöpfe der inselkeltischen Fantasie, deren Gestalten mannigfaltige Formen annehmen konnten. Aber in Irland blieb der ursprüngliche Elfenglaube zu Hause, und mit den Millionen irischer Auswanderer kam er sogar nach Nordamerika und in andere Teile der Welt – wofür Halloween das bezeichnendste Beispiel bietet. Die geistige Welt der Inselkelten erschloss ihren Geschöpfen sogar neue Gebiete und ließ sie nach Amerika fahren. Darüber erzählte man sich Märchen wie das von Seán Palmer, der mit den Elfen respektive Feen über den Atlantik reiste:

Er vermisste nämlich eines Abends seinen geliebten Tabak so sehr, dass ihm das Abendessen gleichgültig wurde. Gegen die Einwände seiner Frau machte er sich auf den Weg ins nächste Dorf, um sich dort Tabak zu kaufen. Und so ging er nur mit Jacke und Hose bekleidet los. Auf der Straße begegnete er zwei unbekannten Männern, die nicht nur seinen Namen kannten, sondern auch wussten, dass er Tabak holen wollte. Sie verwiesen ihn auf ein kleines Boot unten am Kai, in dem zwei Männer ihm sicherlich etwas geben könnten. Seán ging zu ihnen und fragte höflich nach Tabak, der ihm freundlich gewährt wurde. Er solle nur an Bord kommen und sich schon eine Pfeife stopfen. Bald saß er so zufrieden in seinem Tabakqualm, dass er kaum wahrnahm, wie die beiden anderen Männer von der Straße ins Boot stiegen und wie die Segel gehisst wurden.

Während das Boot nur so übers Wasser schoss, sprachen weder die vier Männer noch Seán ein Wort. Wenig Zeit war verstrichen, als sie Lichter erblickten. Als sich der Gast an Bord fragte, zu welchem Ort sie gehörten, antwortete einer der Männer, sie hielten auf den Kai von New York zu und würden gleich anlegen. In seiner ärmlichen Kleidung ging Seán verwirrt an Land. Zwei der Männer aus dem Boot nahmen sich seiner an und begleiteten ihn durch die riesige Stadt. Sie rieten ihm, Verwandte und alte Freunde zu besuchen, die nach Amerika ausgewandert waren. Alle freuten sich über den unerwarteten Besucher aus der Heimat, und Seán kehrte schließlich reich beschenkt zu dem kleinen Boot zurück: Er trug einen feinen Anzug, hatte etliche Dollarscheine in der Tasche und nannte nun ein ganzes Tabakkistchen sein Eigen.

Seine vier Begleiter hatten es sehr eilig, liefe doch, wie sie meinten, ihre Zeit ab und man müsse alle Segel setzen. Schnell schoss das Boot aufs Meer hinaus und schon bald erkannte man die heimatlichen Lichter Irlands. Als Seán ausgestiegen war, drehte er sich um und wollte sich bei den Männern bedanken. Doch weit und breit konnte er kein Boot mehr sehen, das wie vom Meer verschlungen schien. Als er nach Hause ging, hörte er die Hähne krähen. Und in der Tat war in der Zwischenzeit lediglich die Nacht vergangen, sodass seine Frau vermutet hatte, er habe im Dorf noch Karten gespielt.

Trotz der vielen Geschenke wollte sie seinem Bericht von der Reise nach New York lange nicht glauben. Erst als Briefe der Verwandten in Amerika Seáns Besuch bestätigten, wurde allen klar, dass er nur durch die Hilfe der Feen diese fantastische Reise unternommen haben konnte.

9. Die Kelten in der Neuzeit – Von Ossian und Highland-Nebeln

Die Wiedergeburt einer verschwundenen Kultur

In der Epoche der Renaissance, die zwischen dem 14. und 16. Jahrhundert das Kultur- und Geistesleben vieler europäischer Länder prägte, erfuhr die antike Vergangenheit eine Wiedergeburt – so die Bedeutung des französischen Wortes –, die sich bis heute auswirkt. Nachdem als Erste italienische Dichter und Gelehrte die griechische und römische Geschichte und Kunst gleichsam wiederentdeckten, folgten ihnen die so genannten Humanisten nördlich der Alpen. In den Bibliotheken fand man alte Handschriften mit den Werken antiker Autoren wie Caesar und Tacitus. Aus ihren Schriften zogen die Gelehrten Schlüsse mit weit reichenden Konsequenzen: Wo die Italiener in den ruhmreichen Römern ihre Vorfahren sahen, führte man sich im Norden auf die einst gefürchteten Gallier und Germanen zurück. Letztere wurden zu den Vorvätern der Deutschen erklärt, während sich die Franzosen als Nachfahren der Gallier sahen. Und die in ihrer Mehrzahl stark alemannisch – also germanisch – geprägten Schweizer Kantone entdeckten in Caesars *Bellum Gallicum* jene mutigen Helvetier für sich, die Rom blutig unterlegen waren. Mit dem Namen der einstmals erschreckenden Belger sollte später sogar eine ganze Nation bezeichnet werden, als sich 1831 die Provinzen der bis dahin so genannten südlichen Niederlande um Brüssel, Gent und Namur als Belgien für unabhängig erklärten.

Seit den Entdeckungen der Renaissance kannte man die Namen der Gallier respektive Kelten und ihrer zahlreichen Stämme und man wusste zumindest von den Ereignissen ihrer Geschichte, die Caesar und andere antike Autoren schilderten. Richtige archäologische Zuordnungen konnten allerdings erst viel später vorgenommen werden. Bis ins 19. Jahrhundert behalfen sich die Gelehrten mit größtenteils fantasievollen Erklärungen, was denn als keltisches Erbe angesehen werden könnte. Die bis in die Gegenwart beliebteste Fehlinterpretation galt der jungsteinzeitlichen Stonehenge-Anlage in Südengland, die man als Heiligtum der Druiden ansah.

Doch bei allem wachsenden Interesse an dem antiken Barbarenvolk stand es lange völlig außer Frage, dass es Kelten und ihre Nachfahren nur auf dem europäischen Festand gab. Erst als sich Forscher mit den wenigen Resten des Gallischen beschäftigten und die Sprachen der Iren, Schotten, Waliser und Bretonen untersuchten, fiel ihnen auf, dass sie starke Gemeinsamkeiten aufwiesen und offensichtlich alle zur keltischen Sprachfamilie gehörten. Die Kelten waren demzufolge nicht nur ein untergegangenes Volk der Antike, sondern lebten am Nordwestrand Europas noch immer. Diese Erkenntnis setzte sich ausgerechnet unter den Inselkelten nur langsam durch, vor allem bei den Iren: Sie, die heute als Kelten par excellence gelten, identifizierten sich letztlich erst im 19. Jahrhundert mit diesem Begriff. Was also neben den archäologischen Funden das typische Keltische ausmacht, beruht auf einer verhältnismäßig jungen Erkenntnis und Identifikation.

Seitdem gelten die Sprachen und Bräuche der betreffenden Völker als keltisch. Doch schon zuvor war man der eigenen Geschichte und Kultur nachgegangen. In Irland beschäftigte man sich mit der alten Ogam-Schrift und ahmte den Stil frühmittelalterlicher Handschriften nach. Dort wie in Schottland erwachte das Interesse an Harfenmusik, worauf kostbare Instrumente gefertigt wurden. Sie gelten wie etwa die Brian-Boru-Harfe in Dublin als nationale Schätze. Seit dem 18. Jahrhundert widmete man sich besonders auf der grünen Insel und in Wales der Pflege kultureller Traditionen, was zu einer – später so genannten – keltischen »Wiedergeburt« führte. Ein neu erwachtes Bewusstsein behauptete mit Mühe die eigene Sprache gegen das übermächtige Englisch. Walisische Poeten belebten beispielsweise im 19. Jahrhundert das Eisteddfod wieder, das als großes Dichtertreffen noch immer in Form sommerlicher Literatur- und Musikfestspiele begangen wird.

Das schottische Hochland galt als Heimat lebendiger Traditionen, wofür das Clanwesen stand. Unter diesem Begriff fühlten sich Menschen einander zugehörig, weil sie sich auf einen gemeinsamen Ahnherrn zurückführten und diese Beziehung durch einen Gemeinschaftsnamen ausdrückten, dem das typische *Mac* für »Sohn« vorausging. An ihrer Spitze stand seit alters her ein Häuptling. Mit der keltischen Renaissance sah man in der bodenständigen Institution des Clans ein Fortleben der Stammesgliederung, wie sie schon aus der Antike überliefert wurde. Während demnach die Clans sehr alt sind, kam der berühmte Schottenrock, der Kilt, mit seinen clanspezifischen Farben erst im 18. Jahrhundert auf.

Ob zu Recht oder nicht – das Keltische erblickte man zunehmend bei den Inselkelten und deren Sitten und Gebräuchen. Es drückte sich im irischen Elfen- und bretonischen Feenglauben aus, in der Harfenmusik und in den stimmungsvollen Landschaftsbildern des kargen schottischen Hochlands, der walisischen Berge oder der irischen Einsamkeit.

Ossian: das Keltische als Mode

In der zweiten Hälfte des 18. Jahrhunderts erfreuten sich inselkeltische Motive und Stoffe in Europa so großer Beliebtheit, dass man von einer regelrechten Modeerscheinung sprechen kann. Deren Ursachen lagen einerseits in einem neuen Zeitgeist, der sich von der Vernunftbetonung der Aufklärung distanzierte. Englische Dichter und ihr Publikum begannen damit, Interesse an der Vergangenheit des Mittelalters zu zeigen und alte oder wieder errichtete Burgen ebenso zu schätzen wie die Geschichten darüber. Gleichzeitig wollte man mehr von den Überlieferungen des einfachen Volkes wissen, seien es dessen Lieder oder Märchen. Dem kam zu Gute, dass in Frankreich Jean-Jacques Rousseau das Bild des edlen Wilden schuf, das im Barbaren das Vorbild eines einfachen und glücklichen Lebens sah. Auch in Deutschland nahm man zusehends Abstand von der nüchternen Sachlichkeit der Aufklärung. Die Dichter des Sturm und Drang schufen einen Kult um das menschliche Gefühl – nicht Verstand war gefragt, sondern Emotionen, nicht der kluge Poet, sondern das stürmische Genie. In dieser Zeit trafen sich die Gebildeten an den kleinen deutschen Höfen und in den gediegenen Bürgerhäusern, lasen einander vor und rezitierten empfindsame Gedichte. Wenn allesamt darauf in Tränen der Rührung ausbrachen, mussten sich weder Frauen noch Männer genieren; es gehörte gewissermaßen zum guten Ton.

Damals war unter der europäischen Bildungsschicht die Zeit reif für die große Dichtung, die die Herzen massenhaft bewegte und eine Welle ungeahnter Gefühle auslöste. Der Mann, dem dies gelingen sollte, war der Schotte James Macpherson (1736–1796), der aus dem Hochland stammte und seinen Lebensunterhalt als Dorf- und Hauslehrer bestritt. Er hatte zu Beginn der sechziger Jahre des 18. Jahrhunderts einige längere Gedichte veröffentlicht, die er nach eigenem Bekunden unter der Bevölkerung der Highlands gesammelt und schließlich aus dem Gälischen ins Englische übersetzt hatte. Ursprünglich sollten sie das Werk eines keltischen Barden aus der Zeit um 300 nach Chr. sein. Im Jahr 1765 erschienen sämtliche dieser *Works of Ossian*, der Gedichte des alten gälischen Barden Ossian.

Dieser zieht als blinder Greis über das Hochland, ein Sohn des schottischen Königs Fingal und der letzte Überlebende aus dessen heldenhafter Kriegerschar. Sogar den Tod des eigenen Sohnes Oscar musste Ossian erleben, den nun seine Schwiegertochter Malvina umherführt – der einzige ihm verbliebene Trost. Er besingt auf der Harfe die Kämpfe und Heldentaten jener Zeiten, in denen sein Vater dem irischen König Cormac und dessen Heerführer Cuthullin gegen einfallende Nordmänner beistand. Kämpfe, Schicksalsschläge und dramatische Verstrickungen gibt es in Ossians Gesängen zuhauf. Aber mehr als die – für den modernen Geschmack – schwülstig und trivial geschilderte Handlung beeindruckte die Leser des 18. Jahrhunderts jene melancholische Stimmung, die der rauen und nebelverhangenen Landschaft des Nordens zu entsprechen schien. Aus den Wolken blicken die Geister der Vorväter herab und empfangen den gefallenen Helden.

Wer noch lebt, gibt sich elegischen Gedanken dieser Art hin: »Ich sitz' bei der moosigten Quelle; am Gipfel des stürmischen Hügels. Über mir braust ein Baum. Dunkle Wellen rollen über die Heide. Die See ist stürmisch darunter. Die Hirsche steigen vom Hügel herab. Kein Jäger wird in der Ferne geseh'n. Es ist Mittag, aber Alles ist still. Traurig sind meine einsamen Gedanken …« Die heroische Landschaft Schottlands, die Schicksalsträchtigkeit des Geschehens, der elegische Grundton und das zutiefst melancholische Leitmotiv trafen den Nerv der Zeit, die all dies mit dem Namen Ossians verband und auf ihre Gefühle und Sehnsüchte bezog.

Deshalb las man den Ossian überall in Europa und nahm ihn als Stimme einer längst vergangenen Zeit, in der die Dichter den Ton der Natur trafen und damit authentisch waren. Der keltische Barde drückte die Gefühle und Empfindungen der modernen Menschen des 18. Jahrhunderts aus, die ebenso authentisch sein wollten. Zu den unzähligen Begeisterten gehörte der junge Johann Wolfgang von Goethe, der Ossian in seinem Erfolgswerk *Die Leiden des jungen Werthers* gebührende Referenz erwies. Der Held dieses 1774 erschienenen Romans, der an sich, der Welt und einer unglücklichen Liebe leidet, findet in der keltisch-schottischen Dichtung einen Ausdruck seiner eigenen Gefühle:

»Ossian hat in meinem Herzen den Homer verdrängt. Welch eine Welt, in die der Herrliche mich führt! Zu wandern über die Heide, umsaust vom Sturmwinde, der in dampfenden Nebeln die Geister der Väter im dämmernden Lichte des Mondes hinführt. Zu hören vom Gebirge her, im Gebrülle des Waldstroms, halb verwehtes Ächzen der Geister aus ihren Höhlen, und die Wehklagen des zu Tode sich jammernden Mädchens, um die vier moosbedeckten, grasbewachsenen Steine des Edelgefallnen, ihres Geliebten. Wenn ich ihn dann finde, den wandelnden grauen Barden, der auf der weiten Heide die Fußstapfen seiner Väter sucht und, ach, ihre Grabsteine findet und dann jammernd nach dem lieben Sterne des Abends hinblickt, der sich ins rollende Meer verbirgt, und die Zeiten der Vergangenheit in des Helden Seele lebendig werden, da noch der freundliche Strahl den Gefahren der Tapferen leuchtete und der Mond ihr bekränztes, siegrückkehrendes Schiff beschien. Wenn ich den tiefen Kummer auf seiner Stirn lese, den letzten verlassenen Herrlichen in aller Ermattung dem Grabe zuwanken sehe …« – dann möchte Werther gleich einem edlen Waffenträger das Schwert ziehen, seinen Fürsten von der Qual des langsam absterbenden Lebens auf einmal befreien und dem befreiten Halbgott seine eigene Seele nachsenden. Als Werther der unglücklich geliebten Lotte die von ihm übersetzten Gesänge Ossians vorliest, übermannen ihn seine Gefühle, »ein Schauer überfiel ihn, als er sie in die Hände nahm, und die Augen standen ihm voll Tränen, als er hineinsah«. Und während seiner Lesung bricht auch aus Lottes Augen »ein Strom von Tränen«.

Der junge Goethe war nur einer von unzähligen europäischen Künstlern und Intellektuellen, die von Ossian ergriffen wurden und dem Stoff Übersetzungen, Nachdichtungen, Liedvertonungen, Opern und Bilder widmeten. Dass sogar ein politischer Machtmensch sich dem Fieber der Begeisterung um den keltischen Barden nicht entziehen konnte, bewies Napoleon, General, Konsul und Kaiser der Franzosen: Er schätzte nicht nur Goethes *Werther* über alles, sondern auch die Gesänge Ossians.

Es tat dem allen keinen Abbruch, als sich im Laufe der Jahrzehnte herausstellte, dass die *Works of Ossian* mitnichten originale Lieder aus dem 3. Jahrhundert waren. James Macpherson – mittlerweile zu Ruhm und Reichtum gelangt – hatte sie sehr frei nachgedichtet und dafür auf irische Heldengestalten zurückgegriffen: Aus der populären Sagenfigur des Kriegers Finn mac Cumaill und seinem Sohn Oisín machte er Fingal und Ossian, der jugendliche Kämpfer CúChulainn diente dem literarischen Heerführer Cuthullin als Vorbild. Um diese Figuren hatte der schottische Lehrer eine Geschichte erdichtet – im Übrigen auf Englisch, denn gälische Originale existierten nicht. Erst später übersetzte man die englischen Kunstlieder in die keltische Sprache Schottlands.

Letztlich verzieh die Öffentlichkeit Macpherson seinen Schwindel. Denn er hatte ein Erfolgsrezept entdeckt, von dem er ursprünglich selbst nichts ahnte. Er griff auf schottisch-keltische Motive zurück und verband sie mit der oben angesprochenen Stimmung einer elegischen Melancholie, die der originalen keltischen Überlieferung fremd war. Damit traf er genau den vorherrschenden sentimentalen Zeitgeist, den er schlichtweg auf die 1500 Jahre zurückliegende Vergangenheit projizierte. Seitdem verband man die nebelverhangenen Buchten und Berge Schottlands mit den gefühlsbetonten Vorstellungen über die Kelten der Britischen Inseln.

Walter Scott und die Highland-Romantik

Macphersons *Works of Ossian* lenkt das Interesse auf das ursprüngliche keltisch-gälische Schottland, dessen Volkslieder und Balladen zusehends gesammelt wurden und Nachdichtungen erlebten. Allerdings sorgten im Zeitalter der Romantik vor allem die historischen Romane Sir Walter Scotts (1771–1832) für die weiter wachsende Begeisterung an schottischen

Motiven. Der Anwalt aus Edinburgh wurde weit über seine Heimat hinaus ein früher Bestsellerautor, dessen 1820 erschienener *Ivanhoe* die Zeit der Kreuzzüge aufgriff und noch immer bekannt ist.

Bereits zehn Jahre früher hatte die Verserzählung der *Dame vom See* (*The Lady of the Lake*) der Schottland-Begeisterung einen unerhörten Aufschwung gebracht. In der im 16. Jahrhundert angesiedelten Handlung stehen die Auseinandersetzungen zwischen dem schottischen König und dem Hochland-Clan der Douglas im Mittelpunkt. Während der König versucht, die unbotmäßigen Highland-Bewohner zu unterwerfen, entfaltet sich ein dramatischer Bilderbogen von Kämpfen, Ehre und großer Liebe. Scott griff auf den mittelalterlichen Arthur-Stoff zurück und drückte dies in dem Titel *Die Dame vom See* aus, womit in den alten Epen eine Fee bezeichnet wurde. Doch wie im *Ossian* begeisterten insbesondere die Schilderungen der schottischen Landschaft und deren gefühlvolle Stimmungen die Leserschaft.

Der Roman *Rob Roy* rühmt einen Freiheitshelden, der schon lange in den Balladen des Volkes besungen wurde: Der Aufrührer vom Clan der Macgregor erlebt im 18. Jahrhundert Aufstand und Niederlage der gälischen Clans gegen die englischen Truppen. Rob Roy wird zum Straßenräuber, weil ihm die unbarmherzigen Gläubiger Haus und Hof nahmen. Darum tritt er als schottischer Robin Hood auf, der gegen das Unrecht der Engländer kämpft, dabei viele Abenteuer besteht, gefangen genommen wird und eine waghalsige Flucht unternimmt. Einem derartigen Helden flogen nicht nur in den Highlands alle Herzen zu, sondern in ganz Europa.

Allenthalben kannte man nun die aufrechten und tapferen Bewohner des schottischen Hochlands, die gälischen Erben einer großen Vergangenheit. Wie im 18. Jahrhundert *Ossian* kam zur Zeit der Romantik und darüber hinaus das Schottische in Mode, wofür seitdem stellvertretend der Kilt mit seinen Mustern steht. Die Clans dienten in ihrer rauen und gleichwohl schönen Heimat zunehmend als Gegenbild zu den Fabrikschloten und Arbeitermassen der sich besonders in Großbritannien ausbreitenden Industrie. Die Impressionen der Wälder und Berge, der Seen und Inseln verband man mit einer einzigartigen Stimmung unverfälschter Gefühle, die ihren Ausdruck im Gleichklang von Landschaft, Geschichte und Menschen fand. Auf diese Weise entdeckte man im 19. Jahrhundert die derart idealisierten Inselkelten als »anderes Ich«, gewissermaßen als Alternative zum technischen und gesellschaftlichen Fortschritt.

derland der Cheshire-Katze

t ihrem starken Interesse an Märchen, Sagen Mittelalters breitete sich eine Fülle ursprünglich keltischer otive aus – von den Geschichten um Arthur und die Tafelrunde bis zu den irischen Heldenerzählungen, von den walisischen Sagen des so genannten Mabinogion bis zu schottischen Märchen und von den Feengeschichten der Bretagne bis zu den Geheimnissen um den Zauberer Merlin. Dass die Brüder Grimm Irlands Elfenmärchen entdeckten und übersetzten, ist beispielhaft dafür, wie sich Figuren und Vorstellungen der inselkeltischen Mythen- und Sagenwelt überall auf den Britischen Inseln und auf dem europäischen Festland verbreiteten. Die Geschichten von der Anderwelt und ihren Bewohnern, von den Feen, Elfen, Kobolden und Zauberern beflügelten zusehends die Imagination der Dichter und Dichterinnen, die überdies noch einen weiteren Aspekt der Überlieferung entdeckten: Die überreiche Fülle des Skurrilen und Absurden wurde neben unlogischen Wortspielen als herausragendes Kennzeichen des Keltischen und seiner Kunst angesehen – und erfreute sich besonders auf den Britischen Inseln weit verbreiteter Beliebtheit.

Dort fand es seinen Niederschlag unter anderem in einem der beliebtesten Kinderbücher der Weltliteratur, in *Alice im Wunderland.* Der Oxforder Mathematikdozent Lewis Carroll (1832–1898) veröffentlichte *Alice's Adventures in Wonderland* 1865 und erzielte damit einen großen Erfolg. Ob er die seltsamen Traumerlebnisse eines kleinen Mädchens bewusst aus keltischen Traditionen schöpfte, sei dahingestellt – jedenfalls ähneln sie ihnen stark. Alice gerät in eine andere Welt voll Wunderwesen wie sprechende Tiere und Spielkarten. Den Zugang dazu findet sie durch ein weißes Kaninchen mit roten Augen – in Wales galten weiß und rot als Kennzeichen von Wesen der Anderwelt –, das eine Uhr aus seiner Westentasche zieht und vor sich hin murmelt: »Jemine! Jemine! Ich komme bestimmt zu spät.« Alice läuft ihm in den Kaninchenbau nach und fällt einen abgrundtiefen Schacht hinunter, bis sie schließlich nach langem Fall auf einem Blätterhaufen landet. Schon bald gewöhnt sie sich an ihre Körpergröße, die sich stets den Verhältnissen anpasst und sie einmal kleiner, das andere Mal größer werden lässt. Dementsprechend scheinen sämtliche Naturgesetze auf den Kopf gestellt zu sein.

Zu den wunderlichsten Wesen des »Wunderlandes« gehört die Cheshire-Katze (Grinsekatze), die sich durch ein beständiges breites Grinsen auszeichnet und ihre Welt derart kommentiert: »Hier sind alle verrückt. Ich bin verrückt. Du bist verrückt.« Diese Katze besitzt eine weitere außergewöhnliche Eigenschaft, taucht sie doch mehrmals wie aus dem Nichts auf, in das sie ebenso wieder entschwindet. Nachdem dies mehrmals geschehen ist, beobachtet Alice, wie sie ganz allmählich verschwindet, »von der Schwanzspitze angefangen bis hinauf zu dem Grinsen, das noch einige Zeit zurückblieb, nachdem alles andere schon verschwunden war«. Betrachter der La Tène-Kunst, die in den letzten Jahrhunderten vor Chr. den Höhepunkt der keltischen Kreativität darstellte, verwiesen auf die Ähnlichkeiten zwischen deren Zeugnissen und der mehr als 2000 Jahre jüngeren Cheshire-Katze des Lewis Carroll. Auch die frühgeschichtlichen keltischen Künstler ließen Motive wie Menschenköpfe, Dämonen, Tiere und maskenhafte Fratzen in den Ornamenten auftauchen, verschwinden und sich verwandeln.

In einem zweiten Band mit den Abenteuern der kleinen Alice unter dem Titel *Alice hinter den Spiegeln* oder *Through the Looking Glass* muss sich die Heldin in einem Spiegelland voller Absurditäten und Doppeldeutigkeiten durchschlagen, in dem sie Teil eines Schachspiels wird. In diese Anderwelt gelangt man nicht durch ein Kaninchenloch, sondern durch einen Zaubernebel, wie er auch in schottischen Märchen bekannt ist: »Tun wir doch so, als ob aus dem Glas ein weicher Schleier geworden wäre, dass man hindurchsteigen könnte. ›Aber es wird ja tatsächlich zu einer Art Nebel! Da kann man ja mit Leichtigkeit durch –‹, und während sie das sagte, war sie schon auf dem Kaminsims, sie wusste selbst nicht wie, und wirklich schmolz das Glas dahin, ganz wie ein heller, silbriger Nebel.«

Erzählungen dieser Art wurden seit der zweiten Hälfte des 19. Jahrhunderts zum Markenzeichen britischer Schriftsteller – bis heute. Zu ihnen gehörte der weithin wenig bekannte Schotte George MacDonald (1824–1905), der mit Lewis Carroll befreundet war. Er verfasste etliche Kinderbücher, Märchen und Romane, deren Helden ebenfalls in rätselhafte Wunderwelten vordringen. Doch wo Carroll sich augenzwinkernd über die zeitgenössische viktorianische Gesellschaft Englands lustig macht, führt MacDonald die Leser in völlig fremdartige, mythisch anmutende Anderwelten, zum Beispiel in *Die Prinzessin und der Kobold.* Carroll wie MacDonald legten den Grund für jenes fantastische Erzählen, das offensichtlich keltisches Erbe aufnahm, verarbeitete und weitergab.

Die »Rückkehr« der Druiden

Die wachsende Beschäftigung mit der Vergangenheit und ihrem den Kelten zugeschriebenen Erbe sollte nicht nur einen Niederschlag in den Künsten finden. Das, was die antiken Geschichtsschreiber über die Gallier mitteilten, erweckte ein ebenso großes Interesse an typischen Bräuchen und Einrichtungen der vermeintlichen Vorfahren. Dabei ging von den Druiden die intensivste Faszination aus, glaubte man doch in ihnen weise Priester und

Philosophen entdeckt zu haben. Sie schienen den Denkern der Griechen oder den weisen Brahmanen der Inder ebenbürtig, wenn nicht überlegen gewesen zu sein. Deshalb vermischten sich seit dem 17. Jahrhundert in den britischen Ländern und anderen Teilen Europas verschiedene Vorstellungen zum Druidenklischee, das noch heutzutage vorherrscht. Dazu gehörten die weiße Druidentracht, die bereits des Öfteren erwähnte Verbindung mit dem Stonehenge-Monument und die Vorstellung Merlins als berühmtesten Priester und Magier.

Eine wahre Druidenbegeisterung fand Unterstützung in der Ossian-Mode und in der romantischen Vorliebe für das Nordeuropäische, sei es Keltisch oder Germanisch. Die Grenzen zwischen beiden Völkergruppen verliefen beliebig, sodass ein keltischer Druide durchaus ein Priester des germanischen Gottes Wodan sein konnte. Einen viel gehörten und -gesehenen Ausdruck hat das seinerzeit moderne Druidenbild in der romantisch-tragischen Oper *Norma* des Italieners Vincenzo Bellini gefunden, die 1831 an der Mailänder Scala uraufgeführt wurde. Ihre Heldin wird im römisch besetzten Gallien in die Auseinandersetzungen zwischen den Legionären und den einen Aufstand vorbereitenden Galliern verstrickt. Denn Norma ist die Tochter des Oberhauptes der Druiden und selbst Druidenpriesterin und Seherin. Folglich agiert sie auf der Bühne in einem heiligen Hain, wo sie die Mondgöttin anbetet und Misteln bricht. Ein tragisches Geschick erfährt sie durch die Liebe zum römischen Prokonsul, wodurch sie nicht nur Verrat an ihrem Volk begangen, sondern sogar ihr priesterliches Keuschheitsgelübte gebrochen hat. Nach vielerlei Verwicklungen lässt sie einen Scheiterhaufen errichten und gibt sich in dessen Feuer selbst den Tod.

Opern, Dichtungen und bildliche Darstellungen vermittelten ein im Großen und Ganzen romantisches Druidenbild dieser Art. Aber die Entdeckung der keltischen Priesterkaste nahm noch ganz andere Formen an. Im Umfeld der am Altertum interessierten Briten, unter denen es auch anglikanische Geistliche gab, setzte sich im Laufe des 18. Jahrhunderts der Gedanke durch, man müsse das Druidentum wieder beleben. Mancher von ihnen hatte augenscheinlich eine Art Erweckungserlebnis und glaubte, er sei ein wieder geborener Druide und stehe in einer Jahrtausende alten Tradition. Andere griffen im Zeitalter der Aufklärung ganz bewusst auf vermeintliche druidische Überlieferungen zurück und stellten sie in den Dienst der herrschenden Vernunft. In diesem Sinn gründete sich 1781 in London ein erster Druiden-Orden, der letzthin eine Freimaurerloge war. Solche druidische Logen fühlten sich der Aufklärung und liberalem Denken verpflichtet und fanden Nachfolger in Deutschland, anderen europäischen Ländern, in den USA und Australien, wo sie überall bis heute aktiv sind.

Andere Neu-Druiden folgten den erwähnten Erweckungserlebnissen und kreierten eine heidnische Religion, was in ihren Augen einer »Wiederbelebung« des alten keltischen Kults entsprach. Als Bruderschaften in dessen Diensten sahen sie sich als die Erben und Fortführer der Druidentradition. Unter dem Anspruch ungebrochener Authentizität versammelte man sich in Stonehenge zu Sonnenwendfeiern und kleidete sich in eine angeblich druidische Tracht. Darüber hinaus entstanden aber auch neue Heiligtümer, die gleichwohl als uralt angesehen wurden – ähnlich wie vermeintlich altbritannische Schriftzeichen, die frei erfunden waren. Seit dem 18. Jahrhundert entstand eine Vielzahl von neuheidnischen, esoterischen und okkultistischen Vereinigungen, die sich allesamt – wenn auch häufig untereinander zerstritten – in einer Tradition westeuropäischer Spiritualität sahen und dies bis in die Gegenwart fortsetzen.

Die »Rückkehr« der Druiden entpuppt sich damit als Konstrukt der Fantasie, das zwar seinen Ausgangspunkt in den wenigen historischen Zeugnissen fand, diese aber gehörig anreicherte. Ihre Anhänger glauben an Dimensionen, die weit über die nachweisbare Keltenzeit hinausreichen und alle Großsteinbauten wie Stonehenge in Südengland und das irische Newgrange für die Druiden vereinnahmen. Das historische Vorbild der keltischen Priester erweist sich auf diese Weise als Quelle von Spekulationen, die gleichwohl das neuzeitliche Keltenbild mitprägen.

Archäologische Entdeckungen und die moderne keltische Wiedergeburt

Die Entdeckung und Erschließung des keltischen Erbes auf dem europäischen Festland gelang durch eine wachsende Anzahl von Funden, die man mit großer Sicherheit dem Kulturkreis der Kelten zuordnen konnte. So gelang es beispielsweise, die eigenartige und charakteristische Kunst der vormals Barbaren genannten frühen Europäer zu rekonstruieren. Dass das 19. Jahrhundert eine große Zeit der Archäologie war, bewies der französische Kaiser Napoleon III. durch sein persönliches Interesse an Forschungen dieser Art. Er veranlasste die Ausgrabungen der Oppida von Bibracte, Gergovia und Alesia, die während Caesars gallischem Krieg von überragender und schicksalschwerer Bedeutung waren. Der Kaiser zeichnete auch dafür verantwortlich, dass seit 1865 ein monumentales Denkmal des Vercingetorix über dem Schlachtfeld von Alesia thront, wo das Haupt des gallisches Aufstandes vor den römischen Legionen kapitulieren musste. Weil man das historische Aussehen des Helden nicht kannte, gab man ihm einfach die Gesichtszüge des dritten Napoleon.

Die heldenhaft-tragische Gestalt des Vercingetorix bot ohnehin Grund für viele künstlerische und literarische Darstellungen, die natürlich besonders in Frankreich populär waren. Im deutschsprachigen Raum hat der Schweizer Schriftsteller Conrad Ferdinand Meyer (1825–1898) in seiner Ballade vom *Geisterross* dem Arverner ein literarisches Denkmal gesetzt. Darin begleitet er den gallischen Häuptling auf dessen letztem Weg auf Caesars Triumphzug durch die Straßen Roms:

»Unberührt vom Hohn der Stunde, Starren, traumgefüllten Blicks,
Geht, ein Singen auf dem Munde, Ruhig Vercingetorix –
Fremde Weise, fremde Worte, Mit dem Geist an fremdem Orte.«

Er gedenkt seines Pferdes Ellid, das geopfert wurde, um ihn als Geisterross zur Stunde seines Todes abzuholen:

»Sterbend pack ich Ellids Haare, Ein Befreiter spring ich auf,
Fahre, schwarzer Ellid, fahre! Nach der Heimat nimm den Lauf! ...«

Aber schon viel früher hatten die Franzosen, denen der Stamm der germanischen Franken den Landesnamen *La France* gab, ihre keltische Vergangenheit entdeckt, die sie in Gallien, *La Gaule*, fanden. Während der Revolution von 1789 setzte man den verhassten Adel mit den fränkischen Eroberern gleich und verband im Gegensatz dazu das breite Volk mit den alten Galliern. So wurde im revolutionären Frankreich alles Keltische chic – wozu die Ossian-Mode ihren Teil beitrug. Dieses Beispiel belegt, wie im Zeitalter des erwachenden national betonten Patriotismus auch das frühgeschichtliche Volk der Kelten respektive der Gallier vereinnahmt wurde. Auf diesen Gedanken waren im Übrigen etliche Jahrzehnte vorher schon die Engländer gekommen, als sie nach der formalen Vereinigung mit Schottland im Jahr 1707 das gesamte Land als *Great Britain* »Großbritannien« bezeichneten und somit auf die alte keltische Benennung zurückgriffen.

Die kleineren Nationen wie Irland und Wales, die sich mit einigem Recht als keltisch bezeichnen durften, entwickelten im 19. Jahrhundert ein Nationalbewusstsein, mit dessen Hilfe vor allem die grüne Insel ihre Unabhängigkeit von Großbritannien erkämpfte. Dieses neue Selbstbewusstsein zeigte sich nicht nur in dem Versuch, die irische Sprache gegen das Englische zu behaupten, sondern auch in der Erschließung der reichen mittelalterlichen Literatur. Ihre Erzählungen wurden zunehmend bekannt und boten der Kunst eine Fülle von Anregungen. In jener Zeit griff man in Irland weiterhin auf die charakteristischen Motive und Ornamente der frühmittelalterlichen Kunst zurück, wie sie sich vor allem in den prächtigen Buchmalereien erhalten hatten. Davon stellte man Kopien her, ebenso wurden von filigranen Fibeln Reproduktionen geschaffen. Sie und die in Mode kommenden Hochkreuze vermittelten einem großen Publikum auf den Britischen Inseln und dem Festland den Eindruck einer typisch keltisch-irischen Kunst, die an Popularität bis heute nichts eingebüßt hat.

In den Jahrzehnten um 1900 entwickelte sich darüber hinaus unter irischen Intellektuellen eine so genannte keltische Renaissance, die auch als *Celtic Dawn* oder »Keltisches Erwachen« bezeichnet wurde. Damit verbanden sie eine Rückbesinnung auf die originale irische Kultur, die man mittlerweile bewusst als keltisch betrachtete. Von den engagierten Männern und Frauen dieser Bewegung sei allein der spätere Literaturnobelpreisträger William Butler Yeats (1865–1939) erwähnt. Er griff in vielen seiner Werke auf die bekannten Heldenerzählungen zurück, an deren Spitze für ihn CúChulainn stand. Doch der keltische Einfluss reichte weit über den bloßen Rückgriff auf die alte Überlieferung hinaus, denn er war offensichtlich auch an der Entstehung der modernen Literatur des 20. Jahrhunderts beteiligt. Man vermutet ihn dort, wo Texte den üblichen Realismus verlassen und fantastische und surreale Ausdrucksformen annehmen – leider sind sie oft dementsprechend schwer zu verstehen.

Ein Beispiel dafür bot der Waliser Dylan Thomas (1914–1953), dessen Hörspiel *Unter dem Milchwald* (*Under Milk Wood*) 1954 in England und Deutschland erstmals im Radio gesendet wurde. Darin steht eine kleine fiktive Stadt in Wales im Mittelpunkt des Geschehens, die den Namen Llareggub trägt. An einem einzigen Frühlingstag lernt man die Bewohner mit ihren alltäglichen Freuden und Sorgen kennen. Doch nicht deren unspektakuläre Schicksale und kleinbürgerlichen Tagesläufe charakterisieren den Milchwald als keltisch geprägt, sondern die Art der Darstellung: Da werden Menschen mit Tieren verglichen und bewegen sich in einer symbolischen und grotesken, von märchenhaften Elementen durchdrungenen Atmosphäre, die sich auszeichnet durch den spielerischen Umgang mit der Sprache. Selbstredend fehlt es nicht an Erwähnungen von Barden und Druiden und der Berg der Stadt sei wie ein Maulwurfsbau »neben Bergen, in denen altersgrau König Artus liegt, schlafgebannt«. Um ihn spannt sich jene zauberhafte Stimmung, die der keltischen Welt nicht fremd ist: »Der Llareggub-Berg, jener mystische Tumulus, das Mahnmal von Völkern, die in der Gegend von Llareggub gewohnt haben, noch ehe die Kelten das Land des Sommers verließen; der Berg, auf dem die alten Hexenmeister sich aus Blumen eine Frau machten.«

10. Die Kelten allerorts – Teil der modernen Welt

Die antiimperialistische Rede eines schottischen Häuptlings

Seit zweieinhalb Jahrtausenden bieten die Kelten mit ihren hundertfachen Stammesnamen eine Projektionsfläche, derer man sich bedient, um die eigenen Hoffnungen, Ängste und Vorstellungen auszudrücken. Von den Furcht einflößenden Barbaren der Antike bis zu den edlen Kriegern des vermeintlichen Barden Ossian reichte die Palette der Keltenbilder und war damit beileibe nicht ausgeschöpft. Um einen weiteren Aspekt zu veranschaulichen, sei noch einmal auf die Berichte des römischen Geschichtsschreibers Tacitus zurückgegriffen. In seinem Werk über den britannischen Statthalter Julius Agricola findet sich die Schilderung der oben erwähnten Schlacht im Norden Schottlands. Dort kam es im Jahr 84 nach Chr. zum Aufeinandertreffen zwischen den vorrückenden römischen Truppen und den Verbänden der Kaledonier, die als wildeste Stämme jener fernen Keltenwelt galten. Vor dem Beginn des Kampfes lässt Tacitus einen ihrer Häuptlinge mit Namen Calgacus hervortreten und eine Rede an seine Krieger halten:

Er macht ihnen die entscheidende Bedeutung der anstehenden Schlacht klar, in der es um nicht mehr oder weniger als die Freiheit ganz Britanniens gehe. »Denn ihr alle seid hier zusammengekommen, ungeknechtet, hinter uns endet das Land und selbst das Meer bietet keine Sicherheit, weil uns dort die römische Flotte droht ... Uns hier am Rand der Erde, uns letzte Söhne der Freiheit, hat gerade unsere Entlegenheit und Verborgenheit vor der Welt bis zum heutigen Tag verteidigt – und alles Unbekannte gilt für großartig. Doch jetzt liegt die Grenzmark Britanniens offen – kein Volk weiter ist mehr hinter uns, nichts als Wogen und Felsen und noch feindlicher die Römer; und ihrem Frevelmut sucht man vergeblich durch Fügsamkeit und Bescheidung zu entrinnen.«

Dann holt der Kaledonier zu einer mächtigen und eindringlichen Anklage dessen aus, was man mit modernen Worten als römischen Imperialismus bezeichnen kann: »Als Räuber der Welt durchspüren sie jetzt auch das Meer, nachdem diesen alles Verwüstenden die Länder ausgingen – habgierig, wenn der Feind reich, ruhmsüchtig, wenn er arm ist. Weder der

Osten noch der Westen hat sie gesättigt, und als einziges von allen Völkern begehren sie Fülle wie Leere mit gleicher Leidenschaft. Stehlen, Morden, Rauben nennen sie mit falscher Bezeichnung Herrschaft, und wo sie Einöde schaffen, heißen sie das Frieden. Dass einem jeden seine Kinder und Verwandten das Liebste sind, hat die Natur gewollt; aber gerade sie werden als Sklaven außer Landes verschleppt. Unsere Ehefrauen und Schwestern werden, wenn sie der Gier des Feindes entkamen, unter dem Namen der Freundschaft und des Gastrechts geschändet. Güter und Vermögen werden zum Tribut, des Ackers jährlicher Ertrag zur Fruchtabgabe, die Leiber selbst und Hände unter Schlägen und Schimpf dazu verbraucht, Wälder und Sümpfe gangbar zu machen.«

Darum verheißt Calgacus den Stämmen Schottlands im Falle einer Niederlage ein trauriges Schicksal. Denn wie beim Gesinde der neueste Sklave den Mitsklaven zum Gespött diene, so würden in diesem alten Sklavenhaufen Weltkreis sie als die Jungen und Wohlfeilen bis zur Vernichtung heimgesucht. Sie nämlich hätten keine Felder oder Bergwerke oder Häfen, die zu betreiben man sie erhalten müsse. Weiterhin seien Tapferkeit und Wildheit von Unterworfenen den Herrschenden unlieb und gerade Ferne und Abgeschiedenheit umso verdächtiger, je mehr sie Schutz böten. Aber den Römern brächten die Uneinigkeit und Zwietracht der Kaledonier und sämtlicher Britannier ihren Siegesvorteil, denn sie wandelten die Fehler ihrer Feinde um in den Ruhm für ihr Heer. Sobald dieses jedoch auf Widrigkeiten stoße, werde es sich auflösen, weil es aus den verschiedensten Völkern zusammengetrieben wurde.

Deshalb endet die Rede mit einem eindringlichen Aufruf, hier und jetzt die Römer zu besiegen und aus ganz Britannien zu vertreiben – und vielleicht ihrem selbstherrlichen Imperium ein Ende zu bereiten: »Es schrecke euch nicht der eitle Anblick und das Blitzen von Gold und Silber, das weder schützt noch verwundet. In der feindlichen Schlachtreihe werden wir unsere Verstärkungen finden: Erkennen werden die Britannier ihre eigene Sache, erinnern werden sich die Gallier ihrer früheren Freiheit, im Stich lassen werden die Germanen sie … Hier ist ein Führer und ein Heer – dort Auflagen und Bergwerksfron und andere Sklavenplagen; ob wir diese ewig tragen oder sofort ahnden, darüber wird auf diesem Feld entschieden! Zieht also nun in die Schlacht und gedenkt eurer Ahnen und Nachfahren.«

Obwohl Calgacus' Appell nicht die erwünschten Früchte trug und die Römer gemäß Tacitus das Treffen in den Highlands für sich entschieden, blieb den besiegten Kaledoniern doch das vorausgesagte Los erspart. Die überlebenden Kämpfer zogen sich zu ihren Stämmen zurück und verschwanden mit ihnen in der kalten Unwirtlichkeit des Nordens.

Die bewegende Ansprache des keltischen Häuptlings gilt heutzutage als eine ausdrückliche Anklage des römischen Eroberungsstrebens. Aber man lasse sich nicht täuschen – ohne Zweifel stammt der überlieferte Wortlaut dieser Rede nicht von Calgacus, sondern von Tacitus selbst. Der gebildete Gelehrte und Politiker beherrschte die rhetorischen und literarischen Stilmittel seiner Zeit. Dazu gehörte die fiktive Rede, derer man sich auch in einem historischen Werk bediente. Da der Römer sich zu einer gewissen Glaubwürdigkeit verpflichtet fühlte, schrieb er das, was einem von der Unterwerfung bedrohten Barbaren an Gedanken zuzutrauen war. Tacitus übte mitnichten grundsätzliche Kritik am römischen Herrschaftsanspruch – allenfalls an politischen Entscheidungen oder seiner zeitgenössischen Gesellschaft. Was davon blieb, ist eine nicht unzeitgemäß wirkende Kritik am Imperialismus.

Der Römer fand mit seiner fiktiven Anklage eines Kelten fast zweitausend Jahre später eine Vielzahl von Nachfolgern. Im Zeitalter des Kolonialismus wurde es seit dem 18. Jahrhundert geradezu modern, mit den einem Exoten unterstellten Worten Kritik an der europäischen Gesellschaft zu üben – sei es hinter der Maske eines Indianers, Chinesen oder Südseeinsulaners. Mittlerweile sind an deren Stelle oftmals die frühgeschichtlichen Kelten getreten.

Das Kelten-Spiel

Diese erleben seit den letzten Jahrzehnten des 20. Jahrhunderts einen regelrechten Boom, der Züge einer Keltomanie angenommen hat, einer Begeisterung, die an den Ossian-Kult erinnert und doch weit darüber hinaus geht. Überall in Europa finden Menschen aller Gesellschaftsschichten Interesse an jenem Volk, das es als Vorfahren zu entdecken gilt. Dies wird insbesondere von den Funden und Forschungsergebnissen der Archäologen gefördert, die immer wieder neue Seiten der mehr als 2 000 Jahre alten Kultur ans Tageslicht bringen. In Frankreich, Deutschland und vielen anderen Ländern stieß man auf Gräber, Tempel und monumentale Anlagen, die zu Recht als sensationell und rätselhaft bezeichnet werden. Man denke nur an die Funde von Hochdorf, Glauberg und in Nordostfrankreich, die gleichsam die Spitze einer unterirdischen Keltenwelt zu bilden scheinen, denn Jahr für Jahr kommen überraschende Entdeckungen hinzu.

Vieles davon wird in spektakulären Ausstellungen der Öffentlichkeit präsentiert und findet nicht selten eine Heimstatt in neu errichteten Museumsbauten. Zudem verbinden sich mit derartigen archäologischen Funden zunehmend regionale und wirtschaftliche Interessen. Während sich die Franzosen seit jeher auf die Gallier als ihre Vorfahren berufen, beginnen viele Deutsche erst damit, die Kelten als Teil ihrer Geschichte wahrzunehmen. Diese tauchen hinter den Germanen und deren Großstämmen wie den Franken und Alamannen gewissermaßen aus dem historischen Dunkel auf und wirken wegen der überwiegenden Schriftlosigkeit ihrer Kultur umso schwerer verständlich und damit reizvoller. Außerdem erweisen sich immer mehr Regionen als Teil der untergegangenen keltischen Welt auf dem europäischen Festland. Neben den Süden und Südwesten Deutschlands ist mittlerweile Hessen getreten, und sogar in Thüringen hat man keltische Siedlungsspuren gefunden. Entlang solcher Spuren und Reste entstehen »Keltenstraßen« und »Keltenerlebniswege«, die an die Zeugnisse der fernen Vergangenheit erinnern – und sich im Zeitalter der europäischen Einigung auf ein Volk berufen, das als jenes der frühen Europäer bezeichnet wird. Deren vermeintliche Nachfahren suchen ihre Nähe nicht selten auf dem Weg des Spiels, dem sie sich in möglichst authentischen Formen hingeben – bevorzugt als keltische Krieger und Kriegerinnen, die auf den zahlreichen Keltenfesten die Attraktionen bilden.

Bei diesen sich wissenschaftlichen Erkenntnissen verpflichtet fühlenden Aktivitäten scheint, wie bei den im Folgenden zu besprechenden, das herkömmliche Bild von den Kelten einen wichtigen Anreiz zu bilden. Danach repräsentieren sie seit der Antike das Andere, das der herrschenden Zivilisation gegenübersteht – so wie die Barbaren den Griechen und Römern. Damals waren sie als irrational, wankelmütig und unzuverlässig verschrien, darüber hinaus als ausschweifend und irgendwie unbegreiflich. Mit der Ossian-Begeisterung und der Romantik verklärte man diese Eigenschaften zu Gegebenheiten, die mancher noch heute als typisch irisch oder walisisch

Keltische Musik

Musik spricht die Gefühle und Stimmungen ihrer Zuhörer besonders stark an und bietet ihnen die Möglichkeit, sich jenseits von Sprache und historischer Situation mit dem Gehörten zu identifizieren. Darum trifft die keltische Musik offensichtlich auf offene Ohren und boomt in den europäischen Ländern – und weit darüber hinaus.

Nach dem wenigen, was man von der Musik der frühgeschichtlichen Kelten weiß, stieß diese bei ihren Nachbarn auf keine Begeisterung. Ihr typisches Instrument war die so genannte Karnyx, eine Kriegstrompete. Sie bestand aus einer langen Metallröhre, deren Schallbecher in einen Tierrachen mündete, beispielsweise in der Form eines Eberkopfes. Obwohl man nicht mit Sicherheit sagen kann, welche Töne die Kelten diesem Instrument zu entlocken wussten, so erzeugten sie doch auf mehreren einen Höllenlärm. Deshalb trug die Karnyx mit ihrer Tiergestalt und ihrer Lautstärke zweifelsohne zum erschreckenden Eindruck bei, den die keltischen Heere unter ihren Feinden hervorriefen.

Ansonsten glaubt man, den Kelten des europäischen Festlands ein leierartiges

sieht. Dementsprechend gelten Kelten als noch unverbildete Angehörige einer originalen Kultur, die uralte Relikte am stillen Rand Europas bewahrt hat. Deren Menschen seien emotional und spontan, während sie betonter Disziplin, politischer Organisation und dem Übergewicht kühler Vernunft eher ablehnend gegenüber stünden. Ihre Gemeinsamkeiten sieht man vor allem in den Sprachen wie in der Kultur, wobei sich die Musik besonderer Beliebtheit erfreut.

Der Umgang mit dem angeblichen keltischen Erbe zeichnet sich jedoch nicht nur durch derartige Meinungen oder Vorurteile aus. Verbreitet ist ein esoterisches Spiel mit den Kelten und ihrer Kultur, das darauf beruht, ihnen Eigenschaften und Fähigkeiten zu unterstellen, die streng wissenschaftlich keinesfalls erwiesen und oft schlichtweg falsch sind. Die Anhänger dieses Kelten-Spiels nehmen sich gleichwohl sehr ernst und verweisen auf numinose Erkenntnisquellen, die meistens allein ihnen zugänglich sind. Sie schöpfen aus mehreren Traditionen, die in den letzten Jahrhunderten aufkamen und sich ihr eigenes Bild von den Kelten machten. Danach standen diese der Natur noch unmittelbar nahe und die sagenhaften Druiden verfügten über ein Wissen, das den modernen Menschen verloren gegangen ist – nicht allerdings den Eingeweihten der Esoterik, was schließlich Geheimlehre bedeutet.

Sie verehren eine keltische Spiritualität und Religion, nach der die Natur voll von Kräften und Wesen ist, mit denen man sich austauschen kann – Berge und Quellen, Steine wie Bäume und so genannte starke Plätze, die den Gläubigen inspirieren und an der Macht des Numinosen teilhaben

Saiteninstrument zusprechen zu können, das den Gesang der Barden begleitete, also Lieder über die Helden der Vergangenheit und Gesänge zum Lob oder Spott der Zeitgenossen.

Die Inselkelten des Mittelalters schätzten die Harfe ganz außerordentlich, wovon in den irischen Heldenerzählungen so manches zauberkräftige Instrument zeugt. Die älteste Harfe Irlands wurde traditionell König Brian Boru aus dem 11. Jahrhundert zugeschrieben, auch wenn sie erst aus der Zeit um 1500 stammt. Trotzdem spricht sie für die Beliebtheit und Verehrung, die dieses Instrument in Irland und anderen keltischen Ländern seit jeher genoss. Die als Dudelsack vornehmlich den Schotten zugeordnete Sackpfeife ist unter den Inselkelten erst seit dem 16. Jahrhundert bezeugt.

Auf diese Traditionen greift die moderne, sich als keltisch verstehende Musik zurück und bereichert sie in unterschiedlichem Maße mit fremden und zeitgenössischen Elementen. In den sechziger Jahren erfuhr sie in der Folkmusik eine Wiederbelebung, zu der die Aufnahme von Elementen aktueller Rockmusik beitrug. Für die keltischen Länder ist die Musik heute ein bedeutendes Mittel zur Darstellung ihrer eigenen kulturellen Identität. Zu diesen Ländern zählen sich nicht nur Irland,

lassen. Demnach ist die Welt der keltischen Esoterik geprägt von den Requisiten der Natur, von Hünen- und Hügelgräbern, von uralten Steinsetzungen und natürlich auch von Stonehenge, wo selbst ernannte Druiden und Neuheiden die Sommersonnenwende feiern. Und auf manchem spirituellen Weg an mystischen Steinen, Bäumen und Kraftplätzen vorbei ist der keltische Schamane nahe. Eingeweihte Frauen wie Männer vermögen auf diesem Weg zu helfen und einen ganzheitlichen Blick auf das Selbst und das Universum zu verschaffen. Dabei erübrigt sich fast der Hinweis, wie reich das Angebot an Hilfsmitteln dafür ist. Es erstreckt sich von Keltensteinen und Amuletten mit den keltentypischen Symbolen bis zu Erlebnisberichten und Ratgebern oder Workshop-Veranstaltungen. Doch stets ist der esoterische Zugang der keltischen oder pseudokeltischen Kultur und Religion Glaubenssache, der wissenschaftliche Fakten nicht beikommen können.

Mag das Publikum davon überzeugt sein oder nicht – diese Art des Kelten-Spiels bedient und befriedigt die Bedürfnisse des modernen Menschen. Die Kelten dienen dabei der Projektion seiner Wünsche und Visionen: als Utopie in der Vergangenheit. Wenig haben sie mit dem halbwegs sicheren Bild der historischen Wirklichkeit zu tun, viel dagegen mit der Gegenwart. Denn nach weit verbreiteten Anschauungen repräsentieren sie einen gesellschaftlichen Zustand, in dem der Mensch mit der Natur eins war und über ein ganzheitliches Weltbild verfügte. Das Leben war überschaubar und gut, es verlief einfach, friedlich und gesund. Wo Hilfe nötig schien, wurde sie von den weisen und uneigennützigen Druiden geleistet.

Schottland, Wales und die Bretagne (nebst Cornwall und der Insel Man), sondern auch die nordspanischen Regionen Galizien und Asturien. Sie alle verfügen über eine mehr oder weniger reiche Musikszene keltischer Prägung, deren Künstler auf Tourneen gehen und sich zu Wettbewerben und einer großen Zahl beliebter Festivals treffen.

Das alljährliche Interkeltische Festival im bretonischen Lorient bildet gleichsam den Höhepunkt dieser zahlreichen Aktivitäten. Dort treffen sich jeweils im August Vertreter aus aller Kelten Länder und bieten Tänze und Balladen im Konzert ihrer eigentümlichen Musikinstrumente: der Harfen, der vielfältigen Sackpfeifen, der Flöten und Pfeifen, der mit Tierhaut bespannten Rahmentrommeln, der Fiedeln und Akkordeons, um nur einige zu nennen. Ihre Musik sehen sie als bedeutenden Bestandteil ihres gemeinsamen keltischen Erbes, in dem jedes Land seine Wurzeln sucht. Darüber hinaus bedienen sich zahlreiche Solisten und Bands derartiger keltischer Motive und Elemente. Weltweit sprechen sie mit ihrer keltisch gestylten Musik Menschen an, die sich an die Magie und Sehnsucht der Länder am Rande Europas erinnert fühlen.

Dieses Bild gleicht sich insofern den politisch korrekten Bedürfnissen der Gegenwart an, als die Frau in der keltischen Gesellschaft anscheinend eine respektierte und herausragende Rolle spielte. Die Kelten repräsentieren solcherart die bessere Seite der europäischen Vergangenheit, in der sie als Verlierer des Krieges und der Politik zu Gewinnern der Träume und der Utopie werden.

Die wahren Grünen und ihr Baumkalender

In den Zeiten eines aufmerksamen »ökologischen Bewusstseins« greift man insbesondere in Fragen der natürlichen Umwelt und der eigenen Gesundheit auf das vermeintliche Wissen der Kelten zurück. Denn ihnen und ihren Druiden wurden tief gehende Kenntnisse der Naturgeheimnisse nachgesagt, wofür sinnbildlich die besondere Verehrung der Mistel steht. Obwohl über die Heilkunst der keltischen Priester- und Gelehrtenkaste nur Mutmaßungen angestellt werden können, bieten heutzutage etliche Vertreter einer so genannten Druidenmedizin ihre Dienste an. Auch für sie als Bestandteil des Kelten-Spiels gilt, dass allein der Glaube zählt – von den authentischen Fähigkeiten und Fertigkeiten der Druiden ist leider kaum etwas überliefert worden.

Noch größerer Beliebtheit erfreut sich die den Kelten nachgesagte besondere Verehrung der Bäume – wofür es in der Tat zahlreiche Zeugnisse gibt. Nach ihnen kannte man nicht nur heilige Haine und ebensolche Baumarten, sondern auch Baumgötter und deren Mythen. Aber keine archäologische oder schriftliche Quelle bescheinigt den Kelten eine Zeitrechnung, die sich ausdrücklich an einzelnen Baumarten orientierte. Diesen Eindruck erweckt lediglich eine große Zahl so genannter keltischer Baumkalender und -horoskope. Sie berufen sich auf einen angeblichen Baumkreis, mit dessen Hilfe die Jahresabschnitte bestimmten Bäumen zugeordnet werden – und zwar ganz im Sinne der Kelten. Ohne hier weiter auf dieses System einzugehen, sei lediglich auf die angewandten Entsprechungen zwischen Baum und jeweiligem Geburtstag hingewiesen. Ihnen zufolge gibt es beispielsweise Kastanienfrauen, Eschenmänner und Apfelbaummenschen, die allesamt die Eigenschaft ihres Baumes mit auf den Lebensweg bekommen haben. Je nachdem sind sie strebsam, selbstkritisch, schöpferisch und so weiter.

Bei der herrschenden Vorliebe für Bäume und deren ständiger Bedrohung durch das Waldsterben greifen viele Menschen auf das Angebot derartiger Ratgeber zurück, die ihnen ein besonderes Verhältnis zu Bäumen verheißen. Sie stehen zumal für eine ehrliche Natürlichkeit, der man nach dem Motto »Bäume lügen nicht« vertrauen kann. Der Baum erweist sich in der komplizierten und unüberschaubaren Welt als guter Freund, dessen Verständnis die sich auf ihn berufenden Kalender und Horoskope fördern wollen.

Trotzdem haben auch sie nichts mit den Kelten zu tun. Mittlerweile glaubt man sogar, ihre Herkunft zurückverfolgen zu können. Diese Erkenntnisse führen nicht in die Zeit vor zwei oder zweieinhalb Jahrtausenden, sondern in die siebziger Jahre des 20. Jahrhunderts. Damals erfand eine Journalistin den »keltischen Baumkalender« für eine französische Frauenzeitschrift, die ihren Leserinnen ein neuartiges Horoskop bieten wollte. Aus Frankreich gelangte die Erfindung angeblich in einen polnischen Gartenkalender, dem sie schließlich für ihre Verwendung in Deutschland entnommen wurde.

Doch diesen frühgeschichtlichen Europäern einen schonenden und gewissermaßen ökologischen Umgang mit der Natur zu unterstellen, ist sehr zweifelhaft. Ihre Handwerker waren bekanntlich die Meister der Eisenproduktion, für deren Schmelzöfen sie Unmengen an Holzkohle benötigten. Darum gehörten die Kelten zu den frühen Baumfällern, denen der heimische Wald massenhaft zum Opfer fiel. Die meisten ihrer Siedlungen und Dörfer lagen inmitten eines stark entwaldeten Umlandes. Darüber ist gegebenenfalls schon lange wieder Wald gewachsen. Aber außer ihren materiellen Erzeugnissen hinterließen sie einen anderen, weit langlebigeren Überrest. Die keltischen Schmiede verwendeten nämlich bei der Metallschmelze Blei als Zusatzstoff. Dieses giftige Metall ist noch heute nach 2000 Jahren an seiner hohen Konzentration nachweisbar und kündet davon, dass die Kelten unter anderem auch die ersten Umweltsünder Europas waren.

Fantasy ist Keltenland

Die keltische Kultur bietet mit ihren Überlieferungen aber nicht nur Stoff für mehr oder weniger dubiose Esoteriklehren. Die inselkeltischen literarischen Zeugnisse und in ihrem Gefolge die Geschichten um König Arthur bieten eine Fülle von Motiven, die literarisch verwendet und neu gestaltet werden. Sie prägten in besonderem Maße die Fantasyliteratur, die ihren Ausgang auf den Britischen Inseln nahm und in Lewis Caroll einen frühen Vorgänger fand.

Die Autoren dieser populären Gattung, deren Bücher häufig als Filmvorlage dienen, siedeln die Handlungen ihrer Abenteuergeschichten zumeist in Welten an, die mit der unsrigen offensichtlich nichts zu tun haben. Sie spielen in einer imaginären Vergangenheit, die an die frühgeschichtlichen und mittelalterlichen Epochen der realen Historie erinnert. Dort kämpfen die Helden und Heldinnen in Fantasieländern, die das Christentum noch nicht kennen und heidnisch-barbarische Verhältnisse wiedergeben. Ihre typischsten Figuren stellen die Krieger und Zauberer, die gegen allerlei Unholde, Geister und Bösewichter kämpfen müssen. Aber letztendlich bleiben die Guten stets Sieger, nicht zuletzt wegen ihrer Tapferkeit und ihren magischen Fähigkeiten. Zur Fantasy gehört auch das Spiel mit zwei verschiedenen Welten, deren Grenzen überschritten werden. Demzufolge gelangen die Helden wie Alice im Wunderland in eine Anderwelt und bestehen dort zahlreiche Abenteuer.

Diese Literaturgattung bediente sich von Anfang an keltischer Stoffe, wie der irischen Heldenerzählungen, der walisischen Sagengeschichten und der Überlieferungen um König Arthur. Darin finden sich etliche Vorbilder an Magiern, Kämpfern und gefährlichen Untieren. Die Popularität dieser Stoffe hat in der zweiten Hälfte des 20. Jahrhunderts für die weite Verbreitung keltischstämmiger Motive gesorgt, ohne dass sich die Leser

Asterix & Co.

Der weltweit berühmteste und beliebteste Kelte ist der kleine Gallier Asterix, der mit seinen Freunden der römischen Besatzungsmacht Widerstand leistet – zumindest in der gleichnamigen französischen Comicserie, die seit den sechziger Jahren ein Millionenpublikum begeistert. Deren Erfinder, der Zeichner Albert Uderzo und der Texter René Goscinny, hatten nach einem »französischen Thema« gesucht, das gegen die Flut amerikanischer Comics à la Micky Mouse und Superman Erfolg versprechend schien. Sie entschieden sich für die ferne Vergangenheit der Gallier, deren Stämme der Grande Nation ohnehin seit langem als Vorfahren galten. Und so erblickten die Zeichenstifthelden 1959 in einer Jugendzeitschrift das Licht der Welt. Zwei Jahre später erschien das erste Album *Astérix le Gaulois* (*Asterix der Gallier*), dem seither in Frankreich und zahlreichen anderen Ländern mehr als dreißig Ausgaben folgten. Ihre knallbunten, fröhlichen und eigensinnigen Protagonisten entwickelten sich überall zu ausgesprochenen Sympathieträgern und beeinflussten das moderne Keltenbild.

Uderzo und Goscinny boten einen entscheidenden Grund dafür, indem sie – natürlich augenzwinkernd – die Gallier anders sahen als etwa Kaiser Napoleon III. Er hatte der monumentalen Bronzestatue des Vercingetorix auf dem Plateau von Alesia den Aufruf beigefügt, man solle die glühende und ernste Liebe dieses gallischen Häuptlings bewundern, mit der er für die Unabhängigkeit seines Landes kämpfte; aber man dürfe auch nicht vergessen, dass es der Triumph der römischen Armeen war, dem die Franzosen ihre Zivilisation verdanken. Die komisch-humorvolle Darstellung der Bildergeschichten lässt dagegen jedes Album mit dem glei-

dessen bewusst wären. Gleichwohl ist das Fantasiereich der inselkeltischen Kulturen weltweit vertreten und weit verbreitet.

Dabei bedient man sich in Literatur und Film besonders häufig der Erzählungen von König Arthur, Merlin und dem heiligen Gral, wie sie Sir Thomas Malory in *Der Tod Arthurs* zusammengefasst hat. Moderne Fantasyautoren berufen sich in ihren Neubearbeitungen weniger auf die mittelalterliche Atmosphäre als auf eine stärkere Betonung der älteren keltischen Elemente. So schuf der Engländer T.H. White (1906–1964) mit seiner Arthur-Version *Der König auf Camelot* zwar ein Werk, das sich mit den aktuellen Themen von Gerechtigkeit und Frieden auseinander setzt, das aber anscheinend auch auf Motive der Inselkelten zurückgreift. Deren Stimme wird vernehmbar, wenn Merlin, hier Arthurs Hauslehrer, seinen Zögling in einen Fisch verwandelt, damit dieser die Welt besser begreifen lerne – was an die Gestaltwechsel irischer Erzählungen erinnert.

Merlin verwandelt den Jungen auf dessen Wunsch in einen Barsch, indem er seinen Zauberstab erhebt. Daraufhin erscheint über der Burg mit einem Getöse von Muscheln und Schnecken ein fröhlicher, beleibter Mann,

chen Prolog beginnen, der den Widerstand gegen die Besatzer und deren Kultur propagiert. Denn ihm zufolge ist zwar im Jahr 50 vor Chr. ganz Gallien von den Römern besetzt – mit der Ausnahme des Dorfes der unbeugsamen Gallier, die nicht aufhören, dem Eindringling Widerstand zu leisten und den Legionären das Leben zu erschweren.

Da der erfolgreiche Kampf einer Hand voll gallischer Krieger gegen eine tausendfache römische Übermacht selbst in einem Comic unglaubhaft erscheint, verfügen Asterix und seine Gefährten über eine Geheimwaffe: den Zaubertrank ihres Druiden Miraculix, der gewaltige Kräfte verleiht und die Krieger des kleinen Dorfes unbesiegbar macht. Deshalb können sie die unzähligen Eroberungsversuche Caesars abwehren und ihre keltischen Traditionen bewahren. Dazu gehören ein Dorfidyll ohne die Hektik der großen Städte wie Lutetia (Paris) oder Rom, die typische Männertracht der bunt gemusterten Hose und die Unterscheidung zwischen einheimischen und römischen Namen, wobei erstere auf -ix und letztere auf -us enden. Obwohl übrigens von wissenschaftlicher Seite den Verfassern vielfach historisch korrekte Darstellungen bescheinigt wurden, nehmen sie einige Details nicht so genau: Die Vorliebe für menschliche Schädel überlässt man den Wikingern aus dem Norden, und der Federschmuck gallischer Helme entstammt eher einer Lohengrinoper. Schließlich machen sie Asterix' Freund Obelix zu einem Hinkelsteinlieferanten, der also Menhire-Steinsäulen bearbeitet, die wie Stonehenge in der Jungsteinzeit entstanden.

Aber derartige künstlerische Freiheiten sind natürlich bei einem Szenario erlaubt, dessen eigentlicher Reiz in den Charakteren der gallischen Helden liegt. Die Franzosen haben sie zu Recht als Karikaturen der ihnen nachgesagten Eigen- und

der splitternackt ist und auf einer Wolke reitet. Er richtet seinen Dreizack auf Arthur und lässt ihn von der Zugbrücke in den Burggraben fallen, wobei sich dieser in den besagten Fisch verwandelt. Nur mühsam gewöhnt er sich an seine neue Gestalt und an die ungewöhnlichen Eindrücke. Seine Beine waren mit dem Rückgrat zu einem Ganzen verwachsen, die Füße hatten die Gestalt einer Schwanzflosse angenommen; ebenso waren aus den Armen Flossen geworden. Der junge Arthur bestaunt seinen olivgrünen Körper, dessen kräftiger Schuppenpanzer ihm seltsam anmutet. Mehr noch beschäftigt ihn jedoch die Kunst der Bewegung, da er die Orientierung weitgehend verloren hat. Er fragt sich, wo bei ihm eigentlich hinten und vorn sei, wo rechts und links. Nach den Anweisungen Merlins, der als Schlei neben ihm schwimmt, versucht er in Bewegung zu bleiben und eine Richtung einzuschlagen. Erst dann entdeckt er ein völlig neues Universum, eine andere Welt, die zweigeteilt scheint in einen Horizont oberhalb und unterhalb des Wassers. Da die Wasseroberfläche das, was unter ihr ist, in Teilen widerspiegelt, offenbart sich dem jungen Arthur eine ungeahnte Fülle an Farben, durch die er im Wasser dahinfliegt.

Unarten erkannt, wiewohl sie auch den Kelten zugeschrieben wurden. Demzufolge einigt die kleine Schar unbesiegbarer Gallier zwar der Wunsch, »Römer zu verdreschen«, während sie ansonsten ein liebenswerter, aber äußerst zerstrittener und undisziplinierter Haufen sind. Der kleine Asterix repräsentiert dabei Mut und Vernunft, die sich meistens mit der List verbinden – worin ihm Miraculix beisteht, dessen französischer Name Panoramix auf derart kluge Weitsicht hindeutet. Aber sein bester Freund ist genannter Obelix, dick (was er energisch bestreitet) und schwerfällig, gutmütig und stets hungrig auf Wildschweinbraten. Weil er als Kind in den Kessel mit Zaubertrank fiel, verfügt er über gewaltige Kräfte und erhält als Einziger nichts mehr von dem Gebräu des Druiden. Der Chef des Dorfes ist Majestix, ein wackerer Krieger und sympathischer Phrasendrescher, der nichts fürchtet, außer dass ihm der Himmel auf den Kopf fallen könnte. Mit dieser einzigen Häuptlingssorge griffen die Autoren auf ein authentisches Zitat des antiken Historikers Strabon zurück, nach dem keltische Gesandte gegenüber Alexander dem Großen diese einzige Furcht äußerten. Das ganze Dorf sorgt sich allerdings vor dem furchtbaren Gesang seines Barden Troubadix, der eine Karikatur des sagenhaften Ossian ist, weil ihn niemand hören will.

Umso größere Resonanz genossen die Comicalben, nach deren Titelfigur sogar ein französischer Satellit benannt wurde. Weit über die französischen Grenzen festigten die liebenswerten und unbesiegbaren Gallier das positive Klischee der Kelten. Danach widerstanden beide als Minderheit einer Übermacht und behaupteten sich über die Zeiten.

1982 sorgte die Amerikanerin Marion Zimmer Bradley (1930–1999) mit dem Roman *Die Nebel von Avalon* für eine dickleibige Neubearbeitung des Arthur-Stoffes, die zu einem Weltbestseller geworden ist. Die Autorin traf offensichtlich den Zeitgeist und die Lesewünsche und Träume zahlreicher Leserinnen, indem sie die Geschichte einer gleichsam feministischen Neuinterpretation unterzog. Sie erzählt die sagenhaften Ereignisse aus weiblicher Perspektive und macht Morgaine zur eigentlichen Heldin des Geschehens, die Halbschwester Arthurs, der unwissentlich mit ihr einen Sohn zeugt. Bradley macht sie zu einer großen und guten Zauberin, zu einer weisen Frau, die einem ganzen Priesterinnenstand angehört und einer Welt, deren Ende nahe ist.

Denn Britannien ist zweigeteilt in die Welt der Christen unter dem einen Gott und Christus und in die Welt der Großen Mutter, die hinter und neben der Christenwelt zu finden ist. In dieser Anderwelt lebt das Alte Volk, das die Göttin verehrt. Ihm wird es ergehen wie einstmals dem Volk der Feen, der leuchtenden Wesen, die sich auch aus der Welt zurückzogen. Sie entschwanden für immer in den Nebeln, und ab und zu trifft sie ein Wanderer in den Bergen. Über das Alte Volk herrscht die große Muttergöttin mit ihrem Gefährten, dem Gehörnten, dessen Figur an den Keltengott Cernunnos erinnert. Ihre Welt verschwindet zusehends und mit ihr die legendenhafte Insel Avalon. Morgaine erzählt von der Verdrängung der vorchristlichen Welt und ihrer Götter. Für die Priester des Christengottes ist die Große Göttin nicht mehr als ein böser Geist, der seine Macht vom Teufel bekam. Morgaine beschreibt jedoch eine Welt, in der zwischen den mythischen Landschaften von Glastonbury und Avalon die Tore in den Nebeln noch offen standen, jene Pforten, die Menschen- und Anderwelt miteinander verbanden. Auf diese Weise rückt das Schicksal König Arthurs und seiner Ritter an den Rand, während im Mittelpunkt der Konflikt zwischen zwei Frauen steht: Morgaine vertritt die alte Naturreligion der Priesterinnen in einer matriarchalisch geprägten Welt; Gwenhwyfar hingegen, Arthurs Gattin, steht für das Christentum, den Boten einer neuen patriarchalisch bestimmten Kultur und Gesellschaft. Da die Priester der neuen Religion den Sieg davontragen, entschwindet zum Schluss auch Morgaine in die Nebel von Avalon.

Marion Zimmer Bradleys Fantasyklassiker entlehnte ohne Zweifel eine Vielzahl von Motiven und Elementen der keltischen Überlieferung, deren Bedeutung sie selbstredend ihren schriftstellerischen Absichten anpasste. Die sagenhaften Nebel keltischer Märchen verschmelzen mit den Vorstellungen des Feenvolkes und der Anderwelt zu einem farbenprächtigen Roman. Wenn darüber hinaus in der breiten Öffentlichkeit die keltische Kultur das matriarchalische Prädikat erhielt, so ist dies auch ein Verdienst der *Nebel von Avalon* – jenseits jeglicher historischer Begründung.

Von Elben, Orks und Hobbits – Keltisches in Mittelerde

Motive und Figuren, die man keltischen Überlieferungen zuschreiben kann, finden sich allerorten, ohne dass ihre Herkunft so offensichtlich wäre wie bei T.H. White und Marion Zimmer Bradley. Unter anderem stößt man auf sie in dem erstmals 1954/55 erschienen Roman *The Lord of the Rings, Der Herr der Ringe*, der mittlerweile als das bekannteste und meistgelesene Fantasywerk gilt. Seine viel beachtete dreiteilige Verfilmung sorgte ein knappes halbes Jahrhundert nach der Erstveröffentlichung für eine nochmalige Steigerung seiner Berühmtheit – und damit für die weltweite Verbreitung einer Anzahl ursprünglich keltischer Elemente.

Denn darauf hatte der englische Hochschulprofessor J.R.R.Tolkien (1892–1973) reichlich zurückgegriffen, als er sich im Laufe von Jahrzehnten eine fiktive Welt schuf – mit einer eigenen Geografie, einer jahrtausendealten Geschichte und einer Vielzahl von Lebewesen, für die er eigenständige Sprachen und Mythen entwickelte. Für den Universitätslehrer aus Oxford wurde die fantasievolle Spielerei zusehends zu einer ernst genommenen Passion, an deren Ende ein umfassendes Universum stand, eine Welt für sich. Deren Mittelpunkt bildet Mittelerde, ein ganzer Kontinent, bewohnt von Wesen wie den uralten Elben, den in der Erde nach Schätzen suchenden Zwergen, den bedrohten und zerstrittenen Menschen, den von einer bösen Macht künstlich erschaffenen Orks und, um nur die wichtigsten zu nennen, den Hobbits – unscheinbaren kleinen Leuten aus dem abseits gelegenen Auenland, die sich durch ihre behaarten Füße auszeichnen. Diese Welt ist durch einen Kampf zwischen Gut und Böse zerrissen: Dem dunklen Herrscher Sauron, dem Abscheulichen, mit seinen Orkscharen und anderen finsteren Verbündeten stehen die noch freien Völker Mittelerdes gegenüber, insbesondere die Menschen, Elben und Zwerge. Als deren Anführer erweisen sich im letzten Kampf der Zauberer Gandalf und der Krieger und Thronerbe Aragorn.

Die Haupthandlung des *Herrn der Ringe* vollzieht sich nur über wenige Monate, bildet aber gleichwohl den Höhepunkt in Tolkiens fiktiver Geschichte. Dabei fällt ausgerechnet dem unauffälligen Hobbit Frodo Beutlin die Aufgabe zu, den einen Ring zu vernichten, der absolute Macht verspricht. Dies kann nur in den feurigen Klüften des Schicksalsberges mitten im Land Saurons geschehen, der selbst den Ring mit aller Kraft sucht. Und obwohl das Gute siegt und Sauron vernichtet wird, herrscht ein zutiefst melancholischer Grundton vor: Ein ganzes Zeitalter geht nämlich zu Ende, die letzten Elben verlassen Mittelerde, um in die unsterblichen Lande jenseits des westlichen Meeres zu segeln – und mit ihnen der heldenmütige Hobbit Frodo. Er hat die ursprüngliche Unschuld seines Auenlandes verloren und wird von einer tiefen Sehnsucht erfüllt. Mit dem letzten elbischen Schiff erlischt die alte Welt und an ihre Stelle tritt die Herrschaft der Menschen.

J.R.R. Tolkien als Schöpfer dieses vielschichtigen Mythenuniversums sah in Mittelerde seine Heimat England in einer weit zurückliegenden Vergangenheit – natürlich nicht als historische Wirklichkeit, sondern als Mythologie des Nordwestens Europas und damit der Britischen Inseln. Deshalb schuf er seine fiktive Welt aus eigenständigen Elementen sowie aus einer Vielzahl von Namen, Figuren und Motiven aus germanischen und keltischen Überlieferungen. Der Professor für mittelalterliche englische Sprache und Literatur galt ohnehin als deren profunder Kenner. Er beherrschte nicht nur die historischen angelsächsischen Mundarten, das mittelalterliche Englisch, das isländische Altnordisch und Gotisch, sondern kannte auch die inselkeltischen Sprachen wie das Altirische und das Walisische. Dessen mittelalterliche Form des Mittelkymrischen, die Sprache der walisischen Sagenaufzeichnungen, schätzte Tolkien besonders und ließ sie in die Schöpfung seiner Kunstsprachen einfließen. Darüber hinaus galt er als Kenner der nordwesteuropäischen Sagen- und Mythenwelt – der Arthur-Überlieferungen, der isländischen Sagas und Eddas, des altenglischen Heldenepos Beowulf und des walisischen Mabinogion wie der altirischen Heldenerzählungen.

Sie boten allesamt reichliche Vorlagen, die Tolkien in seine Fantasywelt einbaute, wodurch er eine Durchdringung von Fantasie und Überlieferung erreichte. So entnahm er den Begriff von Mittelerde der germanisch-altnordischen Mythologie, aus deren Eddaliedern auch der Zauberername Gandalf und die Bezeichnungen der Zwerge stammen.

Über Tolkiens weniger offensichtliche Vorlagen kann nur spekuliert werden, weil er nirgendwo detailliert darüber Rechenschaft ablegte: Die Aufzeichnungen um den so genannten Ringkrieg des *Herrn der Ringe* will er einem von den Hobbits geschriebenen Roten Buch der Westmark entnommen haben – womit er das beliebte literarische Stilmittel einer fiktiven Quelle anwendet. Dieser Titel hat ein reales Vorbild im *Roten Buch des Hergest*, einer umfangreichen walisischen Handschrift mit vielen Sagen. Die Gestalt des Zauberers Gandalf vereint Züge des nordgermanischen Gottes Odin mit denen Merlins und des Archetyps vom weisen Druiden. In der Liebe zwischen dem Thronerben Aragorn und der Halbelbin Arwen thematisiert Tolkien ein schon andernorts erwähntes irisches Sagenmotiv, nämlich die Beziehung eines sterblichen Menschen zu einer unsterblichen Überirdischen. Und hinter den unsterblichen Landen weit über dem Meer im Westen schimmert jene sagenhafte Insel durch, von der die irischen Geschichten des Mittelalters häufig erzählen und die sich auch in König Arthurs Avalon wiederfindet.

Am schönsten zeigt sich der Einfluss inselkeltischer Mythen und Erzählungen in Tolkiens Vorstellung des Elbenvolkes, das schon mit seinem Namen auf die Nähe zu den irischen Elfen und Feen verweist. In den Geschichten um Mittelerde sind sie ein Volk, dessen Zeit vorüber ist und das sich im Aufbruch nach Westen befindet. Für menschliche Zeitvorstellungen sind sie unsterblich, wiewohl von Gestalt menschenähnlich, nur in allem schöner und edler. Insofern kennzeichnen Weisheit und Kunstverständnis das elbische Wesen, das auch zur Natur und zu vermeintlich toten Dingen eine intensive Beziehung unterhält – denn auch in Bäumen, Tieren, Waffen und Schmuck sehen sie besondere Kräfte walten. Tolkien greift für seine Elben auf Elfenvorstellungen der irischen Heldenerzählungen zurück. Denn die kleinen geflügelten Wesen der späteren Zeit, wie man sie in den irischen Elfenmärchen der Grimms findet, waren ihm zuwider. Seine Gestalten erinnern an die in die Anderwelt vertriebenen Tuatha Dé Danann, die er stark idealisiert und ihrer dunklen Seiten beraubt.

Diese lichte Seite der Elben Tolkiens verdeutlicht eine Szene des *Herrn der Ringe*, in der Frodo Beutlin und seine Begleiter zum ersten Mal auf Angehörige des geheimnisvollen Volkes treffen: Von ihnen geht ein eigentümlicher Zauber aus, der sogar die Schwarzen Reiter bannt, die Furcht erregenden Diener des dunklen Herrn. Denn eben haben sich die Hobbits noch im Schatten hoher Eichen versteckt, verstört vom Geräusch sich nähernder Hufe und bang auf einen schwarzen Schatten starrend, der auf sie zukroch. Da erklingt auf einmal ein Gesang heller lachender Stimmen, die die Mächte der Dunkelheit vertreiben. Dann nähern sich die Stimmen mit ihrem Lied in der Elbensprache, das Elbereth, die göttliche Sternenkönigin besingt. Die Elben gehen langsam ihres Wegs und schreiten an den Hobbits vorbei. Obwohl sie kein Licht tragen, scheint ein Schimmer wie das Mondlicht auf sie zu fallen. Der letzte der Gruppe spricht Frodo an, dessen Namen er kennt: Die Elben wüssten viele Dinge, obwohl sie selten gesehen würden. Auf die wenigen Kenntnisse ihrer Sprache, über die die Hobbits verfügen, reagieren sie amüsiert und nennen sie Elbenfreunde. Sie nehmen sie für die Nacht in ihre Obhut, entzünden ein Feuer und laden sie zu Essen, Unterhaltung und Fröhlichkeit ein. Unter dem Leuchten der elbischen Gesichter und dem Klang ihrer schönen Stimmen vergessen die Hobbits die Gefahr.

Auf diese Weise geht von Tolkiens Schöpfungen ein Zauber aus, der schon lange vorher mit der keltischen Welt verbunden wurde. Dass diese magische Wirkung weniger mit den Kelten als mit unseren Wünschen und Sehnsüchten zu tun hat, erkannte der poetische Professor selbst. Denn in jüngeren Jahren äußerte er den Wunsch, sein Werk solle »die helle, entrückte Schönheit besitzen …, die manche ›keltisch‹ nennen (obwohl sie sich in echten altkeltischen Dingen nur selten findet).«

Die keltischen Surrealisten

Die keltische Kultur erweist sich nicht nur als eine geradezu unverzichtbare Hauptquelle der Fantasyliteratur und des entspechenden Films. Zahlreiche Stimmen vertreten darüber hinaus die Ansicht, die Kelten seien mit ihrer so bezeichnenden wie eigenartigen La Tène-Kunst frühe Vorläufer der modernen Malerei gewesen. Und sie verdienten das Prädikat der gleichsam ersten Surrealisten.

In der Tat verstießen sie gegen alle Regeln der klassischen Kunst, wie sie die Griechen schufen und wie sie als vorbildliches Ideal über weit mehr als 2 000 Jahre in Europa ästhetische Normen vorgab. Die Kelten mussten den Hellenen und Römern auch in solchen Fragen als abstoßende Barbaren erscheinen: Nichts fand sich in den Werken ihrer Feinschmiede, etwa den Fibeln, Kannen und Statuetten, von der stillen Erhabenheit und Würde griechischer Statuen, nichts vom idealisierenden Realismus athenischer Götterdarstellungen und nichts von den Tugenden des Gleichmaßes und der Ausgewogenheit. Darum hätten die Vertreter der deutschen Klassik wie Johann Joachim Winckelmann, Johann Wolfgang von Goethe und Friedrich Schiller ihr epochales Motto von der »edlen Einfalt und der stillen Größe« der antiken Kunstwerke niemals auf die der Kelten angewendet.

Deren Darstellungen verlassen die Welt der Wirklichkeit mit ihren festen Gesetzmäßigkeiten der Natur und Logik. Die kleinformatige Kunst der La Tène-Zeit verliert sich mit ihren Ornamenten und Figuren in einer diffusen Traumwelt, in der das Überwirkliche und Irrationale zu herrschen scheinen. Die Kelten selbst begriffen die Zeichen und Symbole, die dem modernen Interpreten voller Rätsel sind und ihn an die Geheimnisse des Unbewussten gemahnen.

Deshalb erinnern ihn die überschwellenden Pflanzenmotive und die fremdartigen Fabelwesen an fantastische Elemente der abendländischen Kunst. Dort finden sie sich im Skulpturenschmuck der gotischen Kathedralen ebenso wie in den Illustrationen der prächtigen mittelalterlichen Handschriften. Die infernalischen Schreckwesen des Hieronymus Bosch folgen dieser Tradition um 1500 und geben sie weiter an die ungeheuerlichen Skulpturen des Zaubergartens von Bomarzo. Ob im Barock des 17. Jahrhunderts oder im Symbolismus kurz vor 1900 – überall stößt man auf antiklassische Tendenzen, denen die alten griechischen Ideale nicht mehr das Maß aller Dinge sind. In der modernen Kunst des 20. Jahrhunderts verkörpern die Surrealisten diese Darstellungsart, so Maler wie Salvador Dalí und René Magritte mit ihren Traumwelten, die sich einem offenkundig verstandesmäßigen Zugang verschließen. Ihre Werke lassen sich wie die kunstvollen Arbeiten der keltischen La Tène-Künstler nicht unmittelbar verstehen. Beide enthalten fremdartige und oftmals erschreckende

Botschaften einer Anderwelt der menschlichen Imagination, in der die Grenzen zwischen den Dingen aufgehoben sind – so als strömten die Gespenster der Anderen Welt des Unbewussten in die reale Welt. Die barbarischen Kelten waren die frühen Meister dieser Anderwelt und begründeten neben den Griechen eine zweite Schule der späteren abendländischen Kunst und Kultur.

Anhang
Die Kelten – Die historischen Stämme und Völker

ADUATUKER: Keltisierte Germanen, die links des Rheins im Raum Lüttich siedelten.

ALLOBROGER: Stamm im südöstlichen Frankreich zwischen Rhône und Genfer See, dessen Hauptorte Vienne und Genf waren. 121 vor Chr. wurde er von Rom unterworfen und in die Provinz Gallia Narbonensis eingegliedert.

AMBARRER: Stamm westlich des Genfer Sees an der Saône.

AMBIANER: Nordfranzösischer Stamm der Belger im Gebiet der Somme. Die Stadt Amiens ist nach ihm benannt.

ANDEN (ANDEKAVER): Westfranzösischer Stamm an der unteren Loire mit dem Hauptort Angers, dem er wie der Region Anjou den Namen gab.

AQUITANIER: Stämme im südwestlichen Gallien, die iberischen Ursprungs waren.

AREMORIKER: Stämme im Gebiet der Bretagne.

ARVERNER: Stamm im Gebiet des französischen Zentralmassivs, nach dem die Auvergne benannt ist. Sein Hauptort war das Oppidum Gergovia bei Clermont-Ferrand. Nachdem der Stamm 121 vor Chr. von den Römern besiegt worden war, spielte er beim gallischen Aufstand 52 vor Chr. unter seinem Anführer Vercingetorix eine wichtige Rolle.

ATREBATEN: Nordfranzösischer Stamm der Belger, dessen Name in Artois und dem der Stadt Arras fortlebt.

AULERKER: Stammesgruppe im nordwestlichen Frankreich.

BELGER: Stammesgruppe in Nordgallien, deren Gebiete sich von der Seine und Marne bis zum Rhein erstreckten. Teile ihrer Bevölkerung bestanden anscheinend aus eingewanderten und später keltisierten Germanen. Im 1. Jahrhundert vor Chr. siedelten sich belgische Gruppen in Südengland an.

BELLOVAKER: Großer Stamm der Belger nördlich von Paris, nach dem die Stadt Beauvais benannt wurde.

BIBROKER: Britannischer Stamm in der heutigen Grafschaft Berkshire westlich von London.

BITURIGEN: Großer gallischer Stamm, dessen eine Gruppe im Südwesten an der Garonnemündung um Bordeaux siedelte. Eine zweite Gruppe fand sich im Loiregebiet, wo sie der Stadt Bourges ihren Namen gab.

BODIOKASSEN: Stamm in der Normandie um Bayeux.

BOIER: Bedeutender Stamm, der ursprünglich in Gallien siedelte und im 4. Jahrhundert vor Chr. nach Oberitalien auswanderte, wo Bologna an seinen Namen erinnert. Nach ihrer endgültigen Niederlage gegen die Römer 193 vor Chr. zogen die Boier nach Mitteleuropa und besiedelten Teile Tschechiens, wo ihr Name in dem Böhmens fortlebt. Von dort wanderten sie im 1. Jahrhundert vor Chr. teils nach Westen und teils nach Ungarn.

BRANNOVIKEN: Teilstamm der Aulerker an der oberen Loire.

BRIGANTEN: Nordenglischer Stammesverband, über den um 50 nach Chr. Königin Cartimandua herrschte. Nach mehreren Jahrzehnten erbitterten Widerstands mussten sie die römische Herrschaft anerkennen.

BRITANNIER: Keltische Bewohner der Britischen Inseln, die seit 43 nach Chr. von den Römern unterworfen wurden.

CAEROSEN: Keltisierte Germanen links des Rheins in Eifel und Ardennen.

CONDRUSEN: Keltisierte Germanen links des Rheins im Gebiet der Maas.

DIABLINTEN: Teilstamm der Aulerker, der zwischen Seine und Loire siedelte.

DUMNONIER: Britannischer Stamm in Cornwall und Südwestengland, wo er der Grafschaft Devon ihren Namen gab. Nach dem Ende der römischen Herrschaft entstand dort im 5. Jahrhundert vorübergehend ein keltisches Königreich Dumnonia, von dem aus die Bretagne besiedelt wurde.

EBURONEN: Keltisierte linksrheinische Germanen zwischen Maas und Niederrhein, deren Stamm 53 vor Chr. von Caesar vernichtet wurde.

EBUROVIKEN: Teilstamm der Aulerker im Gebiet zwischen Seine und Loire.

ESUVIER: Stamm in der Normandie.

GABALER: Südfranzösischer Stamm in den Cevennen.

GALATER: Keltenstämme, die 280 vor Chr. in Kleinasien einwanderten und sich schließlich im anatolischen Hochland ansiedelten. Ihr Gebiet wurde 25 vor Chr. römische Provinz.

HAEDUER (AEDUER): Mächtiger gallischer Stamm, dessen Gebiete sich zwischen Loire und Saône erstreckten. Das Hauptoppidum der traditionell mit Rom verbündeten Kelten war Bibracte bei Autun.

HELVETIER: Bedeutender keltischer Stamm, der angeblich aus Südwestdeutschland in die heutige Schweiz eingewandert war. Seine Abwanderung ins westliche Gallien verhinderte Caesar 58 vor Chr.

HELVIER: Südfranzösischer Stamm an der unteren Rhône.

IKENER: Stamm im ostenglischen Norfolk, der im Jahr 61 von den Römern unterworfen wurde, nachdem er mit anderen Britanniern unter Führung seiner Königin Boudicca einen Aufstand unternommen hatte.

INSUBRER: Nach Oberitalien eingewanderter Stamm, dessen Siedlungsgebiete um seinen Hauptort Mailand (Mediolanum) lagen. 225 vor Chr. wurde der Stamm in der Schlacht von Telamon von den Römern besiegt, die drei Jahre später seinen Hauptort einnahmen. Um 196 vor Chr. erfolgte die endgültige Unterwerfung.

KADURKER: Keltischer Stamm in Aquitanien nördlich der Garonne, an den der Stadtname Cahors erinnert. Der letzte gallische Widerstand gegen Caesar brach unter den Kadurkern 51 vor Chr. zusammen.

KALEDONIER: Schottischer Stamm, nach dem das Land seinen antiken Namen Caledonia erhielt. Die Kaledonier wurden niemals von den Römern unterworfen, sorgten immer wieder für Überfälle am Hadrianswall und gingen schließlich in den Pikten auf.

KALETEN: Belgischer Stamm am Unterlauf der Seine.

KANTIAKER: Britannischer Stamm in Südostengland, nach dem Kent benannt ist.

KARNUTEN: Gallischer Stamm, dessen Gebiet sich südlich von Paris zwischen Seine und Loire erstreckte. Sein Hauptort war das heutige Orléans, während im Namen der Stadt Chartres der des Stammes fortlebt. Nach Caesars Angaben galt das Land der Karnuten als Mittelpunkt Galliens, wo sich an heiliger Stätte einmal jährlich alle Druiden versammelten.

KATURIGER: Stamm in den Westalpen im Tal der Durance.

KATUVELLAUNER: Britannischer Stamm nördlich der Themse.

KELTIBERER: Bezeichnung mehrerer Stämme im zentralspanischen Hochland. Sie leisteten den römischen Eindringlingen erbitterten Widerstand, der 133 vor Chr. mit der Eroberung Numantias gebrochen wurde.

KENOMANEN: Teilvolk der Aulerker in Nordfrankreich, dessen Name in dem der Landschaft Maine und dem der Stadt Le Mans fortlebt. Teile des Stammes zogen mit anderen Gruppen nach Oberitalien, wo sie das Gebiet um den Gardasee mit Brescia als Hauptort besiedelten.

KEUTRONEN: Stamm im heutigen Savoyen, dessen Name auch unter den Belgern auftaucht.

KORIOSOLITEN: Stamm in der Bretagne.

LATOBRIGER: Stamm im Gebiet des Schwarzwaldes, vielleicht an den Donauquellen.

LEMOVIKEN: Gallischer Stamm in Westfrankreich, nach dessen Namen die Landschaft Limousin und die Stadt Limoges benannt sind.

LEPONTIER: Stamm, der in den Alpen im Gebiet des Tessins und Graubündens siedelte.

LEUKER: Ostgallischer Stamm in Lothringen mit dem Hauptort Toul.

LEXOVIER: Gallischer Stamm an der unteren Seine, dessen Name sich in dem der Stadt Lisieux erhalten hat.

LINGONEN: Ostfranzösischer Stamm zwischen Marne und Maas, dessen Name in dem der Stadt Langres fortlebt.

MANDUBIER: Stamm nordwestlich des heutigen Dijon, in dessen Oppidum Alesia die Gallier 52 vor Chr. die entscheidende Niederlage gegen die Römer erlitten.

MEDIOMATRIKER: Ostgallischer Stamm im Gebiet des heutigen Lothringen, dessen Name wahrscheinlich in dem der Stadt Metz fortlebt.

MELDER: Nordfranzösischer Stamm im Marne- und Seinegebiet.

MENAPIER: Belgischer Stamm an der unteren Maas.

MORINER: Stamm der Belger, der an der Nordseeküste siedelte.

NEMNETER: Westgallischer Stamm an der unteren Loire, dessen Hauptort Nantes war.

NANTUATEN: Stamm östlich des Genfer Sees im Schweizer Kanton Wallis.

NERVIER: Belgischer Stamm, angeblich germanischer Abkunft.

NITIOBROGEN: Südwestfranzösischer Stamm an der Garonne.

NORIKER: Keltisch-illyrischer Stamm in den Ostalpen im Gebiet der Steiermark und

Kärntens, der im 2. Jahrhundert vor Chr. ein einflussreiches, stark romanisiertes Reich begründete. 15 vor Chr. besetzten römische Truppen das Land, das schließlich die Provinz Noricum wurde.

ORDOVIKEN: Stamm im nördlichen Wales, der im 1. Jahrhundert nach Chr. den vordringenden Römern erheblichen Widerstand leistete.

OSISMER: Nordgallischer Stamm in der Bretagne.

PAEMANEN: Keltisierte Germanen links des Rheins im Maasgebiet.

PARISIER: Gallischer Stamm in der Gegend des heutigen Paris, das nach ihm benannt wurde und vorher Lutetia hieß.

PETRUKORIER: Südwestfranzösischer Stamm nördlich der Garonne, nach dem die Landschaft Périgord benannt ist.

PIKTEN: Mehrere nordschottische Stämme, die seit dem 3. Jahrhundert nach Chr. erwähnt wurden und deren Kultur wahrscheinlich starke vorkeltische Elemente enthielt. Ihr Name bedeutet vermutlich »die Bemalten« und verweist auf die Berichte antiker Historiker, die einen derartigen Körperschmuck schildern. Im frühen Mittelalter gingen die Pikten in den Skoten auf, wonach ihre Sprache und Kultur verschwanden.

PIKTONEN: Westgallischer Stamm südlich der Loiremündung, dessen Name in dem der Stadt Poitiers fortlebt.

RAETER: Volk in den Alpen, das im Umfeld keltischer Kultur stand.

RAURAKER (RAURIKER): Stamm am Hochrhein, der wahrscheinlich um 100 vor Chr. in Basel ein großes Oppidum besiedelte.

REDONEN: Stamm der Bretagne, nach dem die Stadt Rennes benannt ist.

REMER: Belgischer Stamm an Marne und Aisne, dessen Name in dem der Stadt Reims fortlebt. Zu Beginn des gallischen Krieges gehörte er zu den angesehensten Stämmen Galliens.

RUTENER: Gallischer Stamm in Aquitanien.

SALLUVIER: Keltisch-ligurischer Stamm in Südfrankreich östlich der Rhônemündung, in Nachbarschaft zur griechischen Kolonie Marseille. 122 vor Chr. wurden die Salluvier von den Römern besiegt und der Provinz Gallia Narbonensis eingegliedert.

SANTONEN: Südwestfranzösischer Stamm zwischen Garonne und Loire, der der Stadt Saintes ihren Namen gab.

SEDUNER: Stamm im heutigen Schweizer Kanton Wallis östlich des Genfer Sees, dessen Name in dem der Stadt Sion (Sitten) fortleben soll.

SEGNER: Keltisierte Germanen links des Rheins.

SEGUSIAVER: Gallischer Stamm an der Rhône.

SENONEN: Die Stammesgebiete lagen in Zentralgallien an der Seine, wo der Name in dem der Stadt Sens erhalten blieb. Teile des mächtigen Stammes wanderten im 4. Jahrhundert vor Chr. in Oberitalien ein und besiedelten dort die Adriaküste um Rimini und Senigallia.

SEQUANER: Großer ostgallischer Stamm, der zwischen Jura, Rhône und Saône siedelte; sein Hauptort war Visontio, das heutige Besançon. Kurz vor Caesars Intervention in Gallien waren die Sequaner zu den mächtigen Rivalen der Haeduer geworden.

SILUREN: Britannischer Stamm in Südwales.

SKORDISKER: Stamm, der an dem Angriff auf Delphi beteiligt gewesen sein soll (279 vor Chr.) und danach Singidunum an der Donau gründete, das heutige Belgrad. Später wurden die Skordisker von den Römern unterworfen.

SUESSIONEN: Belgischer Stamm zwischen Marne und Oise, der Soissons seinen Namen gab.

TAURINER: Stamm in Nordwestitalien, dessen Name in dem von Turin erhalten blieb.

TAURISKER: Stamm in den Ostalpen, der im Reich der Noriker aufging.

TEKTOSAGEN: Teilstamm der Volker, der in Südwestfrankreich siedelte und mit der römischen Eroberung nach 121 vor Chr. in die Provinz Gallia Narbonensis eingegliedert wurde. Andere Gruppen des Stammes zogen auf den Balkan und überschritten 280 vor Chr. den Bosporus nach Kleinasien, wo sie einen Teil der Galater bildeten.

TIGURINER: Teilstamm der Helvetier.

TOLISTOBAGIER (TOLISTOBOIER): Teilstamm der Galater in Anatolien.

TREVERER: Stamm im Moselgebiet, dessen Hauptorte die Oppida auf dem Titelberg in Luxemburg und auf dem Martberg bei Pommern an der Untermosel waren. Die römische Gründung Trier (Augusta Treverorum) wurde nach den Treverern benannt.

TRIBOKER: Keltisierter Suebenstamm, der in der Gegend von Straßburg im Elsass siedelte.

TRIKASSEN: Stamm an der oberen Seine, dessen Name in Troyes fortlebt.

TRINOVANTEN: Stamm in Ostengland im heutigen Essex und Suffolk, dessen Hauptort Colchester war.

TROKMER: Stamm der Galater in Anatolien.

TURONEN: Gallischer Stamm im Loiregebiet, dessen Name sich in denen der Landschaft Touraine und der Stadt Tours erhalten hat.

VELIOKASSEN: Belgischer Stamm am Unterlauf der Seine um Rouen.

VELLAVIER (VELLABIER): Gallischer Stamm in den Cevennen.

VENELLER (UNELLER): Gallischer Stamm in der Normandie.

VENETER: Bedeutender gallischer Stamm an der bretonischen Westküste, dessen Name in dem der Stadt Vannes fortlebt.

VERAGRER: Stamm in den Alpen östlich des Genfer Sees.

VINDELIKER: Stamm im südlichen Bayern zwischen Donau und Alpen. Mit ihnen sollen sich die Römer auf dem Bodensee eine Schlacht geliefert haben. Die Vindeliker stellten mutmaßlich die Bevölkerung des Oppidums Manching.

VIROMANDUER: Stamm der Belger.

VOKONTIER: Südostgallischer Stamm zwischen Rhône und Alpen.

VOLKER: Südgallischer Stamm um Toulouse und Nîmes, der 121 vor Chr. von den Römern besiegt und der Gallia Narbonensis eingegliedert wurde.

Diese Aufzählung keltischer Stämme stellt lediglich eine Auswahl dar, die allerdings die größten und bedeutendsten Völkerschaften berücksichtigt. Gemäß der schriftlichen Überlieferung existierten zwischen Spanien und Kleinasien erheblich mehr Gruppen, die eine eigene Stammesidentität hatten. Zur Zeit der großen Wanderungen des 4. und 3. Jahrhunderts vor Chr. splitterten sich häufig Teile dieser Stämme ab, um in anderen Ländern ihr Glück zu suchen – wovon die Nennung ein und desselben Namens in weit voneinander entfernten Gebieten zeugt. Obwohl die Beziehungen zwischen den unzähligen keltischen Groß- und Kleinstämmen durchlässig gewesen zu sein scheinen, gab der Stamm seinen Angehörigen Halt und Identität. Dafür sprechen unter anderem Nachrichten über fortbestehende Kontakte weit entfernt siedelnder Stammesgruppen. Zu größeren Zusammenschlüssen und auf die Dauer festen Stammesverbänden ist es offensichtlich nirgends gekommen. Als Gliederungsprinzip der Kelten wird deshalb vor allem auf die sprachgeschichtlich begründete Teilung in Festlandkelten und Inselkelten zurückgegriffen. Darüber hinaus bietet die Archäologie eine Fülle an Fundkriterien, die sich zum Beispiel an Befestigungsarten und Fibeltypen orientiert. Dies lässt Kontakte und kulturelle Beziehungen erkennen, ohne dass man mit Sicherheit auf feste Stammesgebiete schließen könnte.

Zeittafel

800–450 vor Chr.	Hallstattkultur
Um 600 vor Chr.	Gründung der griechischen Kolonie Massalia (Marseille)
Nach 600 vor Chr.	Errichtung der Lehmziegelmauer der Heuneburg nach griechischem Vorbild
Um 550 vor Chr.	Tod des Fürsten von Hochdorf
Um 500 vor Chr.	Tod der Fürstin von Vix. Der griechische Geschichtsschreiber Hekataios von Milet erwähnt als Erster das Volk der Kelten.
Um 480 vor Chr.	Endgültige Zerstörung der Heuneburg
Um 450 vor Chr. – um die Zeitenwende	La Tène-Kultur
Um 450 vor Chr.	Fürstensitz und Grabanlage vom Glauberg
Gegen 400 vor Chr.	Vordringen der Kelten entlang der Donau zu den Karpaten und auf den Balkan
Um 400 vor Chr.	Keltische Stämme in der Po-Ebene
396 vor Chr.	Kelten zerstören der Etruskerstadt Melpum
387 vor Chr.	Niederlage der Römer in der Schlacht an der Allia und Plünderung Roms durch die Kelten
324 vor Chr.	Keltische Gesandte am Hof Alexanders des Großen in Babylon
Um 320 vor Chr.	Tod der Fürstin von Waldalgesheim
282 vor Chr.	Römischer Sieg über die Boier am Vadimonischen See. Ende der Keltenkriege für fast ein halbes Jahrhundert. Kelten wandern in den Donauraum und nach Griechenland.
281 vor Chr.	Keltische Krieger besiegen ein makedonisches Heer und töten dessen König.
280 vor Chr.	Keltische Gruppen überqueren den Bosporus nach Kleinasien.
279 vor Chr.	Kelten plündern das griechische Apollon-Heiligtum in Delphi.
275 vor Chr.	Keltische Niederlage in der so genannten Elefantenschlacht. Ansiedlung in Galatien
274 vor Chr.	Keltische Söldner in Ägypten
Um 230 vor Chr.	König Attalos I. von Pergamon besiegt die Galater und lässt seinen Sieg in der Plastik des »sterbenden Galaters« verherrlichen.
225 vor Chr.	Römischer Sieg über die Kelten in der Schlacht von Telamon
222 vor Chr.	Die Römer erobern Mediolanum (Mailand)
216 vor Chr.	Kelten kämpfen auf Seiten der Karthager bei Cannae gegen Rom. Alle oberitalienischen Keltenstämme verbünden sich mit Hannibal.

215 vor Chr.	Keltischer Sieg über die Armee des römischen Praetors Postumius. Dessen Kopf wird ins Heiligtum der Boier gebracht.
193 vor Chr.	Niederlage der Boier. Die Römer erobern deren Hauptort Bononia (Bologna). Später Einrichtung der Provinz Gallia Cisalpina.
133 vor Chr.	Die keltiberische Festungsstadt Numantia muss vor den Römern kapitulieren.
122 vor Chr.	Auf ein Hilfegesuch Massalias Intervention Roms in Südgallien und Siege über die Ligurer, Salluvier und andere Stämme.
121 vor Chr.	Einrichtung der römischen Provinz Gallia Transalpina
113–101 vor Chr.	Die Züge der germanischen Kimbern und Teutonen sorgen unter den keltischen Stämmen für Unruhe, bis sie von den Römern gestoppt werden.
Um 100 vor Chr.	Das Oppidum von Manching
61 vor Chr.	Der Haeduer und Druide Diviciacus in Rom
58–51 vor Chr.	Römische Eroberung Galliens durch Caesar
58 vor Chr.	Niederlagen der Helvetier und der germanischen Sueben unter Ariovist
57 vor Chr.	Unterwerfung der Belger
56 vor Chr.	Besetzung Aquitaniens. Sieg Caesars über die Veneter. Weitgehende Besetzung Galliens durch römische Truppen
55 vor Chr.	Kämpfe mit rechtsrheinischen Germanen, erste Rheinüberquerung Caesars. Erste Expedition nach Britannien.
54 vor Chr.	Zweite Expedition Caesars nach Britannien. Unruhen bei den Treverern und Haeduern; Tod des Dumnorix. Aufstände unter den Eburonen, Karnuten und anderen Stämmen
53 vor Chr.	Niederschlagung der Aufstände, zweite Rheinüberquerung Caesars. Vernichtung der Eburonen
52 vor Chr.	Letzter und zugleich erster konzertierter Aufstand der gallischen Stämme unter Führung des Arverners Vercingetorix. Erfolglose römische Belagerung Gergovias und Kapitulation der Truppen des Vercingetorix in Alesia
51 vor Chr.	Letzte römische Feldzüge gegen rebellierende gallische Stämme
46 vor Chr.	Caesar lässt Vercingetorix in Rom hinrichten.
27 vor Chr.	Kaiser Augustus richtet in Gallien drei neue Provinzen ein.
25 vor Chr.	Galatien wird römische Provinz.
15 vor Chr.	Römischer Seesieg auf dem Bodensee über die Vindeliker. Unterwerfung der keltischen Stämme im Alpenraum, darunter der Noriker
21 nach Chr.	Aufstand gallischer Gruppen unter Führung des Treverers Julius Florus und des Haeduers Julius Sacrovir wird niedergeschlagen.
43–47 nach Chr.	Eroberung Südenglands unter Kaiser Claudius
48 nach Chr.	Gallier erhalten das volle römische Bürgerrecht.
54	Claudius verbietet den Druidenstand.

60	Eroberung der Insel Mona (Anglesey) und Vernichtung des dortigen Druidenheiligtums
61	Britannischer Aufstand unter Führung der Boudicca
69/70	Bataveraufstand unter Führung des Germanen Julius Civilis und des Treverers Julius Classicus
84	Der römische Statthalter Julius Agricola besiegt im schottischen Hochland ein kaledonisches Heer.
122	Kaiser Hadrian besucht Britannien und lässt den Hadrianswall errichten.
260–274	Gallisches Sonderreich des Marcus Postumus
286	Unruhen der Bagauden in Gallien
Um 400	Einführung des Christentums in Irland
Um 407	Abzug der letzten römischen Truppen aus Britannien
Um 435	Der heilige Patrick in Irland
Um 450	Einwanderung germanischer Angeln, Sachsen und Jüten in Britannien. Britannische Kelten wandern nach Aremorica (Bretagne) aus.
Um 518	Angebliche Schlacht am Berg Badon mit dem Sieg König Arthurs
Um 538	Angeblicher Tod Arthurs in der Schlacht von Camlan
Um 575	Der Barde Myrddin in Nordengland und Schottland

Auf den Spuren der Kelten

Die folgende Auflistung europäischer Museen und Archäologieparks stellt trotz ihres Umfangs nur eine Auswahl dar. In vielen Teilen Europas präsentieren Ausstellungen darüber hinaus keltische Funde, und die Zahl besuchenswerter Bodendenkmäler, die den Kelten zugeschrieben werden, ist fast unüberschaubar. Insofern verstehen sich die angeführten Namen als Einstieg zu den Spuren der keltischen Kultur. (Internetadressen unter Vorbehalt)

Dänemark

Kopenhagen:

- Nationalmuseet, Ny Vestergade 10, København, www.natmus.dk
  Das dänische Nationalmuseum beherbergt einen der berühmtesten keltischen Funde, den Gundestrupkessel. Dessen reicher Figurenschmuck dient als wichtige Quelle der keltischen Religion.

Deutschland

Berlin:

- Museum für Vor- und Frühgeschichte, Schloss Charlottenburg, Spandauer Damm 22, 14059 Berlin, www.smb.spk-berlin.de/mvf
  Die reichhaltigen Ausstellungen präsentieren keltische Funde aus ganz Europa, darunter die so genannte Linsenflasche von Matzhausen in der Oberpfalz, die als ein Meisterwerk latènezeitlicher Töpferkunst gilt.

Bonn:

- Rheinisches Landesmuseum, Colmantstraße 14-18, 53115 Bonn, www.rlmb.lvr.de
  Die Ausstellungen zeigen einige der bekanntesten Funde der keltischen Kultur, darunter die Grabbeigaben von Waldalgesheim und die Stele von Pfalzfeld. Die gallorömische Zeit repräsentieren zahlreiche Matronensteine.

Bundenbach:

- Keltensiedlung »Altburg«, 55626 Bundenbach (Rheinland-Pfalz, im Hunsrück bei Idar-Oberstein)
  Mehrere rekonstruierte Häuser einer kleinen keltischen Höhenburg veranschaulichen das Alltagsleben in den letzten Jahrhunderten vor Chr.

Darmstadt:

- Hessisches Landesmuseum, Friedensplatz 1, 64283 Darmstadt, www.hlmd.de
  Das Landesmuseum mit seinen reichhaltigen Ausstellungen aus allen Epochen wird die Funde vom Glauberg präsentieren.

Eberdingen-Hochdorf:

- Keltenmuseum Hochdorf, Keltenstraße, 71735 Eberdingen-Hochdorf (bei Stuttgart), www.keltenmuseum.de
  Das Kernstück des Museums ist die rekonstruierte Grabkammer des Fürstenhügels mit ihren reichen Beigaben.

Frankfurt am Main:

- Archäologisches Museum, Karmelitergasse 1, 60311 Frankfurt, www.rma.de/kultur/museen/vor-und-fruehgeschichte.htm
  Das Museum präsentiert regionale Funde des Rhein-Main-Gebiets, das eine Kontaktzone von Kelten, Germanen und Römern war.

Freiburg im Breisgau:

- Museum für Ur- und Frühgeschichte, Colombischlössle, Rotteckring 5, 79098 Freiburg im Breisgau
  Die Ausstellungen zeigen unter anderem Funde der keltischen Kultur, die auf dem benachbarten Münsterberg von Breisach ein bedeutendes Zentrum hatte.

Gersheim-Reinheim:

- Europäischer Kulturpark Bliesbruck-Reinheim, Robert-Schumann-Straße 2, 66453 Gersheim-Reinheim (Saarland), www.kulturpark-online.de
  Der deutsch-französische Kulturpark bietet neben Ausgrabungen eines Dorfes und einer gallo-römischen Villenanlage vor allem den keltischen Grabhügel der Fürstin von Reinheim aus dem frühen 4. Jahrhundert vor Chr. Zu deren Grabbeigaben zählen prächtige Goldgegenstände.

Glauburg:

- Archäologischer Park Glauberg, 63695 Glauburg (bei Büdingen nordöstlich von Frankfurt), www.keltenfuerst.de
  Um den wieder aufgeschütteten Grabhügel am Glauberg entsteht zur Zeit ein archäologischer Park, der das gesamte Fundareal erschließt.

Herbertingen-Hundersingen:

- Heuneburg-Museum, 88518 Herbertingen-Hundersingen (an der Donau bei Sigmaringen), www.heuneburg.de
  Die Umgebung des keltischen Fürstensitzes der Heuneburg bietet ein umfangreiches Gebiet mit besichtigenswerten Zielen: den zum Teil rekonstruierten Fürstensitz selbst, das ihm und den Kelten gewidmete Museum in Hundersingen und den Grabhügel des Hohmichele.

Ingolstadt:

- Stadtmuseum, Auf der Schanz 45, 85049 Ingolstadt, www.ingolstadt.de/stadtmuseum
  Präsentation keltischer Funde, die unter anderem im Gebiet der benachbarten »Keltenstadt« von Manching gemacht wurden.

Karlsruhe:

- Badisches Landesmuseum, Schloss, 76131 Karlsruhe, www.landesmuseum.de
  Die umfangreichen Ausstellungen zur badischen Geschichte präsentieren auch keltische Funde.

Mainz:

- Landesmuseum, Große Bleiche 49-51, 55116 Mainz, www.landesmuseum-mainz.rlp.de
  Zu den Funden aus Rheinhessen gehören zahlreiche keltische Objekte.
- Römisch-Germanisches Zentralmuseum, Kurfürstliches Schloss, 55116 Mainz
  Das Forschungsinstitut für Vor- und Frühgeschichte widmet einen Teil seiner Ausstellungen den Kelten und ihrer Kultur.

Manching:

- Oppidum Manching, 85077 Manching (bei Ingolstadt)
  Das Areal der »Keltenstadt« mit dem rekonstruierten Osttor ist durch einen Wanderweg erschlossen.

Morbach:

- Archäologiepark Belginum, Wederath, Keltenstraße 2, 54497 Morbach (Rheinland-Pfalz, im Hunsrück bei Trier)
  Der neu eingerichtete Archäologiepark und sein Museum widmen sich den reichen Funden eines keltisch-römischen Gräberfeldes, einer gallo-romanischen Siedlung und eines frührömischen Lagers.

München:

- Archäologische Staatssammlung, Museum für Vor- und Frühgeschichte, Lerchenfeldstraße 2, 80538 München, www.archaeologie-bayern.de
  Die Sammlung enthält eine Vielzahl keltischer Objekte, darunter die Funde aus dem Oppidum von Manching.

Nürnberg:

- Germanisches Nationalmuseum, Kartäusergasse 1, 90402 Nürnberg, www.gnm.de
  Die reichhaltige Präsentation deutscher Kulturgeschichte bietet unter anderem auch keltische Funde.

Ringelai:

- Keltendorf Gabreta, Lichtenau 1a, 94160 Ringelai (bei Passau im Bayerischen Wald), www.gabreta.de
  Der »Archäologische Erlebnispark« präsentiert sich mit einer möglichst originalgetreuen Rekonstruktion einer keltischen Siedlung.

Saarbrücken:

- Museum für Vor- und Frühgeschichte, Schlossplatz 16, 66119 Saarbrücken, www.vorgeschichte.de
  Im Mittelpunkt der Ausstellung steht das Fürstinnengrab von Reinheim mit seinem Schmuck und anderen Beigaben.

Speyer:

- Historisches Museum der Pfalz, Domplatz, 67324 Speyer, www.museum.speyer.de
  Ein Schwerpunkt der vorgeschichtlichen Sammlung bildet der Aufstieg und Niedergang der keltischen Kultur, die mit zahlreichen Ausstellungsstücken präsentiert wird.

Stuttgart:

- Württembergisches Landesmuseum, Schillerplatz 6, 70173 Stuttgart, www.landesmuseum-stuttgart.de
  Glanzpunkt der Ausstellungsstücke aus keltischer Zeit ist das Fürstengrab von Hochdorf mit seinen einmaligen Beigaben. Außerdem finden sich berühmte Funde wie die Großskulpturen von Hirschlanden und Holzgerlingen sowie die hölzerne Hirschfigur von Fellbach-Schmiden aus der Zeit um 120 vor Chr.

Trier:

- Rheinisches Landesmuseum, Weimarer Allee 1, 54290 Trier, www.landesmuseum-trier.de
  Die reichen keltischen Sammlungen bieten einen Einblick in die Kultur der Treverer mit ihren Siedlungen und Grabfunden. Außerdem präsentiert das Museum wichtige Objekte der gallo-romanischen Zeit, darunter etliche Weihesteine und religiöse Denkmäler.

Villingen-Schwenningen:

- Franziskaner-Museum Villingen, Rietgasse 2, 78050 Villingen-Schwenningen
  Die Sammlung zeigt die Funde des Grabhügels Magdalenenberg, der in der Nähe der Stadt wieder aufgeschüttet wurde.

Frankreich

Aix-en-Provence:

- Musée Granet, Place Saint-Jean de Malte, Quartier Mazarin, 13100 Aix-en-Provence
  Unter anderem sind die Steinskulpturen und andere Funde des Oppidums Entremont ausgestellt.

- Oppidum Entremont, Aix-en-Provence, www.entremont.culture.gouv.fr

Alise-Sainte-Reine :

- Musée Alesia, 21150 Alise-Sainte-Reine (Bourgogne), www.alesia.com
  Am Ort der Entscheidungsschlacht des Jahres 52 vor Chr. sind ein Archäologischer Park und ein Museum entstanden, die sich den Zeugnissen eines der besterhaltenen Bodendenkmälern der Antike widmen. Die Reste einer gallo-römischen Siedlung und die Vercingetorix-Statue des 19. Jahrhunderts komplettieren die Umgebung des historischen Alesia und machen sie zu einem Mittelpunkt gallischer Geschichte.

Châtillon-sur-Seine:

- Musée du Châtillonnais, Rue du Bourg, 21400 Châtillon-sur-Seine (Bourgogne)
  Zu den bekanntesten Ausstellungsstücken zählen die Grabbeigaben der Fürstin von Vix.

La Roche Blanche:

- Maison de Gergovie, Plateau de Gergovie, 63670 La Roche Blanche (Auvergne, bei Clermond-Ferrand)
  Bei den Überresten Gergovias, des Hauptoppidums der Arverner, befindet sich heute ein Museum, das die Geschichte des Ortes veranschaulicht.

Meursault:

- Archéodrome de Bourgogne, Aire de Beaune-Tailly, 21190 Meursault (Bourgogne, bei Dijon), www.archeodrome-bourgogne.com
  Das weitläufige Freichlichtmuseum präsentiert zur gallischen Geschichte unter anderem die rekonstruierten Befestigungen Alesias und einen keltischen Bauernhof.

Ribemont-sur-Ancre:

- Centre archeologique departemental, 5, rue d'en Haut, BP 252, 80800 Ribemont-sur-Ancre (bei Amiens), www.ribemontsurancre.cg80.fr
  Die Opferstätten des gallischen Heiligtums wurden teilweise rekonstruiert und sind zu besichtigen.

Saint-Germain-en-Laye :

- Musée des Antiquités nationales, Château, Place Charles de Gaulle, 78105 Saint-Germain-en-Laye (bei Paris), www.musee-antiquitesnationales.fr
  Das zentrale französische Altertumsmuseum bietet eine Fülle gallischer und gallo-römischer Fundstücke, darunter Objekte aus Alesia und so berühmte Funde wie die Statuette des Gottes von Bouvray.

Saint Léger-sous-Beuvray:

- Centre archéologique européen du Mont Beuvray, Musée de la Civilisation celtique, 41990 Saint Léger-sous-Beuvray (Bourgogne, bei Autun), www.bibracte.tm.fr
  Das große Oppidum der Haeduer wurde teilweise rekonstruiert; außerdem widmet sich das benachbarte Museum Bibracte und der keltischen Kultur.

Großbritannien und Nordirland

England

Colchester:

- Castle Museum, 14 Ryegate Road, Colchester, Essex, CO1 1YG, www.colchestermuseums.org.uk
  Das Museum der einstmaligen englischen Hauptstadt erinnert mit etlichen Ausstellungsstücken an die keltische und römische Zeit, unter anderem an den Aufstand der Königin Boudicca.

Dorchester:

- Maiden Castle (bei Dorchester, Dorset)
  Die Höhenfestung gilt als größte ihrer Art in ganz Europa.

- Dorset County Museum, High West Street, Dorchester, Dorset, www.dorsetcountymuseum.org
  Die Ausstellungen präsentieren zahlreiche keltische Objekte, darunter etliche aus dem Gebiet der benachbarten Befestigung von Maiden Castle.

London:

- British Museum, Great Russell Street, London, WC1B 3DG, www.thebritishmuseum.ac.uk
  Dieses Museum der Superlative bietet eine Vielzahl keltischer und römischer Objekte.

Schottland

Edinburgh:

- Museum of Scotland, Chambers Street, Edinburgh, EH1 1JF, www.nms.ac.uk/mos/index.htm
  Das Schottische Nationalmuseum präsentiert Funde der schottischen Frühgeschichte, zu der die keltischen Kulturzeugnisse und die Pikten zu zählen sind.

Wales

Cardiff:

- National Museum and Art Gallery of Wales, Cathays Park, Cardiff, CF1 3NP
  Das walisische Nationalmuseum zeigt unter anderem Objekte seiner keltisch geprägten Vergangenheit.

Nordirland

Belfast:

- Ulster Museum, Belfast, Botanic Gardens, Belfast, BT9 5AB, www.ulstermuseum.org.uk
  Der Norden Irlands stellt sich mit zahlreichen frühgeschichtlichen und frühmittelalterlichen Fundstücken seiner keltischen Historie vor.

Irland

Dublin:

- National Museum of Ireland, Kildare Street, Dublin 2, www.museum.ie
  Das zentrale Museum der Republik Irland präsentiert reichhaltige Ausstellungen der keltischen Eisenzeit und des christlichen frühen Mittelalters, in dem beispielsweise die weltberühmte Tarabrosche entstand.

Ferrycarrig:

- The Irish National Heritage Park, Ferrycarrig, Wexford, www.wexfordirl.com/Heritage/hpark/main.htm
  Mit anschaulichen Rekonstruktionen verfolgt der Park die irische Geschichte von der Steinzeit bis ins Mittelalter. Die Keltenzeit repräsentieren unter anderem ein befestigter Häuptlingshof, eine Crannog genannte künstliche Wohninsel und ein frühchristliches Kloster.

Kilmurry:

- Craggaunowen Park, Kilmurry, Co. Clare
  Der archäologische Park präsentiert Geschichte als »lebendige Vergangenheit«; ein Schwergewicht bilden die Rekonstruktionen aus der keltischen Zeit.

Luxemburg

- Musée national d'histoire et d'art, Marché-aux-Poissons, 2345 Luxembourg, www.mnha.lu
  Die reichhaltigen Ausstellungen des Luxemburgischen Nationalmuseums zeigen unter anderem Funde aus dem großen Trevereroppidum auf dem Titelberg und die Grabkammer von Clemency, die Mittelpunkt einer bedeutenden spätkeltischen Grabanlage war.

Österreich

Hallein:
- Kelten Museum Hallein, Pflegerplatz 5, 5400 Hallein (südlich von Salzburg), www.keltenmuseum.at/htdocs
  Die Präsentation widmet sich ausführlich der Welt der Kelten in allen Lebensbereichen. Besondere Aufmerksamkeit gilt dabei dem Salzabbau im Dürrnberg.

Hallstatt:
- Museum Hallstatt, Seestraße 56, 4830 Hallstatt (im Salzkammergut bei Salzburg), www.museum-hallstatt.at
  Gezeigt werden unter anderem auch keltische Funde, insbesondere die reichen Beigaben des Hallstatter Gräberfeldes.

Mitterkirchen:
- Freilichtmuseum Keltendorf, 4343 Mitterkirchen (Oberösterreich, bei Linz), www.mitterkirchen.at/keltendorf
  Aufgrund bedeutender archäologischer Funde entstand dieses Freilichtmuseum, das sich der keltischen Kultur widmet. Davon zeugen mehrere originalgetreue Wohn- und Arbeitshäuser sowie ein Hügelgrab.

Pischeldorf:
- Archäologischer Park Magdalensberg, 9064 Pischeldorf (Kärnten)
  Der Park widmet sich der römischen Siedlung des Magdalensberges, die aus dem Hauptort der keltischen Noriker entstand.

Salzburg:
- Museum Carolino Augusteum, Museumsplatz 1, 5020 Salzburg, www.smca.at
  Die umfangreichen Sammlungen bieten berühmte Funde aus der Keltenzeit, so vom Dürrnberg.

Wien:

- Naturhistorisches Museum, Burgring 7, 1014 Wien, www.nhm-wien.ac.at
  Die Prähistorische Abteilung des Museums präsentiert eine Fülle keltischer Funde, darunter Objekte aus dem Salzbergwerk von Hallstatt.

Schweiz

Basel:

- Historisches Museum, Barfüsserplatz, 4051 Basel, www.historischesmuseumbasel.ch
  Unter anderem werden die Funde gezeigt, die man in Basel auf dem Areal einer spätkeltischen Siedlung gemacht hat. Sie gehört zu den größten ihrer Art, die bisher entdeckt wurden.

Bern:

- Historisches Museum, Helvetiaplatz 5, 3005 Bern, www.bhm.ch
  Das Museum beherbergt eine reichhaltige Sammlung keltischer und gallo-römischer Funde, zu denen wertvolle Importe aus dem Mittelmeerraum zählen.

Zürich:

- Schweizerisches Landesmuseum, Museumstrasse 2, 8023 Zürich, www.musee-suisse.ch
  Zu der umfangreichen vorgeschichtlichen Abteilung gehören zahlreiche keltische Funde.

Literaturverzeichnis

Quellen

Die altirische Heldensage Táin Bó Cúalnge. Nach dem Buch von Leinster in Text und Übersetzung mit einer Einleitung herausgegeben von Ernst Windisch. Leipzig 1905.

Bretonische Märchen. Herausgegeben und übertragen von Ré Soupault. Reinbek 1997.

Caesar, Gaius Julius. *De bello Gallico. Der Gallische Krieg.* Übersetzt und herausgegeben von Marieluise Deissmann. Stuttgart 1991.

Griechische und lateinische Quellen zur Frühgeschichte Mitteleuropas bis zur Mitte des 1. Jahrtausends unserer Zeitrechnung. Bd. 1-4. Herausgegeben von Joachim Herrmann. Berlin 1988–1991.

Irische Märchen. Übersetzung und Einleitung von Frederik Hetmann. Frankfurt am Main 1971.

Irische Volksmärchen. Herausgegeben von Käte Müller-Lisowski. Reinbek 1993.

Der keltische Kessel. Wandlung und Wiedergeburt in der Mythologie der Kelten. Irische, walisische und arthurianische Texte ausgewählt und neu übersetzt von Fritz Lautenbach. Stuttgart 1991.

König Artus und seine Tafelrunde. Europäische Dichtung des Mittelalters. Herausgegeben von Karl Langosch und Wolf-Dieter Lange. Stuttgart 1986.

Das Leben des Zauberers Merlin. Geoffrey von Monmouth. Vita Merlini. Erstmalig in deutscher Übertragung. Mit anderen Überlieferungen. Herausgegeben von Inge Vielhauer. Amsterdam 1964 (2. Auflage).

Livius, Titus. *Römische Geschichte.* Buch IV-VI. Herausgegeben von Hans Jürgen Hillen. München und Zürich 1991.

Märchen aus Schottland. Gesammelt und herausgegeben von Hannah Aitken und Ruth Michaelis-Jena. Reinbek 1993.

Märchen aus Wales. Herausgegeben und übersetzt von Frederik Hetmann. Reinbek 1998.

Malory, Sir Thomas. *Die Geschichten von König Artus und den Rittern seiner Tafelrunde.* Bd. 1-3. Übertragen von Helmut Findeisen auf der Grundlage der Lachmannschen Übersetzung. Frankfurt am Main 1977.

Sagen aus dem alten Irland. Übersetzt von Rudolf Thurneysen. Berlin 1901.

Das Sagenbuch der walisischen Kelten. Die vier Zweige des Mabinogi. Übersetzt, kommentiert und mit einem Nachwort versehen von Bernhard Maier. München 1999.

Tacitus, P. Cornelius. *Agricola.* Übersetzt, erläutert und mit einem Nachwort herausgegeben von Robert Feger. Stuttgart 1973.

Tacitus, P. Cornelius. *Annalen.* Herausgegeben von Erich Heller. München und Zürich 1992 (2. Auflage).

Sekundärliteratur

Ashe, Geoffrey. *König Arthur. Die Entdeckung von Avalon.* München 1987.

Biel, Jörg. *Der Keltenfürst von Hochdorf.* Stuttgart 1995 (3. Auflage).

Birkhan, Helmut. »Druiden und keltischer Seelenwanderungsglaube.« In: Figl, Johann. Klein, Hans-Dieter (Hg.). *Der Begriff der Seele in der Religionswissenschaft.* Würzburg 2002.

Birkhan, Helmut. *Kelten. Celts. Bilder ihrer Kultur.* Wien 1999.

Birkhan, Helmut. *Kelten. Versuch einer Gesamtdarstellung ihrer Kultur.* Wien 1997 (2. Auflage).

Botheroyd, Sylvia und Paul F. *Lexikon der keltischen Mythologie.* München 1992.

Cain, Hans Ulrich. Rieckhoff, Sabine (Hg.). *fromm – fremd – barbarisch. Die Religion der Kelten.* Mainz 2002.

Dannheimer, Hermann. Gebhard, Rupert (Hg.). *Das keltische Jahrtausend.* Mainz 1993.

Das Rätsel der Kelten vom Glauberg. Glaube – Mythos – Wirklichkeit. Stuttgart 2002.

Demandt, Alexander. *Die Kelten.* München 1998.

Dewald, Markus. *Kelten Kürbis Kulte. Kleine Kulturgeschichte von Halloween.* Stuttgart 2002.

Die Römer an Mosel und Saar. Zeugnisse der Römerzeit in Lothringen, in Luxemburg, im Raum Trier und im Saarland. Mainz 1983.

Fries-Knoblach, Janine. *Die Kelten. 3.000 Jahre europäischer Kultur und Geschichte.* Stuttgart 2002.

Goodrich, Norma Lorre. *Die Ritter von Camelot. König Artus, der Gral und die Entschlüsselung einer Legende.* München 1994.

Gottzmann, Carola L. *Artusdichtung.* Stuttgart 1989.

Green, Miranda J. *Keltische Mythen.* Stuttgart 1994.

Green, Miranda J. *Die Druiden. Die Welt der keltischen Magie.* Düsseldorf 1998.

Grimaud, Renée. *Nos Ancêtres Les Gaulois.* Rennes 2001.

Haffner, Alfred (Hg.). *Heiligtümer und Opferkulte der Kelten.* Stuttgart 1995.

Haywood, John. *Die Zeit der Kelten. Ein Atlas.* Frankfurt am Main 2002.

Hundert Meisterwerke keltischer Kunst. Schmuck und Kunsthandwerk zwischen Rhein und Mosel. Trier 1992.

Irische Kunst aus drei Jahrtausenden. Thesaurus Hiberniae. Mainz 1983.

Joachim, Hans-Eckart. *Waldalgesheim. Das Grab einer keltischen Fürstin.* Köln 1995.

Kamber, Pia u.a. *Stadt der Kelten. Geschichten aus dem Untergrund.* Basel 2002.

Kruta, Venceslas. *Die Kelten. Aufstieg und Niedergang einer Kultur.* Freiburg im Breisgau 2000.

Lacy, Norris J. (Hg.). *The New Arthurian Encyclopedia.* New York, London 1991.

Maier, Bernhard. *Die Kelten. Ihre Geschichte von den Anfängen bis zur Gegenwart.* München 2000.

Maier, Bernhard. *Kleines Lexikon der Namen und Wörter keltischen Ursprungs.* München 2003.

Maier, Bernhard. *Lexikon der keltischen Religion und Kultur.* Stuttgart 1994.

Meid, Wolfgang. *Die keltischen Sprachen und Literaturen. Ein Überblick.* Innsbruck 1997 (Innsbrucker Beiträge zur Kulturwissenschaft. Sonderheft 100)

Meier, Christian. *Caesar.* München 1997.

Menghin, Wilfried. Planck, Dieter (Hg.). *Menschen, Zeiten, Räume – Archäologie in Deutschland.* Stuttgart 2002. S. 188–219.

Mertens, Volker. *Der Gral. Mythos und Literatur.* Stuttgart 2003.

Richter, Michael. *Irland im Mittelalter. Kultur und Geschichte.* Stuttgart 1983.

Rieckhoff, Sabine. Biel, Jörg. *Die Kelten in Deutschland.* Stuttgart 2001.

Sievers, Susanne. *Manching. Die Keltenstadt.* Stuttgart 2003.

Spindler, Konrad. *Die frühen Kelten.* Stuttgart 1996 (3. Auflage).

Stoll, André. *Asterix, das Trivialepos Frankreichs.* Köln 1974.

Von Freeden, Uta. Von Schnurbein, Siegmar (Hg.). *Spuren der Jahrtausende. Archäologie und Geschichte in Deutschland.* Stuttgart 2002. S. 210–241.

Wegner, Hans-Helmut. *Der Martberg bei Pommern an der Mosel.* Koblenz 1997 (Archäologie an Mittelrhein und Mosel 12).

Wilson, David M. (Hg.). *Kulturen im Norden. Die Welt der Germanen, Kelten und Slawen 400-1100 nach Chr.* München 1980.

Verzeichnis der Abbildungen und Karten

Schwarzweiß-Abbildungen

Die genannten Ziffern beziehen sich auf die Seitenpaginierung

Farbtafeln

Die genannten Ziffern beziehen sich auf die Nummerierung der Farbtafeln.

Fotografie Rose Hajdu, Stuttgart IV
Illustrateur Gilles Tosello, Toulouse (Frankreich) I
Landesamt für Denkmalpflege Hessen, Wiesbaden, Photos: Ursula Seitz-Gray, Frankfurt/Main VI, XIV, XV
Musée Alesia, Alesia, Alise-Sainte-Reine (Frankreich) VIII
Musée Crozatier, Ville du Puy-en-Velay (Frankreich) IX
National Museum of Denmark; Lennart Larsen, Kopenhagen (Dänemark)VII
picture alliance, Frankfurt/Main XVI
Réunion des musées nationaux (RMN) ; No. 88EE3108/MAN 76551, Paris (Frankreich) XII
Römisch-Germanische Kommission, Frankfurt; Flemming Bau (original veröffentlicht in: Freeden, Uta v.; Siegmar Schnurbein (Hgg.): *Spuren der Jahrtausende. Archäologie und Geschichte in Deutschland.* Stuttgart 2002 (S. 220)) III
Universitäts- und Landesbibliothek Bonn, Bonn XIII

Entnommen aus:
Birkhan, Helmut: *Kelten. Celts. Bilder ihrer Kultur.* Wien 1999 (S. 403) X
Birkhan, Helmut: *Kelten. Celts. Bilder ihrer Kultur.* Wien 1999 (S. 284) XVII

Orts-, Personen- und Sachregister

Kursive Ziffern verweisen auf den Exkurs auf der entsprechenden Seite.